MAGISCHE MOMENTE

Peter Schnaubelt wurde 1964 in Krems/Donau geboren. Er studierte an der Universität Wien das Lehramt für Englisch und Geschichte und unterrichtet seitdem an einem Gymnasium im niederösterreichischen Waldviertel. Er veröffentlichte zahlreiche Bücher für Kinder, Jugendliche und Erwachsene sowie journalistische Beiträge zu Themen der Literatur und des Films. In *Magische Momente* macht sich der Autor auf die Spurensuche nach seiner persönlichen cineastischen Sozialisation und hat in diesem Sinne eine haltlos subjektive Liebeserklärung an für ihn besonders prägende Filmszenen zusammengestellt, eine in die Form von leidenschaftlichen Essays gegossene Hommage an die Magie des Kinos.

Weitere Informationen auf: www.magische-filmmomente.at

Peter Schnaubelt

MAGISCHE MOMENTE

Eine Liebeserklärung an die stärksten Szenen des Kinos

1. Auflage 2024
© Peter Schnaubelt

Gestaltung, Satz und Lektorat: Autorenservice Gorischek, Gratkorn
Coverfoto: © kpa Publicity Stills/United Archives GmbH/Alamy Stock
Foto; Szenenfoto aus *Elephant*, Regie: Gus Van Sant, USA 2003

Verlag: BoD • Books on Demand GmbH, In de Tarpen 42, 22848 Norderstedt
Druck: Libri Plureos GmbH, Friedensallee 273, 22763 Hamburg

ISBN Print: 978-3-7583-7125-7

Aufblende – Eine Initialzündung

Jaws

Soweit ich mich erinnern kann, gab es vor Steven Spielbergs *Jaws* keinen Film, zu dem ein Trailer im Werbefernsehen lief. Als der Streifen nach Österreich kam, hatte ich gerade erst ein zweistelliges Alter erreicht und dachte nicht einmal in meinen wildesten Vorstellungen daran, ihn im Kino sehen zu können. Meine Möglichkeiten waren damals ziemlich eingeschränkt und bezogen sich in erster Linie auf die Sonntagnachmittagsvorstellungen im Bahnhofskino der Kleinstadt, in der ich aufwuchs. Diese orientierten sich in der Programmgestaltung an Kindern und Jugendlichen. Zu sehen gab es – zumindest im Rückblick – primär die japanischen *Godzilla*-Streifen, die in hiesigen Breiten noch nicht den heutigen Kultstatus genossen, und die populären deutschen Karl May-Verfilmungen um den edlen Winnetou und seinen Blutsbruder Old Shatterhand. Wenn der Riesensaurier in als solche deutlich erkennbaren Kulissen eines Mini-Tokio wütete, war das für mich Spannung pur; und wenn Stewart Granger als grau melierter Old Surehand, die Flinte betont lässig in der Armbeuge und ohne richtig zu zielen, die Gangster von einem Zugdach schoss, war ich im Anschluss an die Vorstellung noch stundenlang mit dem Nachspielen der Szene beschäftigt.

Was *Jaws* betraf, genügte vorerst der Trailer, um meine rege Fantasie anzukurbeln. Ich saß damals manchmal stundenlang vor dem Fernsehapparat, nicht wegen der Programme, sondern wegen der Werbeblöcke dazwischen. Wobei es ungewiss war, ob der Trailer an diesem Abend überhaupt laufen würde. Wenn es dann wirklich so weit war, wenn zu der Kamerafahrt durch Unterwasserpflanzen dieses herrlich schaurige Thema von John Williams einsetzte und dann in immer rasanteren Schnitten ein Stakkato der Spannung erzeugt wurde, ohne dass das für den Titel verantwortliche Ungeheuer auch nur einmal zu sehen war, war dies einer der entscheidenden Momente, aus denen meine Liebe zum Film und zum Kino geboren wurde.

Spielberg stellte mit seinem Film das Genre des Spannungskinos auf den Kopf wie sonst nur Hitchcock zuvor und schuf den ersten Blockbuster der Kinogeschichte – und ja, damals war ein solcher meist noch eine innovative und spannende Angelegenheit. Es ist erstaunlich, wie perfekt *Jaws* auch heute noch als Provokation dessen funktioniert, was jederzeit aus den Tiefen des Meeres wie aus jenen unseres Unterbewusstseins aufsteigen und unser Leben, wie wir es im Griff zu haben glauben, von einem Augenblick auf den anderen infrage zu stellen vermag.

Da ist die legendäre Eröffnungsszene, in der eine nackte blonde junge Frau bei ihrem Mondscheinbad attackiert und im Wasser herumgewirbelt wird, wobei der Angreifer noch gänzlich unsichtbar bleibt. Da bricht Panik am Strand aus, als eine Haiflosse gesichtet wird, die Schwimmer versuchen, aus dem Wasser zu kommen, und scheren sich dabei nicht um Kinder und andere Badende, eine Szene, die Todd Field in seinem psychologischen Filmdrama *Little Children* (2006) auf grandiose Weise reflektiert, wenn er einen Pädophilen im Freibad in einen Pool

mit Kindern steigen lässt. Da gibt es ironischen „comic relief",
wenn der Seebär Robert Shaw und der Meeresbiologe Richard
Dreyfuss auf dem Boot, mit dem sie sich gemeinsam mit Roy
Scheider alias Polizeichef Martin Brody zur Haijagd aufgemacht
haben, in einer Art Wettbewerb einander ihre Wunden präsen-
tieren. Doch die Stimmung schwenkt um, als Shaw mit glänzenden Augen und unheimlicher Ruhe in der Stimme vom Sinken der USS Indianapolis während des Zweiten Weltkriegs und
den darauffolgenden Haiattacken auf die Überlebenden erzählt.
Wenn dann der Kampf der drei Männer gegen den Hai ausbricht, wenn die Musik unsere Emotionen aufpeitscht und das
Ungetüm den Käfig demoliert und dann das ganze Boot, wenn
Robert Shaw ihm ins offene Maul rutscht und Brody schließlich
auf dem Mast des sinkenden Schiffes liegt und auf das Ungetüm
schießt, das ihm durchs Wasser entgegenpflügt, sind die einzelnen Momente längst zu grandiosem Gänsehautkino verschmol-
zen, das besser, packender, effektiver wohl nicht inszeniert werden könnte.

Im Finale des Films explodiert der monströse Hai, weil Brody
es schafft, die Druckluftflasche, die das Ungetüm zwischen den
Zähnen hat, zu treffen. In meiner Kindheit genügten einige kurze Ausschnitte im Fernsehtrailer für eine Initialzündung, die in
mir als Zuschauer stattfand: für den Urknall meiner lebenslangen Liebe zu den bewegten Bildern, von denen ich, das war mir
klar, mehr, viel mehr, wollen würde. Davon erzählt diese kleine
Zusammenstellung einiger meiner persönlichen und in diesem
Sinne unter ganz subjektiven Kriterien ausgewählten Lieblings-
szenen.

Jaws (*Der weiße Hai*, USA 1975)

Labore der Gewalt

71 Fragmente einer Chronologie des Zufalls
Bennys Video
Der siebente Kontinent
Funny Games/Funny Games U. S.

Ein alter Mann telefoniert mit seiner Tochter, man hört nur seine Seite der Unterhaltung. Der Mann lebt allein, das Verhältnis zur Tochter ist kein inniges. Im Hintergrund läuft der Fernseher mit leisem Ton, ein Aufflackern der Außenwelt ohne Einfluss auf das stille Drama, das sich zwischen dem Vater und seiner Tochter abspielt. Der Mann hat den Eindruck, seiner Tochter lästig zu sein, mehrmals fordert er sie zum Auflegen auf, aber dann, meint er, würde sie ein schlechtes Gewissen haben. Vater und Tochter sind aufeinander eingespielt, wenn es um die Rituale des Einander-Verletzens geht und darum, die eigene Verletzlichkeit zu verbergen. Trotzdem bricht immer wieder Verbitterung durch: „Tut mir leid, dass ich existiere!" Auf eingefahrenen Wegen gibt ein Wort das andere, die Sehnsucht nach Nähe, nach Bestätigung und Sinnhaftigkeit dessen, was vom Leben geblieben ist, sieht sich zwischen Grantigkeit und Weinerlichkeit, Resignation und den kurzen Momenten von Aggressivität gefangen. Allein wenn die Enkeltochter Sissi am Apparat ist, scheint der alte Mann wie ausgewechselt, auf einmal wirkt er lebhaft und froh. In der Konfrontation mit seiner Tochter friert sein Lächeln aber sofort wieder ein.

Der Schauspieler Otto Grünmandl verkörpert diesen alten Mann ohne Illusionen und Zukunft in dem Film *71 Fragmente einer Chronologie des Zufalls* und darin in einer dieser langen Szenen, die nicht nur für die in ihrer spezifischen Lebenssituation gefangenen Charaktere, sondern auch für uns Zuschauer:innen eine Form von Folter darstellen und sich durch das gesamte Werk des österreichischen Regisseurs Michael Haneke ziehen.

In *Der siebente Kontinent* ist es das lange Sterben einer Mittelstandsfamilie, Georg, Anna und Evi (Dieter Berner, Birgit Doll und Leni Tanzer), die den gemeinsamen Freitod beschließen und auch tatsächlich bis zur finalen Konsequenz durchziehen. Die Geschäfte sind abgewickelt, das Auto ist verkauft und ein letztes Frühstücksmahl mit Sekt und Wurstplatte angerichtet, dann werden die Bilder im Haus abgenommen, die Kleider zerschnitten, Kinderzeichnungen zerrissen, Möbel zersägt und Geld die Toilette hinuntergespült. Berge von Schutt sind, was der Familie früher etwas bedeutet hat. Die Fische aus dem umgestoßenen Aquarium liegen auf dem Boden und japsen nach Luft, das Wasser mit all den darin aufgelösten Tabletten schmeckt bitter. Georg schreibt die Sterbezeiten seiner Tochter und dann seiner Frau an die Wand. Im Rauschen des Fernsehapparates liegt schließlich auch er auf dem Bett und stirbt seinen langsamen Tod.

Hanekes filmische Narrative verhandeln die Rolle, die Gewalt in unserer Gesellschaft spielt, einfache Antworten bezüglich ihrer Ursachen geben sie freilich nicht; sie verweigern sich einer klaren, erklärenden Auflösung. Ohne Schnitt hält die Kamera minutenlang auf Szenen der Brutalität, die so alltäglich, gerade-zu nebenbei passiert, dass man kaum glauben mag, was man da zu sehen bekommt.

In *Bennys Video* ermordet der titelgebende Teenager (Arno Frisch agiert in der ihm eigenen Zurückhaltung und dennoch mit zuweilen extremer Direktheit) das Mädchen (Ingrid Stass-ner), das er in seiner Stammvideothek kennengelernt und in die elterliche Luxuswohnung eingeladen hat, mit einem Bolzen-schussgerät. Wir verfolgen die Szene über den Fernsehschirm, auf dem sich Benny zuvor immer wieder die Tötung eines Schweins angesehen hat. Das schwer verletzte Mädchen kriecht über den Boden, sie weint und schluchzt, zum Teil spielt sich das außerhalb des Bildausschnittes des TV-Gerätes ab. Dass sie Ruhe geben solle, ruft Benny mehrmals, dann lädt er die Waffe nach, es fällt ein Schuss und daraufhin abermals Schreien und Flehen des Mädchens und Bennys genervte Bitte, doch endlich still zu sein. Neuerliches Laden, ein letzter Schuss, dann gibt es keinen Laut mehr. Benny trinkt Wasser und isst Joghurt, er wirkt dabei sehr gefasst und weiß mit seiner Tat offenbar nichts anzufangen.

Die Sinnfrage stellen sich Hanekes Mörder nicht, kein Spot fällt auf die Hintergründe ihres Handelns. Auch das perfide Katz- und Mausspiel, das die beiden Burschen in *Funny Games* mit der Familie in ihrem Ferienhaus am See treiben, richtet sich nicht nach den Regeln des Spannungskinos. Haneke bricht mit gewohnten Konventionen, nicht zuletzt, wenn sich die Delin-quenten nicht um die sogenannte Vierte Wand kümmern und mitunter direkt in die Kamera und somit uns anblicken und ihre Handlungen selbst auf zynische Weise kommentieren. Arno Frisch und Frank Giering sind die zwei jungen Männer in der ursprünglichen Fassung des Stoffes aus 1997, Michael Pitt und Brady Corbet in der bildidenten amerikanischen Version zehn Jahre später, Susanne Lothar und Ulrich Mühe stehen im ersten Film Naomi Watts und Tim Roth im zweiten gegenüber – brillante Darstellungen allesamt. „Ich versuche Wege zu finden, um Gewalt als das darzustellen, was sie immer ist, als nicht konsumierbar", sagte Haneke einmal. Die lakonische Hand des Regisseurs, die Banalität des Tötens und des Sterbens – ein höhnischer Kommentar auf mögliche Erwartungen von Zuschauer:innen, die von Genrefilmen üblicherweise brav bedient werden: etwa wenn bei einem Auszählspiel das nächste Opfer eruiert werden soll und jenes Familienmitglied stirbt, von dem man es am wenigsten erwarten würde, nämlich das Kind (Stefan Clapczynski/Devon Gearhart); oder wenn die Mutter endlich wieder auf die Beine kommt, entdeckt, dass ihr Mann doch nicht tot ist, und sich auf die Suche nach Hilfe macht – nur um auf die sich nähernden Scheinwerfer zuzulaufen, die sich alsbald als der Wagen der Mörder entpuppen.

Die *71 Fragmente* stellen eine sachlich-kühle Chronologie der Abfolge von Ereignissen dar, die dem Amoklauf eines Studenten vorausgehen. Dieser erschießt zu Weihnachten 1983 in einer Bankfiliale drei Menschen und dann sich selbst. Hanekes distanzierte Darstellungsweise der Sequenzen, die durch Schwarz-Weiß-Bilder voneinander getrennt sind und deren Zusammenhang sich den Betrachter:innen erst allmählich erschließt, sorgt bei diesen für nachhaltige Verunsicherung, aber auch anhaltende Faszination. Eine Angestellte der Bank, ein Waffendieb, ein kinderloses Ehepaar, ein Flüchtlingsbub und eben auch der Pensionist aus der Telefonszene werden in Ausschnitten aus ihren Alltagsverrichtungen in der Zeit vor der Katastrophe gezeigt, mit der sie auf teils sehr lose, deshalb aber nicht weniger schicksalhafte Weise verbunden sind. Ihnen gemein sind die soziale Isolation und die schier unerträgliche Einsamkeit, die sie gefangen hält wie unsichtbare Ketten.

So verhält es sich auch im Falle des alten Mannes am Telefon. Wie unter einem Vergrößerungsglas verfolgt die Kamera das Spiel der Emotionen in seinem Gesicht und der Stimme. Eine Art laborhafte Versuchsanordnung ist das, die schreckliche Isolation, die Einsamkeit und Trostlosigkeit dieses Menschen werden zwar registriert, bleiben aber in Distanz wie die Fernsehnachrichten oder auch die Tochter am anderen Ende der Telefonleitung. Die fragmentarischen Szenen des Films treiben auf die sinnlose Amoktat am Ende zu, die Gewalt findet aber auch schon vorher statt, in der alltäglichen Sprachlosigkeit zwischen Eheleuten, der seelischen Verkümmerung eines Straßenkindes und eben auch zwischen einem Vater und seiner Tochter, die ihn nur aus schlechtem Gewissen angerufen hat.

71 Fragmente einer Chronologie des Zufalls
(Österreich/Deutschland 1994)
Bennys Video (Österreich/Schweiz 1992)
Der siebente Kontinent (Österreich 1989)
Funny Games/Funny Games U. S. (Österreich 1997;
USA/GB/Frankreich/Österreich 2007)

Die Zeit des Sterbens und die Zeit davor

120 BPM
Le Temps qui reste

Ein Mann geht hin, um zu sterben. Er hat sich seine Haare abrasiert und fährt mit dem Zug ans Meer. Er kauft sich ein Badetuch, eine Taucherbrille und ein Schokoladeneis, das er nach dem ersten Schlecken aber nicht mehr hinunterbringt. Denn der Mann, der dreißigjährige schwule Modefotograf Romain, ist todkrank. Ein inoperabler Krebs – Romain hat sich seinen Eltern nicht anvertraut, nur der Großmutter hat er bei einem Besuch auf dem Lande von seiner Krankheit erzählt. „Mama würde mich mit ihrer Liebe erdrücken und Papa würde es nicht verkraften", hat Romain gemeint und auf die Frage, warum er gerade ihr die Wahrheit sage: „Weil du so bist wie ich. Du stirbst auch bald." Doch dann geht er in sich, er besucht Orte aus Kindheitserinnerungen, bittet seine Schwester am Telefon um Entschuldigung und söhnt sich auch mit seinem Ex-Freund mit der Bitte aus, noch einmal seine Hand halten zu dürfen. Er legt sie sich auf die Brust: „Spürst du mein Herz? Es schlägt noch."

Zu Beginn von François Ozons *Le Temps qui reste*, dieser wunderbaren Ballade vom Abschiednehmen, ist der von Melvil Poupaud dargestellte Romain ein sexy Schnösel, am Ende nur noch Haut und Knochen. In der finalen Szene wirft er sein

Handy, als es klingelt, in einen Abfalleimer und wankt auf seinen dünnen Beinen über den Strand. Ein letztes Mal geht er noch ins Wasser, dann setzt er sich mit seinen schrundigen Lippen und der weißen Haut zwischen spielenden Kindern und Familien auf sein Tuch. Lächelnd macht er einige Fotos. Der Ball eines kleinen Buben rollt heran, und als er ihn dem Kind zurückgibt, sieht er sich selbst, den Lockenkopf Romain, am Anfang seines Lebens, das nun zu Ende geht. Er legt sich auf den Rücken; Tränen rinnen ihm aus den Augen, bevor er sie schließt. So liegt er auch noch, als sich der Strand zu leeren beginnt und die Sonne hinter der Silhouette von Romains Gesicht im Meer versinkt. Da ist Schmerz in den stillen Bildern und im Rauschen der Brandung, jedoch keine Schwermut; die Zeit vor dem Sterben hat dieser Mensch genutzt, nun ist sie aber abgelaufen.

„Seine letzte Woche verbrachte Simon im Krankenhaus", erinnert sich in Alan Hollinghursts Roman *The Spell* (*Die Verzauberten*, 1998) der Protagonist Robin an das Sterben seines Partners: „Er war schon in dem Stadium, in dem Hilfe und Beruhigung am nötigsten und am vergeblichsten waren." Am nötigsten und am vergeblichsten: ein berührendes Bild. Zu einem solchen Moment, der nicht mehr im Leben, doch auch noch nicht im Tod anzusiedeln ist, führt das Filmdrama *120 BPM* des aus Marokko stammenden französischen Regisseurs Robin Campillo. Wenn wir am Schluss des Films neben Nathan am Totenbett seines Geliebten Sean sitzen, sind dessen Kampf gegen die Krankheit und die Ignoranz einer Gesellschaft angesichts ihrer Opfer zu Ende. Sean war nur noch Haut und Knochen, als Nathan ihn zuvor noch ins Bad getragen hat. Dass er vorsichtig sein solle, sich nicht zu stechen, hat ihn Sean im Bewusstsein, dass er den nächsten Morgen wohl nicht erleben wird, vor dem Einschlafen gewarnt. In der Nacht zittert Nathan am ganzen Körper, als er die Spritze mit Morphium aufzieht und es dem im Schlaf röchelnden Sean injiziert. Nathan muss dann wieder eingeschlafen sein; zusammengekrümmt liegt er am Morgen auf der Matte auf dem Boden neben dem Bett. Er betastet den Toten, er will die ausweglose Suche nach einem Rest von Leben in dem geliebten Menschen nicht aufgeben, er bricht schluchzend zusammen: „Il est mort!"

Der eher zurückhaltende Nathan und der extrovertierte Sean haben sich bei einer Versammlung der Aktivistengruppe Act Up kennengelernt, deren regelmäßige Treffen dem Film seinen roten Faden geben; Arnaud Valois und Nahuel Pérez Biscayart verleihen ihnen mit ihrem direkten Spiel, das so authentisch wirkt wie der ganze Film, große Glaubwürdigkeit und emotionale Tiefe. Der Film ist im Paris der 1990er-Jahre angesiedelt, etwa zehn Jahre nach dem Ausbruch der Epidemie, und dabei so nah am Lebensgefühl dieser Zeit, „wie Fiktion nur sein kann" (Jana Weiss). Die Mitglieder der Gruppe versuchen, durch öffentlichkeitswirksame Aktionen auf die Anliegen der AIDS-Kranken aufmerksam zu machen und Druck auf die Regierung und auf Pharmakonzerne auszuüben, vermehrt in die Forschung nach wirksamen Medikamenten, die Betreuung der Erkrankten, aber auch in so Grundlegendes wie die Aufklärung an Schulen zu investieren. Wenn sie über die Herstellung von Kunstblut diskutieren und damit gefüllte Ballons gegen die Wände von Büros der Konzerne werfen, wird uns das Ausmaß ihrer Hilflosigkeit, ihres Gefühls der ohnmächtigen Wut bewusst, die sie angesichts einer politischen Stimmung verspüren, die die Kommunikation mit ihnen verweigert. Regisseur Campillo, der auch das Drehbuch zum Film schrieb und seinen Stil der fast dokumentarisch anmutenden Unmittelbarkeit bereits in seinem Film *Entre les murs* (*Die Klasse*) aus dem Jahr 2008 anwandte, war selbst Mitglied der Gruppe. „Es ist ein Film über die Zeit von Act Up, als wir aufhörten, die netten Schwulen zu sein", beschreibt er die damaligen Umstände. „Wir wollten mehr sein als nur Opfer. [...] Wir mussten die Vorstellung der Gesellschaft von dieser Epidemie verändern!"

Im Hof einer Schule kommt es zu einem ersten, noch spielerischen Kuss zwischen Sean und Nathan. Sie verteilen Aufklärungsbroschüren an die Jugendlichen und diskutieren mit dem erbosten Direktor die Notwendigkeit der Aufstellung von Kondomautomaten. Auf eine homophobe Bemerkung reagiert Sean mit dem genannten Kuss. Später werden in der Disco, wo die Mitglieder der Gruppe nach jeder Aktion ihre Gedanken betäuben, die flackernden Lichtflecken in mikroskopische Bilder der Attacken des Virus auf Körperzellen übergehen – ein schmerzhaftes Symbol für die Zerrissenheit zwischen der verzweifelten Gier nach Leben und dem Tod, der ihnen allen so nah vor Augen steht.

Die anfängliche Neugier von Sean und Nathan aufeinander und auf das, was hinter der Fassade stecken mag, die Menschen voreinander aufbauen, entwickelt sich zu einer tiefen Vertrautheit; ihre Gefühle schwanken dabei zwischen Wehmut und wehrhaftem Trotz. Nathan bleibt an Seans Seite, auch als dessen Krankheit immer weitere Bereiche seines Lebens einzuschränken beginnt. Wegen einer Infektion durch den Permanentkatheter muss Sean ins Krankenhaus. „Es ist heiß hier", meint er, als Nathan und er allein sind. „Draußen ist es eiskalt", ist Nathans Antwort. Sean ist ehrlich zu ihm: „Mir geht's nicht gut. Ich hab' überall Schmerzen. Ich weiß nicht, ob es Fieber oder Angst ist. Oder beides. Ich habe Angst. Ich habe wirklich Angst. Die ganze Zeit." Da ist nichts mehr an Hoffnung, da ist die blanke Verzweiflung – eine herzzerreißende Szene, gerade weil sie so nüchtern erzählt wird. Wenn Nathan Sean dann küsst und anfängt, ihn zu streicheln, sind das Momente immenser Intimität, die so nah wie nur möglich in die Beziehung zwischen den beiden Männern vorzudringen wagt.

Die Geschichte mündet in traurige Bilder der blutroten Seine; im Morgengrauen schlagen die Wellen gegen die Kais, aus der Luft wirkt das rote Band des Flusses wie eine klaffende Wunde im Land. Dazu hören wir das keuchende Atmen von jemandem, der seinen letzten Kampf ums Überleben bestreitet. In jeder dieser Sekunden schnürt uns die Furcht, dass es plötzlich aussetzen könnte, förmlich die Brust zusammen.

Später, als Nathan Sean leblos im Bett vorgefunden hat, zieht die Mutter Kleidungsstücke über den völlig abgemagerten Köper ihres Kindes, der wie verloren wirkt in der viel zu großen Hose, dem viel zu weiten Hemd. Nach und nach kommen alle Mitglieder der Gruppe in der Wohnung zusammen. Sie sprechen über den Nachruf auf Sean: „Er war verrückt, witzig, verbissen und lebendig." Die Mutter möchte Seans Mut hinzugefügt wissen.

Die berühmten Worte von Marc Aurel: „Nicht den Tod sollte man fürchten, sondern dass man nie beginnen wird zu leben." In seinem Sinne verstreuen die Freunde einen Teil von Seans Asche über ein Buffet bei einem Pharmakongress. Dabei halten sie Schilder hoch, die das Motto ihres Einsatzes zusammenfassen: „Silence = Mort", das Schweigen ist der Tod. Am Schluss des Films tanzen sie wieder in der Disco. Das Leben, die Liebe, der Tod – die Musik setzt unvermittelt aus, nur noch das Schlagen eines Herzens, 120 beats per minute, ist zu hören, das sich gegen die Stille stemmt, gegen den Tod; und dann bricht auch dieser Rhythmus ab.

120 BPM (Frankreich 2017)
Le Temps qui reste (*Die Zeit die bleibt*, Frankreich 2005)

Aus dem Regen in die Hölle

A Clockwork Orange
Singin' in the Rain

In der romantischen Komödie *Shakespeare in Love* (1998) wünscht sich Judi Dench als Königin Elizabeth I. von ihrem Dichterbarden mehr Szenen mit bissigen kleinen Hunden – sie ist der großen Dramen müde und möchte auf lustige Weise unterhalten werden. Für Donald O'Connor in der Rolle von Gene Kellys Sidekick Cosmo Brown in dem Filmmusical *Singin' in the Rain* wäre dies keinesfalls von Schwierigkeit gewesen – er erledigt mit Leichtigkeit genau das, was sein Song mit dem Titel „Make 'Em Laugh" verspricht. Darin philosophiert er über die verschiedenen Typen von Menschen und die unterschiedlichsten Arten, sie zum Lachen zu bringen.

Zu Beginn sitzt er noch brav am Klavier, doch gleich darauf springt er schon auf und beginnt einen Parcours an Tanz und Stepp und Akrobatik, der vergleichbar mit der grandiosen Körperbeherrschung der großen Stummfilmkomiker wie Chaplin, Harold Lloyd und Buster Keaton ist und wahrlich seinesgleichen sucht. Ganz in ihrem Sinne schlägt O'Connor anstelle von hoher Kultur die Platzierung von Bananenschalen zwecks lacheffektvollen Ausrutschens vor. Was er mit seinem Hut, mit von Arbeitern herumgetragenen Holzbrettern, einem Sofa und einer

Stoffpuppe darauf aufführt, wurde mit nur ganz wenigen Schnitten gedreht und ist nicht nur deshalb schier unglaublich. Er demonstriert tausend Arten, sich auf den Boden zu werfen, schlägt sich selbst k. o. und läuft sogar die Wände hoch – bis er durch eine bricht; und erreicht dabei natürlich auf einzigartige Weise sein Ziel, uns zum Lachen zu bringen.

Solche Leichtigkeit und Eleganz, hier jedoch mehr in Richtung Lächeln, finden wir auch in einer anderen, der berühmtesten Szene des Films. Da ist jemand total verliebt, er tanzt auf der Gasse und kümmert sich keinen Deut darum, dass es in Strömen regnet. Er stapft durch Pfützen, lässt den Schirm rotieren und stellt sich unter den Wasserstrahl aus einer Regenrinne. Eine Art Schwebezustand des reinen Glücks ist das, ein Tanz in einer Welt, die abgehoben ist von der schnöden Wirklichkeit. Gene Kelly bewegt sich in der ihm so eigenen leichtfüßigen Weise durch eine Revue an eingängigen Musicalnummern rund um die Turbulenzen, die das Aufkommen des Tonfilms in Hollywood verursacht – eine Thematik, die Damien Chazelle im Bombast von *Babylon* (*Babylon – Rausch der Ekstase*, 2022) jüngst in Grund und Boden stampfte. Gene Kellys tänzerische Präzision hingegen wird gebrochen durch die liebevolle Ironie und den spielerischen Übermut der Inszenierung; was sich hier auf der Leinwand vor uns abspielt, ist getragen von unbändiger, lustvoller Freude am Tanz und am Leben an sich.

Um so etwas wie Lust geht es auch in Stanley Kubricks *A Clockwork Orange*, doch hier ist alles ganz anders geartet. Es ist „the old in-out", wie es Alex (Malcolm McDowell), der Anführer einer Jugendbande, in seinen sarkastischen Kommentaren aus dem Off bezeichnet. Aus purer Langeweile und der Lust an Zerstörung und Gewalt dringt Alex zusammen mit seinen

Ganovenkumpeln in einer regnerischen Nacht unter dem Vorwand eines Unfalls in die Villa eines Schriftstellers ein. Er schneidet den Hosenanzug von dessen wehrloser Frau in aller Seelenruhe mit einer Schere auf, währenddessen stimmt er „I'm singin' in the rain" an und schlägt ihren Mann im Takt des Liedes zum Krüppel. Er knebelt und vergewaltigt die entblößte Frau und grölt „I'm ready for love", und dazu wippt die phallusartige Plastiknase seiner Augenmaske. Mit ihren schwarzen Melonen, den Schlagstöcken, ihren riesigen Penishülsen und den schweren Stiefeln wirken Alex und seine Kumpane wie gestapomäßig-verzerrte Chaplinkarikaturen. Das Leid seiner Opfer scheint Alex nicht zu berühren, er setzt seine brutalen Akte mit der gleichen unbekümmerten Selbstverständlichkeit, mit der Gene Kelly durch den Regen tanzt. Es genügt, dass ein Polizist die Hände in die Hüften stützt und streng schaut, und schon sieht sich Kellys schelmischer Übermut gebremst. Eine solche Autorität würde Alex im Rausch der Gewalt wohl nicht einmal zur Kenntnis nehmen.

Später wird Kubrick Alex in einer psychiatrischen Anstalt einer Gehirnwäsche unterziehen, bei der er ohne Unterlass Bildern von jener abartigen Art ausgesetzt wird, die er bislang selbst produziert hat. Wiederholt wird Alex eine Lösung in die Augen getropft, die dabei durch Klammern aufgespreizt sind, er kann den Blick nicht abwenden von dem, was sich vor ihm auf der Leinwand abspielt. Auch diese Momente sind in die Filmgeschichte eingegangen, in ihrem Gegensatz zwischen der Brutalität des Gezeigten und der heiteren Musik erscheint uns die regenmusikalische Folterszene aber noch stärker.

Kubricks Inszenierung nimmt Anleihen beim klassischen Ballett und dem Ausdruckstanz, wie auf einer Bühne bewegen sich die Figuren durch ihren perversen Reigen. Sie unterhalten sich in einer Kunstsprache mit eigenem Vokabular, ihre Mimik und die Gesten wirken auf uns outriert, die ganze Szenerie atmet eine Art von Künstlichkeit, wie sie mit den klassischen Musical-verfilmungen Hollywoods vergleichbar ist, unter denen *Singin' in the Rain* eine der gelungensten ist. Auch Kubricks Bilderfol-gen vermitteln eine Art von traumhaft-fantastischer Qualität, doch befinden wir uns hier zweifellos in einem Albtraum. Gene Kellys Verliebtheit trägt ihn direkt in den siebenten Himmel, Kubricks Orgie der Gewalt hingegen ist ein „highway to hell".

A Clockwork Orange (*Uhrwerk Orange*, GB/USA 1979)
Singin' in the Rain (*Du sollst mein Glücksstern sein*, USA 1952)

Mutterliebe

Alien-Tetralogie

Eine Frau, Ellen Ripley, ist in ihrem Leben an einem Punkt angekommen, an dem sie keinen Ausweg mehr sieht. Sie hat keine Kraft mehr, sich gegen ihr Schicksal aufzulehnen, sie hat sich den Kopf geschoren und sieht aus wie die Insassin eines Gefangenenlagers – und das ist sie auch, gestrandet auf einem Planeten, auf dem Gewaltverbrecher kaserniert sind. Jetzt ist Ripley nur noch müde, sie muss erkennen, dass all die geradezu übermenschlichen Anstrengungen, die sie den Aliens in wiederholten Auseinandersetzungen entgegensetzte, umsonst waren.

In einem hochdramatischen Moment wird sie von einem der Monster in die Enge getrieben und hat den Tod schon vor Augen. Es kommt ihr ganz nah, doch es lässt ihr das Leben. Ripley schwant daraufhin Unheilvolles. Mithilfe eines Scans verschafft sie sich Klarheit, dass sie mit einem außerirdischen Embryo schwanger ist. Dass sie bei der Geburt des Monsters sterben wird, ist ihr natürlich klar. Alles, was ihr in der Klimax von *Alien 3* noch vor Augen steht, ist, die Brut, die sie in sich trägt, zu vernichten.

In der Natur gibt es Heuschrecken, die in Seen springen, weil die Würmer, die sie im Leib haben, in der nächsten Lebensphase Wasser brauchen. Ähnlich wie diese Parasiten, die die Kontrolle über ihren Wirt übernehmen, gehen die Aliens im Film vor, doch Ripley stemmt sich gegen dieses Schicksal in einem letzten Akt der Selbstbestimmung, in der einsamen Entscheidung, das Monster, das in ihr heranwächst, mit in den Tod zu nehmen. Sie lässt sich von einem Gerüst aus in das rot glühende Flammenlodern eines Hochofens fallen. Sie stürzt aus großer Höhe und hat die Arme ausgebreitet wie eine Gekreuzigte. Regisseur David Fincher inszeniert diesen Sturz in den Tod in Zeitlupe, als schier endlose Sequenz des Sterbens. Dabei gebiert Ripley das Alien. Ihr Brustkorb zerbirst, das Monster bricht aus ihr hervor, und in diesem Moment schließen sich Ripleys Hände darum. Sie hält das kleine, geifernde, zischende Alien fest, um ein Entkommen im letzten Augenblick zu verhindern, gleichzeitig aber hält sie es wie eine Mutter ihr Kind und streicht über seinen Kopf wie über den eines Neugeborenen: mit so etwas wie Resignation, mit so etwas wie Liebe.

Die wesentlichsten Szenen aus den in unterschiedlicher Qualität gelungenen mittlerweile vier *Alien*-Filmen, in denen Ripley auftritt, stehen in kausalem Zusammenhang mit diesem Opfertod aus dem dritten Teil. Schon in Ridley Scotts *Alien*, dem stilprägenden Ersteintrag in die Ästhetik der Saga und die inhärente Serienlogik, muss Ripley miterleben, wie zum ersten Mal eines der außerirdischen Monster aus dem Brustkorb eines Crewmitgliedes birst. Ein Facehugger aus einem Alien-Ei hat sich John Hurt aufs Gesicht geheftet und ihm unbemerkt seine todbringende Brut eingeflößt. Das hässliche Ding ist dann abgefallen und Hurt hat sich mit Heißhunger an den Esstisch gesetzt, in diesem Moment kommt die Szene mit den von innen nach außen brechenden Knochen, dem spritzenden Blut und dem geifernden Baby-Alien ganz und gar unerwartet und mit geradezu unerhörter Vehemenz. Als sie in *Alien 3* selbst schwanger ist, weiß Ripley demnach, was ihr blüht, ihr Schicksal steht ihr glasklar vor Augen.

Das Dahingemetzel der gesamten Besatzung stellt das Gerüst der Geschichte sämtlicher Teile dar, so auch in James Camerons *Aliens*. Darin muss Ripley erfahren, dass ihr das gemeinsame Leben mit ihrer Tochter durch Jahrzehnte im Hyperschlaf gestohlen wurde, konsequenterweise ist ihr die Rettung eines kleinen Mädchens als einzige Überlebende einer von den außerirdischen Ungeheuern heimgesuchten Planetenstation ein Anliegen. Camerons Beitrag ist der bei Weitem martialischste der ganzen Reihe, die Tagline „This time it's war" sagt alles. Mit einer kruden Mischung aus Maschinengewehr, Pumpgun und Flammenwerfer zieht Ripley gegen die Alien-Queen ins Feld. Im Kampf Frau gegen Frau, Mutter gegen Mutter, steht sie im Finale des Films ganz allein der Eier legenden Königin gegenüber und zerstört deren monströse Brut in einer Orgie aus Kugelsalven und Flammenstößen.

Es gibt eine Reihe von Szenen aus den anderen *Alien*-Filmen, die im Gedächtnis bleiben, allesamt einzigartige Höhepunkte des futuristischen Horrorkinos. In einem besonders schaurigen Moment im vierten, in vielerlei Belangen weitaus schwächeren Teil *Alien Resurrection* sieht sich die geklonte Ripley mit missglückten Versionen ihrer selbst konfrontiert – sie wurde sozusagen zur Mutter ihrer selbst.

Abgestorbene, nicht lebensfähige Klone in allen Stadien der Entwicklung befinden sich in diversen Behältnissen in einem Labor, mit gefletschten Zähnen, Wasserköpfen, verkrümmtem Rückgrat und groben Wundnähten, starren ihr aus toten Augen und verzerrten Fratzen entgegen und sind schaurige Zeugnisse der frankensteinartigen Experimente, die mit ihrem Erbgut vorgenommen wurden. Ein Ripleymonster, festgeschnallt und an allerlei Schläuchen hängend, mit einem monströsen Klauenarm und einem blutigen Einschnitt in der Brust, fleht sie unter unerträglichen Schmerzen an, sie von ihrem Leid zu erlösen: „Kill me!"

Dieser Anblick geht nicht nur Ripley nahe, sondern auch uns, unter Tränen verwüstet sie das Labor, das registrieren wir mit Erleichterung wie zwei Folgen zuvor ihr Wüten im Brutraum der Alien-Queen.

So weit kommt es in *Alien 3* nicht, hier bietet sich Ripley nicht einmal die geringste Möglichkeit eines Auswegs. Sie hat den sicheren Tod bei der Geburt vor Augen, und ihr bleibt nur der Selbstmord, will sie ein weiteres Ausbreiten der Spezies verhindern. Doch es ist nicht Angst, die sie einhüllt, als bestünde die Welt aus nichts anderem mehr, es ist keine Form von Furcht, die ihr so übermächtig erscheint, dass jeder Gedanke an ein Entkommen aus dieser irrwitzigen Situation ihrer Schwangerschaft mit einem außerirdischen Embryo undenkbar wird. Hingegen hat sich Ripley großer Ruhe bemächtigt. Hier trifft ein geläuterter Mensch, eine Frau, die nichts mehr erschrecken kann, eine ganz eigene, eigenständige Entscheidung.

In einem späteren Director's Cut begnügte sich Regisseur David Fincher, der bei seinem ersten Filmprojekt mit einem ständig geänderten Drehbuch und Einmischungen durch das Studio zu kämpfen und dennoch eine faszinierende und unverwechselbare Arbeit abgeliefert hatte, mit Ripleys Tod, die Geburtsszene aber schnitt er wieder heraus. Eine unverständliche Entscheidung, denn sie gibt der *Alien*-Reihe einen Moment des Verständnisses der psychologischen Tiefe ihrer Protagonistin, der schließlich nichts weniger als ersten Actionheldin der Film-geschichte.

Alien (*Alien – Das unheimliche Wesen aus einer fremden Welt*,
GB/USA 1979)
Aliens (*Aliens – Die Rückkehr*, USA 1986)
Alien 3 (USA 1992)
Alien Resurrection (*Alien – Die Wiedergeburt*, USA 1997)

Leben, um zu sterben

Amour

Eine Geschichte von der Liebe und dem Tod, erzählt von William Shakespeare in seinem Sonnet mit der Nummer 73. Ein Geliebter, der in sich schon den Tod spürt, herbstliche Blätter, und schließlich die Dämmerung zur Nacht, in der ihn der Schlaf zu überwältigen drohe: „Death's second self." Und aus der unbedingten Vorstellung, bald sterben zu müssen, folgert die Beschwörung der Liebe zur Jugend: „This thou perceiv'st, which makes thy love more strong,/To love that well, which thou must leave ere long."

Eine andere Geschichte, doch auch sie handelt von den beiden genannten grundlegenden Parametern des Menschseins. Michael Hanekes *Amour* ist eine Studie vom Abschiednehmen und der Bereitschaft, für den geliebten Menschen zum Äußersten zu gehen. „Comes the darkness and the frost, I get lost, I grow old", singt Frank Sinatra in „Stay With Me", einem Lied vom Erkalten von dem, was das Leben lebenswert macht. Und er setzt fort: „I grow weary, and I know I have sinned/And I go seeking shelter and I cry in the wind." Es gibt Szenen in dem Film, die genau dieses Hadern mit dem Unvergänglichen verhandeln, auf kühle, fast distanzierte, dennoch auf menschlich zutiefst berührende Weise.

Der Streifen gelangte durch die Auszeichnungen mit der Goldenen Palme in Cannes, einem Golden Globe und einem Oscar zu allerhöchsten Ehren und internationaler Bekanntheit, wie sie das kammerspielartige Drama sonst wohl nicht erfahren hätte. *Amour* besticht durch die stringente Geradlinigkeit seiner Bildkompositionen, Emmanuelle Riva und Jean-Louis Trintignant sind großartig als gut situiertes Pariser Ehepaar, Anne und Georges, das dem Ende entgegenblicken muss. Anne erleidet einen Schlaganfall und ist halbseitig gelähmt, sie will nicht mehr essen und trinken und kann sich kaum mehr artikulieren. Ihr Mann pflegt sie aufopfernd, kommt mit ihrem Leiden aber nicht zurecht: ihre endlosen Rufe nach Hilfe, ihr Klagen, ihr Wimmern. Da beginnt Georges, ihr die Geschichte eines Sommers seiner Kindheit zu erzählen, eine lange Sequenz ohne Schnitt ist das, sie im Bett, er an ihrer Seite, ihre Hände in den seinen. Streicheln, die Beruhigung des Atmens, dann liegt sie wieder völlig emotionslos vor ihm, wie eine Fremde. Da packt Georges plötzlich ein Kissen und drückt es auf ihr Gesicht, er wirft sich mit seinem ganzen Gewicht auf sie, ein Tötungsakt, der einem Liebesakt entspricht; und erst, als sie sich nicht mehr rührt, lässt er von ihr ab. Der Verfall des Körperlichen, auch des Geistes. „Ich schreibe das ganz bestimmt aus Verzweiflung über meinen Körper und über die Zukunft mit diesem Körper." – Franz Kafka war bei dieser Selbstbetrachtung erst 27.

Dass er im Grunde genommen nur leben würde, um letztendlich zu sterben, beklagt Jonny Lang in seiner herzzerreißenden Bluesballade „Dying to live", und darüber hinaus sein Leid bei dem Gedanken, dass es niemanden wirklich kümmern würde, ob er denn lebe oder sterbe. Und dann die alles entscheidende Frage, warum sich überhaupt noch am Leben festzuhalten:

„Why am I dying to live/If I'm just living to die?" Eine trotzige Antwort: „So I'll keep fighting to live, Till there's no reason to fight/And I'll keep trying to see, Until the end is in sight." Und das Resümee: „You know I'm dying to live/Until I'm ready to die."

Die Szenen aus *Amour* können wir in diesem Sinne als Momente vom Bereitsein zu gehen sehen, aber auch als solche, für einander Sorge zu tragen, selbst in allerletzter Konsequenz.

Amour (*Liebe*, Frankreich/Deutschland/Österreich 2012)

Sprache, die aus dem Innersten kommt

And Then We Danced

In diesem betörenden Filmpoem des schwedischen Regisseurs georgischer Herkunft Levan Akin dreht sich im wahrsten Sinne des Wortes alles um den traditionellen georgischen Tanz mit seinen streng festgelegten Regeln, was die Abläufe von Bewegungen betrifft, und dem, was der hinreißende Tänzer und Schauspieler Levan Gelbakhiani in seiner ganz individuellen Spielart daraus macht. Gelbakhianis Wandlungsfähigkeit bewegt sich zwischen der fast naiven Unschuld und introvertierten Ernsthaftigkeit eines Menschen, der reinen Herzens ist, über ausgelassene Glückseligkeit in Momenten, in denen ihm dieses Herz übergeht, bis hin zu großer physischer Sinnlichkeit, wenn er sich mit nacktem Oberkörper im Tanz wiegt. Es ist verblüffend, dass er in einer Szene sehr jung und knabenhaft wirkt, und in der nächsten desillusioniert von den Erfahrungen, die ihm das Leben vor die Füße wirft. Auf ungemein authentische Weise verkörpert dieser wunderbare Darsteller einen jungen Mann namens Merab, für den das Tanzen die Welt bedeutet, der aber an den Gegebenheiten der staatlichen Ausbildungsstätte, an der er täglich bis zur Erschöpfung trainiert, diesem Korsett, das ihm die Luft zum Atmen raubt, zu scheitern droht.

Dass der georgische Tanz den Geist der Nation ausdrücke,

formuliert der gestrenge Ausbildner nicht nur einmal, der Ausdruck des Maskulinen ohne Raum für Schwächen, und dass die Tänzer dabei steif wie Nägel sein müssten; sein Ton ist dabei barsch, seine Anweisungen hören sich an wie militärischer Drill. Harte Trommelschläge bilden den musikalischen Hintergrund zu den ruckartigen Bewegungen der Arme und dem Aufstampfen der Beine; alles mutet wie martialisches Marschieren an, kein Fließen, keine Weichheit, keine tieferen Gefühle sind zugelassen.

Es ist genau dieser Aspekt, der Merab zu schaffen macht und weswegen er vom Ausbildner beim Training immer wieder gemaßregelt und bloßgestellt wird. Die patriarchalischen Strukturen der georgischen Gesellschaft werden in diesem Umfeld nicht reflektiert, sie scheinen unweigerlich festgeschrieben. Auch Mary (Ana Javakishvili), Merabs Tanzpartnerin und seine beste Freundin, sowie die Partnerinnen der anderen Tänzer müssen sich diesem Bild unterordnen, sie hätten, wird ihnen eingeschärft, jungfräuliche Unschuld auszustrahlen.

Merabs dramatisches Aufbegehren gegen diese eine Seite der zweischneidigen Medaille, die das Tanzen für ihn bedeutet, seinen Ausbruch aus dem Gefängnis, zu dem sein Leben in immer unerträglicherer Weise wird, zelebriert Regisseur Akin als Hohelied der Eigenart und Einzigartigkeit, der Vielfalt und der Selbstbestimmung des menschlichen Individuums – und auch als jenes der schwulen Liebe. Die Produktion und Realisierung des Films mit den ungeheuren Schwierigkeiten, mit denen das Team beim Dreh in Tiflis zu kämpfen hatte, spiegeln auch außerhalb der filmischen Erzählung genau diese Aspekte des Kampfes gegen die Windmühlen gesellschaftspolitischen Unbills wider. Zur Ruhigstellung der Behörden wurde diesen die

Geschichte eines Franzosen vorgelegt, der sich in die georgische Kultur verliebt hätte. Doch trotz der Ablenkung vom wahren Inhalt des Films kam es zu massiven Bedrohungen und dadurch zu ständigen Verschiebungen der Drehorte und nicht zuletzt im Umfeld von Kinovorführungen des Films in Georgien zu tumultartigen Ausschreitungen; der Name des brillanten Choreografen der finalen Tanzszene des Films wird im Abspann nicht genannt – dieser müsste laut Regisseur Akin sonst um seinen Job bangen.

Vor diese Frage der Möglichkeit der Liebe und vielleicht sogar Beziehung zwischen zwei schwulen Männern angesichts der homophoben Einstellung eines Großteils der georgischen Gesellschaft sieht sich Merab gestellt, als einer der Tänzer aufgrund von Gerüchten über seine Homosexualität aus der Truppe verbannt wird und in der Person von Irakli (Bachi Valishvili) Ersatz zu ihnen stößt. Irakli ist anfangs Merabs Rivale, wird aber alsbald zum Objekt seiner sehnsüchtigen Blicke und seines Sehnens nach Nähe. Es genügt, mit Irakli in dessen Zimmer zu sein, ohne dass mehr als Reden zwischen ihnen passiert, und in Merab geht eine merkliche Veränderung vor sich. Wir sehen den zuvor stets ernsten jungen Mann auf einmal lächeln, ja strahlen.

Merab hat in seinem Leben eine Situation erreicht, die der französische Philosoph und Schriftsteller Roland Barthes in seiner Theorie der Fotografie mit dem Ausdruck „punctum" bezeichnet. Es ist etwas Verstörendes, mit dem ein Kunstwerk den Betrachter besticht, etwas, das ihm ins Auge springt und – wenngleich an ihr verhaftet – die Oberfläche aufreißt. Dieses verstörende Element wird für Merab durch Irakli verkörpert. Allein seine Existenz und im weiteren Verlauf des Narrativs seine menschliche Zuneigung sprengen für Merab jene Grenzen in dem – um Barthes Terminologie zu verwenden – Kunstwerk, das sein Leben darstellt, die Merab bislang für bedrückend, wenngleich unabänderlich gehalten hat. Akin inszeniert Szenen des nächtlichen Treffens von Merab und Irakli hinter einem Felsen, als hätten die beiden als Figuren in Shakespeares Zauberwald vom Baum der Erkenntnis genascht und, in einer Umkehrung der Paradieserzählung, dadurch ihren ganz persönlichen Garten Eden entdeckt. Sie sitzen beisammen, Merab legt den Kopf auf Iraklis Schulter, es folgen ein Kuss und Sex in einer Leidenschaft, die die beiden wohl noch nie erlebt haben. Zumindest Merab, so viel ist klar, hat jenen Punkt der Erkenntnis über sich selbst und sein wahres Ich erreicht, an dem es für ihn kein Zurück mehr gibt. Die Intensität, mit der er dabei mit seinen oft widersprüchlichen Gefühlen ringt, ist herzzerreißend anzusehen in Levan Gelbakhianis schmerzhaft direktem, ungeschminkt-ehrlichem Spiel.

Als Irakli verstummt, stürzt Merab ins Bodenlose; die Wut, auf eine solche Art tief in seiner Seele verletzt worden zu sein, macht ihm so sehr zu schaffen, dass er sich beim Training auch körperlich verletzt. Mary versorgt seinen Knöchel gerade mit kaltem Wasser, als sich Irakli meldet: Er sei bei seinem kranken Vater und habe kein Guthaben für sein Handy mehr gehabt. Merabs Erleichterung lässt ihn strahlen und offenbart seine Sehnsucht, als Liebender leben zu können und seinerseits geliebt zu werden; für einen Moment sind sogar die Schmerzen vergessen.

Merab setzt sein Training in den folgenden Tagen trotz seines verletzten Fußes fort, sein Ziel ist das Vortanzen um eine Stelle im Nationalensemble, das auch Tourneen im Ausland absolviert; nicht klein beizugeben, scheint für ihn wie der Kampf ums

Überleben zu sein, er findet darin aber keinen inneren Frieden. Nur mit dem Ohrring, den Irakli einmal verloren und den er an sich genommen hat, in seiner Faust, gelingt es Merab, ein wenig Ruhe und Schlaf zu finden.

Regisseur Akin gestaltet den endgültigen Bruch zwischen den beiden Männern in einer penibel durchdachten und fließend-elegant inszenierten Plansequenz. Merab bewegt sich darin zweimal durch die Wohnung, in der die Hochzeit seines Bruders gefeiert wird, eine den Brautleuten aufgezwungene Angelegenheit. Es ist ein Weg hin zu Irakli mit all den Hoffnungen, die Merab dabei in sich trägt, und es ist dann der Weg fort von ihm, der ihn zu einer folgenschweren Entscheidung treibt. Die traditionellen Speisen, die Musik – ein Mikrokosmos des Landes. Die verschiedenen Räume der Wohnung beherbergen die unterschiedlichen Gruppen, die die Bevölkerung Georgiens wohl ausmachen, die Alten und die Jungen, die Mittellosen wie Merabs Mutter und Großmutter ebenso wie den wohlhabenden Teil der Bevölkerung, repräsentiert durch die Familie der Braut, die Konservativen und jene, die insgeheim Geschmack an westlicher Lebensart gefunden haben. In einem Raum, dessen Tür er schließen kann und in dem Irakli und er sich doch nicht sicher sein können, unbeobachtet zu bleiben, entdeckt Merab schließlich den Geliebten am Telefon. Sie stehen einander gegenüber, als wäre der eine das Spiegelbild des anderen, und doch ist es ihnen unmöglich, noch weiter aufeinander zuzugehen. Es ist, ganz im Gegenteil, eine Szene der endgültigen Trennung. Dass sein Vater im Sterben liege und er wieder zu seiner Mutter ziehen würde, berichtet Irakli und rückt dann mit dem Eigentlichen heraus: Er sei verlobt und würde heiraten. Sicherheit für den Preis von Selbstverleugnung und Anpassung – nach Iraklis

Abgang betrachten wir Merab von hinten, schluchzend sitzt er auf dem Bett, seine Schultern beben, er droht zusammenzubrechen. Doch dann geht eine Änderung in ihm vor. Er rafft sich auf, er zieht sein Sakko wieder an, er tritt aus dem eher düsteren Raum ins grelle Licht. Er lockert beim Gehen die Krawatte, sie scheint ihn zu ersticken wie vieles in diesem Umfeld. Die Kamera durchquert mit ihm abermals die Wohnung, es ist ein Abschied ohne Worte, Merab fühlt Blicke auf sich, ist in die Unterhaltungen der anderen aber bereits nicht mehr involviert, er hat nichts mehr mit ihnen gemein.

Die Kamera bleibt zurück, als Merab die Wohnung verlässt. Sie streift die Frauen am Buffet und die tanzende Braut und gelangt zu einem offenen Fenster. Unten im Hof sehen wir Merab ins Freie treten. Es ist offensichtlich, dass er auf eine Entscheidung zustrebt, die aus ihm einen neuen Menschen machen wird.

Davor schiebt Regisseur Akin noch eine wunderbar zarte Szene ein, in der zwei Brüder, die bislang so manches Problem miteinander hatten, einander ihre Liebe zeigen. Zu Hause schläft Merab in seinem Bett und wird durch leises Singen geweckt. Sein Bruder liegt ganz nah bei ihm, ihre beiden Köpfe, die Gesichter einander zugewandt, füllen das Bild. Der Bruder hat frische Wunden im Gesicht. Er habe sich um Merabs Ehre geschlagen, erzählt er, dieser sei von Hochzeitsgästen als Schwuler beschimpft worden – und die leise Frage: „Did I take a beating in vain?" Die Augen der Brüder hängen aneinander, da ist ein festes Band zwischen ihnen. Merab vergräbt sein Gesicht an dem des Bruders, dieser streichelt seine Haare: Dass er als fetter, betrunkener georgischer Mann enden würde, der für seinen Schwiegervater arbeite, meint der Bruder, und dass er keine

Probleme damit habe. Aber Merab, darauf pocht er, müsse das Land verlassen: „You have no future here."

Im Tanz, der eine ganz andere Sprache sein kann als jene des Machismo und der Härte, findet Merab in der finalen, grandios choreografierten Szene des Films Worte, die ihm nicht mehr von einer Kultur oder Gesellschaft vorgegeben werden, sondern die seine ganz eigenen sind – sie kommen aus seinem Innersten in dieser Szene für die Ewigkeit. In diesem Sinne werden Merabs Bewegungen vor der Kommission, die über seine Aufnahme in die Nationaltruppe entscheiden soll, zum Akt der Selbstbehauptung. Gekleidet in einem traditionellen dunkelroten Gewand, beginnt er mit den einstudierten Schritten, aber schon nach kurzer Zeit dringt Blut durch den Verband an seinem Fuß. Ihm wird geheißen, das Vortanzen zu beenden, man habe genug gesehen. Doch es ist Merab selbst, der über den Zeitpunkt seines Abgangs entscheidet. So wie Billy Elliot im gleichnamigen Film und Musical nicht den klassischen *Schwanensee* tanzt, sondern jene Interpretation, die seiner wilden, aufgerührten Seele entspricht, wird Merabs Geschmeidigkeit, mit der er die Schritte und Sprünge zu seinen eigenen verbiegt und sie als Sprache seiner Seele aus dem Regelwerk des Tanzes schält, zu seiner Stärke. Merab drückt den Traditionen, nach deren Vorgaben er sein bisheriges Leben lang getanzt und auch gelebt hat, seinen eigenen Stempel auf. Seine weichen Gesten und modernen Moves brechen die vorgegebenen Figuren auf, sie sprengen sie ab wie eine Puppenhaut, und hervor tritt Merab, der Schmetterling, der ein Liebesspiel mit dem eigenen Ich vollführt und einen Tanz mit der Strahlkraft der Sonne heraufbeschwört, deren Gegenlicht durch die großen Fenster dringt und sich in den Spiegeln bricht. Merab hebt ab wie einst Gene Kelly im Regen und treibt dieses Gefühl der Losgelöstheit von irdischer Schwere sogar noch weiter – zu einem wahren Rausch der Sinne, einer Katharsis, der Reinigung von allem, was ihn beengt, was seinen Rücken gekrümmt und ihn auf den Boden gedrückt hat, zu seiner Erlösung. Wenn er neckisch die Schöße des Gewandes lüftet, das er beim Vortanzen getragen hat, wenn er es beim Verlassen des Raumes auszieht und achtlos zu Boden fallen lässt, ist das der Abgang eines jungen Mannes, der zu neuen Ufern aufbricht, um den Platz und die ihm eigene Rolle, die er darin spielt, zu entdecken.

And Then We Danced (*Als wir tanzten*,
Schweden/Georgien 2019)

Der Mensch als Tier

Animals

Es ist ein Triptychon der Angst in unterschiedlichen Ausformungen, das der belgische Regisseur und Drehbuchautor Nabil Ben Yadir mit seinem Film *Animals* auf bestürzend drastische Weise ausformuliert. Zwei Familienfeiern und dazwischen ein feiger Mord. Im ersten der drei Teile des Films ist es eine Geburtstagsfeier, in der der junge schwule Muslim Brahim Nervosität und Verunsicherung empfindet; das Flackern der Empfindungen, von der Sehnsucht über Unbehagen und Furcht bis hin zu nackter Panik in den Augen von Soufiane Chilah ist uns ein ständiger Begleiter. Obwohl von seiner Familie umgeben, streicht er durch das Haus und den Garten wie einer von Gus Van Sants verlorenen Figuren, die einfach nicht wirklich zu den Szenerien zu gehören scheinen, in denen sie sich bewegen. Seine Homosexualität stellt unter seinen Angehörigen ein Tabuthema dar, nur ganz wenige wissen darüber Bescheid, und selbst diese scheinen nicht auf seiner Seite zu sein. Das Bildformat von 4:3 versinnbildlicht Brahims Gefühl des Eingesperrt-Seins.

Im dritten Kapitel des Films ist es eine Hochzeitsfeier, wie als Spiegelbild zum ersten steht darin ein eher schmächtiger junger Mann mit blonden kurz geschorenen Haaren, Loïc (Gianni

Guettaf), anscheinend außen vor, ist im Kreis seiner Familie mehr Beobachter als Akteur. Er war das über lange Zeit unauffälligste Glied in einer Gruppe von vier Männern, die im Mittelbild des Triptychons Brahim zu Tode gebracht haben. Brahim hat sich auf die Suche nach seinem Freund gemacht; obwohl zur Geburtstagsfeier erwartet, ist dieser nicht aufgetaucht. Dabei macht er den Fehler, zu vier Männern ins Auto zu steigen. Auch einer von ihnen hat Geburtstag, die Flasche kreist ständig, untereinander sind sie mehr Rivalen als Freunde; im unablässigen Rangkampf, wer der Härtere, Stärkere von ihnen sei, ein „echter Mann" eben, fallen ständig Bezeichnungen wie Schwuchtel sowie Schwanzlutscher, und sie konzentrieren sich bald alle auf den stillen Brahim. Als sie ihn im Auto dazu zwingen, den Knopf des Schalthebels in den Mund zu nehmen, hält die Kamera unerbittlich auf das Bild.

An einer Tankstelle gelingt Brahim die Flucht aus dem Auto, er läuft davon und sucht Schutz in der Dunkelheit. Doch bald wird er von den vier Männern entdeckt, sie packen ihn an Armen und Beinen, schlagen ihn und ziehen ihn auf der verlassenen nächtlichen Straße nackt aus; schließlich verfrachten sie ihn in den Kofferraum des Wagens. Die Kamera befindet sich mit ihm in dieser Enge, sie lässt sein Gesicht nicht mehr aus dem Blick. Das Auto fährt offenbar von der Straße ab und rumpelt über eine Wiese oder ein freies Feld. Dass er sich nicht von der Stelle bewegen solle, wird ihm drohend durch die Heckscheibe mitgeteilt; dann entfernen sich die Männer vom Wagen, zuerst hören wir noch gedämpfte Stimmen, dann herrscht Stille. Minutenlang haben wir nun Brahims blutiges Gesicht vor uns, seine Verzweiflung, die zitternden Lippen, die gemarterten Augen, die stummen Worte, die die Lippen formen; hier gibt es keinen Schnitt, keine Verfälschung, aus diesem Grund tun die Szene und die folgenden auch so weh. Nach einiger Zeit kommt so etwas wie Hoffnung in Brahim auf, er ringt mit sich selbst, ob er bleiben oder den Versuch einer Flucht wagen soll. Doch darauf haben seine Peiniger in ihrem üblen Spiel offenbar nur gewartet. Kaum kommt Brahim aus seiner Starre und ein wenig in Bewegung, sind sie auch schon zurück.

Was nun vor sich geht, sehen wir im Bildformat von 16:9, wie eine Instagram-Story. Tatsächlich filmen und fotografieren die vier Männer Brahim, einander und ihre Taten die ganze Zeit und bis zum bitteren Ende. Taschenlampen fungieren als Spots in der Dunkelheit, als sie Brahim über die Wiese jagen. Sie schlagen ihn auf den Rücken und ins Gesicht, sie treten und beschimpfen ihn, sie packen ihn an den Haaren: Er ist ihr Opfer, er hat keine Chance, sie posieren mit ihm fürs Handy wie mit einer Jagdtrophäe, er solle „Cheese" sagen, verhöhnen sie ihn. Eines von Brahims Augen ist mittlerweile zugeschwollen, sein Gesicht und sein Körper sind blutüberströmt, als er auf einmal vor Schmerzen aufbrüllt; erst als einer der vier Männer einen blutigen Ast vor die Handykamera hält, erkennen wir, dass er damit vergewaltigt wurde. Schreie sind das Letzte, was Brahim von sich gibt, hilflose Gestik geht ins Leere, als er in einem letzten Aufbäumen versucht, sich doch noch zu verteidigen. Sie lassen einen großen Stein auf seinen Rücken fallen, dann zielen sie damit auf ihn, im Vordergrund Brahims zitternde Hände.

Dass sie ihm zwei Minuten geben würden, um das Weite zu suchen, schüren sie in ihrem Hohn nochmals Hoffnung in dem nackten, blutenden Bündel unter ihren Füßen. Welch letzte Kraft es Brahim kostet, ein letztes Mal auf die Beine zu kommen! Er stolpert davon, sie laufen ihm nach, eine Art perverses Ballett, bis einer von ihnen ihn unter allgemeinem Gelächter huckepack auf die Schulter nimmt. Dann drischt ein anderer mit einem Stein auf seine Hand. Brahim liegt wie leblos auf dem Rücken und Loïc, der Schmächtigste und Stillste der Gruppe, das „Weichei", sitzt auf ihm und schlägt wie von Sinnen auf ihn ein, schlägt ihn mit seinen Fäusten tot. „Jetzt bist du erwachsen geworden!", jubeln die anderen. „Ich bin stark!", brüllt Loïc geradezu euphorisch und trommelt sich blutige Muster auf die Brust seines Sweaters.

Wie benebelt ob des Ungeheuren, das wir mitansehen mussten, bleiben wir zurück. Wir folgen Loïc in der Morgendämmerung nach Hause und sehen, wie er sich den Anzug anzieht und zur Hochzeitsgesellschaft stößt. Das Bildformat hat wieder auf 4:3 gewechselt, die Gefühle des im Grunde genommen unsicheren Burschen ähneln jenen seines Opfers zu Beginn der Geschichte. Die sogenannte Männlichkeit, wie sie völlig außer Kontrolle gerät – der Film basiert auf einem realen Mordfall aus dem Jahr 2012, der offiziell als erster homophober Mord Belgiens gilt. Die Drastik, mit der Regisseur Yadir ihn darstellt, ist kaum auszuhalten, er lotet in seiner konsequenten Inszenierung die Grenzen des Zeigbaren aus. Wahrscheinlich genau deshalb gibt Yadir der Gewalt, von der wir tagtäglich aus den Medien erfahren, ein ganz reales, realistisches Gesicht von einem jungen Mann, der einfach zur falschen Zeit am falschen Ort war, und von den Tätern als rasende Raubtiere.

Animals (Belgien/Frankreich 2021)

Wohlgewählte Worte

Anonymus
Romeo and Juliet
Shakespeare in Love
William Shakespeare's Romeo + Juliet

Wenn Romeo und seine Julia, die jungen Liebenden aus zwei verfeindeten Familien, im Scherz miteinander streiten, ob es denn die Nachtigall oder doch vielleicht die Lerche gewesen sei, die sie geweckt habe, ist das ein entscheidender Moment in Shakespeares Tragödie aus 1597 – als würde der Fluss der Zeit den Atem anhalten, als wäre den beiden ihre Hochzeitsnacht als kurzer Aufschub des Glücks im alsbald wieder so schlimmen Verlauf des Schicksals vergönnt. Sie erwachen nach ihrer ersten gemeinsamen Liebesnacht, ohne ahnen zu können, dass es ihre einzige bleiben wird.

In Franco Zeffirellis klassischer Inszenierung von 1968 wird Leonard Whitings Romeo vom Gesang der Vögel geweckt, er schlägt die Augen auf, und ein Lächeln umspielt seine Züge, denn da liegt Olivia Hussey als Julia in seinen Armen. Dass der Tag noch nicht herangebrochen sei, gibt Julia zu wissen vor: „It was the nightingale, and not the lark." Da ist sehr viel Zartheit zwischen den beiden, große Sanftheit und berührend-unschuldige Zärtlichkeit.

„Liebende schaffen sich ein Universum, in dem sie letztlich allein sind, der einzige Stern von unerträglicher Helligkeit", schreibt der deutsche Autor Bodo Kirchhoff in seinem großen Lebensroman *Die Liebe in groben Zügen* (2012). In einem solch abgeschotteten Universum der größten denkbaren Nähe befinden sich Romeo und Julia, nichts von außen wollen sie an sich heranlassen, und die Emotionen sind so übergroß, dass dies ihnen für diese kurzen Augenblicke, die ihnen die Ewigkeit bedeuten, auch gelingt. Dennoch ist trotz der Liebesschwüre und der Küsse klar, dass Romeo das Weite suchen muss, schließlich hat der Konflikt zwischen den Familien bereits den Tod von Mercutio und Tybalt nach sich gezogen, und Nino Rotas Musik wallt auf wie die Gefühle des Paares, das sich in dieser bittersüßen Szene noch zu erkennen weigert, worauf die Geschichte unweigerlich hinausläuft.

Über dreißig Jahre später gibt es in Baz Luhrmanns Version des Stoffes dieses Aufblitzen von Erkenntnis, eine Art unheilvolle Vorahnung, als Romeo (Leonardo DiCaprio) von Julias (Claire Danes) Balkon in den Pool gefallen ist und dort wie tot treibt. Zuvor läuft dieselbe Szene unter ganz anderen Vorzeichen ab, in einem mit Heiligenfiguren und Ikonen religiös aufgeladenen Umfeld eines poppig-bunten Los Angeles kurz vor der Jahrtausendwende. Luhrmanns Inszenierung ist ein Transfer auf die Ebene der Fusion der Fremdheit des klassischen Textes mit den Codes des Gegenwärtigen. Gekämpft und getötet wird mit Pistolen statt mit Degen, an Stelle eines Lederwamses zieht sich Romeo weiße Boxershorts und ein Hawaiihemd über, das Dekor von Julias Jungmädchenzimmer ist barock überladen, moderne Rhythmen umschmeicheln die nackten Körper. Romeos Erwachen findet hier wie im Schock statt, in der Erinnerung an Tybalts Tod reißt er die Augen auf. Die Vögel zwitschern nur noch im Hintergrund, im Text finden sie keine Erwähnung mehr, es wurde stärker gekürzt als bei Zeffirelli. Die Vertrautheit zwischen den beiden Liebenden findet unter einem Laken statt, hier sind sie ganz für sich; wie ein Zelt liegt es über ihrer kleinen Welt und schottet sie von der rohen Wirklichkeit ab. Sie stemmen sich gegen diese Realität mit all ihrer jugendlichen Kraft und werden doch an ihr zerrieben.

Shakespeare in Love schließlich, John Maddens herrlich ironische und dann auch wieder wunderbar traurige Referenz auf das Stück und seine fiktive Entstehungsgeschichte, zeigt diese Liebesnacht als reales Erlebnis von William Shakespeare, der sich im elisabethanischen London mehr schlecht als recht als Dichterling durchschlägt. Aus dem Umstand, dass zu dieser Zeit Frauen das Schauspielen verboten war, entwickeln sich allerlei vergnügliche Verwechslungen. William (Joseph Fiennes in der Rolle, für die er geradezu geboren scheint) verliebt sich in die junge Adelige Viola de Lesseps (Oscar für Gwyneth Paltrow), die gegen ihren Willen mit einem versnobten Lord (Colin Firth) verheiratet werden soll, sich als Schauspieler verkleidet und bei den Proben zu Shakespeares neuestem Stück mit dem abstrusen Titel „Romeo and Ethel, the Pirate's Daughter" in der männlichen Hauptrolle auftritt. Kein Wunder, dass aus dieser Konstellation einige Verwirrung entsteht, doch als zumindest zwischen William und Viola klar ist, für wen sie denn da heftige Gefühle entwickelt haben, erleben sie eine Liebesnacht, die so wild ausfällt, dass die Amme vor dem Zimmer nur durch heftiges Stühlerücken so manche Lautentwicklung vor dem Rest der Dienerschaft geheim halten kann.

Dass sie eben herausgefunden habe, dass es Dinge gebe, die

besser seien als ein Theaterstück, meint Viola im Laufe dieser Nacht zu ihrem Will: „Even your play." Beim Aufwachen inspiriert ein Dialog über Mondlicht versus Sonnenschein beziehungsweise den Weckruf des Hahnes im Gegensatz zu anderen Vermutungen Shakespeares Verseschmieden: „Believe me, love, it was the owl." Viola wird zu Williams Muse, der Rest des Stücks fließt geradezu aus seiner Feder.

Davon, dass dergestalt kreatives Schaffen vom Künstler mitunter als Art von Heimsuchung empfunden werden kann, erzählt Roland Emmerichs *Anonymus* – kaum zu glauben, dass der Regisseur von meist nichts als ziemlich heiße Luft tönenden Blockbustern einen solchen Gänsehautmoment erschaffen hat. Vor dem politischen Hintergrund des Machtkampfes um die Nachfolge von Königin Elizabeth I. (Vanessa Redgrave in späten, ihre Tochter Joely Richardson in jungen Jahren) spekuliert Emmerichs Narrativ um die wahre Urheberschaft jener Werke, die wir heute als Shakespeares ansehen. Edward de Vere, der 17. Earl von Oxford, so liest sich die sogenannte Prince-Tudor-Theorie, sei nicht nur Elizabeths unehelicher Sohn gewesen, sondern später auch in Unwissenheit dieses Umstands ihr Liebhaber und Vater ihres Sohnes Henry. Wie auch immer man zu akademischen Diskursen wie diesen steht, eine wunderbar intensive Szene im Film gibt Aufschluss über die Seelenqualen eines Künstlers.

Ein holzgetäfeltes Arbeitszimmer, flackerndes Kerzenlicht, Tränen in den Augen von Edwards Ehefrau Anne. Die Familie würde dem finanziellen Ruin nahestehen, klagt sie, und er hätte nichts anderes zu tun, als zu schreiben – trotz seines Versprechens, damit aufzuhören. Voller Wut fegt sie die Papiere von Edwards Schreibtisch und herrscht ihn an: „Why must you write?" – und setzt diese seine Tätigkeit mit nichts Minderem als der Erniedrigung ihrer Familie gleich. „The voices, Anne!", beginnt ihr Mann, mit wallendem Herzblut von Rhys Ifans gespielt, einen Monolog, der sein Innerstes offenbart: „The voices, I can't stop them." Er erzählt, wie sehr ihn diese Stimmen heimsuchen würden: „When I sleep, when I wake, when I sup. When I walk down a hall." Es sei das süße Sehnen einer Jungfrau, die aufwallenden Ambitionen eines Jünglings, die heimtückischen Pläne eines Mörders, die jämmerlichen Bitten seiner Opfer: Nur wenn er ihre Stimmen aufs Papier banne, würde er Ruhe finden. „Only then is my mind ... quieted ... at peace." Und im Aufwallen seiner Emotionen fleht Edward geradezu um Verständnis bei seiner Frau: „I would go mad if I didn't write down the voices." Anne, angewidert: „Are you possessed?" Und Edwards resignative Antwort: „Maybe I am."

Obwohl nicht nur die Tragödie um Romeo und seine Julia, sondern auch *Shakespeare in Love* traurig endet, weil William ja bereits verheiratet ist und Viola der Ehe mit dem ungeliebten Lord nicht entrinnen kann, steht da die verheißungsvolle Erkenntnis, die Viola am Morgen nach ihrer Liebesnacht das Herz vor Glück fast zu sprengen droht: „It is a new day. It is a new life." Tatsächlich tut sich im Klang von Shakespeares Sprache, in der Rührung und Berührung seiner Verse auch heute, nach mehr als vierhundert Jahren, vor uns eine neue Welt auf. „I find your words the most wondrous heard on our stage", bestätigt der englische Bühnenautor und Dichter Ben Johnson, ein Zeitgenosse Shakespeares, Edward de Vere auf dem Totenbett: „On any stage. Ever." Womit alles gesagt und der letzte Satz geschrieben ist.

Anonymus (Deutschland/GB 2011)

Romeo and Juliet (*Romeo und Julia*, GB/Italien 1968)

Shakespeare in Love (USA/GB 1998)

William Shakespeare's Romeo + Juliet

(*William Shakespeares Romeo + Julia*, USA 1996)

Das Grauen

Apocalypse Now
The Deer Hunter

Da liegt ein Mann im Sterben, und sein Blick geht weit in die Ferne und zugleich direkt in die Seele seines Seins, und was er erblickt, sind seine letzten Worte: „Das Grauen! Das Grauen!" *Heart of Darkness* (*Das Herz der Finsternis*) ist Joseph Conrads Novelle aus dem Jahr 1899 betitelt, und geradewegs an einen solchen Ort begibt sich Marlow, der Erzähler, auf seiner Reise den Kongo hinauf. Er ist auf der Suche nach Kurtz, dem Leiter der äußersten Station für den Handel mit Elfenbein. Die Schiffsfahrt dorthin gerät zum veritablen Albtraum in die Schrecken kolonialer Ausbeutung und Grausamkeiten. Marlow versteht die Welt nicht, die ihn hier umgibt, und Kurtz, dem Fieberkranken, dem Sterbenden, dem Diktator des Dschungels, ist das Verständnis für jegliche Realität längst abhandengekommen. In seinen letzten gehauchten Worten verdichtet sich ihm seine Existenz zur Einsicht in die Abgründe des Wahnsinns.

„The horror! The horror!", sind auch Marlon Brandos letzte Worte, die Szenerie hat sich vom Belgisch-Kongo der Kolonialzeit zum Vietnamkriegsszenario der 1970er-Jahre gewandelt. Für seine freie filmische Adaption der Inszenierung des Irrsinns des Krieges entwickelt Francis Ford Coppola eine verzerrte

49

Spiegelung jener Verzweiflung, die Conrads Text kennzeichnet, und findet dafür Bilder der Steigerung und Vertiefung, wenn er etwa zum Score des Walkürenritts einen Strandabschnitt bombardieren lässt, um das ungestörte Surfen der GIs abzusichern: „I love the smell of napalm in the morning."

Martin Sheen erhält als ein Captain namens Willard den Auftrag, den abtrünnigen, angeblich wahnsinnigen Colonel Kurtz zu töten. Per Patrouillenboot gelangt er zu dessen Dschungelversteck, wo Kurtz wie ein König herrscht. Freud nannte das Unbewusste das „innere Ausland", und in dieser gedanklichen Linie interpretiert Udo Wolten das Reisemotiv in Conrads Erzählung als Verweis auf die Vergeblichkeit der Zuflucht in die Eindeutigkeit eines übersteigerten, abstrakten Selbstideals. Die Umstände, die zur Zerstörung eines solchen Idealbildes führen, schildert Marlon Brandos Kurtz in seinem berühmten Horror-Monolog. Einem Golem gleich taucht sein kahler Schädel immer wieder im gespenstischen Flackern des Feuers aus den Schatten auf, die ihn im nächsten Moment schon wieder zu verschlingen drohen, umklammert von all den Schrecken, die ihn heimsuchen, gleichzeitig unberechenbar und tödlich, als er nuschelnd, kauend, irgendwie jenseitig und sonst wo als an diesem Ort und zu dieser Zeit, von seinem Einsatz bei einer Polio-Impfaktion berichtet: „I've seen horrors, horrors that you've seen. But you have no right to call me a murderer. You have a right to kill me. You have a right to do that, but you have no right to judge me." Der Fraß in Kurtz' Seele, als er des Haufens von Armen ansichtig wird, die den eben erst geimpften Kindern nach dem Abzug der amerikanischen Soldaten abgehackt wurden, spiegelt sich in seinen Augen und zieht uns direkt hinein in seine schreckliche, fast unaussprechliche Schlussfolgerung:

Zehn Divisionen solcher Männer würden ihm genügen und der Krieg wäre bald ausgestanden, denn: „You have to have men who are moral ... and at the same time who are able to utilize their primordial instincts to kill without feeling ... without passion ... without judgement ... without judgement. Because it's judgement that defeats us."

Willard wird Kurtz erschlagen, während die Einheimischen draußen mit einer Machete einem Wasserbüffel den Kopf abtrennen, und dann werden sie im strömenden Tropenregen vor Willard niederknien, während er, mit Blut und Schlamm bespritzt, durch ihre Reihen schreitet.

Der Krieg hat seine Persönlichkeit verändert wie die von Michael, Nick und Steven, den drei russischstämmigen Stahlarbeitern aus einer grauen amerikanischen Provinzstadt in Michael Ciminos *The Deer Hunter*. Der englische Originaltitel bezieht sich auf die Rotwildjagd, einem Hobby, dem sie nachgehen, bevor sie sich aus Patriotismus freiwillig nach Vietnam melden, der deutsche Titel *Die durch die Hölle gehen* lässt erahnen, was mit ihnen dort passiert. Der Film zeigt kaum herkömmliche Kampfhandlungen, er beschreibt in etwa gleich langen Akten, was vor und nach dem Einsatz geschieht, und in Vietnam selbst geht es ums nackte Überleben. Von der südvietnamesischen Guerillaorganisation Vietcong gefangen genommen, werden die Freunde in Käfige in einem Fluss gesperrt, wo ihnen das Wasser buchstäblich bis zum Halse steht. In einer Bambushütte an diesem Fluss zwingen die Aufseher sie dazu, gegeneinander Russisches Roulette zu spielen: eine Wahnsinnsszene im wahrsten Sinne des Wortes. Robert De Niro, Christopher Walken und John Savage ziehen uns durch ihr intensives Spiel geradewegs hinein in die titelgebende Hölle – die Schläge ins Gesicht, das gegenseitige Anfeuern, den Peinigern den eigenen Mut zu beweisen; diese nackten Seelen, diese schiere Todesangst, dieser Kampf erst mal nicht mit den Peinigern, sondern mit sich selbst und dem Punkt, sei es jener der absoluten Selbstverleugnung oder der Kaltblütigkeit, an dem nichts mehr zählt als abzudrücken. Und dann die Euphorie, dieses Aufbrausen von Glück, als statt dem Schuss das Klicken ertönt.

Durch einen Trick überzeugt Robert De Niros Charakter die Aufseher, drei Kugeln statt einer in die Waffe zu schieben; es gelingt, sich freizuschießen und die Flucht. Die andere Flucht, jene zurück in ein normales Leben, schaffen sie hingegen nicht. Steven verliert beide Beine, Michael findet sich in der Heimat nicht mehr zurecht, Nick bleibt in Saigon und endet in einem Casino neuerlich beim Russischen Roulette. Die Verzweiflung, vom Freund nicht erkannt zu werden, treibt Michael, der auf der Suche nach Nick nach Asien zurückgekehrt ist, zu einem Spiel gegen ihn – doch diesmal hat Nick kein Glück. Genau in dem Moment, als er Michael doch zu erkennen scheint, drückt er ab. Die Beine, die Seele, das Leben – jeder der drei Freunde hat vieles, hat alles verloren. Beklemmend endet der Film; nach Nicks Begräbnis sitzen die Witwen, die Mütter, die ihre Söhne verloren haben, und die Männer, die ohne Freunde aus dem Krieg heimgekehrt sind, beisammen. Zuerst zaghaft und fast verlegen, dann immer trotziger singen diese Heimatlosen „God bless America" und klammern sich damit an eine Idee von Zugehörigkeit, von Heimat eben, die ihnen der Krieg eigentlich entrissen hat.

Er solle seinen Sohn aufsuchen und ihm erklären, wer sein Vater gewesen sei, hat Kurtz Willard noch gebeten, bevor er von ihm erschlagen wurde: „And if you understand me, Willard, you will do this for me." Dass dies der Fall ist, ist anzunehmen, denn auch Willard ist nun ein anderer, der den Blick in die Abgründe der Finsternis, die Dunkelheit der menschlichen Seele getan hat. Der Elfenbeinhändler im Kongo, der Seemann Marlow, der Captain Willard, die seelischen und körperlichen Krüppel, die Heimkehrer aus Vietnam, die Frauen, die ihre Liebsten begraben haben, das Lied von der Größe der Nation auf den Lippen – sie alle haben eine Ahnung davon, was auch der Colonel in seinem Wahnsinn gesehen hat: „Das Grauen! Das Grauen!"

Apocalypse Now (USA 1979)
The Deer Hunter (*Die durch die Hölle gehen*, USA 1978)

Pointenpfeile

Arsenic and Old Lace
Bringing Up Baby
The Party
The Pink Panther

Allenthalben wird ja diskutiert, ob es im Filmgeschäft nicht die höchste Kunst darstelle, die Menschen zum Lachen zu bringen. In diesem Sinne waren die 1960er-Jahre eine überaus fruchtbare Periode, was das Schaffen des amerikanischen Komödienspezialisten Blake Edwards betrifft. Zwei seiner besten Arbeiten entstanden in einem Abstand von nur fünf Jahren, wobei *The Pink Panther* die Einführung eines Charakters darstellte, der auch in einer Vielzahl von Fortsetzungen sein lustiges Zerstörungswerk betreiben sollte. Denn was auch immer der tollpatschige Inspektor Clouseau anfasst, ist dem Untergang geweiht. Das Stolpern, das Umwerfen, das Unter-Wasser-Setzen – Peter Sellers erledigt es mit Inbrunst und unnachahmlicher Grazie. Zum Niederknien ist Edwards die Choreografie jener Szene gelungen, in der sich der Meisterdieb David Niven und sein junger Neffe Robert Wagner zur gleichen Zeit im Hotelzimmer von Madame Clouseau befinden und voreinander und dem hereinplatzenden Ehemann zu verstecken versuchen. Ob hinter einem Vorhang oder unter dem Bett, im Badezimmerschrank und dann auch unter dem Schaum des Bades, das die Polizistengattin nimmt: Mit großer Eleganz greifen die Zahnrädchen dieses Ablenkungsspiels zwischen den genannten Personen samt hinzueilendem Zimmermädchen und Hotelboy, der Lieferung einer reparierten sogenannten „Stradivarius" und ihrer Hervorbringung gar grässlicher Töne sowie verräterischer Fußspuren auf dem Teppichboden ineinander. Und wenn sich der Inspektor dann endlich im Dunkeln zu seiner Frau ins Bett kuschelt, knallt darin der Korken der Champagnerflasche – der arme Clouseau kennt sich nun wirklich nicht mehr aus.

Wie auch sein Darsteller Peter Sellers in der Rolle eines indischen Filmkomparsen, der zu Beginn von *The Party* den Dreh einer Szene mit dudelsackspielend heranmarschierendem britischen Regiment und indischen Freiheitskämpfern auf der Lauer durch das massive Overacting einer Sterbeszene schmeißt. Alec Guinness in David Leans Epos *A Passage to India* (*Reise nach Indien*, 1984), Peter Ustinov als chinesischer Detektiv in *Charlie Chan and the Curse of the Dragon Queen* (*Charlie Chan und der Fluch der Drachenkönigin*, 1981) und hier eben Sellers, mit Make-up zu einem Inder geschminkt – heute wäre eine solche Art der Besetzung durch weiße Stars nicht mehr denkbar. Doch was in *The Party* vor uns abläuft, ist Slapstick in Reinkultur: Brillant diese fast kindliche Unschuld des Zerstörers, dieses völlige Unverständnis ob der Reaktionen seiner Umwelt.

Als Kleindarsteller mit Turban sinkt Sellers in der Gefechtsszene zu Boden, was nicht weiter auffallen würde, hätte er nicht die Trompete an den Lippen und würde sich nicht bemüßigt fühlen, in diese wieder und immer wieder hineinzublasen. Er bäumt sich unter den Schüssen auf, man glaubt ihn endgültig zwischen den Felsen niedergesunken, da taucht er nochmals auf und trompetet weitere grausige Töne, greift sich an die Brust und an die blutenden Wunden, kommt schon wieder hoch und trompetet, bis dem Regisseur der Kragen platzt. Und dann macht er sich daran, sein Schuhband zu binden, und sprengt dabei, noch bevor die Kameras filmen, ein ganzes Wüstenfort in die Luft. Später wird er Ähnliches auf einer Party mit der Villa des Produzenten anstellen, zu der er fälschlicherweise eingeladen wird – er wird sie in ein einziges gigantisches Schaumbad verwandeln.

Gehen wir noch ein paar Jahrzehnte zurück in der Filmgeschichte und dort zu den Arbeiten von zweien der berühmtesten Regisseure Hollywoods. Frank Capra galt zeitlebens als Spezialist für Komödien, Howard Hawks schuf Richtungsweisendes in den unterschiedlichsten Genres; mit *Bringing Up Baby* bewies er sein Talent fürs Lustspiel. Präziser lassen sich Wortwitz und Pointen einfach nicht setzen und mit größerer Coolness im allgemeinen Tumult der Überblick nicht bewahren.

Die Liebespfeile fliegen zwischen Katharine Hepburn, für damals wohl sensationell emanzipiert, und Cary Grant, ganz liebenswert-verwirrter Paläontologe, mit atemberaubender Geschwindigkeit; dazu gibt es Missverständnisse und allgemeine Verwirrung, eine Nacht mit dem im Titel in Form seines Kosenamens angesprochenen Leoparden plus einer weiteren entlaufenen Raubkatze und hektischer Suche, die im Kittchen endet – der Inbegriff einer Screwball-Comedy. Und dann, auf dem Prontosaurusskelett, an dem der Wissenschaftler vier Jahre gearbeitet hat, die gegenseitige Liebeserklärung samt hin und her schwingender Leiter und helfend ausgestreckter Hand in letzter Sekunde. Das Skelett fällt in sich zusammen, die Hepburn aber nicht zu Boden, sondern in Cary Grants Arme.

Happy End, klassische Szene.

Cary Grant, neben James Stewart Hitchcocks männlicher Lieblingsdarsteller und mit dem markanten Grübchen am Kinn ein Hollywood-Beau seiner Zeit, gibt den liebenswert-überforderten Helden auch in Frank Capras schwarzhumoriger Adaption von Joseph Kesselrings Theaterstück *Arsenic and Old Lace*, einem weltweiten Dauerbrenner bis heute.

Der Kritiker Mortimer Brewster, seine frisch angetraute Frau und die beiden alten Tanten, die als wunderlich gelten, jedoch im wahrsten Sinne des Wortes Leichen im Keller haben, dazu Mortimers persönlichkeitsgestörter Bruder Teddy, der sich für den Präsidenten Roosevelt hält – ein Personal, das für sich bereits bestens unterhält. Dazu kommt das schwarze Schaf der Familie, der Serienmörder Jonathan, samt dem Arzt, bei dem es sich um keinen talentierten Chirurgen handelt und der folgendermaßen für sein Frankensteins Monster stark ähnelndes Aussehen verantwortlich ist. Das herrliche Chaos gipfelt in der Szene, in der Jonathan und sein Kompagnon Mortimer überwältigen. Letzterer macht sich – ahnungslos, wie er ist – über die Einfältigkeit von Charakteren im Theater lustig. Er erzählt von einem Kriminalstück, in dem der Held von der Anwesenheit eines Mörders im Haus wisse und dennoch nicht die Flucht ergreife: Er sei einfach zu dumm, um Angst zu haben, mokiert sich Mortimer.

Dass Jonathan sich in seinem Rücken an ihn anpirscht und, genau wie in dem von Mortimer verrissenen Stück, hinter ihm Vorhangschnüre abschneidet, entgeht ihm.

Mortimer lacht sich noch krumm ob der Beschränktheit des Charakters im Krimi, da schlingt Jonathan auch schon die Kordeln um ihn, fesselt und knebelt ihn; und dazu die aufgerissenen Froschaugen von Peter Lorre in der Rolle des Arztes – einmalig!

Arsenic and Old Lace (*Arsen und Spitzenhäubchen*, USA 1941)
Bringing Up Baby (*Leoparden küsst man nicht*, USA 1938)
The Party (*Der Partyschreck*, USA 1968)
The Pink Panther (*Der rosarote Panther*, USA 1963)

Die Einsamkeit der Seele

A Single Man

Einst formulierte ein alter Mann das Ziel aller geistigen Leidenschaften: „... [Ich] habe handelnd[e] Augenblicke, in denen ich mir gewiß werde: was ich jetzt will und tue, das will ich eigentlich selbst." Diesem alten Mann, dem Philosophen Karl Jaspers, ging es um die Ergründung des Sinns der Existenz des Menschen und um den harten Weg zu jenem Punkt, an dem Erkenntnis über sich selbst möglich ist. In George Falconer hätte er ein geeignetes Objekt seiner Betrachtungen gefunden. Die Tragödie eines lächerlichen Mannes, so sieht der in die Jahre gekommene Literaturprofessor sich selbst und sein Leben seit dem Unfalltod von Jim, seinem Partner durch sechzehn Jahre. Wir schreiben 1962, der Film des Modeschöpfers Tom Ford nach dem Roman von Christopher Isherwood lässt die Geschichte eines Mannes, der an seinem gebrochenen Herzen zugrunde zu gehen droht, an einem einzigen Tag, dem 30. November, ablaufen. Es ist der Tag, an dem George seinem Leben ein Ende setzen will. Er leidet seit Jims Tod unter Depressionen und Albträumen, er sieht sich darin als Ertrinkender; darunter soll nun der Schlussstrich gesetzt werden.

Den Suizid hat George akribisch vorbereitet; er ist für den Abend geplant, Abschiedsbriefe sind geschrieben, der Revolver liegt bereit. Wir folgen ihm durch den Tag, der um ihn herum wie zeitverzögert abläuft, immer wieder durchbrochen von Rückblenden auf die Jahre mit Jim, auf ein anderes Leben, das ihm noch lebenswert erschien. Die Erinnerung an das Telefonat, in dem er von Jims Tod erfährt und dabei die Auskunft, dass er bei der Beerdigung, die „ausschließlich im Familienkreis" stattfinden würde, unerwünscht sei, ist für George immer noch pure Marter. In Colin Firths Gesicht spiegeln sich in dem Telefongespräch das anfängliche Unverständnis und das allmähliche Verstehen, dann brechen die Trauer und der Schmerz aus ihm, schreiend, brüllend ist er völlig außer sich und kollabiert schließlich in den Armen einer Freundin.

Viele Charaktere des deutschen Schriftstellers Bodo Kirchhoff, einem Geistesverwandten von Karl Jaspers und George Falconer, sind Getriebene von der unbestimmten Sehnsucht der wahren Einsamen; sie sind Menschen, die eine Art von melancholischer Distanz zur Umwelt im Blick vor sich hertragen wie einen Schild. Wonach sie sich verzehren, ist eine Art von Heimat, was immer dies auch für sie bedeuten mag. In Kirchhoffs Roman *Infanta* (1990) ist der Eindruck festgehalten, den sie dabei vermitteln: „[...] eine unbelebte Prägnanz, wie man sie sonst bei minderbegabten Schauspielern antrifft, ein elternloses Zuviel, dem ein inneres Zuwenig entspricht [...]" George, der Engländer in Los Angeles, ist einer dieser Entwurzelten, doch wahrlich nicht bloß in geografischer Hinsicht. Schon am Morgen fragt er sich, wie er durch den Tag kommen solle, und wie in Zeitlupentrance bewegt er sich durch Szenen seiner Alltagsroutine; fast ist er aus seinem Leben schon hinausgetreten. Doch dann verwickelt ihn Kenny, einer seiner Studenten, in ein Gespräch – er soll später zu seinem Rettungsengel werden. Etwas Seltsames geschieht: Immer wieder gibt es im Laufe dieses Tages Momente, da steigert sich, anfangs fast unmerklich, später immer offensichtlicher, die Intensität der Farben: Nette Worte, ein Lächeln, das Verständnis signalisiert, ein offenes Gesicht voller Mitgefühl verändern für George die Welt und seine Gefühle über sich selbst und seinen Platz darin.

„Why are you here?", will George spätnachts von Kenny wissen. Die beiden haben sich in einer Bar getroffen, haben sich über das Älterwerden, den Tod und den Sinn des Lebens unterhalten, der wohl nur im Auskosten jeden Augenblicks liegen könne. Sie sind im Pazifik geschwommen, und nun steht Kenny nackt vor George in dessen Haus und scheint sich ihm anzubieten. Dass er sich Sorgen um ihn gemacht habe, antwortet Kenny, den Nicholas Hoult zwischen Durchtriebenheit und entwaffnender Naivität anlegt. „I'm fine", widerspricht ihm George, und zum ersten Mal an diesem Tag meint er es auch so. Als er später den schlafenden Kenny zudecken will und seine Pistole bei ihm findet, erkennt er, dass ihn der Student offenbar tatsächlich vor der Selbsttötung bewahren wollte.

Dass es in seinem Leben seltene Augenblicke absoluter Klarheit gegeben habe, erzählt uns George aus dem Off, in denen er für wenige Sekunden die Stille in sich selbst fühlen konnte. „I can never make these moments last. I cling to them, but like everything, they fade. I have lived my life on these moments. They pull me back to the present, and I realize that everything is exactly the way it was meant to be."

Doch dann, gerade als das Leben George wieder so etwas wie eine Zukunft anzubieten scheint, greift er sich ans Herz, er sinkt zu Boden und bleibt dort röchelnd liegen. Das Ticken einer Uhr stoppt, da tritt Jim im schwarzen Anzug aus den Schatten, und ebenso wie sich George in seiner Vorstellung ganz zu Beginn des Films zu dem blutüberströmten toten Jim unter dem Autowrack zu einem letzten Kuss hinuntergebeugt hat, berühren nun Jims Lippen die seinen.

Nicht nur in diesem magischen Moment trifft uns die tiefe Zweisamkeit der beiden Männer, die große Sinnlichkeit und die Innigkeit einer Liebe, die über das Leben hinausgeht. Das Wort von Augustinus, von der Liebe zu Gott auf jene zum Menschen abgewandelt, trifft auf George und Jim in diesem Augenblick zu: „[...] ruhelos ist unser Herz, bis es ruhet in dir." So stirbt George nicht als der lächerliche Mann, als der er sich gesehen hat, in diesem glasklaren Film von atemberaubender Schönheit und überbordender Melancholie, nicht in der Rolle des Einsamen, dem die Welt den Rücken kehrt. Er hat geliebt und wurde geliebt, und dieses Gefühl gibt ihm in seinen letzten Atemzügen noch zurück, was ihm seinen inneren Frieden schenkt: seine Würde.

A Single Man (USA 2009)

Auftauchen ins Leben

Atmen

Was in der amerikanischen Variety als Szene „von lyrischer Schönheit" bezeichnet wurde, beginnt mit dem Sprung eines neunzehnjährigen Burschen namens Roman in einen Pool. Er taucht bis zum Boden hinab, dort verharrt er, seine Arme und Beine liegen auf den Kacheln auf, es ist beinahe ein Zustand des Schwebens. Luftblasen haben sich in seinen Haaren verfangen, Roman hat die Augen geschlossen, kaum bewegt er den Kopf. Im Wasser sehen wir die Beine anderer Jungen, die am Beckenrand sitzen. Einer von ihnen springt ins Wasser, hält dort Ausschau nach Roman, sein Ausdruck schwankt zwischen Sorge und Belustigung, andere folgen ihm. Doch Roman reagiert nicht auf sie, ganz still und gelassen, in einer Art meditativer Ruhe, liegt er da.

An diesem Punkt der filmischen Handlung steht Roman kurz vor der vorzeitigen Entlassung aus der Jugendstrafanstalt. Als verschlossener Einzelgänger und ohne Rückhalt durch Freunde und Familie scheint er für eine Resozialisierung aber schlechte Karten zu haben. Diese Last und besonders die Belastung durch den Mord, den er begangen hat, ziehen ihn nach unten und halten ihn am Boden des Pools. Doch Roman hat die Initiative für sein Leben übernommen. Er hat sich auf die Suche nach seiner

Mutter gemacht, von der er als Kind verstoßen wurde, und Arbeit bei einem Bestattungsinstitut gefunden. Es scheint, als würde dieser Umweg über den Tod Roman zurück ins Leben führen – wie auch zum Auftauchen aus dem Pool. Denn auf einmal beginnen sich Luftblasen zwischen seinen Lippen hervorzudrängen, und es ist, als wäre er aus einem langen Schlaf erwacht. Er stößt sich ab und beginnt, nach oben zu schwimmen, zur Luft und ins Licht. Die Metapher legt nahe: Der Aufbruch in ein neues, besseres Leben erscheint möglich.

Was der österreichische Schauspieler Karl Markovics in *Atmen*, seiner ersten Regiearbeit, auf die Szene im Pool folgen lässt, ist Romans direkte Konfrontation mit seiner Vergangenheit, seiner Straftat. Bei der Anhörung bezüglich der beantragten Bewährung werden ihm Videoszenen aus seiner Vernehmung vorgespielt, in denen er schildert, wie er bei einem Streit einen Jungen im Heim zu Tode brachte. Marcovics' sachlich-nüchterner Zugang zu diesem doch sehr emotional konnotierten Stück Sozialrealismus besticht durch die geradlinige Dramaturgie zwischen unaufgeregter Einsicht und unaufdringlicher Stilisierung. Der Film verlässt sich weniger auf Sprache, obwohl die Dialoge in einem sehr authentischen Idiom gehalten sind, als vielmehr auf die Komposition der Bilder und das Mienenspiel im Gesicht seines Hauptdarstellers Thomas Schubert, aus dem wir all die Scham, die Zweifel und die Angst lesen können, die ihn im Pool und im Leben zu Boden drücken.

Es sind zwei Szenen im Bestattungsinstitut, die auf diese Momente im Wasser hinführen. In der ersten werden Roman und ein Mitarbeiter (Georg Friedrich, authentisch wie immer) zu einem Todesfall gerufen. Roman bittet ihn um Hilfe beim Binden seiner Krawatte. Ob sie ihm bei der Gerichtsverhandlung denn sein Anwalt gebunden hätte, kriegt der Junge als unwirsche Abfuhr zu hören.

Dass Roman allmählich den Respekt seiner Mitarbeiter gewonnen hat, zeigt sich in der zweiten Szene, als sich diese Situation eine Zeit lang später wiederholt. Wir befinden uns direkt vor ihm, der seinerseits vor einem Spiegel steht und sich wieder im Krawattenbinden versucht. Da tritt der Mitarbeiter hinter ihn und zeigt ihm wortlos und Schritt für Schritt die Handgriffe vor, wartet ab, wenn Roman Schwierigkeiten hat, und klopft ihm im Weggehen auf die Schulter. Was in dieser Szene an Akzeptanz und Mutmachen, fast könnte man es Zärtlichkeit nennen, zwischen den beiden passiert, entwickelt sich ganz unspektakulär und geht vielleicht gerade deshalb tief unter die Haut.

Am Ende des Films hat Roman gelernt zu atmen. Er hat gelernt, dass es wichtig ist, selbst Schritte zu setzen und durchzuhalten, hat sein lange Zeit defensives Verhalten beherrscht und Mut geschöpft – nicht als dem Gegenteil von Angst, sondern als Kunst, Angstgefühle zu überwinden, um keine Angst vor der Angst mehr zu haben. „Mut steht am Anfang des Handelns", hat Demokrit geschrieben, „Glück am Ende." Von diesem Glück zu sprechen, dazu versteigt sich der Film nicht, das wäre seiner Schlichtheit nicht angemessen. Der angesprochene Anfang jedoch ist gemacht. Roman steht am Grab des Jugendlichen, dessen Tod er sein Leben lang auf dem Gewissen haben wird. Sein Luftholen begann im Nachahmen des Bindens einer Krawatte und im Auftauchen aus einem Pool. Nun besteht Hoffnung, dass es in diesem neuen Anfang für ihn eine Zukunft gibt.

Atmen (Österreich 2011)

Viel zitiert

Battleship Potemkin

Marilyn mit wehendem Kleid über dem U-Bahn-Schacht, der Abschied auf dem Flughafen von Casablanca, die Dusche, die mit Blut im Abfluss und weit aufgerissenen toten Augen endet: Wenn man, wie dies Forscher der Northwestern University gehandhabt haben, die Bedeutung von Filmen daran misst, wie oft sie in anderen Filmen zitiert werden, steht auch Sergei Eisensteins *Panzerkreuzer Potemkin* und darin die Szene mit dem Kinderwagen auf der Hafentreppe von Odessa ganz hoch oben im Ranking.

Eisenstein bezeichnete seinen Stummfilm einmal als „tragische Komposition in ihrer kanonischsten Form – eine Tragödie in fünf Akten", und einer davon ist auf der genannten Treppe verortet. Der Filmwissenschaftler Wolfgang Beilenhoff merkte an, dass der Streifen „im Kontext der sowjetischen Massenutopien" entstanden sei; die „offene Empörung ausgebeuteter Massen" stellt die revolutionäre Ausgangssituation in der Definition von Lenin dar, in der Treppenszene scheint sie sich Bahn zu brechen, wenn die Menschen wie ein Körper zu agieren scheinen; was folgt, ist ihre unerbittliche und äußerst gewaltsame Dekonstruktion. „Emotionally evoking madness": Eisensteins Einsatz von Schnitt und Montage erreicht eine bis dahin ungeahnte Dynamik; der Rhythmus der Sequenz weiß auch heute noch zu fesseln, wenn die Soldaten der zaristischen Armee – angelehnt an tatsächliche Ereignisse aus 1905 – beginnen, gegen die Menschenmenge vorzugehen, die ihrerseits der Besatzung des titelgebenden Kriegsschiffes zujubelt. Schüsse fallen, es bricht Panik aus, und im Tumult richtet Eisenstein immer wieder sein Vergrößerungsglas auf die Schicksale Einzelner und packt uns dadurch am Herzen.

Zuerst sind es der Jubel, die Gelöstheit, die wehenden Flaggen, die weite Szenerie im Großen, Porträts der Winkenden im Kleinen, Erwachsene wie Kinder, darunter ein schwarzer Junge ohne Beine. Dann fallen die ersten Schüsse: Ungläubigkeit, Entsetzen, Angst – und das Einsetzen der schier endlosen Flucht die Treppe hinunter. Soldaten rücken in Reih und Glied nach, die Bajonette vorgestreckt, Menschen brechen getroffen zusammen, andere versuchen, sich hinter den Leichen oder einer Balustrade zu verbergen. Großaufnahmen, Einzelschicksale: Ein Kind wird getroffen, seine Mutter nimmt es in die Arme, ihr Schmerz, ihre Verzweiflung, so steigt sie die Stufen wieder nach oben und stellt sich den Soldaten entgegen. Diese schreiten inzwischen bereits über Leichen hinweg, ihre Schatten strecken sich bedrohlich der Mutter entgegen. Für einen Moment hält die Reihe an und inne, ein kraftvolles Bild des Atemholens, ein Augenblick, in dem alles möglich scheint – und der gleich darauf in sich zusammenfällt, wenn das Schießen und das Wüten gegen das eigene Volk erneut beginnt.

Nun kommt der viel zitierte Kinderwagen mit dem Baby ins Bild. Eine junge Mutter stellt sich schützend davor. Auch sie wird von den Kugeln nicht verschont, sie sinkt zu Boden und stößt den Wagen dabei an. Dieser rollt über die Kante der ersten

Stufe und dann immer weiter nach unten, zwischen Flüchtenden und Leichen und sterbenden Menschen und durch all das Chaos. Wieder schneidet Eisenstein weite Bilder der Szenerie gegen Nahaufnahmen des Wagens und des Kindes darin und schafft auf diese Weise eine allgemeine und auch heute noch gültige Anklage gegen den Wahnsinn und die Unsinnigkeit des Mordens und des Krieges.

Ob als Hommage oder als Parodie: Von Hitchcock (*Foreign Correspondent/Mord*, 1940) bis Woody Allen (*Bananas*, 1971, und *Love and Death/Die letzte Nacht des Boris Gruschenko*, 1975), von Francis Ford Coppola (*The Godfather/Der Pate*, 1972) bis Terry Gilliam (*Brazil*, 1985) hat sich eine Vielzahl von Regisseuren mit den Motiven der gewalttätigen Auseinandersetzung auf der Treppe und des abwärts ratternden Kinderwagens beschäftigt. Brian De Palma hat dabei in dem Shootout seines Mafiaepos *The Untouchables* (*The Untouchables – Die Unbestechlichen*, 1987) wie sonst keiner die Dramatik auf seine typisch manierierte Weise ausgekostet, und nie sonst war die Szene so aberwitzig wie in der Persiflage *The Naked Gun 33 1/3* (*Die nackte Kanone 33 1/3*, 1994) mit einem Rasenmäher unter einer Vielzahl von Kinderwägen, mit dem Papst und dem Präsidenten unter den Flüchtenden und in hohem Bogen durch die Gegend fliegenden Babys. Die eindringlichste Version jedoch ist die ursprüngliche, über hundert Jahre alt und dennoch in ihrer filmischen Kraft und Wirkung ungebrochen.

Bronenossez Potjomkin (*Battleship Potemkin,*
Panzerkreuzer Potemkin, UdSSR 1925)

68

Elektrizität

Billy Elliot

Billy und sein Vater Jackie wissen nicht, wohin sie schauen, noch was sie sagen sollen; dass sie sich unwohl fühlen, ist ihnen ins Gesicht geschrieben. Und doch ist es Billys übergroßer Wunsch gewesen, zur Aufnahmeprüfung an der Royal Ballet School in London zugelassen zu werden. Völlig unterschiedliche Welten und die dazugehörigen fremden Prioritäten prallen in Stephen Daldrys Erstlingsfilm aufeinander, im Großen wie im Kleinen. Da ist Billys Traum vom Tanzen, der so gar nicht konform geht mit den Vorstellungen seines Vaters und seines Bruders Tony bezüglich der passenden Betätigungen für einen „normalen" Jungen, die sich eher in Richtung Boxtraining bewegen; da sind aber auch die weiten Hallen der versnobten Schule, die in krassem Kontrast zu der Kleinstadt im Revier des Kohlenbergbaus stehen, in der Billy aufgewachsen ist.

Die kleine Welt der Familie Elliott ist bedroht durch den Tod von Billys Mutter wie die große rundum von den sozialen Umbrüchen der Thatcher-Ära, in der kein Stein auf dem anderen bleibt. Die Bergarbeiterstreiks bringen die Familie in arge finanzielle Bedrängnis und lassen jede auch nur so kleine Reise als absoluten Luxus erscheinen. Nach dem Grund gefragt, weshalb er noch nie zuvor in London gewesen sei, hat Jackie geradeheraus gemeint, dass es dort eben keine Minen gäbe. Billys Versuchen, seinen Traum Wirklichkeit werden zu lassen, sind in diesem Umfeld enge Grenzen gesetzt. Wenn er im Tanz wütend gegen die Mauern eines Hinterhofes tritt, ist es sein verzweifeltes Aufbegehren gegen ein Leben, das ihm wie ein Gefängnis erscheint. Billys Tanzschritte entsprechen dem Trommeln seines Herzens, sie sind Ausdruck seiner Hilflosigkeit inmitten eines erdrückenden sozialen Umfelds. Abgesehen von seiner Ballettlehrerin und großen Förderin Mrs. Wilkinson (Julie Walters) und seinem Freund Michael (Stuart Wells), der insgeheim gern die Kleider seiner Mutter anprobiert, hat niemand Verständnis für seine Liebe zum Ballett.

Dennoch beginnt sein Vater zu akzeptieren, dass da etwas mit seinem Sohn passiert ist, das über sein eigenes Verständnis hinausgeht. Dass er ihn an einem Weihnachtsabend beim Tanzen beobachtet, gibt den Ausschlag; Jackie schluckt sein anfängliches Entsetzen über Billys Tanzbegeisterung hinunter, lässt sich für ihn sogar als Streikbrecher beschimpfen, kratzt schließlich jeden Penny zusammen, um die Fahrt nach London finanzieren zu können.

Doch vor dem Komitee ist Billy wie eingefroren. Sein Leben lang konnte er nicht stillstehen, selbst das Frühstückmachen oder der Weg zur Schule werden für ihn zur Tanzaufführung, und selbst wenn die streikenden Arbeiter mit der Polizei zusammenstoßen, wirkte dies durch seine Augen wie die reinste Choreografie. Jetzt aber spielt die Musik, zu der er eigentlich vortanzen sollte, und Billy steht da und ist wie gelähmt. Endlich, nach banger Unsicherheit, kommt Leben in ihn – aber was die Damen und Herren vom Schulkomitee hier zu sehen bekommen, hat nichts mit den wohlgesetzten Schritten und einstudierten Bewegungen zu tun, die ihnen üblicherweise vorgetragen werden. Die Stromstöße, die Billys Körper durchfluten, dieses Hoffen und Sehnen, das an seinen Gliedern reißt, kann er nur ab und zu mit einigen der trainierten Ballettbewegungen in Zaum halten, sie wirbeln ihn durch den Saal und in der Luft herum, und er muss sich schlicht und einfach in ihrem Rhythmus bewegen, sonst würde es ihm das Herz in der Brust zersprengen.

Was er beim Tanzen denn fühle, fragt ihn ein Mitglied des Komitees abschließend, und anfangs findet Billy auch dazu keine Worte. „Sorta feels good", meint er dann. „Sorta stiff and that, but once I get going ... then I like, forget everything. And ... sorta disappear." Dass er eine Veränderung in seinem ganzen Körper spüre, erscheint uns nach den Bildern, die wir gerade gesehen haben, glaubhaft, auch dass Billy ist, als hätte er Feuer in den Beinen. „I'm just there. Flyin' like a bird. Like electricity. Yeah, like electricity."

Der phänomenale Jamie Bell, bei den Dreharbeiten gerade erst dreizehn Jahre alt, vermittelt diese Gefühle völlig authentisch. Die Beziehung zu seinem Vater (Gary Lewis), dieses Aufeinander-Zugehen in der Akzeptanz des eigentlich Unverständlichen, dieser Sieg der väterlichen Liebe im Loslassen-Können, das sind für mich die rührendsten Momente des Films. Dass dies nicht nur dem Vater, sondern auch Billys Bruder Tony gelingt, erweist sich als wahre Qualität der Familie.

Eines Tages findet Billy den ersehnten Brief von der Ballettschule auf dem Küchentisch und die gesamte Familie versammelt sich um diesen. Der Junge bringt es nicht über sich, den Brief vor ihnen zu öffnen, er zieht sich damit in sein Zimmer zurück. Aus seinem Mienenspiel ist nicht eindeutig zu sagen, ob das Schreiben für ihn erfreulich ist. Schließlich sitzt Billy tränenüberströmt da und kann es selbst kaum glauben: „I got in."

Alexander von Humboldt, der große Reisende, Geograf und Forscher, verließ einst das ihm als zu eng erscheinende Berlin, um seinen Lebenstraum wahr zu machen, er brach in die Welt auf, die er mit eigenen Augen sehen wollte, um sich seine ganz persönliche Weltanschauung bilden zu können. *Billy Elliot* ist eine sanfte Coming-of-Age-Geschichte mit liebevollen Charakterzeichnungen, die den sozialen Realismus der Arbeitskämpfe als Basis für ihre märchenhafte Überhöhung einer Reise zum wahren Selbst nützt. Die Titelfigur verlässt den grauen Norden Englands und macht sich auf ins weite Land ihrer Zukunft. Es ist herzzerreißend, Billy dabei zuzusehen, wie die Angst vor dem Unbekannten immer mehr in den Hintergrund tritt und die Neugier auf das Neue Überhand gewinnt. In der finalen Szene des Films tanzt Billy als Erwachsener in einer Aufführung des Balletts Schwanensee, dessen Musik schon früher den Film durchzogen hat, er ist angekommen an einem Punkt, an dem seine Träume nicht länger Fantasie, sondern Realität geworden sind. Das Bild friert ein und geht über in das des springenden, tobenden, lachenden Buben von früher, der noch nicht weiß, welche Möglichkeiten sein Leben für ihn bereithalten wird, der einfach den Augenblick genießt und daran seine reine Freude hat.

Billy Elliot (*Billy Elliot – I Will Dance*, GB 2000)

Im Kugelhagel

Bonnie and Clyde
Django

Der Mann mit dem Sarg, das ist natürlich Franco Nero in seiner Rolle als Django, dem Inbegriff des schweigsamen Rächers als zentraler Figur des Genres der Italowestern. Neben Sergio Leone, mit seiner *Dollar*-Trilogie Wegbereiter der Gattung, war es *Django*-Regisseur Sergio Corbucci, dessen Werk spätere Filmemacher, allen voran Quentin Tarantino, essenziell zu beeinflussen wusste. Gleich zu Beginn des Films, wenn noch die Credits in grellroten Lettern ablaufen und dazu der geradezu ikonische Titelsong von Rocky Roberts ertönt, inszeniert Corbucci seinen Protagonisten als Statement für jene Art filmischer Coolness, die im wahrsten Sinne des Wortes über Leichen geht. Angetan in einer Nordstaatler-Uniform, die schon bessere Zeiten gesehen hat, dem Militärmantel und schmutzigen Stiefeln, einen Sattel auf der Schulter und das bartstoppelige Gesicht unter einem breitkrempigen Hut verborgen, stapft Django über schlammigen Erdboden und zieht einen Sarg hinter sich her – und wenn er denn mal den Kopf hebt, trifft uns sein Blick aus stechend blauen Augen.

Was viele der anderen Figuren in dem Film trifft, sind in der Folge die Kugeln aus Djangos Revolver – und in einer legendären Szene aus einem Maschinengewehr. Ein solches befindet sich nämlich in dem genannten Sarg und verschafft einen beträchtlichen Vorteil in der Auseinandersetzung mit der Rotkapuzenhorde eines gewissen Major Jackson, der, wie wir erst später erfahren werden, Djangos Frau auf dem Gewissen hat. Schauplatz dieses Kampfes ist eine fast ausgestorbene Westernstadt nahe der mexikanischen Grenze, wie sie heruntergekommener kaum darzustellen wäre. Die Gebäude aus verwittertem Holz wirken, als würden sie jeden Moment im pfeifenden Wind in sich zusammenbrechen, die Hauptstraße ist eine einzige Kloake aus Schlamm, außer dem Besitzer des Saloons und einigen Animierdamen ist keine Menschenseele zu sehen. Django hat sich mit seinem Sarg hinter einem umgestürzten Baumstamm verschanzt. Da tauchen, wie erwartet, unter dem Wasserturm am Ende der Straße zu Pferd und zu Fuß die Gangster auf. Das Bild der einreitenden Bösewichter ist uns aus unzähligen Western geläufig, nicht zuletzt lässt Fred Zinnemanns *High Noon* (*Zwölf Uhr mittags*, 1952) grüßen, nur dass es diesmal nicht Marshal Gary Cooper ist, der sich mit einer Überzahl an Gegnern konfrontiert sieht, sondern eben unser Django. Die Männer des Majors kommen mit gezogenen Colts und schussbereiten Gewehren näher und treten auch zwischen den Häusern hervor. Angeblich waren die schauspielerischen Fähigkeiten vieler Statisten so beschränkt, dass ihre roten Halstücher, wie auch der Major eines trägt, beim Dreh kurzerhand zu Kapuzen umfunktioniert wurden. Jedenfalls unterstreicht diese Referenz auf den Ku-Klux-Klan und Themen wie Unterdrückung und Rassismus die gesellschaftskritische Note, die in Analysen des Films immer wieder angesprochen wird.

Django fackelt nicht lang herum. Er klappt den Deckel des

Sarges hoch, entnimmt diesem das Maschinengewehr und mäht die wild ballernde Horde kurzerhand nieder. Es sind Momente wie dieser, deren Brutalität, zuweilen vermischt mit sarkastischem schwarzem Humor, die Italowestern letztlich von traditionellen US-amerikanischen Streifen unterscheiden. Django ist ein gebrochener Antiheld, der das Gesetz in die eigenen schmutzigen Hände nimmt und Selbstjustiz übt, wo und wie es ihm gefällt. Auf diese Weise verweigert er sich dem Schema des klassischen Gut-Böse-Dualismus. Einer wie er steht wohl stets mit einem Bein im Grab; dass er einen Sarg hinter sich herzieht und sich darin als Sinnbild seines Hasses und seiner Rachegelüste eine todbringende Waffe befindet, kann als Visualisierung seiner zerrissenen Seele gesehen werden. Im Kugelhagel, mit dem er seine Gegner überschüttet, stirbt auch, was einmal an Gutem in seinem Leben gewesen sein mag; die geliebte Frau liegt ja bereits auf dem Friedhof des Ortes begraben.

Ähnlich kompliziert zu lesende Charaktere in einem vergleichbar gewaltbereiten Umfeld führt uns die Gangsterballade *Bonnie and Clyde* vor Augen, und auch hier endet alles im Gewitter der Schüsse. Nachdem der französische Filmemacher François Truffaut das angebotene Drehbuch abgelehnt hatte und es auch mit seinem „Nouvelle Vague"-Kollegen Jean-Luc Godard aufgrund dessen mit Hollywood nicht kompatiblen Vorstellungen zu keiner Zusammenarbeit kam, ist es der amerikanische Regisseur Arthur Penn, der die Geschichte des Verbrecherpärchens Bonnie Parker und Clyde Barrow erzählt. Sie waren in den Depressionsjahren der 1930er-Jahre durch Banküberfälle zu beträchtlicher Berühmtheit gelangt, Penns Inszenierung verlässt sich aber nicht auf Nostalgie und Verklärung. Hingegen gilt Bonnie und Clyde in seiner Nähe zu erzählerischen und stilistischen Mitteln des europäischen Kinos als eine der Keimzellen des sogenannten „New Hollywood" und seines Ausbruches aus den allzu starren Konventionen des bis dahin üblichen Studiosystems. Verkörpert von Faye Dunaway und Warren Beatty, einem Traumpaar dieser Zeit, handelt es sich, wie schon bei *Django*, weder um althergebrachte Schurken noch um astreine Heldenfiguren. Diese Art der Differenzierung zwischen Sympathie erzeugendem Augenzwinkern und psychopathologischen Zügen der Protagonist:innen war es wohl, die einen Teil des damaligen Publikums und auch der Kritik verstörte.

Die finale Szene, in der Bonnie und Clyde ihr Ende finden, ist von einer auch heute noch beeindruckenden Stringenz – auf das Wesentlichste reduziert und vielleicht gerade deshalb so überzeugend. Gerade noch haben die beiden auf einer Wiese zum ersten Mal miteinander geschlafen – Clydes Bisexualität in frühen Fassungen des Scripts wurde in späteren zur Impotenz geändert. Doch ihr Untergang ist bereits beschlossene Sache. Der Vater eines ihrer Bandenkumpanen macht zu diesem Zweck mit den Sheriffs gemeinsame Sache in Form einer vorgetäuschten Reifenpanne.

Bonnie und Clyde sind mit dem Auto unterwegs, das ist ein verliebtes Turteln, als ahnten sie insgeheim, dass ihnen keine Zukunft mehr bleibt. Bonnie holt aus den Einkäufen vom Rücksitz eine Birne. Sie nimmt einen Bissen und bietet die Frucht dann Clyde an, der so herzhaft zubeißt, dass ihm der Saft übers Kinn läuft. Da sehen sie vor sich auf der staubigen Straße den Vater ihres Freundes neben seinem Pick-up stehen und winken. Clyde stoppt arglos den Wagen, steigt aus und besieht sich den abmontierten Reifen.

Dann geht alles ganz schnell. Aus der Distanz nähert sich ein

Lieferwagen, Vögel brechen aus Bäumen und Büschen wie ein böses Omen. Der alte Mann wirft sich unter den Pick-up, und wie Momente in einem Blitzlichtgewitter sehen wir in Close-ups die Gesichter von Bonnie in ihrem Wagen und Clyde davor, wie sie zuerst mit der Situation nichts anzufangen wissen und sie dann der Schock der Erkenntnis packt, in einen Hinterhalt geraten zu sein. Und dann setzen die Salven aus den Waffen der Sheriffs ein. Ein wahrer Kugelhagel durchsiebt die Körper der beiden und versetzt sie in einen zeitlupenartigen Totentanz und in zuckende Bewegungen, selbst als eigentlich kein Leben mehr in ihnen ist. Bonnie hängt kopfunter aus der offenen Wagentür, Clyde rollt vor den Kühler, das Gefährt ist durchlöchert wie das Gaunerpaar. Was folgt, ist totale Stille, einzig durchsetzt vom Rauschen des Windes in den Blättern der Bäume und Büsche, hinter denen nun die Gesetzeshüter hervortreten. Zwei Männer laufen von ihrem Lieferwagen, der ein Stück abseits angehalten hat, zögernd herzu, der alte Mann kriecht aus seiner Deckung hervor. Die Sheriffs kommen nahe heran und begutachten die Leichen; wir sehen aus dem Blickwinkel durch die zerschossenen Scheiben, wie sie langsam die Waffen sinken lassen. Dies alles ohne Musik, die Dramatik der Situation genügt sich selbst, und dann der Schnitt in ein schwarzes Bild mit dem Schriftzug „The End". So direkt und schnörkellos enden Filme nur selten und nicht oft bleibt man mit einem so bangen Gefühl zurück, die abrupte Zäsur vom Leben zum Tod miterlebt zu haben.

Bonnie and Clyde (*Bonnie und Clyde*, USA 1967)
Django (Italien/Spanien, 1966)

Loslassen können

Boyhood

Eine Studie über das Vergehen der Zeit und die Vergänglichkeit von Momenten des Glücks, eine Geschichte über das Loslassen, was sich ja mitunter als ziemlich schmerzhafte Angelegenheit erweisen kann, über eine Mutter und ihren Sohn. „Children can only grow from something you love to something you lose", heißt es aus dem Mund der Hexe in Stephen Sondheims Musical *Into the Woods* (uraufgeführt 1987). Und auch Friedrich Hölderlins Verse aus „Hyperion oder der Eremit in Griechenland" vom Ende des 18. Jahrhunderts sehen die Sache des Loslassens realistisch: „Laßt vergehn, was vergeht!/Es vergeht, um wiederzukehren,/es altert, um sich zu verjüngen,/es trennt sich, um sich inniger zu vereinigen,/es stirbt, um lebendiger zu werden."

Patricia Arquette in ihrer Oscarrolle als Mutter von Mason, ihrem Sohn an der Schwelle zum Erwachsenwerden, würde dieser Sicht der Dinge mit der ihr eigenen Vehemenz widersprechen. In Richard Linklaters absolut geglücktem filmischem Experiment *Boyhood* macht sich Mason (Ellar Coltrane) gerade mit Sack und Pack auf den Weg ins College, ohne sich der Dramatik des Augenblicks für seine Mutter bewusst zu sein. Linklaters Film zeigt Szenen aus dem Leben der beiden und dabei die

Entwicklung eines Kindes zum Teenager und jungen Erwachsenen und wurde tatsächlich innerhalb von zwölf Jahren in Szene gesetzt. Diese Ausschnitte aus der inszenierten Wirklichkeit, stets an den realen Gegebenheiten der Darsteller und Umstände adaptiert, ergeben zusammengesetzt dieses wahre Wunderwerk an Erzählkunst, eine bezaubernde Ode an das Leben, wie es mit all seinen Höhen und Tiefen eben ist, kurz und gut: in Film gegossene Poesie.

„This is the worst day of my life", schleudert Olivia, Masons Mutter in der Krise, ihrem Sohn entgegen. Dass sie natürlich gewusst habe, dass dieser Tag einmal kommen würde, sieht sie ein, jedoch mit der Einschränkung: „I didn't know you were gonna be so fuckin' happy to be leaving." Mason weiß nicht so recht, wie er sich verhalten soll, das Unverständnis ist ihm ins Gesicht geschrieben, als ihm seine Mutter die vermeintlichen Meilensteine ihres Lebens schildert: „Getting married. Getting kids. Getting divorced." Mit der Aussicht, dass der nächste Schritt nun ihr „fucking funeral" wäre. Und dem Resümee: „I just thought there would be more."

Die Ängste einer Mutter als moderne Blaupause der „Seven ages of man". In seiner Komödie *As You Like It* (*Wie es euch gefällt*, 1599) beschreibt Shakespeare die Schritte vom Neugeborenen, das von den Eltern noch völlig abhängig ist, über den raunzenden Schüler, den feurigen Liebhaber, den tollkühnen Soldaten und den weisen Richter bis hin zum dürren Alten und dem, was der Dichter als „second childishness" bezeichnet und seinerseits wieder in die Abhängigkeit von anderen Menschen führt. Shakespeares Sicht ist seiner Zeit verhaftet und in diesem Sinne die eines Mannes auf den Lebensablauf von Männern, dennoch können wir uns darin Olivia gut vorstellen, wie sie vor

Mason die Fassung verliert und ihn weinend zum Teufel wünscht, obwohl sie sich in Wahrheit doch an ihn klammern möchte. „All the world's a stage", lautet der Beginn von Shakespeares Versen; Olivia fühlt sich in dieser Situation wohl tatsächlich als Figur in einem Stück, dessen Drehbuch sie gern geändert hätte; und sie wächst an den Herausforderungen, in die sie sich von den Umständen ihres Lebens geworfen sieht.

Boyhood (USA 2014)

Das Konstrukt des Geschlechtlichen

Boys Don't Cry

In dem Song „Lola" erzählen The Kinks davon, wie einem Biedermann Verwirrendes passiert. Das Lied entführt uns in einen Londoner Club im verruchten Soho von 1970, wo oft nicht klar ist, welchem Geschlecht die Gäste zuzurechnen sind: „Girls will be boys and boys will be girls, it's a mixed-up, muddled up, shook up world, except for Lola." Amüsanterweise entpuppt sich alsbald gerade diese Lola als Transvestit: „Why she walks like a woman and talks like a man." Eine moderne Lola verkörpert Chloë Sevigny in der TV-Miniserie *Hit & Miss* (2012). Sie ist die transsexuelle Auftragsmörderin Mia, der die Morde, die sie stets mit Präzision ausführt, weniger Probleme bereiten als die fluchtartige Reaktion der Männer, mit denen sie intim wird. In Kimberly Peirces Independent-Drama *Boys Don't Cry* spielt Sevigny das Mädchen Lana, das sich in einer amerikanischen Kleinstadt in einen Burschen namens Brandon Teena verliebt – ohne zu ahnen, dass dieser als das Mädchen Teena Brandon geboren wurde.

In einem dreijährigen Prozess der Suche nach dem/der perfekten Hauptdarsteller:in wurden angeblich auch mehrere Transpersonen gecastet, die Rolle ging aber schließlich an Hilary Swank, die für ihre brillante Darstellung des Brandon mit einem Oscar ausgezeichnet wurde; die Dünnhäutigkeit und Sensibilität ihrer Figur sind wahrlich herzzerreißend. Eine reale und deshalb umso schrecklichere Geschichte: Brandon, der keine junge Frau mehr sein möchte, bewahrt seine Transsexualität für sich und wagt den Versuch eines Neuanfangs in der Provinz. Er kleidet und gibt sich männlich und findet in einer jugendlichen Clique den ersehnten Rückhalt – eine, wie sich herausstellen wird, nur trügerische Sicherheit. In seiner Liebe zu Lana geht er ein Wagnis ein, das ihm bald zum Verhängnis wird. „What are you gonna tell 'em?", fragt Brandon Lana, als sich die Situation in der Gruppe zuzuspitzen beginnt. „I'm gonna tell 'em what they wanna hear", antwortet sie. Sie habe Brandon nackt gesehen, beteuert Lana dann im Kreis der Freunde: „I know he is a man."

Eine unglaublich intensive und nahe gehende Szene: „What the fuck are you, you motherfucker?", wird Brandon angeschrien. Worauf zwei der Burschen, John (Peter Saarsgard) und Tom (Brendan Sexton III), ihn ins Badezimmer drängen. Sie drücken Brandon gegen die Wand und ihm die Arme nach oben, sie schlagen ihn ins Gesicht, als er sich auf hilflose Weise zu wehren versucht. Die Kamera hält drauf, als sie ihm die Unterhose hinunterziehen. Dann zerren sie auch Lana in den Raum und zwingen sie, sich vor Brandon hinzuknien: „I'm holding you until you look." In diesem Moment geht in Brandon etwas vor. Seine Umgebung und die Menschen darin treten in den Hintergrund, er sieht sich nackt dastehen und gleichzeitig als einen unter denen, die ihn angewidert anstarren. Was Brandon bislang nicht wahrhaben wollte, wovor er zu fliehen versuchte – auch er ist jetzt gezwungen, hinzuschauen.

„Denn zunächst gab es damals drei Geschlechter unter den

Menschen [...] das männliche und das weibliche, [...] ein drittes, von welchem jetzt nur noch der Name übrig ist. [...] Mannweib." Mit einer solchen Art von Verständnis wie im „Symposion" (ca. 380 v. Chr.), einem der berühmtesten Dialoge Platons, kann Brandon freilich nicht rechnen. Seine Sehnsucht danach, herauszufinden, wer er wirklich ist, seine Bereitschaft, sich trotz all der schlimmen Erfahrungen auf menschliche Nähe und Liebe einzulassen – in seiner Verletzlichkeit wird er für John und Tom zum idealen Opfer. Sie vergewaltigen ihn auf der Motorhaube ihres Wagens auf dem Gelände einer verlassenen Fabrik. Auf ihre Drohungen regiert Brandon mit dem Versprechen, zu schweigen: „This is all my fault." Ein Funke Hoffnung keimt auf, als er seinen zerschundenen Körper später in Lanas Arme legt. „We can still do it", hängt Lana der Vision eines gemeinsamen Lebens selbst noch in dem Moment nach, als John Brandon mit der Pistole in Schach hält. Brandons und Lanas Blicke treffen sich und wollen voneinander und von dieser wunderbaren Vorstellung nicht lassen. Doch da richtet John die Waffe gegen Brandons Hals und drückt ab. Diese Szenen gehen unter die Haut, sie machen die Verletzungen an Leib und Seele, die Brandon erdulden muss, auf eine Weise spürbar, die beim Zuschauen geradezu wehtut.

Welche Art von Mädchen Brandon denn früher gewesen sei, wollte Lana einmal von ihm wissen. Zuerst eine Art „girl girl", hat Brandon überlegt, und dann später ein „boy girl". Und dann, als er sie kennenlernte, habe es begonnen, sich richtig anzufühlen. Der Hass dem gegenüber, was man nicht verstehen kann oder will, hat seiner Geschichte ein Ende gesetzt.

Boys Don't Cry (USA 1999)

Sehnsuchtsmelodie

Breakfast at Tiffany's
La mala educación

Im Werk des amerikanischen Schriftstellers Truman Capote finden wir nicht wenige Charaktere, von denen wir nach dem Studium der biografischen Hintergründe auf den Autor selbst schließen dürfen. Es sind Außenseiter und gesellschaftliche Randfiguren, die getrieben sind von der Sehnsucht nach Sicherheit, Geborgenheit und Liebe, nach menschlicher Nähe und dem Traum, von der Allgemeinheit akzeptiert und angenommen zu werden.

In diesem Sinne sind wir ganz nah bei Holly Golightly, Capotes bekanntester literarischen Figur, und dem Frühstück, das sie frühmorgens vor den Schaufenstern des Juweliers Tiffany's auf der Fifth Avenue einnimmt. Hinter Hollys lebenslustiger und lebenshungriger Fassade, wir haben es längst geahnt, verbirgt sich ein zutiefst unsicheres, verängstigtes Geschöpf, das sich niemandem und nirgendwo zugehörig fühlt. Wann immer sie von ihren „mean reds" gequält wird, wie sie ihre Depressionen nennt, sucht sie diesen Ort auf. So auch in der Anfangsszene von Blake Edwards' *Breakfast at Tiffany's* mit der zauberhaften Audrey Hepburn in ihrer elfenhaften Schönheit. Die Straßen New Yorks sind noch verlassen, als ein Taxi hält und

Holly ihm entsteigt, man kann es nicht anders nennen. In dem schwarzen Kleid von Givenchy, mit den hochgesteckten Haaren, den Handschuhen, dem Schmuck und der Sonnenbrille kommt sie geradewegs von einer der Partys, auf denen sie ihre innere Leere und ihre Lebensangst zu vergessen sucht und jene Begleiter findet, die ihren Lebenswandel finanzieren. Mit Gebäck und Kaffee besieht sich Holly den teuren Schmuck in den Schaufenstern, einmal ist ihr Spiegelbild umrahmt von den Kerzenleuchtern im Geschäft. Doch Holly muss ihren Traum woanders finden, in der Wirklichkeit, so stöckelt sie der aufgehenden Sonne entgegen, und allmählich erwacht die Stadt zu Leben.

Natürlich kann man dem Streifen seine Sentimentalität und geradezu haltlose Melancholie vorwerfen, in seiner Textur aus tragischen und komödiantischen Elementen entwickelt er aber eine leichtfüßige, von für die damalige Zeit auch zuweilen recht gewagten Dialogen getragene Wirkung, die von Henry Mancinis oscargekröntem Titellied „Moon River" getragen wird. Von dem Mondfluss als einem „dream maker" ist in dem Lied die Rede und von Menschen, die durch die Welt streifen und am Ende des Regenbogens echte Freundschaft zu finden hoffen. Diesen Wunsch löst der Film schließlich bei einem Kuss im Regen ein.

Der spanische Ausnahmeregisseur Pedro Almodóvar hingegen verwendet in seinem Film *La mala educacíon* die Melodie auf ganz andere Weise. Er forscht unter der Oberfläche ihrer Süße nach den Schrecken des Missbrauchs eines Kindes.

Für ein paar kurze Momente entwirft Almodóvar die Idylle eines Sommertages. In einem katholischen Internat, erfahren wir, werden die Schüler mit den besten Noten für ihre Leistung mit einem Tag auf dem Land belohnt. Im Schilf am Flussufer spielt Padre Manolo (Daniel Giménez Cacho) Gitarre, dazu singt ein

Knabe, Ignacio (Nacho Pérez), mit glockenheller Stimme das erwähnte Lied. Der Pater kann die Augen nicht von dem Buben lassen, von seinen weichen, noch kindlichen Zügen und dem ernsthaften Ausdruck in den großen Augen, doch im Blick des Priesters liegen ein Begehren und eine Unruhe, die einen Kontrapunkt zu Ignacios Unschuld setzen. In Zeitlupe springen Jungen von einem Felsen ins Wasser und spritzen darin herum, andere schwimmen um die Wette, derweil singt Ignacio am Ufer von seiner Suche nach Gott und davon, dass er dabei dem Guten und dem Bösen begegnet. Dann schweift die Kamera über den Platz, wo der Pater und der Knabe gerade noch gesessen sind, dort befinden sich nur noch die Picknickkörbe und die Kleider der badenden Jungen. Die Gitarre spielt längst nicht mehr, auch der Gesang bricht jählings ab. „Nein!", schreit das Kind und kommt aus dem Schilf gelaufen. Der Pater folgt ihm und knöpft sich noch die Soutane zu. Blut rinnt dem Jungen über die Stirn und teilt sein Gesicht in zwei Hälften. „Ich spürte, dass mit meinem Leben das Gleiche geschehen würde", hören wir aus dem Off die Stimme des erwachsenen Ignacio.

Darum geht es in Almodóvars Film: wie ein Ereignis aus der Kindheit das ganze Leben bestimmen kann. Die Geschichte läuft auf mehreren Zeitebenen ab und könnte verschachtelter nicht sein, Almodóvar löst sie aber auf virtuose Weise in ein sinnliches Spiel um Wahrheit und Lüge auf, indem im Stil eines Film noir Schönheit, Verführungskunst und das Schauspiel mit vertauschten Identitäten skrupellos zum Erreichen gesteckter Ziele eingesetzt werden. In eleganten Bildbögen voll melancholischen Schmerzes und zerbrochener Träume, zwischen Realität und Fiktion, erlebter und erzählter Wirklichkeit, wahren und erdachten Erinnerungen und Film-im-Film-Szenen ereignen sich kunstvoll miteinander verwobene Geschichten: die tragisch-herzzerreißende Liebe zweier Internatszöglinge, Erpressungsversuche, ein Mordkomplott und die Dreharbeiten zu einem Film darüber. Darin brodelt die Zerrissenheit und die Einsamkeit der Charaktere und ihre Suche nach der eigenen Identität und – darin sind sie eins mit Holly Golightly – nach etwas, das man Heimat nennen könnte.

Breakfast at Tiffany's (*Frühstück bei Tiffany*, USA 1961)
La mala educación (*La mala educacíon – Schlechte Erziehung*,
Spanien 2004)

Die Verleugnung des eigenen Selbst

Brokeback Mountain
The Power of the Dog

In seinem Essay über die Art und Funktionsweise des Melodrams bezeichnete der Filmwissenschaftler Thomas Elsaesser diese Kunstform als „iconographically fixed by the claustrophobic atmosphere of the bourgeois home and/or the small-town setting". Als Kontrapunkt zu solch bedrückender Enge von bürgerlichen Lebensumwelten, sei es in der Familie oder der Kleinstadt, und der damit verbundenen Repression könnte in einer literarischen oder filmischen Erzählung wohl die Flucht in die Natur stehen. Dort, in der Weite der Ebenen, würden sich die Möglichkeit für persönliche Rückzugsbereiche ergeben und in diesem Zusammenhang für die Freiheit von Intimität, wie sie in der örtlichen, aber auch geistigen Beengtheit des täglichen Lebens undenkbar wäre. Die Professorin für Filmstudien Barbara Mennel charakterisiert in dem Buch *Queer Cinema: Schoolgirls, Vampires and Gay Cowboys* aus dem Jahr 2012 die Arbeit von Ang Lee, dem Regisseur von *Brokeback Mountain*, als Diskurs über das Genre des Westerns und sein toxisches Bild von Männlichkeit. Der klassische Western definiere seine tragenden Charaktere meist über deren heterosexuellen Normen. Lee hingegen stelle mit Ennis und Jack zwei Cowboys im Zen-

trum des dramatischen Geschehens, die in ihrer schwulen Lie-
besbeziehung den herkömmlichen Konventionen diametral ent-
gegenstehen – und die doch genau daran schließlich auch zerbrechen, denn „homophobia turns the lovers' world into a
claustrophobic universe despite the wide-open spaces that are
the film's primary setting."

Ein kurzer Umweg über den Philosophen Arthur Schopenhau-
er, bevor wir uns direkt zu Ennis und Jack begeben: Nach dessen Erkenntnis sind wir uns der Momente des Glücks, wenn sie
uns in unserem Leben vergönnt sind, gar nicht bewusst, sodass
„alles eben nur so leicht und sanft an uns vorüberzieht, bis es
vorbei ist und nun der positiv gefühlte Mangel das verschwun-
dene Glück ausdrückt: dann merken wir, dass wir es festzuhalten versäumt haben, und zur Entbehrung gesellt sich die Reue."
Ein solcher Augenblick der schmerzlichen Einsicht ist jener, in
dem sich Ennis die Seele aus dem Leib würgt.

Es war ein Abschied ohne viele Worte. Ob er im nächsten
Sommer wieder auf dem Brokeback Mountain arbeiten würde,
hat ihn Jack mit aufgesetzter Beiläufigkeit gefragt, als die Scha-
fe gezählt waren und sie bei Jacks altem Pick-up standen. Vielleicht nicht, hat Ennis geantwortet, er würde bald heiraten. „I
might be back", hat Jack noch betont lakonisch gemeint. Dann,
ohne auszusprechen, was sie wirklich sagen wollen, ist Ennis
losgegangen und Jack davongefahren. Jack hat Ennis im Rück-
spiegel beobachtet, doch der Moment, an dem die Geschichte
noch eine Wendung hätte nehmen können, ist vorüber. Als
Jacks Wagen verschwunden ist, kann Ennis die Deckung seiner
wahren Gefühle nicht länger aufrechterhalten. Er krümmt sich
zusammen wie unter großen Schmerzen, wankt um eine Ecke
und bricht dort zusammen. Er kauert auf dem Boden, schlägt in

einer Geste der Hilflosigkeit mit der Faust gegen eine Mauer und würgt hoch, was ihm die Seele vergiftet.

Was Ang Lee in seinem wunderbaren Melodram erzählt, ist die Geschichte einer Liebe, die deshalb so unmöglich ist, weil die beiden Liebenden Männer sind und einer von ihnen, Ennis, es nicht schafft, sich gegen die Vorurteile seiner Zeit und Umgebung durchzusetzen. B. Ruby Rich, Professorin für Film und digitale Medien an der University of California, Santa Cruz, spinnt in ihrem Standardwerk *New Queer Cinema. The Director's Cut* (2013) Barbara Mennels These weiter: „It's a film about two young men who have been absolutely brutalized by their fathers and by toxic masculinity – exaggerated masculinity, Marlboro-man masculinity. A masculinity that denies tenderness and defines itself in terms of doing harm." Im ländlichen Wyoming der 1960er-Jahre wird Ennis das traumatische Kindheitserlebnis vom Anblick der Leiche eines Farmers, der wegen seiner Homosexualität grausam ermordet wurde, nicht los.

Bei der ersten Liebesnacht der beiden Schafhüter in den Bergen, wenn die aufgestaute Sehnsucht, einander nah zu sein, die Barriere der Hemmungen und der Angst mit wilder Leidenschaft durchbricht, handelt es sich wohl um die von heterosexuellen Zuschauer:innen meistgesehene schwule Sexszene überhaupt. Ennis' Zittern vor Kälte am erloschenen Lagerfeuer, Jacks Rufe, doch ins Zelt zu kommen, die Wolken, die an der vollen Scheibe des Mondes vorüberziehen, die wilde Selbstvergessenheit von Ennis und Jack – so direkt wie in der Kurzgeschichte von Annie Proulx, 1997 erstmals in der Zeitschrift *The New Yorker* veröffentlicht. Erst in der Nacht darauf durchbricht die schüchterne Zärtlichkeit zwischen den beiden Männern den

Panzer aus Rohheit, den sie sich zugelegt haben. Das Streicheln, das Zarte: Nun lässt auch Ennis sich gehen und öffnet sich dem anderen gegenüber.

Heath Ledgers und Jake Gyllenhaals einfühlsame Darstellung und die zurückhaltend-ruhige Inszenierung stellen die ständige Frage, was sein hätte können, das nagende Hadern mit dem fehlenden Mut, schwere und schwerwiegende Entscheidungen zu treffen, und die Enttäuschung über das, was man Vorsichtigkeit, aber auch Feigheit nennen kann, in den Mittelpunkt der melodramatischen Entwicklung. Der Philosoph Robert Pfaller schreibt, dass „nur ein geträumtes Leben, das sich vom gelebten unterscheidet, in der Lage ist, uns in diesem verharren zu lassen." Mit der Diskrepanz zwischen dem gemeinsamen Leben auf einer Farm, wie sie es sich ersehnen, und ihrer tatsächlichen Wirklichkeit versuchen sich Ennis und Jack, jeder auf seine Weise, zu arrangieren; dennoch wird das ständige Lügen, das Versteckspiel mit ihren Familien und der Gesellschaft für sie immer unerträglicher. Abgesehen von ihren Treffen in den Bergen und zum Fischen, von diesen wenigen Tagen und Stunden, in denen sie ihrer Art von Glück so nahekommen wie sonst nie, sind ihre Erinnerungen an die wenige Zeit, die sie miteinander verbringen können, alles, woran sie sich klammern.

Die todtraurige schwule Liebesgeschichte führt zu keinem glücklichen Ende. Bei ihrem ersten Abschied an Jacks Pick-up fällt Ennis auf, dass er sein Hemd im Lager in den Bergen vergessen haben muss. Jack zuckt nur mit den Schultern. Viele Jahre später wird Ennis dieses Hemd wiederfinden. Jack wurde aus dem Leben geprügelt, nun ist Ennis zu seinem Elternhaus gekommen, um, Jacks Wunsch gemäß, seine Asche auf dem Brokeback Mountain zu verstreuen. Ennis' Hemd steckt in dem blutverschmierten von Jack, das ihn an eine Prügelei erinnert: Damals, als sie sich gerade erst kennengelernt hatten, sind sie aneinandergeraten. Sie mussten wegen des frühen Wintereinbruches unvermutet ihr Lager abbauen, und Ennis sah sich mit dem jähen Ende dessen konfrontiert, was zwischen ihnen entstanden war. Jener Ennis in Jacks Zimmer, die Hemden in den Händen, ist derselbe, der an der Mauer würgt und sich die Zukunft nicht zugesteht, die mit ein bisschen mehr Mut, am Lauf des eigenen Lebens mitzuschreiben, eigentlich auch eine gemeinsame hätte werden können. „And he would wake sometimes in grief", schließt Annie Proulx ihre Geschichte ab, „sometimes with the old sense of joy and release; the pillow sometimes wet, sometimes the sheets." Resignativ der letzte Satz: „ ... nothing could be done about it, and if you can't fix it you've got to stand it."

Eine solche Herangehensweise an das Leben, die die Möglichkeit, gegen die Umstände aufzubegehren, die eine Entfaltung des wahren Selbst verhindern, gar nicht erst in Betracht zieht, kennzeichnet auch die von Benedict Cumberbatch verkörperte Figur des Viehzüchters Phil in Jane Campions Meisterwerk *The Power of the Dog*. Der Film spielt im Montana von 1925, die Zeit ist wie eine Schnittstelle, und den Alten Westen gibt es eigentlich gar nicht mehr. Phil gibt sich nicht nur keine Mühe, einen Gegenentwurf zum normativen Vorbild der heterosexuellen Maskulinität zu wagen, sondern verkörpert nach außen sogar genau dieses Klischee vom Cowboy der alten Schule; mit seinen Chaps und den klirrenden Sporen mit dem Pferderücken fast verwachsen, ist er ein Mann, der bei den Arbeiten auf der Farm keine Handschuhe trägt, sich seine Zigaretten mit einer Hand dreht und nie im Leben in eine Badewanne steigen würde.

Mit diesem Gehabe steht er in krassem Gegensatz zu einem jungen Mann namens Peter – wer von beiden sich schließlich zur Nemesis des anderen entwickeln wird, das ist der Punkt, den Campion lange Zeit in der Schwebe lässt und der die ungeheure Spannung dieser stillen Bilder vorantreibt. Peter jedenfalls ist seiner Mutter Rose eine Hilfe beim Betrieb eines Gasthauses und möchte, dem Vorbild seines verstorbenen Vaters folgend, Medizin studieren.

Auch in diesem ländlichen Umfeld ist es die Weite der Grasebenen, die vermeintliche Freiheit signalisieren. Ganz am Anfang des Films und dann auch wieder am Ende schauen wir durch die großen offenen Fenster des Speiseraums der Cowboys ins Freie. Die Bergkette und der Ausschnitt der Farm wirken wie eingerahmt, wie Tableaux vivants, lebende Bilder in Schaukästen eines Museums. Dort, so werden wir später erfahren, war Phil vor vielen Jahren eine Nacht lang er selbst – Devotionalien in einem Heiligenschrein gleich, hat er Erinnerungsstücke an Bronco Henry, sein großes Vorbild, den Lehrmeister und Freund, von dessen Taten er oft und gern erzählt, in einer Ecke des Stalls drapiert. Zärtlich streicht Phil über Bronco Henrys Sattel – mehr an menschlicher Nähe scheint es für ihn nicht zu geben.

Wie Peter steht auch Phils Bruder George in Gegensatz zu ihm, ihn kennzeichnen weichere Züge, was seine stämmige Statur, aber auch sein stilleres Wesen betrifft. Er trägt bei festlichen Anlässen schon mal Anzug und Fliege, besitzt so etwas Neumodisches wie ein Auto und schätzt den Luxus des modernen Badezimmers in dem großen Herrenhaus, das sie zusammen bewohnen. Dort teilen sie sich, wie wahrscheinlich schon als Kinder, ein Zimmer. Phil tritt nicht nur dem Bruder gegenüber, den er wiederholt als „Fatso" bezeichnet, ziemlich forsch auf. Sein Gehabe charakterisiert ihn als Menschenfeind, es ist von einem ständigen Lauern auf die Schwächen seines Gegenübers geprägt, von aggressivem Sarkasmus – der Vergleich mit dem Bellen eines gefährlichen Hundes scheint nicht weit hergeholt. Dass George eher langsam im Denken und Phil der intelligentere und gebildetere der Brüder ist, der aus Klassikern zitiert und etwa auch Miniaturmöbel tischlert, stellt jedoch einen interessanten Bruch mit unseren Erwartungen dar.

Phil verbindet mit George eine Hassliebe, die seltsame Art eines Abhängigkeitsverhältnisses, das sich zuweilen in nur mühsam unterdrückter Eifersucht manifestiert. Der nach außen hin so starke Phil wirkt fast verloren, wenn George etwa zu spät zum ersten Trinkspruch in den Saloon kommt. In der Nacht, in der der Bruder seine frisch angetraute Frau auf die Ranch bringt, sitzt Phil brütend auf dem Bett, zupft auf seinem Banjo herum und lauscht auf die Geräusche aus dem Nebenzimmer. In seinen Augen glitzern dabei Tränen.

George jedenfalls hat in einem Versuch der Abspaltung aus der ungesunden Symbiose mit seinem Bruder Peters Mutter Rose geheiratet. Er lernt sie beim Abendessen im Gasthaus in einer der ersten Szenen des Films kennen. Schon hier kommt es zur Konfrontation zwischen Phil und Peter. „I wonder what little lady made these", macht sich Phil über die Papierblumen am Tisch lustig. „I did, sir.", gibt Peter zu, und in seinem Gesicht spiegeln sich ein bisschen Stolz über sein Talent ebenso wie die Verletzung durch die Zurückweisung. Fortan ist der feminine Bursche, dessen ungelenk-schlaksige Bewegungen sein inneres Unwohlsein nach außen tragen, für Phil ein rotes Tuch. Phil hält eine der Papierblumen an eine Kerze und zündet sich daran eine Zigarette an. Peter wird sich später auf der Farm ständig Verhöhnungen wie „Miss Nancy" oder „faggot" ausgesetzt sehen. Peters Homosexualität steht als Möglichkeit im Raum, wird im Film aber nicht direkt diskutiert und festgeschrieben. Seine Art, mit dem ständigen Spott umzugehen, ist jedenfalls dazu angetan, Phils Interesse an ihm zu wecken. Später, nach der Hochzeit von George und Rose, kommt Peter auf der Farm an und wird, mit seiner neuen steifen Jeans und dem zu großen Hut, vom ersten Moment an zum Gespött durch Phil und die Cowboys. Die abwertenden Bemerkungen scheinen Peter nicht zu treffen, er steht Phil als jemand vor Augen, der offenbar eins ist mit sich und der Weise, wie er auf andere wirkt. Diese Qualität wird Phils Respekt gewinnen – schließlich ist er seinerseits mit sich selbst alles andere als im Reinen.

Denn schon bald scheinen sich die Dinge zu wenden. Phil beobachtet eines Tages die nackten Cowboys beim Baden und zieht sich dann in sein Versteck, eine geheime Stelle am Fluss, zurück. Er legt sich ins Gras, es hat den Anschein, als würde die Sonne mit ihrem Licht über die Haut seines nackten Oberkörpers streicheln, so wie es Phil wie in einer heiligen Handlung mit dem Halstuch von Bronco Henry macht. Er legt sich das Tuch aufs Gesicht, schiebt es sich schließlich in die Hose und masturbiert damit. Inzwischen stößt Peter, der die Sommerferien auf der Farm verbringt, durch Zufall auf den Zugang zu dem Versteck und findet in einer Schachtel Heftchen über die physische Ertüchtigung von Männern, die Pornohefte dieser Zeit. Der Name von Bronco Henry ist darauf vermerkt – für Peter hat sich in Phils rauen Schale jener Spalt aufgetan, an dem er den Hebel seiner Gegenwehr ansetzen wird.

„Did Bronco Henry teach you to ride, Phil?", fragt Peter in einer späteren Szene in der Scheune. Phil hat ihn in einer Art von Sinneswandel inzwischen unter seine Fittiche genommen und ihm das Reiten beigebracht; die beiden sind einander in Gesprächen anscheinend nähergekommen. Er bejaht: „He taught me to use my eyes in ways that other people can't." Sie verlassen die Scheune und haben die Bergkette vor sich, die das Farmland wie ein Wall nach außen umgibt. Peter solle sich den Hügel ansehen, meint er. „Most people look at it and just see a hill. When Bronco looked at it, what do you suppose he saw?" Peter antwortet, ohne nachdenken zu müssen: einen bellenden Hund. Phil kann es kaum glauben: „The hell, you just saw that now?" Und Peters lapidare Reaktion: „No. When I first came here." In Phils Blick machen wir großes Erstaunen aus, seine schützenden Schranken vor neugierigen Einblicken in sein wahres Ich sind gefallen.

Dass er sich auf Peter einlässt, wird ihm zum Verhängnis werden. Nach einem Ausritt und der Reparatur eines Zaunes, bei der sich Phil an der Hand verletzt hat, entdeckt er, dass Rose, entgegen seiner Anweisungen, zum Trocknen aufgehängte Rinderhäute an einen indigenen Mann verkauft hat. Er gerät in Rage, da berührt ihn Peter am Arm und lässt seine Hand dort. Er habe noch Lederstreifen, meint Peter, damit könne Phil das Seil, das zu flechten er ihm versprochen habe, zu Ende bringen. „I wanted to be like you", antwortet Peter auf die Frage, aus welchem Grund er denn diese Streifen aufgehoben habe. – „That's damn kind of you, Pete." Phil greift in Peters Nacken und hält ihn dort fest. Die Kamera umkreist die beiden, als sie einander mit glühenden Augen gegenüberstehen. „Tell you something", versichert Phil dem Jüngeren. „Everything's gonna be plain sailing for you from now on in." Alles würde für ihn ab jetzt einfacher sein – in Phil ist offenbar die Gewissheit gereift, jemanden gefunden zu haben, der ihn versteht, so wie er ist. Und er verspricht ihm: „I'm gonna work. Finish up that rope straight." Fast wie in einer Umarmung stehen sie da, dann der Schnitt auf die Berge, der ihre Verbindung noch unterstreicht, schließlich haben nur sie beide und Bronco Henry den bellenden Hund gesehen. „You'll watch me do it."

Was folgt, ist die anschließende Szene einer Verführung mit wenigen Worten und langen Blicken, mit leisen Andeutungen und dem Lauern der Stille: Es ist Abend und schon dunkel. Peter bringt eine Wanne mit den eingeweichten Lederstriemen in die von Öllampen erleuchtete Scheune. Ein Ballett, das ohne Schritte abläuft und stattdessen mit dem vorsichtigen Lüften von metaphorischen Schleiern, von Verhüllungen der eigenen Gefühle. Phil reicht Peter die Flasche, aus der er gerade getrunken hat, Peter beobachtet ihn dabei, wie er die Hände, auch die verletzte, ins Wasser taucht und die Schnüre herausnimmt. Phil beginnt mit dem Flechten des Seils und Peter sitzt dabei; die Kamera ist auf Phils Hände gerichtet.

Da steht Peter auf und geht zu Bronco Henrys Sattel. Er streicht darüber wie in einer früheren Szene Phil, er bringt die Sporen zum Klingen. Dann fängt er an zu sprechen: „How old were you when you met Bronco Henry?" Mit Phils Antwort entspinnt sich ein Dialog der Zwischentöne: „About the age you are now." Und Peter: „Was he your best friend?" Phil wirft ihm sein Tabaksäckchen zu, und Peter macht sich daran, eine Zigarette zu drehen. „Yeah ... he was", räumt Phil, noch zögernd, ein. „He was more than that." Er erzählt von dem Vorfall, als Bronco Henry sein Leben gerettet habe. „We were way off up in the hills shooting elk, and the weather turned mean. Bronco kept me alive by ... lying body against body in a bedroll. Fell off to sleep that way." Peter leckt am Papier der Zigarette und stellt die Frage, die zwischen ihnen wohl alles sagt: „Naked?" Er zündet die Zigarette an und zieht daran, dann tritt er näher und hält sie Phil hin, der – das hätte er bis zu diesem Moment nie getan – dieses Angebot, diese Gabe, die einem Füttern, einem Umsorgen entspricht, annimmt und ebenfalls an der Zigarette zieht. Abermals treffen sich Peters und Phils Blicke, als bestünde eine stille Übereinkunft zwischen ihnen, ein Band, so fest wie das Seil, das Phils Finger fertig flechten und spannen. Es ist diese für ihn wohl fast einmalige Situation, in der sich Phil einem anderen Menschen öffnet, die seine Niederlage gegen den jetzt stärkeren Peter bereits besiegelt hat.

Der Score des Radiohead-Gitarristen Jonny Greenwood, diese angerissenen mitunter experimental anmutenden Klänge, sind seit einigen Sequenzen immer nervöser, unheilvoller und beunruhigender geworden und haben eine Stimmung des jeden Moment bevorstehenden Kippens in die Katastrophe kreiert. Wenn Phil am nächsten Morgen fiebernd erwacht und bald darauf in einen Sarg gebettet wird, finden sie wieder zur Ruhe. Schon in Jane Campions mit der Goldenen Palme in Cannes und drei Oscars prämierten Erfolgsfilm *Das Piano* (*The Piano*, 1993) ging es um den Transport eines Klaviers und das damit verbundene Sprengen von Stummheit. Auch in *The Power of the Dog* gewinnen die, die vorher kaum zu sprechen wagten, ihr Leben zurück. Mit einem Lächeln beobachtet Peter vom Fenster seine Mutter und George, die von Phils Begräbnis zurück auf die Farm kommen und sich innig umarmen.

Die Hinweise auf Milzbrand finden sich immer wieder im Film, etwa wenn Peter allein in die Berge reitet und Gewebe von einem verendeten Rind entnimmt. Sein Befreiungsschlag und die Konsequenz, mit der er ihn plant und ausführt, hat uns beim ersten Ansehen trotzdem wie aus dem Hinterhalt überrascht. Dies ist wohl auf Jane Campions genial getimte Inszenierung zurückzuführen, die nicht mit groben Schritten operiert, sondern mit der Taktik schleichender, fast unmerklichen Veränderung, die die wahren Absichten der hochkomplexen Figuren meist in Schwebe lassen – ein wunderbarer Gegenentwurf zum Pomp und den Holzhammermethoden modernen Blockbusterkinos. Mit höchster Finesse ihrer Kunst spinnt Campion ein feines Netz aus Andeutungen und Zwischentönen, die so subtil erfolgen, dass die Betrachtung des Films bei der zweiten Sichtung und dem Aufspüren der Hinweise fast noch mehr beeindruckt als beim ersten. Mit seinen knappen Dialogen, in erster Linie durch Dinge und kleine Gesten erzeugt der Film in Ari Wegners wunderbarer Kameraführung zum Niederknien schöne Bilder im Gegenlicht flimmernder Schattenspiele. Es mag wie ein Widerspruch klingen, ist es aber nicht: Zwischen großartigweiten Panoramen der Prärie und der angrenzenden Bergketten entsteht in dieser Weise, ganz nach Barbara Mennels eingangs zitierten Überlegungen zu *Brokeback Mountain*, ein psychologisches Kammerspiel von unglaublicher Intimität.

Natürlich hat das Ensemble seinen beträchtlichen Anteil, um diese einzigartige Mischung aus Spätwestern, Kriminalfilm, Liebesgeschichte und psychologischem Drama zum Leben zu erwecken. Da stehen die gewalttätige Unberechenbarkeit und gleichzeitig tiefe Einsamkeit von Benedict Cumberbatch in der Rolle des Phil, der sein schwules Begehren hinter ruppigen Machoposen verbirgt, auf der einen Seite, auf der anderen die großen tiefen Augen von Kodi Smit-McPhee in der Verkörpe-

rung des feingeistigen Peter, der ohne mit der Wimper zu zu-
cken, Hühner tötet und ein Kaninchen seziert. Da sind aber
auch Jesse Plemons sanftmütiger George, dem es schwerfällt,
seine Gedanken in Worte zu fassen und der dennoch bereit ist
für echte Zuneigung, und Kirsten Dunsts Rose, die ihre Hoffnungen auf ein neues Leben zunichtegemacht sieht. Dass es so
schön sei, nicht mehr allein zu sein, stammelt George mit Tränen in den Augen, als Rose auf der Fahrt der Neuvermählten für
ihn ein kleines Picknick ausrichtet. Thomas Savage, der Autor
der Romanvorlage von 1967, war verheiratet und hatte drei
Kinder. Er verließ 1960 seine Familie, um mit einem Mann zu-
sammenzuleben, kehrte zwei Jahre später aber zu ihr zurück
und widmete *Die Gewalt der Hunde* schließlich sogar seiner
Frau. Seine Figuren sind Zerrissene, wie er selbst einer war;
Phil, ebenso wie Ennis in *Brokeback Mountain* verleugnen ihr
wahres Ich, ihr Selbst, bis sie daran zerbrechen, und lassen uns
dabei direkt in ihre Seelen schauen.

Brokeback Mountain (USA/Kanada 2005)
The Power of the Dog (Neuseeland/Australien 2021)

Spähen in Schattenwelten

Burning

Die initiale Einstellung von Lee Chang-dongs Thriller *Burning* zeigt ein Scharnier der verschlossenen Tür eines Lieferwagens. Als die Kamera davon ein Stück zurückzuweichen beginnt, kommt Jong-su ins Bild, ein auf den ersten Blick recht unscheinbarer junger Mann, der seine Zigarette wegwirft und die Tür des Fahrzeugs öffnet; so kommen die Dinge in Gang, die uns in eine Dreiecksgeschichte voller Rätsel, Unsicherheiten und bewusster Leerstellen und Jong-su in Situationen führen werden, die er für sich selbst und sein Leben wohl nie und nimmer für möglich gehalten hätte. Um das Öffnen verschlossener Türen geht es in diesem Film, was sich auf zwischenmenschliche Komponenten bezieht und auf solche, die das eigene Ich betrifft, besonders aber auch auf die eingeschränkte Durchlässigkeit zwischen sozialen Ebenen; und dann, sobald zumindest ein Spalt offen steht, um das Spähen in innere und äußere Schattenwelten, in das Verborgene in den Lebensrealitäten der Charaktere.

Der Schauspieler Yoo Ah-in verkörpert Jong-sus Ambivalenz auf brillante Weise, seine Entwicklung vom recht unbedarften Jedermann, einem Nobody am unteren Rand der Mittelklasse, zum Rächer einer jungen Frau, die für ihn immer das Gegenteil eines offenen Buches geblieben ist. Er läuft dieser ehemaligen Klassenkameradin namens Hae-mi (Jeon Jong-seo) ganz kurz nach der Einstiegsszene über den Weg, und obwohl sie ihn nicht zu erkennen scheint, kommt es zu einem gemeinsamen Essen und zum Besuch in ihrer kleinen Wohnung. Dort stellt sich Jong-su beim Sex ziemlich unbeholfen an; Hae-mi übernimmt die Initiative und muss ihm sogar beim Anlegen des Kondoms helfen, und was darauf folgt, ist auch nicht sehr berauschend – eine krasse Diskrepanz zu seinem späteren zielgerichteten Verhalten.

Solche Gegensätze sind es, die die Struktur dieser Filmerzählung bestimmen. Das Leben in einer landwirtschaftlich dominierten Grenzregion etwa, wo Jong-su in einem kleinen und ziemlich heruntergekommenen Bauernhof lebt, und in Seoul, wo sich die Luxuswohnung von Ben (dargestellt von *Walking Dead*-Star Steven Yeun) befindet, eines geheimnisvollen Mannes, der von sich behauptet, nie zu weinen und in einer späteren Szene zugibt, sich fast damit brüstet, Gewächshäuser niederzubrennen; ein nächstes Ziel in Jong-sus Umgebung, so Ben, habe er bereits im Auge. Sie sitzen vor Jong-sus Haus und rauchen Marihuana, kurz zuvor hat sich Hae-mi ausgezogen und nackt vor der untergehenden Sonne getanzt – eine der zahlreichen wunderbar komponierten und in ihrer bewussten Einfachheit poetischen Einstellungen von Kameramann Hong Kyung-pyo.

Die Kennzahlen einer Dreiecksgeschichte: Laut eigenen Worten hat Hae-mi Ben während einer Reise nach Afrika kennengelernt. Dass Jong-su Hae-mis Katze, um die er sich während ihrer Abwesenheit kümmern sollte, nie zu Gesicht bekommen hat, erscheint ebenso unerklärlich wie Hae-mis Verschwinden einige Zeit darauf. Sie habe sich „in Rauch aufgelöst", meint Ben lakonisch. Jong-su beginnt, ihn zu bespitzeln, und findet schließlich Hae-mis Armband in Bens Badezimmer. Dieser besitzt auf einmal auch eine Katze, die auf den Namen von Hae-mis Haustier hört. Abgesehen davon gibt es nichts Konkretes zu entdecken und keine Beweise; für Jong-su verdichten sich jedoch die Hinweise zu einem Gesamtbild, in dem Ben gar kein anderer als ein Täter sein kann. So kommt es zu dieser von ungeheurer innerer Ruhe getragenen Szene in nicht mehr als zwei langen Einstellungen, die einen Mord als notwendigen Akt der Reinigung darstellt.

Abermals der Gegensatz zwischen Jong-sus altem Pick-up und Bens schnittigem Porsche, der sich durch den ganzen Film zieht. Auf einem freien Landstück zwischen Gewächshäusern ist ein Treffen vereinbart. Ohne lang zuzuwarten, sticht Jong-su sein Messer in Ben, als dieser auf seinen Pick-up zukommt. Die Szenerie ist verhalten, es gibt kaum Farben und Laute, die ganze Zeit spricht keiner der beiden Männer – nur entferntes Motorengeräusch in der Dämmerung. Es ist kalt, es liegt etwas Schnee, über allem ragen Hochspannungsleitungen auf, was an die finale Szene von David Finchers *Se7en* (*Sieben*, 1995) erinnert. Ben macht ungelenke Versuche, sich von Jong-su zu befreien, schwer verwundet wankt er auf den Porsche zu, doch Jong-su folgt ihm und zerrt ihn wieder heraus. Nun stehen die beiden einander gegenüber, Ben rücklings ans Auto gelehnt, denn allein könnte er sich wohl nicht mehr auf den Beinen halten. Jong-su sticht abermals zu, Ben und er sind in einem langen Blick verbunden, darin liegt Schmerz, liegt Trauer, vielleicht sogar ein Anflug von Erleichterung und dem Sehnen nach dem Tod. Wie in einer Umarmung sackt Ben dann auf Jong-su leblos zusammen. Dieser lässt sein Messer fallen, er hievt Ben ins Auto und macht sich daran, aus seinem eigenen einen kleinen Plastikkanister mit Benzin zu holen. Da krümmt er sich und kotzt auf den gefrorenen Boden, und immer noch hat es keinen Schnitt gegeben. Ein Lastwagen kommt angefahren und wir erkennen den typischen Kunstkniff aus *Psycho* (1960), der uns zum Komplizen des Mörders Norman Bates beim Beseitigen seiner Opfer macht und mit ihm hoffen lässt, nicht entdeckt zu werden. Jong-su wirft das Messer zu Bens Leiche in den Porsche und wendet dem vorbeifahrenden Wagen den Rücken zu – Aufatmen, als dieser nicht hält. Dann verteilt Jong-su das Benzin im und auf dem Auto, immer wieder zögert er kurz, aber im Grunde genommen ist es so, als würde hier alles seinen rechten und geradezu vorbestimmten Lauf nehmen. Jong-su zieht seine verschmutzte und blutverschmierte Kleidung aus und wirft sie in den Wagen und das brennende Feuerzeug dazu. Schon wendet er sich ab, er keucht und röchelt wie ein verwundetes Tier, als er nackt zum Pick-up zurückgeht, und erst jetzt, als er im Wagen sitzt, gibt es einen Schnitt.

Nicht minder meisterhaft zeigt sich die Choreografie der letzten Einstellung des Films. Wir bleiben im Freien und können Jong-su nur durch die nasse und verschmierte Windschutzscheibe ausmachen, genauso wie Jong-su in früheren Momenten von außen durch das transparente, aber verschmutzte Plastik in den leeren, nutzlos gewordenen Raum eines unbenützten Gewächshauses starrte – die Welt im Inneren, die Welt im Äußeren, und beides offenbar ohne Sinn und Zweck. Es hat leicht zu schneien begonnen, Jong-su erscheint in unserem Blick so verschwommen wie ihm selbst wohl sein Leben und das, was sich um seine Person, unter Umständen aber auch in seinem Kopf, abspielt. Er fährt los, erst jetzt bekommen wir eine Ahnung des Feuers, das sich warm und rot im Glas der Windschutzscheibe spiegelt; beim Vorbeifahren am brennenden Auto und dann durch die Heckscheibe des Pick-ups sehen wir die Flammen lodern. Jong-su hat keine Augen dafür, er verlässt den Ort seiner Tat, ohne zu wissen, was weiter geschehen wird – langsames Fade-out. Die musikalische Untermalung mit Gitarre und Trommel ist so minimalistisch wie die Bildgestaltung, so elegant und fast beiläufig und in solch bestechender Gelassenheit ist in einem Film noch nie ein Wagen ausgebrannt und dadurch eine Leiche beseitigt worden.

Regisseur Lee Chang-dong verglich in einem Interview die Lücken in seiner Geschichte, das fehlende Stück, ohne das man nie die Wahrheit kennen würde, mit der Welt unserer Zeit: Etwas laufe falsch, aber es gelänge uns nicht zu ergründen, was genau es sei. In Südkorea litten die jungen Leute an der steigenden Jugendarbeitslosigkeit und wüssten nicht, gegen wen sie ihre Wut richten sollen. Gleichzeitig habe es den Anschein, als entwickle sich die Welt zu einem zunehmend hoch entwickelten, komfortablen und perfekt funktionierenden Ort. Die Diskrepanz zwischen diesen Lebenswelten – die Welt als Rätsel ohne Code, es zu dechiffrieren, und darin der Zorn der Menschen. Im Film wird William Faulkner als Jong-sus Lieblingsautor genannt. In seiner Kurzgeschichte „Barn Burning" („Brandstifter"), einem Lehrstück über Wut, schreibt der Literaturnobelpreisträger über „das menschliche Herz im Konflikt mit sich selbst". In diesem Sinne entwickelt *Burning* seine Metapher auf Ungerechtigkeit und Verbrechen und zieht uns in ihren geradezu hypnotischen Sog.

Beoning (*Burning*, Südkorea 2018)

Freeze Frame der Legenden

Butch Cassidy and the Sundance Kid

George Roy Hills Hippie-Version eines Western, gedreht nach dem oscarprämierten Drehbuch von William Goldman und starbesetzt mit Paul Newman und Robert Redford, beschreibt das Leben der beiden im Filmtitel genanten Zug- und Bankräuber als sanfte Ballade zwischen Wehmut, Nostalgie und Galgenhumor. Die zwei Outlaws als liebenswerte Kerle, als Freunde, wie man sie sich besser nicht wünschen kann, die Romantisierung von Banditen zu Legenden, die Inszenierung in einer Gelassenheit, einer Entspanntheit, die ihresgleichen sucht. Dazu der Spannungsbogen: Eine Truppe von Kopfgeldjägern ist ihnen auf der Spur, die Flucht geht durch die Berge in Richtung Bolivien, der rettende Sprung von einer hohen Klippe stellt dabei einen viel zitierten Höhepunkt dar.

Begleitet werden die beiden von Sundance' Freundin Etta Place (Katharine Ross) unter der Bedingung: „I'll do anything you ask of me except one thing. I won't watch you die." Kaum ist in einem Film ein Satz wie dieser gefallen, driftet klarerweise alles auf den darin heraufbeschworenen Moment zu. Doch bevor es dazu kommt, bevor Butch und Sundance gestellt werden und sie sich todesmutig auf ihre letzte Schießerei einlassen, gibt es das Lied von den Regentropfen.

Es ist früher Morgen, ein Farmhaus in einsam-idyllischer Umgebung, Sundance und Etta liegen noch im Bett. Da wird die junge Frau von Butch geweckt, der auf einem Rad vor dem Fenster hin- und herfährt. „Raindrops keep fallin' on my head", ist der Song, für den Hal David und Burt Bacharach mit dem Academy Award ausgezeichnet wurden. Eine Szenerie in weichem Licht und warmen Farben, geradewegs wie aus einem Flower-Power-Traum: Im wehenden weißen Kleid sitzt Etta auf der Lenkstange, Butch mit einer Melone auf dem Kopf steuert das Rad über Wiesen und unter Apfelbäumen hindurch. Er pflückt eine Frucht, sie beißen hinein und freuen sich sichtlich ihres Lebens. Da setzt Butch Etta vor einer Scheune ab, sie klettert auf den Heuboden und hat durch eine Luke den Ausblick auf die Kunststücke, die er unter Zirkusmusikbegleitung alsbald auf dem Fahrrad vollführt: die Füße auf dem Lenker, mit dem Bauch auf dem Sattel liegend oder gleich rittlings – unweigerlich kommt es zum Sturz durch das Gatter eines Rindergeheges und zum bedrohlichen Blick eines Stiers im Sinne einer komischen Auflockerung. „[...] I'm free – nothing's worrying me", versichert uns der Liedtext, während sich Butch und Etta wieder auf den Sattel schwingen und vor dem Bullen Reißaus nehmen.

Ein Moment des Loslassens und des Atemholens im Verlauf der Gaunerkarriere – schon bald werden sich die Probleme mehren, die Butch und Sundance sehr wohl in Sorge versetzen sollten. Sie gipfeln in der finalen Szene, als die beiden auf einem Dorfplatz in Bolivien gestellt werden. Hinter allen Mauern und auf allen Dächern sind Soldaten positioniert; Butch und Sundance, bereits verwundet, haben sich in einem Haus verschanzt. Es gibt noch freundschaftliches Hickhack bezüglich der Fähigkeiten des jeweils anderen und eventueller Auswanderungspläne für die Zukunft, dann stürzen die beiden mit gezogenen Revolvern ins Freie. Das Bild friert in exakt dem Moment ein, in dem der gegnerische Kugelhagel auf sie losbricht, die Schüsse sind noch eine Zeit lang zu hören. Der Augenblick wird wie eine Fotografie in Sepia festgehalten – dem Film geht es ja nicht zuletzt um die Bildung eines jener Mythen, die den amerikanischen Westen und seine Helden bis heute beherrschen. Das Lied von den Regentropfen stellt dabei ein unbeschwertes Zwischenspiel auf einem Weg dar, der mit Blut und Tränen gepflastert ist.

Butch Cassidy and the Sundance Kid
(*Zwei Banditen*, USA 1969)

Frühling für Hitler

Cabaret

Innerhalb weniger Momente kippt die Normalität ins Surreale und gerät die Biergartenseligkeit im Gasthaus Waldesruh zum apokalyptischen Horrorszenario, das den Untergang einer ganzen Epoche heraufbeschwört. Ein blonder Junge beginnt zu singen. Er singt von sommerlich warmem Sonnenschein und Hirschen, die frei durch den Wald laufen, von grünen Lindenblättern und dem golden glänzenden Rhein auf seinem Weg zum Meer, und seine Wangen sind gerötet vor Begeisterung, wenn er zu den Zeilen „tomorrow belongs to me" optimistisch in die Zukunft blickt. Doch auf einmal zieht sich die Kamera aus der Großaufnahme zurück und gibt den Blick auf das krasse Gegenteil des Idylls frei, auf die Uniform des Burschen und die Hakenkreuzbinde an seinem Ärmel, und das weiche Bubengesicht wird zu einer hässlichen Fratze, wenn er vom Vaterland singt, das ihm und anderen Kindern ein Zeichen geben wird – der Morgen werde kommen, kriegen wir zu hören, an denen ihnen nichts weniger als die Welt gehört. Die Gäste im Gastgarten, die eben noch friedlich in der Sonne saßen und ihr Bier tranken, reißt es mit und von ihren Sitzen, und mit verzerrten Gesichtern schmettern sie gemeinsam ihre Kriegserklärung an die Welt. Als der blonde Bursch sich die Kappe auf den Kopf setzt und die Hand zum Hitlergruß erhebt, steht dazwischen das Mephistogrinsen des Conférenciers im „Kit Kat Club", der im Berlin der frühen Dreißigerjahre die dunklen Zeichen der Zeit zu deuten weiß.

Natürlich ist Liza Minnellis Darstellung in Bob Fosses Adaption des Broadway-Musicals *Cabaret* schlichtweg fulminant. Als Sängerin Sally Bowles träumt sie von einer Karriere als „richtige" Schauspielerin und sieht sich in eine Dreiecksbeziehung mit dem jungen Schriftsteller Brian (Michael York) und dem reichen Lebemann Maximilian (Helmut Griem) gezogen. Ihre Interpretation der Musiknummern wie „Money, Money" (zusammen mit dem diabolischen Joel Grey), „Maybe This Time" und natürlich auch des Titelsongs haben sich ins kollektive Gedächtnis eingegraben. Die Bilder aber, die uns Fosse zu „Tomorrow Belongs to Me" zeigt, treten aus dieser Geschichte heraus und tun schlicht und einfach weh. Es ist die Diskrepanz zwischen der lieblichen Melodie und der Unschuld, die der jugendliche Sänger anfangs ausstrahlt, einerseits, und der Verderben bringenden Botschaft des Stücks andererseits, der Gegensatz auch zwischen dem Hitlerjungen, der davon überzeugt zu sein scheint, dass ihm die Zukunft gehört, und einem davon angewiderten alten Mann, der in dieser Zukunft nichts mehr zu sagen haben wird, die grell vor Augen führt, dass das Leben vieles sein mag, ganz sicher aber kein Cabaret. Das gespenstische Crescendo, in das sich das Lied im Biergarten schließlich steigert, mündet in unserer Vorstellung direkt in die Bilder, die wir als Konsequenz des Ganzen kennen, in das Feuer von Kanonen und die Explosion von Bomben und die Leichenberge in den Lagern. Die Szene im Gastgarten agiert aus dem Hinterhalt, sie pirscht sich an uns heran und überwältigt uns dann mit ihrer perfiden Heimtücke. Bevor der

Junge zu singen begonnen hat, hat Brian Maximilians Zigarette angezündet und dabei vielsagend seine Hand gestreift, jetzt suchen die beiden in ihrem Wagen kopfschüttelnd das Weite. Am Ende des Films verlässt Brian Sally und Berlin; hinter ihm rollt bereits die braune Welle, die alsbald die halbe Welt mit sich reißen wird. Das Morgen, von dem der Junge im Gastgarten gesungen hat, ist nämlich nur allzu bald zur schrecklichen Gegenwart geworden.

Cabaret (USA 1972)

Schuld und Sühne

Cal

Am Ende von Bernard MacLavertys Roman *Cal* aus dem Jahr 1983 treffen wir auf den Protagonisten, der, von Schuld geradezu zerfressen, darauf wartet, für sein Vergehen zur Rechenschaft gezogen zu werden: „The next morning, Christmas Eve, almost as if he expected it, the police arrived to arrest him and he stood in a dead man's Y-fronts listening to the charge, grateful that at last someone was hoping to beat him to within an inch of his life."

Als Mitglied einer Untergruppe der IRA war Cal als Fahrer an der Ermordung eines protestantischen Polizisten beteiligt und hat sich dann in dessen Witwe, die wesentlich ältere Marcella, verliebt. Die Bilder in Pat O'Connors berührender Verfilmung sind so karg wie die nordirische Landschaft, der berühmte Score von Mark Knopfler bildet dazu den atmosphärisch zarten Hintergrund. Das hagere Gesicht von John Lynch und sein ausgemergelter Körper und die noch junge Helen Mirren – ihr Zusammenspiel geht zu Herzen. Wenn sich die beiden in einer bitterkalten Nacht näherkommen, zwei einsame Menschen voller Sehnsucht, wirkt nicht einmal das Flackern des Kaminfeuers kitschig. Schüchterne Berührungen, dann Marcellas Frage: „Would you die for me?" Voreinander stehend, ziehen sie sich aus, und Cal kann die Blicke nicht von Marcella nehmen. Gleichzeitig und während sie miteinander schlafen, spulen sich die Bilder von jener Nacht vor seinen Augen und damit auch vor unseren ab, in der er Schuld auf sich geladen hat: die Regenschlieren auf der Windschutzscheibe, die Dunkelheit, die Eingangstür zu dem Haus, in dem Marcella nun ohne ihren Mann lebt, die Schüsse, die Schreie, das Blut. Als Cal in Marcella kommt, stirbt in seiner Erinnerung ihr Mann.

„Dass Menschen in Schuld geraten, ist schlimm; aber sich schuldig zu fühlen und nicht an Vergebung glauben zu können, – das ist die Hölle", schreibt der Theologe und Psychoanalytiker Eugen Drewermann in seinen „Meditationen zu Tod und Auferstehung" mit dem Titel *Ich steige hinab in die Barke der Sonne* (1989). Diese persönliche Hölle durchlebt Cal selbst in den Momenten der Nähe zu Marcella, selbst in den wenigen Augenblicken des Glücks, die ihm das Leben zu gewähren scheint. Die Mitverantwortung an dem Mord frisst sich durch seine Seele, sein Wunsch nach Buße resultiert in der Beichte vor Marcella. Dennoch bringt ihm seine – ich will es so nennen – Gier nach gerechter Strafe an den Rand des Wahnsinns; Cal kann dem übergroßen Druck seines Empfindens von Schuld nicht länger standhalten. Indem er jedoch die Verantwortung für seine Tat auf sich nimmt, kommt er mit sich selbst ins Reine. Die echte Reue weist ihm den Weg zur Reinigung; ob die Zukunft so etwas wie eine Chance für die Liebe zwischen Cal und Marcella bereithält, wird sich weisen.

Cal (Irland 1984)

Väter und Söhne

Call Me By Your Name
Road to Perdition

Es gibt dieses Foto von Robert Capa aus dem Jahre 1941, das Ernest Hemingway zusammen mit seinem kleinen Sohn Gregory zeigt. Ganz entspannt sitzen sie am Ufer eines Sees, die Jagdgewehre sind beiseitegelegt. Hemingways Blick schweift in die Ferne, sein Sohn hat die Augen geschlossen. Dieses Bild könnte geradewegs Hemingways Kurzgeschichte „Indianerlager" entstammen, die auch tatsächlich autobiografische Züge trägt. Darin beschreibt der Autor, wie einem kleinen Jungen die Kindheit unter den Füßen weggezogen, dann aber doch wieder zurückgegeben wird. Sein Vater, ein Arzt, nimmt Nick mit zu einer schwangeren Patientin zu dem auf einer Insel gelegenen und im Titel der Erzählung genannten Schauplatz. „Das Kind will geboren werden", erklärt der Vater seinem Sohn, „und sie will, dass es geboren wird. All ihre Muskeln arbeiten, um das Kind zu gebären. Das geschieht, wenn sie schreit." Mit dem Stolz des Vaters, der sich bemüht, seinen Sohn in die Geheimnisse des Lebens einzuführen, erklärt der Arzt Nick die Prozedur des Kaiserschnitts, den er durchführen muss. Doch dem Kind ist das alles bald zu viel an expliziten Informationen. „Na, wie gefällt's dir als Assistent?", fragt ihn der Vater. Nick gibt ihm zwar die

Antwort, die er hören will, blickt aber weg, „um nicht zu sehen, was sein Vater machte." Dieser ist ganz der euphorische Lebensretter „und gesprächig, wie Footballspieler im Ankleideraum nach dem Kampf." Dann aber eskaliert die Situation, als einer der Natives Selbstmord begeht: „Sein Hals war durchschnitten, von einem Ohr zum anderen." Für Nick kippt die Realität in einen bösen Traum.

Auch in dem Filmdrama *Road to Perdition* von Sam Mendes, der für seine Regie von *American Beauty* (1999) den Oscar erhielt, später für zwei wesentliche Einträge in die Reihe der *James-Bond*-Filme verantwortlich zeichnete (*Skyfall*, 2012 und *Spectre*, 2015) und mit dem Kriegsdrama *1917* (2019) ein wahres One-Cut-Meisterstück lieferte, muss ein Kind, Michael (Tyler Hoechlin), Dinge mitansehen, die nicht gut für ihn sind. Sein Vater, Sullivan, dargestellt von Tom Hanks, erledigt für den alternden Boss einer irischen Gangsterbande, (Paul Newman in seiner letzten Rolle) im Winter von 1931 schmutzige Aufträge. Bei einem dieser Jobs kommt es zu einem Feuergefecht, vor Michaels Augen erschießt der Vater zwei Männer. Durch ein Kellerfenster beobachtet er, was er kaum fassen kann und was das Leben, wie er es kannte, von einem Moment auf den anderen völlig auf den Kopf stellt.

Das Konstrukt aus Versicherungen und Versprechen, dass Michael schweigen und den Clan der Bande nicht in Gefahr bringen würde, hält nicht lang. Michaels Mutter und sein jüngerer Bruder werden ermordet, er und sein Vater müssen fliehen. Im Laufe dieser Flucht wächst das Band zwischen ihnen in dem Maße, wie sich Sullivan von seinem Ziehvater, dem Gangsterboss, abnabelt. Schließlich setzt Sullivan den letzten Schritt. In einer nächtlichen Szenerie geht der Regen wie ein Wasserfall über den in einer Seitengasse geparkten Wagen nieder. Als der Gangsterboss und seine Leibwächter aus einem Lagerhaus ins Freie treten, treffen sie die lautlosen Salven, die Sullivan aus der Dunkelheit auf sie abgibt. Wie Marionetten, deren Fäden sich ineinander verheddert haben, tanzen die Sterbenden in den Tod. Ihr Boss bleibt übrig, er steht starr bei seinem Wagen und wartet ab. Er sei froh, dass das Ende durch ihn komme, sagt der alte Mann, bevor ihn Sullivans Todesschuss trifft.

Was Sullivan zu diesem Zeitpunkt noch nicht weiß, ist, dass ihnen ein Killer auf den Fersen ist. Jude Law als Auftragsmörder Maguire, der mit psychotischer Besessenheit Fotos seiner Opfer sammelt, stellt sie schließlich in ihrem Zufluchtsort, einem Haus am Michigansee. Was den Regen der früheren Szene ablöst, ist das gleichmäßige Rauschen der Wellen, sonst ist es ganz still, als Sullivan von einem großen weißen Zimmer aus aufs Wasser blickt. In seiner Reflexion im Fensterglas sehen wir, was er sieht, nämlich Michael, der mit einem Hund am Strand spielt; nach all der Gewalt ist das endlich ein Moment des Aufatmens und des Friedens. Da durchbrechen zwei Schüsse die Ruhe, Blut spritzt aus Sullivans Brust auf die Fensterscheibe. Erst als er zu Boden sinkt, bemerken wir Maguire in einer Ecke des Raumes hinter ihm. Der Killer baut seine Kamera auf, der Sterbende liegt verkrümmt vor der Linse. „Smile!", fordert ihn Maguire auf. Womit er nicht gerechnet hat, ist Michael, der längst hinter ihm aufgetaucht ist, in der Hand einen Revolver. Er zielt auf den Killer, sein Vater schüttelt den Kopf. Maguire drängt den Burschen, ihm die Waffe zu überlassen, da gibt es einen letzten Schuss; doch den hat nicht Michael abgegeben.

Der Ort, zu dem Vater und Sohn die Filmhandlung über unterwegs sind, heißt Perdition, das Wort bedeutet Verderben,

Verdammnis und auch Verlust. Michael hat vieles verloren, seine Eltern, seinen Bruder, den Zusammenhalt der Familie und nicht zuletzt das, was man als seine kindliche Unschuld bezeichnen könnte. Dass es ihm leidtue, sind Sullivans letzte Worte, als er, den Kopf in die Hände seines Sohnes gebettet, stirbt.

Auch der Doktor in Hemingways Geschichte will nicht, dass der kleine Nick die Leiche des Selbstmörders zu Gesicht bekommt, wenngleich darüber in der Folge nicht viele Worte verloren werden. Bei ihrer Fahrt von der Insel der Indigenen zurück aufs Festland erlebt Nick den frühen Morgen wie eine Wiedergeburt. „Die Sonne stieg über den Bergen auf. Ein Barsch schnellte hoch und machte einen Kreis im Wasser. Nick ließ seine Hand im Wasser schleifen. Es fühlte sich warm an im schneidenden Morgenfrost." Nach all dem Leid und dem Tod, mit denen er sich unvermittelt konfrontiert sah, ist Nicks Reaktion das Gegenteil von Verzweiflung: „Am frühen Morgen auf dem See, als er im Heck des Bootes seinem rudernden Vater gegenübersaß, war er überzeugt davon, dass er niemals sterben würde." Nick und Michael, beide Jungen haben ihre Kindheit verloren, doch die Gewissheit, dass ihre Väter für sie da sind, hat ihnen zumindest einen Teil davon wieder zurückgegeben. Der sterbende Sullivan konnte in einem letzten heroischen Akt des Aufbäumens gegen sein doch bereits unabänderliches Schicksal seinen Sohn davor bewahren, selbst ein Mörder zu werden; und dadurch hat er ihm die Chance auf eine Zukunft und auf ein neues, ein eigenes Leben geschenkt.

Diesen so immanent wichtigen, jedoch eben auch oftmals mit schmerzlichen Erfahrungen behafteten Schritt des Heraustretens aus der Geborgenheit des kindlichen Paradiesgartens – „from innocence to knowledge" – macht auch Elio, der Protagonist von Luca Guadagninos lyrischem Sommermärchen *Call Me By Your Name*. Wir befinden uns im Norditalien von 1983. Wie jedes Jahr verbringt der siebzehnjährige Elio zusammen mit seinen Eltern den Sommer auf dem gediegenen Landsitz inmitten eines weitläufigen Gartens. Es ist ein intellektuell inspirierendes Umfeld, der Vater ist Professor für Archäologie, seine Mutter begeistert sich für philosophische Literatur, die Familie unterhält sich wie selbstverständlich in einer Mischung aus mehreren Sprachen. Dienstboten nehmen ihr die Arbeit ab, man liest, geht schwimmen, genießt das Essen und führt daneben anregende Gespräche. Elio hat Muße, sich auf das Transkribieren von Noten und seine Fertigkeiten beim Klavierspiel zu konzentrieren – und ist schon neugierig auf die Ankunft eines Studenten, den der Vater für die Assistenz bei seiner Forschungsarbeit ausgewählt hat. Dabei handelt es sich um den vierundzwanzigjährigen Oliver, und in dem Moment, als Elio seiner ansichtig wird, zieht es ihm schier den Boden unter den Füßen weg. Als wäre Elio in einem langen Mittsommernachtstraum gefangen, tut der Liebessaft, dem Schlafenden von Puck aufs Augenlid geträufelt, seine augenblickliche Wirkung: Die Szenerie um ihn herum wird zum Zauberwald aus Shakespeares Spiel; von diesem Moment an sind Elios Sinne in diesem langen, heißen Sommer in Aufruhr und wissen nicht mehr ein und aus vor Sehnsucht und Begehren.

Elio betrachtet diesen großen, polternden Amerikaner, dessen Verhalten ihn gleichzeitig abschreckt und anzieht, mit der ungläubigen Unsicherheit eines verzagten Kindes, das kein Kind mehr ist, eines Taumelnden in einem verwirrenden Spiel mit Möglichkeiten, die zu ergreifen ihm schwerfällt – mit den Verführungen des Geistes und des Körpers des Gegenübers, von dem beide, Elio und, wie uns erst später klar werden wird, auch Oliver alles wollen und vor dem sie nichts auszusprechen wagen. Mit diesem Brennen in seiner Seele ist Elio sich ungewiss, wohin ihn sein Leben führen wird, und in den Momenten, als er sich bewusst ist, keine Kontrolle mehr darüber zu haben, wird seine Verletzlichkeit unübersehbar. Es liegt eine vordergründig sanftmütige Stille über dieser sonnendurchtränkten italienischen Landschaft, diesem Zaubergarten, diesen hohen Räumen voller Bücher, über der berauschenden Szenerie der brütenden Sommertage und der lauen Nächte; die Blicke über den Esstisch hinweg, die Akkorde, die Elio beim Klavierspielen „with playfulness and a sense of coyness that is rare" anschlägt, die verstohlenen und dann immer offeneren Blicke lassen die Gefühle des aufblühenden Verlangens erahnen, die sich unter der Oberfläche in Wallung befinden. Die flirrenden Bilder des thailändischen Kameramanns Sayombhu Mukdeeprom beschwören eine ganz eigene Atmosphäre herauf, eine Stimmung, in der das Herzklopfen der beiden Männer, die Gier nach dem ersten Kuss und danach, das Gesicht des anderen endlich berühren zu dürfen, geradezu greifbar wird. Das Zirpen der Grillen, das Rauschen des Windes, das Klatschen schwerer Regentropfen aufs Dach, das Zwitschern der Vögel am nächsten Morgen – Geräusche von außen kennzeichnen die Tageszeit und legen den Rahmen um all die ungesagten Worte zwischen Elio und Oliver. Staunend, fast ungläubig betrachten und umkreisen die beiden einander – und trauen sich doch die längste Zeit nicht, einander ihre Gefühle, die berauschend neu für sie sind, einzugestehen.

Natürlich kommt es dann doch zu einem ersten Kuss und vielen weiteren und schließlich zur großen Szene einer Liebesnacht. Später liegen sie beisammen, aus unserer Sicht kopfunter – ihr Leben ist nun auf den Kopf gestellt. Ihre Gesichter sind einander ganz nah, als Oliver flüstert, was man als Geniestreich eines Titels bezeichnen muss: „Call me by your name and I'll call you by mine." Indem sie genau dies tun, heißen sie den anderen in seinem Anderssein willkommen. Und doch liegt in diesem Beginn schon die schmerzliche Gewissheit der Begrenztheit der für sie verbliebenen Zeit; das Martyrium des unvermeidlichen Abschieds hebt die kommenden filmischen Momente aus der bisherigen wunderbaren, sonnendurchfluteten und fast schwerelosen Leichtigkeit in die Bittersüße eines großen Melodrams, in dessen Rahmen Armie Hammer als Oliver eine ausgesprochen gediegene und Timothée Chalamet als Elio eine wahrhaft sensationelle Darstellerleistung bieten. Elios Erfahrungen mit Oliver werden für ihn zu Erfahrungen über sich selbst, über deren Wert das vielleicht schönste Gespräch zwischen einem Vater und seinem Sohn erzählt, das ich in einem Film kenne. Michael Stuhlbarg verleiht der Figur des Vaters dabei jene große emotionale Tiefe, die der stillen Intensität von Timothée Chalamets Schauspielkunst entspricht.

Es ist Abend, draußen tobt ein Sturm, in der Ferne Glockenläuten. Die letzten Stunden mit Oliver sind vorüber, der Abschied war tränenreich und bitter. Elio betritt das Arbeitszimmer des Vaters, der dort mit einem Manuskript auf dem Sofa sitzt. Er wirkt auf einmal wieder sehr jung. Dass er ihn beim Abendessen vermisst habe, beginnt der Vater das Gespräch; und, als sich Elio neben ihn auf das Sofa setzt: „Welcome home." Was folgt, sind unglaublich intime Momente, ist das Geschenk der unbedingten Ehrlichkeit, das der Vater seinem Sohn macht. „You two had a nice friendship", tastet sich der Vater an das heran, was er seinem Sohn mitgeben möchte. „You're too smart not to know how rare, how special what you two had was." Und: „You were both lucky to have found each other." In Elios Gesicht spiegelt sich die Trauer ob seines Verlustes. Er sitzt anfangs an der anderen Ecke des Sofas, dann rückt er näher an seinen Vater heran, der seinen Kopf streichelt, und beugt sich zu ihm. Dieser melancholisch-liebevolle Ausdruck in den Augen des Vaters, die Tränen, die darin schimmern, diese Nähe von Glück und Schwermut, die er nicht nur erkennt, sondern seinen Sohn zuzulassen drängt: „When you least expect it", meint er, „nature has cunning ways of finding our weakest spot." Im Moment, vermutet der Vater, würde sich Elio wohl wünschen, nichts zu fühlen: „But feel something you obviously did." Und er würde ihn für das, was da zwischen Oliver und ihm gewesen sei, beneiden. Er mutmaßt, dass die meisten Eltern sich wohl wünschen würden, dass ihre Söhne das Erlebte und damit verbundene seelische Leid vergessen. „But I am not such a parent. We rip out so much of ourselves to be cured of things faster than we should, that we go bankrupt by the age of 30 and have less to offer each time we start with someone new." Doch es sei eine Verschwendung, nichts fühlen zu wollen, um nicht leiden zu müssen.

Als Elio die Frage, ob es denn in Ordnung gewesen sei, so mit ihm zu sprechen, bejaht hat, fällt die berührende Lebensbeichte des Vaters: „I may have come close, but I never had what you two have." Resignativ legt der Vater seine eigene Seele bloß, als er fortsetzt: „Before you know it, your heart's worn out, and, as for your body, there comes a point when no one looks at it, much less wants to come near it."

Wer bis jetzt noch nicht mit dem Vater und seinem Sohn mitweint, dem kann nicht mehr geholfen werden: „Right now, there's sorrow, pain", lautet der Ratschlag des Vaters: „Don't kill it and with it the joy you've felt."

Es ist „die Kindheit, von der alles ausgeht und hinter die nichts zurückführt", formuliert der deutsche Autor Bernhard Schlink (*Der Vorleser*, 1995) in einer Poetikvorlesung, „der Anfang, an dem wir zwar Fragen haben, aber uns noch nicht fraglich geworden sind, an dem uns die Menschen und die Welt Rätsel aufgeben, aber noch keine, über denen wir an den Menschen und der Welt zweifeln oder gar verzweifeln würden." In all seiner Zerbrechlichkeit kauert Elio in der vierminütigen und ungeschnittenen Schlussszene von *Call Me By Your Name* vor einem Kaminfeuer und befindet sich genau an dem Punkt zwischen dem Gestern der Kindheit und dem Morgen seines Lebens als Erwachsener. Die Gefühle im Heute drohen ihm das Herz zu zerreißen. Doch der letzte Blick in sein Gesicht, in seine Augen, zeigt uns, dass er, ähnlich wie Hemingways Nick und Mendes' Michael, durch diese seine Katharsis zu sich selbst gefunden hat.

Call Me By Your Name
(Frankreich/Italien/Brasilien, USA 2017)
Road to Perdition (USA 2002)

Die Ballade vom traurigen Trinker

Cat on a Hot Tin Roof

Es geht um den „absent gay man", wie ihn der Literaturwissenschaftler William Mark Poteet in einer Analyse der amerikanischen Südstaatenliteratur als Konstante im dramatischen Personal des Pulitzerpreisträgers Tennessee Williams nennt. Damit meint er abwesende, meist tote schwule Männer, die nicht als Personen auf der Bühne von Williams' Theaterstücken stehen, den Verlauf der Handlung und die Befindlichkeit und Entwicklung der Figuren jedoch entscheidend beeinflussen, ja steuern. Die Dreiecksbeziehungen zwischen den Charakteren, die in den weiten Landschaften ihrer zerrissenen Seelen nicht ein noch aus wissen, sind um diese abwesenden Männer gewoben. So nimmt sich Allan in *A Streetcar Named Desire* (*Endstation Sehnsucht*, 1947) das Leben, nachdem seine Frau Blanche seine Homosexualität entdeckt, in der Rekonstruktion durch diese und ihrer Schwester Stella aber trotzdem teil am Verlauf des Stücks. In vergleichbarer Hinsicht erfahren wir vom brutalen Lynchmord an Sebastian in *Suddenly, Last Summer* (*Plötzlich letzten Sommer*, 1959) durch die Erinnerungen seiner Cousine Catherine und Mutter Violet. Und auch Skipper in *Cat on a Hot Tin Roof* kann mit seinen tiefen Gefühlen für seinen Jugendfreund nicht umgehen und richtet sich in einer Verzweiflungstat selbst.

Dennoch steht er weiterhin zwischen Brick und seiner Frau Maggie, die in der betörenden Darstellung durch Paul Newman und Elizabeth Taylor in der Hölle ihrer unglücklichen Ehe zu ertrinken drohen. Die Schriftstellerin Lorrie Moore hat den von ihr so bezeichneten „Trost der Masken" wie folgt definiert: „Wenn man sich einen Raum außerhalb des eigenen Lebens schafft, für das Leben, das im eigenen Leben keinen Platz hat, für alles aus dem Gedächtnis Verbannte." Es scheint, als würden Williams' Figuren solche Masken tragen und dahinter Gewissheiten über Aspekte ihres Selbst zu verbergen versuchen, die zu akzeptieren sie einfach nicht über sich bringen.

Eingeengt durch die Zensur des sogenannten Hay's Code, wagt Richard Brooks' Adaption des Dreiakters nicht, das Eindeutige direkt auszusprechen. Ein heutiger Blickwinkel weiß die Andeutungen zwischen den Zeilen aber zu lesen. Maggie und Brick, in den Szenen ihrer Ehe beide unglücklich bis ins Mark, umkreisen die Figur von Skipper, der auch nach seiner Selbsttötung geradezu magnetische Anziehung auf sie ausübt. Messerscharfe Dialoge zerschneiden in dieser psychoanalytischen Achterbahnfahrt ihre ganz persönliche Hölle von Hoffnungslosigkeit und einer Existenz, die ihnen nur noch leer erscheint. Die eigentlich verführerische Maggie fühlt sich im Kampf um ihre Ehe wie die im Titel des Stücks angesprochene Katze: „What is the victory of a cat on a hot tin roof? Just staying on it. [...] I guess, as long as she can."

Alles dreht sich um eine bestimmte Nacht, in der Maggie, der die innige Beziehung ihres Mannes zu seinem Freund ein Dorn im Auge ist, den Versuch unternimmt, Skipper zu verführen. „I was trying to win back my husband. It didn't matter how. I would've done anything. Even that." Doch sie habe in Panik das

Weite gesucht, bevor etwas passiert sei – ein Umstand, der ihrem Mann seinerseits aber nicht bewusst ist. Brick glaubt an den Ehebruch und fühlt sich von beiden, seiner Frau und dem Freund, hintergangen. „You hated him so much that you got him drunk and went to bed with him", wird er Maggie in einer späteren Szene vorwerfen. Skipper lauert als unausgesprochene Heimsuchung zwischen den Eheleuten – der Fluch einer Enthüllung, die die Lebenslügen in dem kaum noch aufrechten Gebäude ihrer Beziehung zum Einsturz bringen könnte. „Brick's homosexuality must remain clouded in secrecy", drückt es Poteet aus, „but it must still be expressed." Maggie sieht in Skipper durch seinen Freitod als Gewinner im Duell um Brick: „I didn't get rid of him at all. Isn't it an awful joke? I lost you anyway."

Über die wahre Natur der Freundschaft zwischen Brick und Skipper, so ist es das ungeschriebene Gesetz sowohl von Theaterstück als auch der Verfilmung, muss Stillschweigen bewahrt werden, lauern darin doch gefährliche Untiefen des Uneingestandenen und Verleugneten. Die Angst vor Heimsuchungen aus diesem Bereich des von Sigmund Freud bis Stephen King immer wieder verhandelten „Es" ist es, die offene Worte in der Ehe von Brick und seiner Frau abwürgen. Seine unerfüllten und unerfüllbaren Begierden haben Brick zum Alkoholiker gemacht. Die Krücken, auf denen er nach einem Unfall durch das große Plantagenhaus humpelt, in dem sich die Großfamilie aus Anlass des Geburtstags seines Vaters, des schwerkranken Big Daddy, eingefunden hat, können wir als Symbole für seine Verletzlichkeit und seine Angst vor der Realität sehen.

Es kommt zu einer lautstarken Auseinandersetzung zwischen Brick und seinem Vater (Burt Ives), der seinerseits dem von seiner Frau Big Mama und dem Rest der Familie aufrechterhaltenen Trugbild aufsitzt, seine Krankheit besiegt zu haben. Brick schreit dem Vater das Urteil des nahen Todes ins Gesicht, Big Daddy nennt seinen Sohn einen Trinker und spricht aus, was alle denken: Dass der Tod von Skipper ihn zum Alkohol getrieben habe. Damit trifft er den für Brick wundesten Punkt, seine unterdrückte Homosexualität. „What are you suggesting?", fährt ihn Brick an. „Come on, say what's on your mind. Say it!" Als Steigerung der dramatischen Umstände zieht ein Unwetter auf und rüttelt an den Türen der Veranda, es spiegelt das Gewitter in Bricks Seele wider und scheint die längst überfällige Aussprache zwischen Vater und Sohn zu schüren. Noch stemmt sich Brick gegen das Offensichtliche und besteht darauf, dass Skipper und er nur Freunde gewesen wären – und doch geben seine Worte mehr an Wahrheit frei als beabsichtigt. „Skipper is the only thing that I've got left to believe in! And you drag it through the gutter." Der Vater würde in den Schmutz ziehen, was allein für ihn das Leben lebenswert gemacht habe. „I could depend on him. Anytime, anywhere, anyplace." Es ist das Eingeständnis einer Schuld, die Brick noch immer martert, als er schließlich von dem Telefongespräch in der Todesnacht beichtet: „Skipper was so scared. Scared that I'd walk out on him. I need you. Help me, help me. Me help him? – How does one drowning man help another drowning man?" Er habe den Hörer aufgelegt und Skippers abermalige Anrufe ignoriert: „And the sound of that was like Skipper screaming for help. I let him down."

Die Verwüstung, die das Gewitter rund um das Haus anrichtet, spiegelt die Zerstörungen der Krankheit in Big Daddys Körper und Bricks Raserei im Keller, wo er in Wut und Verzweiflung all die über lange Jahre angehäuften Dinge zerschlägt: „Waste! Worthless! You can't buy love." Aber die Auseinandersetzung erweist sich als reinigendes Gewitter. Am Ende reicht der Vater dem Sohn die Hand: „I've got the guts to die. What I want to know is, have you got the guts to live?" Dass er das nicht wisse, meint Brick. „We can try", schlägt der Vater vor. „Could start by helping each other up these stairs." Er streckt Brick die Hand hin und dieser stützt sich auf ihn, als sie gemeinsam die Treppe hinaufsteigen; nachdem die unangenehmen Wahrheiten zum ersten Mal ausgesprochen wurden, scheint ein erster Schritt in ein neues, von Ehrlichkeit zu sich selbst und zu anderen geprägtes Leben zumindest möglich.

Cat on a Hot Tin Roof
(*Die Katze auf dem heißen Blechdach*, USA 1958)

Es war einmal ...

C'era una volta il West

Was soll ich sagen, es ist schlicht und einfach das stärkste Duell der Filmgeschichte, dieser Höhepunkt von Sergio Leones Oper um Rache und Gier und die Besiedelung des amerikanischen Westens entlang der Bahnlinien. „So, you found out you're not a businessman after all", stellt Charles Bronson, der „Mundharmonikaspieler" fest, als Henry Fonda, der skrupellose Bösewicht mit Namen Frank, ihm auf der Baustelle der Eisenbahnstation gegenübersteht. „Just a man", ist dessen lapidare Antwort. Damit ist alles gesagt zwischen den beiden Männern, nichts zählt mehr, nicht das Land, Geld oder Frauen. Allein den Grund für das Auftauchen des Geheimnisvollen zu erfahren, der seine Bande aufgerieben und seine Geschäftspläne zerstört hat, hat Frank hergetrieben.

Die Arena für das Drama, das nun folgt, ist ein staubiger Platz abseits der Gebäude. Wie Tänzer in einem Spiel auf Leben und Tod schreiten sie das Terrain ab, ohne einander dabei aus den Augen zu lassen. Extreme Close-ups wechseln mit weiten Kamerawinkeln, Fondas Blick wägt den Sonnenstand ab, er ist merklich nervöser als Bronson, in dessen Gesicht kein Zwinkern oder Mienenspiel auszumachen sind. Dann stehen die beiden Männer einander gegenüber, die Musik verstummt, allein der Wind ist zu hören. Ein Verharren ist das, es passiert nichts und gleichzeitig so vieles, denn da ist die Erinnerung an einen Tag, der das Leben eines Jungen verändern sollte und damit das ganze Leben des Mundharmonikaspielers, der dieser Junge einmal war. Frank, wesentlich jünger, schreitet auf die Kamera zu, er klemmt dem Jungen die Harmonika zwischen die Zähne. „Keep your lovin' brother happy", meint er zynisch. Der Bruder steht auf den Schultern des Jungen, sein Kopf steckt in der Schlinge eines Glockenseils. Leone inszeniert das Bild der Brüder unter dem gemauerten Steinbogen mit der Glocke, an dem lässig die Banditen lehnen, vor den roten Felsblöcken und der endlos weiten Szenerie des Monument Valley wie ein Gemälde. Der Schweiß, die Tränen, die Ausweglosigkeit, die Wut, die keine Möglichkeit sieht, sich zu entladen, das Keuchen des Atems, das durch die Mundharmonika zur perversen Todesmelodie gerät. Dann stößt der Bruder am Seil den Jüngeren weg und im Duell Jahre später ertönen Schüsse. Frank sinkt in den Staub, ebenso in der Erinnerung der Junge. „Who are you?", sind die letzten Worte, die der sterbende Frank hervorbringt. Die Harmonika zwischen den Lippen gibt ihm im Tod die ersehnte Antwort.

Natürlich gibt es da Fred Zinnemanns *High Noon* (*Zwölf Uhr mittags*, 1952) mit dem berühmten Showdown, in dem Gary Cooper als Marshal von den verängstigten Bewohnern der Stadt keine Unterstützung erhält und trotzdem seinen Mann steht, und natürlich sind da die Shootouts in Leones *Dollar*-Trilogie (1964-1966), in denen Clint Eastwood als „Mann ohne Namen" die finale Schießerei zu absolvieren hat. Ein mit solcher Brillanz choreographiertes Todesballett wie in *Spiel mir das Lied vom Tod* hat es jedoch weder vorher noch nachher wieder gegeben. Leone wurde zuweilen als Manierist bezeichnet, der Stil seiner

Inszenierungen ist fürwahr getragen von einer außerordentlichen kapriziös-spannungsgeladenen Kraft. Nehmen wir, zum Beispiel, diesen minutenlang hinausgezögerten Schusswechsel am Anfang des Films, als drei finstere Männer in langen Mänteln am Bahnhof auf die Ankunft eines Zuges warten. Die markigen Gesichter unter den breitkrempigen Hüten, das Knarren eines Schildes, das Surren einer Fliege, die Schweißperlen auf der Stirn und dazu nur die Geräusche des heißen Windes und die von der Sonne gebleichten Farben jenseits des Bahnhofsgebäudes – die Szene erinnert an David Leans epochales Epos *Lawrence of Arabia* (*Lawrence von Arabien*, 1962) und darin an das schier endlose Heranreiten von Omar Sharif aus dem fatamorganaartigen Hitzeflimmern der Wüste auf einen Brunnen zu, aus dem der Begleiter des Titelhelden gerade ohne Erlaubnis Wasser geschöpft hat. Bei Leone wie bei Lean finden diese Lehrstücke an perfektem filmischem Timing durch Schüsse ein abruptes Ende.

„Hier ist der Westen", heißt es in John Fords *The Man Who Shot Liberty Valance* (*Der Mann, der Liberty Valance erschoss*, 1962), und weiter: „Unsere Legenden wollen wir bewahren. Sie sind für uns wahr geworden." Eine „Legende über die Legende des Westens" nannte Jo Müller Fords wehmütige Reflexion dessen, was das Genre im Grunde genommen ausmacht, die noch ein letztes Mal den Glauben an Amerika als das gelobte Land hochhält. „Es war einmal eine Wildnis", hören wir gegen Ende des Films, „jetzt ist es ein Garten." Sergio Leones Filme setzen darauf einen krassen Kontrapunkt. In ihrem Pathos und der gewollten Künstlichkeit treffen die Eindrücke, die sie von Amerika zeichnen, dem nun doch nicht so gelobten Land, präzise den Kern der Dinge. Es sind Bilder einer geradezu peinigenden

Sehnsucht nach Idealen, deren Realisierung so fern ist wie für den verkrüppelten Eisenbahntycoon, dem „master mind" hinter Franks übler Bande, eines Tages wirklich einmal die Wellen des Pazifiks vor Augen zu haben. Dieser Mann liegt, als es mit seinem Leben zu Ende geht, im Staub abseits der Schienen, er kriecht mit letzter Kraft auf ein schmutziges Wasserloch zu und hat das Rauschen der Meeresbrandung im Ohr wie einen Abgesang auf alles, was einmal Gültigkeit besaß.

Ähnlich bleibt für Leone die „splendid isolation" der Prärie ein barocker Traum der reinen Schönheit, der für eine Vielzahl seiner Charaktere letztlich zum Albtraum gerät. „Das in jeder Einstellung schmerzlich präsente Bewusstsein von der Vergeblichkeit, den Traum ungebrochen zu reproduzieren, sichert dem Film die Authentizität des Unwirklichen", schreibt Hans-Christoph Blumenberg. Insofern huldigt Leone amerikanischen Mythen – das „Es war einmal ..." im Originaltitel und der englischen Übersetzung *Once Upon a Time in the West* deutet auf diese märchenhafte Überhöhung. Heute erscheint uns der Streifen als Höhepunkt und als Apotheose des Westerngenres, im gleichen Moment jedoch treibt Leone die Huldigung durch seinen immanenten Pessimismus und Zynismus in die Selbstauflösung. Der Traum vom Wilden Westen, durch die Augen des Italieners Leone „reloaded" und gleichzeitig ausgeträumt.

C'era una volta il West
(*Spiel mir das Lied vom Tod*, USA/Italien 1968)

Die Sprache von Tränen

Close

In seinem Roman *Olga* beschreibt der deutsche Autor Bernhard Schlink in poetischen Worten, was die Empfindung von Liebe und die Erkenntnis, dass diese auch erwidert wird, in einem Menschen auszulösen vermag: „Sie machte die Augen auf. Ihr Blick suchte einen Moment, fand mich, und ihr Gesicht leuchtete mit solcher Liebe, solcher Freude auf, dass ich weinen musste." Im Ausdruck solch herrlicher Gefühle liegt die Erfahrung des eigenen Selbstwerts, wenn es weiter heißt: „Ich konnte es nicht fassen: dass mir dieses Leuchten galt, dass sie mich so liebhatte und sich so über mich freute, dass überhaupt jemand mich so liebhaben und sich so über mich freuen konnte."

Die vielfältigen Formen der Liebe – zuweilen wird eine dieser Varianten als tiefe Freundschaft bezeichnet; genau um einen solchen Spielraum dreht sich der Film *Close*, den der belgische Regisseur und Drehbuchautor Lukas Dhont zu einer einzigartig schönen und zugleich einzigartig traurigen Ballade über die Bandbreite von Empfindungen zwischen zwei Menschen gemacht hat. Es geht um die Freundschaft zwischen Léo, mit unglaublicher natürlicher Intensität gespielt von Eden Dambrine, und Rémi, den Gustav De Waele mit bestürzender Verletzlichkeit zeichnet. Die beiden sind dreizehn Jahre alt und stehen einander so nahe, dass sie sich ein Leben ohne den andern gar nicht vorstellen können. Gemeinsam laufen sie durch sonnendurchflutete Blumenfelder oder fahren mit dem Rad entlang wogender Weizenfelder dieser ländlichen Gegend Walloniens, sie vertrauen einander blind und verstehen einander ohne Worte, sie übernachten beim anderen und sind Mitglied von dessen Familie – Rémis Mutter bezeichnet Léo auch schon mal als ihren zweiten Sohn; kurz, die zwei Buben können miteinander sie selbst sein. Körperliche Nähe ist zwischen ihnen selbstverständlich, sie erscheint als logischer Teil der seelischen Beziehung und hat nichts mit sexuellem Begehren zu tun. Rémi spielt Klarinette, Léo ist dabei, wenn er sein Solo für ein bevorstehendes Konzert übt, er kennt die Selbstzweifel des Freundes und bewundert seine musikalische Begabung; zuweilen malen sie sich eine gemeinsame Zukunft als gefeierter Musiker und dessen Manager aus.

Es sind drei Schritte des Davors und des Danachs, die die Handlung des Films leiten – und dazwischen jeweils eine Grenze, deren Überschreiten das bisherige Leben auf den Kopf stellt. Die beiden Buben befinden sich in einem besonderen Moment der Unschuld, in jenem fragilen Bereich zwischen dem Ende ihrer Kindheit und dem Eintritt in die Pubertät, in dem sie ihre Freundschaft als das erleben und genießen können, was sie ist, einfach rein und wunderschön. Es genügt eine dumme Bemerkung eines Mädchens in der neuen Schule, um dieses Leben in ihrem ganz persönlichen Paradiesgarten jäh zum Einsturz zu bringen. Ob sie beide denn ein Paar wären, fragt die Schulkollegin, denn ihre offensichtliche Nähe könne keine bloße Freundschaft sein. Allein dieser Satz und das Kichern und die Blicke der anderen um sie herum treiben Risse in Léos Bild von sich selbst, seinem Freund und der Welt, in der sein Platz auf einmal nicht mehr so gegeben scheint wie noch kurz zuvor. Léo rückt von Rémi ab, als dieser wie immer auf der Wiese den Kopf auf seine Brust legt; er beginnt mit dem Training im Eishockey, einem Sport, der eher den heteronormativen Vorstellungen von Männlichkeit zu entsprechen scheint, die die anderen Burschen in der Schule wie Schilde vor sich hertragen und an deren Rändern es für sie offenbar nichts geben darf; und er taucht eines Tages nicht mehr beim üblichen Treffpunkt auf dem Weg zur Schule auf – ein Akt der bewussten Distanzierung von Rémi, der diesem wie der Entzug des über so lange Zeit aufgebauten Vertrauens erscheinen muss.

Zuvor entwickelt Dhont aber diese eine Szene, in der er, wie es das Kino für viele seiner stärksten Szenen vorgesehen hat, nur Bilder, aber keine Worte braucht. Wir befinden uns bei dem genannten Konzert, wir wissen von Rémis großer Nervosität. Am Vorabend, beim Einschlafen, sind sie trotz Léos wachsender Reserviertheit beisammen gelegen und Léo hat versucht, Rémi Mut zu machen. Dass seine Gefühle für den Freund noch dieselben sind, zeigen uns die Züge seines Gesichts dann bei Rémis Klarinettensolo. Fast unmerklich bewegt sich die Kamera während des Spiels auf Rémi zu: seine Konzentration, die wunderbaren Töne der Musik, darin spüren wir aber auch seine große Verletzlichkeit. Und nun sehen wir Léo und wie er den Freund anblickt; wir sehen ihn lächeln, mit Stolz und Innigkeit, und wir sehen, wie ihm Tränen in die Augen treten, als so schön empfindet er das Klarinettenspiel seines Freundes und so nah ist er ihm in diesem Moment. Der englische Dichter Robert Herrick hat es in der ersten Hälfte des 17. Jahrhunderts so formuliert: „Tears are the noble language of eyes, and when true love of words is destitute. The eye by tears speak, while the tongue is mute." In diesem Sinne spricht Léos Gesicht, sprechen seine Augen und in ganz besonderer Weise eben auch seine Tränen – und es ist tiefste Empfindung, es ist Liebe, wovon sie sprechen. Rémi jedoch hat wohl bloß das veränderte Verhalten seines Freundes vor seinem inneren Auge und im Herzen. Er beendet das Solo, setzt das Instrument ab, er presst die Lippen zusammen und schaut voller Unsicherheit zu Boden und zur Seite. Ein kurzer Zustand des Schwebens zwischen den Möglichkeiten für einen guten oder einen schlechten Verlauf der Dinge. Sein Blick trifft aber nicht auf den von Léo.

Selten zuvor gab es einen lebensbejahenderen Film als *Close*, wenn er in seinen Anfangssequenzen warmherzig und liebevoll eine Ode an die Freundschaft heraufbeschwört; selten zuvor gab es einen herzzerreißenderen, nachdem sich Léo immer weiter von Rémi abwendet, ihn immer häufiger links liegen lässt und ihn bei hilflosen Versuchen der Kontaktaufnahme zuweilen zurückstößt und es schließlich zur Katastrophe kommt, dem zweiten großen Bruch im Film. Rémi nimmt sich das Leben und in Léo stauen sich all die Trauer und die Traurigkeit, die Verzweiflung und die Wut auf, dass es auch ihn fast umbringt. Dieser Bruch findet etwa zur Hälfte der Laufzeit statt. Bei der Rückkunft von einem Schulausflug, zu dem Rémi nicht erschienen ist, beobachtet Léo ein Telefonat der Lehrkräfte und dabei entsetzte Mienen. Vor der Schule sind Eltern versammelt und Léo bewegt sich, als die Mitschülerinnen und Mitschüler aussteigen, nicht vom Platz, er bleibt zurück; ihm ist anzumerken, wie sehr die Angst hinter seiner Stirn lauert. Da steigt seine Mutter (Léa Drucker versucht, in ihrer Hilflosigkeit die Fassung zu bewahren) in den Bus und kommt durch den Mittelgang auf ihn zu.

Ob Rémi etwas passiert sei, wagt Léo zu fragen, ob er denn vielleicht im Krankenhaus liege? Wie sich die Verzweiflung und der Schmerz von den Zügen der Mutter auf jene von Léo übertragen – selten hat mich eine Filmszene seelisch so berührt. Nach einem für den Streifen untypischen harten Schnitt fährt Léo mit dem Rad, er tritt mit aller Kraft in die Pedale, aber diesmal ist es keine ausgelassene Fahrt wie früher zusammen mit Rémi; dunkle Abendwolken drohen am Himmel, der Wind braust in einer dumpfen Tonart um ihn herum und vermischt sich mit seinem Keuchen. Die Eltern folgen ihm im Auto, da springt Léo plötzlich vom Rad, lässt es auf die Straße fallen und rennt querfeldein. Er läuft zu Rémis Haus, und dort schaut er durch die großen Scheiben der Terrasse hinein – und hat mit einem Mal die aufgebrochene Tür zum Badezimmer vor Augen, in dem Rémi seinem Leben ein Ende gesetzt hat.

Tränen als Sprache des Herzens – bis zu den Szenen am Schluss des Films ist Léo sprachlos. Wie mit diesem immensen Druck fertigwerden, wie jemals wieder ein normales Leben führen, wie im Alltag in der Schule, bei der Arbeit auf dem Feld, beim gemeinsamen Abendessen mit der Familie und jener von Rémi funktionieren – wenn in ihm Gefühle von Verlust und Verantwortung toben? Schließlich hält Léo diesen Druck nicht mehr länger aus und sucht die Nähe zu Rémis Mutter (Émilie Dequenne). Sehr berührend. „Es war wegen mir", gesteht er, unter Tränen, neben ihr im Auto. „Es ist meine Schuld. Ich habe ihn weggestoßen." Die erste Reaktion der Mutter ist Abwehr, sie wirft ihn aus dem Wagen. Verzweifelt rennt Léo durch den Wald, doch Rémis Mutter folgt ihm, sie ruft nach ihm. Als sie ihn findet, steht Léo schluchzend da und hat einen Stock wie zur Verteidigung erhoben. Rémis Mutter kommt auf ihn zu, sie nimmt ihn in die Arme, und wie ein Häuflein Elend sinkt Léo an ihre Brust. Sie weinen miteinander, das ist in diesem Moment ihre Art, miteinander zu sprechen.

In der finalen Szene geht Léo durch ein sommerliches Blumenfeld, wie er in der ersten Sequenz zusammen mit Rémi durch eines gelaufen ist. Wir folgen ihm, da dreht er sich um und schaut hinter seinen Rücken, als befände sich dort jemand – Rémi, ihre gemeinsame Geschichte, der Verlauf der vergangenen Wochen und Monate. Und mit dem Gefühl, dass ihn der Freund wohl nie verlassen und ihm sein Leben lang über die Schulter blicken wird, wendet sich Léo wieder um und geht los. Zum dritten Mal in diesem Film hat er eine Grenze überschritten, es ist jene in seine Zukunft.

Close (Belgien/Frankreich/Niederlande 2022)

Rosenregen

Crazy

„Hallo Leute. Ich heiße Benjamin Lebert, bin sechzehn Jahre alt, und ich bin ein Krüppel. Nur damit ihr es wisst. Ich dachte, es wäre von beiderseitigem Interesse." So beginnt *Crazy*, der autobiografische Erstlingsroman und veritable Bestseller des mit dem Protagonisten namensidenten Autors, eine Coming-of-Age-Geschichte voll Wärme, Witz und Selbstironie. In der filmischen Adaption des deutschen Regisseurs Hans-Christian Schmid findet sich eine rührende Szene mit dem legendären Lied von Hildegard Knef, in dem sie sich einen Regen aus roten Rosen herbeisehnt: Das Internat Neuseelen, in das der halbseitig gelähmte Benni nach der Trennung seiner Eltern geschickt wird, der bereits fünfte Schulwechsel aufgrund schlechter Noten, die Freundschaft mit dem Mitschüler Janosch, die Gespräche über Mädchen und den Sinn des Lebens, der ins Handgreifliche eskalierende Streit wegen eines Mädchens, die Freuden und Nöte des Heranwachsens, all die Unsicherheiten, die Verwirrung und die Träume, schließlich sogar das „erste Mal" auf einer Bank im Umkleideraum und aufgrund der Intensität der sexuellen Gefühle von nur sehr kurzer Dauer – dies alles von Robert Stadlober, Tom Schilling und den anderen jungen Darstellerinnen und Darsteller auf authentische Weise transportiert. Kein großer, aber ein rundum sympathischer und irgendwie liebenswerter Film mit einer Schlussszene, die wahrlich zu Herzen geht.

Die Aristotelesworte „Wir können den Wind nicht ändern, aber wir können die Segel richtig setzen" – Wenn es um Bennis Zukunft geht, macht der Film sie wahr. Der Bursch hat das Klassenziel abermals verfehlt und muss die Schule verlassen, die Abschlussfeier bedeutet auch den Abschied von seinen neuen Freundinnen und Freunden. Er sitzt mit den Jungen in der Küche zusammen, das hohe und heilige Versprechen, einander niemals zu vergessen wird beschworen, wenngleich es keiner von ihnen so recht glauben will. Da kommen drei Mädchen zu ihrer Gruppe und kündigen ihr Abschiedsgeschenk an. Zuerst noch kichernd, ein wenig verlegen und mit unsicherem Lachen, beginnen sie das Lied von den roten Rosen zu singen, auf Benni und seinen weiteren Lebensweg gemünzt: „Mit sechzehn sagte ich still: Ich will, will groß sein und siegen ..." Dann stimmen auch die Burschen bei dem Wunsch für ihren Freund ein, dass ihm sämtliche Wunder begegnen sollten und ihm das Glück stets geneigt sei: „Es soll dein Schicksal mit Liebe verwalten."

Meister Eckhart, der spätmittelalterliche Theologe und Philosoph, hat geschrieben: „Und plötzlich weißt du: Es ist Zeit, etwas Neues zu beginnen, und dem Zauber des Anfangs zu vertrauen." Diesen Zauber des Neuen, des Beginnenden erzeugt für Benni das Lied der Jugendlichen beim Abschiednehmen. Sie treffen nicht jeden Ton, doch sie sind so voller Sehnsucht ob des Möglichen, das ihnen im Leben noch offenstehen mag, und voll solch unschuldiger Zuversicht, dass das „Problemkind" Benni, der sich einfach nicht fügen und nicht begnügen möchte, der siegen und schlichtweg alles oder nichts will, ganz still dasitzt –

mit einem Lächeln im Gesicht, wie es jemand hat, dessen Seele sich von der Liebe anderer Menschen aufgefangen wähnt; um ihn, das wird in den letzten Momenten des Films klar, muss uns nicht bange sein.

Crazy (Deutschland 2000)

Die Maske fällt

Dangerous Liaisons

Eine Frau, die Marquise de Merteuil, ist am Ende. Das, was ihr im Leben das Wichtigste war, ihre gesellschaftliche Stellung und ihre Reputation als Dame der Aristokratie, der die Männer zu Füßen liegen, ist unwiederbringlich verloren. Sie wird im Theater ausgebuht und zur Geächteten durch die Gesellschaft, deren Mittelpunkt sie einst war. Die Marquise hat ihr Intrigenspiel zu weit getrieben. In einer Wette zwischen Liebe und Betrug hat sie dem galanten Vicomte de Valmont (John Malkovich), ihrem ehemaligen Liebhaber, für die Verführung der verheirateten und gottesfürchtigen Madame de Tourvel (Michelle Pfeiffer) nicht weniger als eine Liebesnacht versprochen. Doch Madame de Tourvel stirbt an gebrochenem Herzen und der Vicomte in einem Duell. Zuletzt sitzt die Marquise vor dem Spiegel und wischt sich die Schminke ab; was darunter hervorkommt, ist das Gesicht eines gebrochenen Menschen.

Es gibt ähnliche Szenen, in denen sich jemand vor dem Spiegel abschminkt und dabei die Maske fallen lässt. Da ist Chaplins Calvero in *Limelight* (*Rampenlicht*, 1952), ein Varietékünstler, der erkennen muss, dass für ihn und seine Kunst die Zeit abgelaufen ist, und da ist auch Hans Mosers Clown Pipo in *Zirkuskinder* (1958), der nach der Pleite seines Unternehmens vor dem Nichts steht. Die Bühne, auf der sich der Niedergang der Marquise in *Dangerous Liaisons* abspielt, ist aber kein Varieté und nicht die Manege, stattdessen sind es die Spiegelfluchten der Schlösser und Heckenlabyrinthe in den Gartenanlagen des Rokokos. Das Scheitern der Marquise findet sich darin dennoch wie mit Scheinwerfern angestrahlt. Christopher Hampton adaptierte für Stephen Frears' Verfilmung des Briefromans *Les liaisons dangereuses* von Choderlos de Laclos aus dem Jahr 1782 sein eigenes Bühnenstück und kreierte dabei eine Atmosphäre, wie sie aus den Arbeiten der amerikanischen Südstaatenautorin Flannery O'Connor stammen könnte. Diese entwarf in ihren brillanten Erzählungen das Konzept vom „Drachen, der am Wegesrand lauert". Jeder, der in seinem Leben zu innerer Reife gelangen und zu Erkenntnissen über sich selbst und die moralischen Prinzipien in der Welt kommen wolle, müsse an diesem Drachen vorbei, und sei die Furcht noch so groß.

Die Marquise, die die leeren Rituale und hohlen höfischen Phrasen beherrscht wie sonst keine, führt dieser Weg aber bloß in den Untergang. Selbstverliebter Hochmut und die Lust an der Erniedrigung anderer, unterdrückte Eifersucht und der Wunsch nach Rache treiben sie an, dabei verbirgt sie ihre wahren Gefühle hinter einer Maske aus manipulativ-charmanten Umgangsformen. Nun hat sie selbst das Duell mit jemandem gewagt, der ihr ebenbürtig ist und dem es gelungen ist, ihr diese Maske vom Gesicht zu reißen. Was dahinter zum Vorschein kommt, ist eine Frau jenseits ihrer besten Jahre, ist die Angst vor dem Alter, der Einsamkeit und dem Gefühl, die Liebe verspielt zu haben. Die Marquise, wie sie die wunderbare Glenn Close darstellt, hat keine Kraft mehr, ihrem Leben eine Wendung zum Besseren zu geben. Sie hat die Menschen zerstört, die

sie eigentlich geliebt hat, nur um diese Liebe, die ihr als Schwäche ausgelegt werden könnte, nicht zugeben zu müssen. „You'll
find the shame is like the pain, you only feel it once", war einmal
ihr Lebensmotto. Nun schlagen Enttäuschung und Ernüchte-
rung über ihr zusammen wie eine gewaltige Welle am Rande
eines Strudels; die Schande hat sie vernichtet.

Dangerous Liaisons (*Gefährliche Liebschaften*, GB/USA 1988)

Trilogie des Bösen

Das Cabinet des Dr. Caligari
M – Eine Stadt sucht einen Mörder
Nosferatu – Eine Symphonie des Grauens

Die akademische Diskussion, ob denn der filmische Kanon der Weimarer Republik als Vorbote ihres Endes und in dieser Denkrichtung als Vorahnung der kommenden Schrecken des Nationalsozialismus zu verstehen sei, begründet sich in erster Linie auf die Studie *Von Caligari zu Hitler* (1947) von Siegfried Kracauer, dem, wie er einmal bezeichnet wurde, „Psychoanalytiker der Filmliteratur". Kracauers These von deutschen „Kollektivdispositionen", die sich in einer gewissen Neigung zum Morbiden und Makabren offenbart hätten, erfährt in der genaueren Betrachtung zahlreicher wesentlicher Werke der Zwischenkriegszeit Bestätigung, sah sich aber auch immer wieder heftigstem Widerspruch ausgesetzt. Unbestritten ist der ästhetische und filmhistorische Wert einiger der Einträge dieser Stilepoche und ihres Einflusses auf das Weltkino. Die Ideen Sigmund Freuds, die Analyse psychischer Traumatisierungen betreffend, stellen denn auch das Grundgerüst für eine Trilogie des Bösen dar, die uns selbst ein Jahrhundert später das Gruseln zu lehren vermag. „So ist denn alles, was ihr Sünde,/Zerstörung, kurz das Böse nennt,/Mein eigentliches Element." –

Die Worte von Mephistopheles in Goethes *Faust* als Botschaft aus einer Zeit, deren Parameter und Innovationen wie kaum eine zweite die Geschichte filmischen Schaffens beeinflusst hat.

Nähern wir uns der Angelegenheit unter Beachtung der Chronologie. Es ist die expressionistische Gestaltungsweise, die dem psychologischen Thriller *Das Cabinet des Dr. Caligari* von Robert Wiene seinen unverwechselbaren Look gibt. Die groteske Verzerrung der gemalten und gebauten Kulissen, das Spiel von Licht und Schatten, das extreme Kontraste erzeugt und in den Figuren und auch in uns ein Gefühl der Verlorenheit und des Ausgesetztseins in einer Welt hervorruft, die keinerlei Sicherheit vermitteln kann, da sie aus den Angeln gehoben scheint – diese Bilder haben sich in unsere Vorstellung effektiven Spannungskinos eingebrannt.

Die Handlung des Films, ein perfekt verschachteltes Verwirrspiel, dreht sich um Cesare, einen von Conrad Veidt dargestellten Somnambulen, also einen Schlafwandler, der vom titelgebenden Dr. Caligari (Werner Krauß) als Jahrmarktsattraktion angepriesen wird. Nachts aber begeht Cesare Morde in einer Stadt, deren Szenerie einem irren Gruselkabinett ohne rechte Winkel ähnelt, einem Ort, an dem das Auge und auch der menschliche Geist keine Anhaltspunkte und keinen Halt zu finden vermögen. Der Autor Hans Janowitz betonte die Symbolkraft dieser beiden Figuren in der Zeit nach dem Ersten Weltkrieg; Caligari, so Janowitz, würde die Obrigkeit des deutschen Kaiserreichs verkörpern, während Cesare als Repräsentant der zum Morden abkommandierten Untertanen stehe.

Wie dem auch sei, es sind die geradezu ikonenhaften Bilder, die uns nicht kaltlassen. Schon die Momente, in denen Cesare zum ersten Mal die Augen öffnet, dieser weit aufgerissene Blick des Horrors, wie er dann die ersten zaghaften Schritte aus dem aufrecht stehenden Holzsarg geht, der ihm als Schlafstatt dient, all das Leid, das darin liegt, lassen uns in die Tiefen dieser geschundenen Seele blicken. Und dann die Szene, in der Cesare in die Wohnung einer Frau namens Jane (Lil Dagover) eindringt. Er nähert sich der Schlafenden auf ihrem Bett und hebt schon das Messer zum tödlichen Streich, da hält er plötzlich, von ihrer Schönheit schier überwältigt, inne. Jane erwacht und erschrickt, ihr Schreien weckt die Hausgenossen. Cesare packt sie und zieht sie an sich, dabei wirken die Bettlaken zu ihrem Nachthemd wie die Schärpe zu einem Hochzeitskleid. Cesares Flucht als Scherenschnitt über den Dächern der Stadt, die Verfolgung ähnelt jener des Lynchmobs, der Frankensteins unglücklicher Kreatur auf den Fersen ist.

Wiene setzt zum Schluss einen Kunstgriff, den man heute als Plot-Twist bezeichnen würde; erst jetzt erfahren wir, dass die Rahmenhandlung, die zu Beginn des Films geöffnet und nun wieder aufgenommen wird, in einer Irrenanstalt spielt und die gesamte Erzählung um Cesare und seine Morde aus der Sicht der Insassen entwickelt wurde – die verunsichernde Ambivalenz eines albtraumhaften Phantasmas. Sie bezichtigen ihren Direktor, der Dr. Caligari aus der geschilderten Geschichte zu sein. Die Schlussfolgerung des zeitkritischen Konnexes dieses Irrsinns mit dem Aufkommen des Faschismus und der heraufdräuenden Diktatur – die NSDAP wurde im Entstehungsjahr des Films gegründet – scheint inhärent logisch. Der Wiener forensisch-psychiatrische Gerichtsgutachter Reinhard Haller spricht von einem „Code des Bösen", Angst und Unbehagen vor den schwarzen Löchern der eigenen Seele seien es, die die Lust des Publikums an Geschichten nähre, die sich damit auseinandersetzen. „Gerade weil das Böse so bedrückend und bedrohlich, so unbegreiflich und schwer beschreibbar, so weit weg und doch jedem so nah ist, übt es eine starke Faszination aus." Dies habe nicht nur mit Sensationsgier zu tun, sondern mit dem Wunsch, möglichst alle Seiten des Menschen kennenzulernen, „den Blick auf jene Seite der Seele, die man als deren Abgründe bezeichnet, zu werfen und dem Unbeschreiblichen ein Gesicht, einen Namen zu geben. Bislang Unbekanntes und Unbenanntes zur Sprache zu bringen bedeutet, die Angst davor zurückzudrängen."

Die Intensität der Bilder ist es auch, die Friedrich Wilhelm Murnaus *Nosferatu*, der nicht autorisierten Adaption von Bram Stokers Roman *Dracula* (1897) und einem der ersten Vertreter des Horrorfilms überhaupt, zum zeitlosen Meisterwerk mit immensem Einfluss auf das gesamte Genre macht. Es geht um den Grafen Orlok, einem in den Karpaten wohnhaften Vampir. Der Schauspieler Max Schreck kreierte mit seiner hageren Buckelgestalt, der riesigen Hakennase, den stechenden Augen unter buschigen Brauen, den spitzen Ohren, klauenartigen Fingern und langen Fingernägeln einen Unhold von wahrhaft scheußlichem Aussehen und unfassbar-dämonischer Ausstrahlung. Dass Tim Burton dem Gegenspieler des Titelhelden in *Batman Returns* (*Batmans Rückkehr*, 1992) den Namen Max Schreck gab, darf als Referenz verstanden werden. Orlok jedenfalls entbrennt in Liebe und Begierde zur schönen Ellen (Greta Schröder), der Frau des jungen Maklers Thomas Hutter (Gustav von Wangenheim), der aufgrund möglicher Immobiliengeschäfte in Orloks Schloss weilt. Kaum ist der Graf Ellen auf der Abbildung in einem Medaillon ansichtig geworden, bereitet er auch schon die Reise in ihre Heimatstadt Wisborg vor. Diese geht auf einem von Ratten verseuchten Schiff vor sich; nach und nach macht sich Orlok über die gesamte Besatzung des Schiffes her. Die Szene, in der er steif wie ein Brett aus seinem Sarg aufsteht, auch seine Gestalt auf dem Deck und wie das Schiff langsam in den Hafen einfährt und daraufhin die Ratten ausströmen, der Schrecken der Pest, die sie über den Ort bringen – eine Heimsuchung von alttestamentarischen Ausmaßen.

Unübertroffen ist jene Sequenz, in der sich der Unhold in Ellens Kammer stiehlt. Wir sehen an der Wand des Stiegenhauses seinen Schatten die Treppe hinaufsteigen und die Hand nach der Tür ausstrecken. Ellen weicht auf ihrem Bett zurück und hält sich mit verkrampftem Körper die Hand ans Herz. Es sind abermals der Schattenarm, der sich über ihr weißes Kleid hoch bewegt, und die Schattenfinger, die nach ihrer Kehle greifen. In der nächsten Einstellung ist Orlok noch über die junge Frau gebeugt, beim ersten Hahnenschrei schreckt er hoch. Die Selbstvergessenheit beim Saugen ihres Blutes, diese Ekstase, die damals nur Ahnung bleiben musste, weil ihre explizite Darstellung wohl sämtliche Grenzen des Zeigbaren überschritten hätte, kostet dem fast Unsterblichen schließlich das Leben. Am Fenster holt ihn das Sonnenlicht ein, Orlok löst sich auf in Nichts, zurück bleibt lediglich ein wenig Rauch am Boden. Viele Jahrzehnte später wusste Werner Herzogs *Nosferatu – Phantom der Nacht* (1979), die Neuverfilmung des Stoffes mit Klaus Kinski in der Titelrolle, außer vielen Worten nichts hinzuzufügen.

Fritz Lang hingegen verstand es, die vier Jahre vor den Dreharbeiten aufgekommene Innovation des Tonfilms in seinem Kriminalthriller *M* auf brillante Weise einzusetzen. Die charakteristisch weiche, säuselnde Stimme des Hauptdarstellers Peter Lorre und das musikalische Leitmotiv des Films schaffen eine unnachahmliche Atmosphäre der latenten Bedrohung und der Angst. „Du hast aber einen schönen Ball. Wie heißt du denn?" Diese im Grunde unverfänglichen Worte, dazu der Schatten des Profils eines Mannes auf einer Litfaßsäule, gegen die die kleine Elsie ihren Ball wirft; darauf ein Plakat, das über die Belohnung für Hinweise bei der Suche nach einem Kindermörder informiert. Mehr braucht Fritz Lang in der Anfangssequenz des Films nicht, und uns wird schon mulmig zumute. Langs Mittel sind bewusst sparsam, jedoch immens effektiv: die Unruhe von Elsies Mutter, als ihre Tochter nicht zur gewohnten Zeit heimkommt und der indessen der Unbekannte einen Ballon kauft, die Rufe der Mutter im leeren Treppenhaus und auf dem Dachboden des Mietshauses, wo die Wäsche zum Trocknen aufgehängt ist, die innere Kraft, die sie aufzubringen versucht, um die Angst um ihr Kind, die bereits in ihrem Herzen lauert, nicht hochkommen zu lassen. Das sind Passagen des Atemanhaltens, derweil Elsies Ball übers Gras rollt und der Ballon kurz an einem Stromleitungsmasten hängen bleibt; und dazu das Pfeifen, die Tonfolge aus Edvard Griegs *Peer-Gynt*-Suite, quasi die Kennmelodie des Mörders, der die Stadt in Schrecken versetzt. „Das Kino ist noch sehr jung, und es wäre einfach lächerlich, wenn es einem nicht gelänge, ihm ein paar neue Seiten abzugewinnen", soll Orson Welles anlässlich der Produktion seines Films *Citizen Kane* (1941) gesagt haben. Die Einträge in diese Trilogie des Bösen jedenfalls sind an seinem Anspruch wahrlich nicht gescheitert.

Das Cabinet des Dr. Caligari (Deutschland 1920)
M – Eine Stadt sucht einen Mörder (Deutschland 1931)
Nosferatu – Eine Symphonie des Grauens (Deutschland 1922)

Schwarze Pädagogik

Das weiße Band
Fanny och Alexander

Es sind Szenen wie diese, in denen der österreichische Regisseur Michael Haneke in seinem mit der Golden Palme in Cannes ausgezeichneten Film *Das weiße Band* die Gefühle seiner Figuren und alles Zwischenmenschliche wie unter einer Eisschicht erstarren lässt, unter der, einem Virus oder Parasiten gleich, der leise Horror des todbringenden Kreislaufes aus Herabsetzung und Demütigung, Aufrechnung und Vergeltung zu gären beginnt. Eine Familie hat sich um den Tisch zum Abendessen versammelt, doch sie sitzen vor leeren Tellern, denn die beiden ältesten Kinder, Martin und Klara, haben sich verspätet. Mit betretenen Gesichtern stehen sie schließlich in der Zimmertür, in den Augen von Maria Dragus als Klara und Leonard Proxauf als Martin vermeinen wir aber auch so etwas wie unterdrücktes Aufbegehren zu entdecken: „Verzeihen Sie, Herr Vater." In Porträtaufnahmen sehen wir nacheinander die Gesichter der kleineren Geschwister und hören dazu die Stimme des Vaters. Es sei dunkel geworden, sie seien nicht aufgetaucht, weinend sei die Mutter im Dorf auf der Suche nach ihnen gewesen. Deshalb gäbe es für alle heute kein Essen. „Ich weiß nicht, was trauriger ist, euer Fortbleiben oder euer Wiederkommen."

Sie seien wohl einer Meinung, kommt der Vater zum eigentlichen Punkt, dass dieses Verhalten nicht ungestraft bleiben dürfe, weshalb Martin und Klara am nächsten Abend je zehn Rutenschläge erhalten würden. Bis dahin hätten sie Zeit, über ihr Vergehen nachzudenken. Die Nachfrage, ob sie denn damit einverstanden wären, erhält die alternativlose Antwort: „Ja, Herr Vater."

Die vordergründig sanfte, in seiner beruflichen Tätigkeit als Pastor geschulte Stimme des Vaters trieft vor Selbstgerechtigkeit, sie suhlt sich geradezu in der Verhöhnung der Kinder, die sich natürlich in der Position der Schwächeren befinden. In diesem Sinne stehen dieser Vater und Hanekes Szenenentwurf ganz im Rahmen des von der Essayistin Katharina Rutschky geprägten Begriffs der Schwarzen Pädagogik. Um den Menschen im Sinne der Philosophie der Aufklärung zur als oberste Maxime apostrophierten Kant'schen Vernunft zu geleiten, so argumentiert diese Theorie, müsse alles, was mit seinen Trieben, seiner Natur in Zusammenhang steht, unter Kontrolle gebracht, diszipliniert und in letzter Folge ausgemerzt werden – und da hat so etwas wie jugendliche Selbstbestimmung keinen Platz. Erziehung mit Gewalt, mit Einschüchterung und Erniedrigung mit dem Zweck der zielgerichteten Formung des Kindes – die persönliche Erhöhung des Erziehenden ist diesem Vorgehen eingeschrieben und wird im Verhalten des protestantischen Pastors, dem Burghart Klaußner sein schmallippiges Gesicht und perfides Auftreten verleiht, mit einer Direktheit gezeigt, dass uns schon beim Zuschauen Angst und Bang wird.

Die Personifikation des Stärkeren im Wahn, so etwas wie eine absolut gültige Gerechtigkeit zu vertreten – Michael Haneke stellt diese Figur ins Zentrum seines „teuflischen Kunstwerks", wie die schwedische Zeitung „Sydsvenskan" *Das weiße Band* in einer Rezension nannte. In Christian Bergers brillanter Kameraarbeit sorgsam arrangierte Bilder in Schwarz-Weiß führen uns in ein fiktives Dorf in Norddeutschland ein Jahr vor Ausbruch des Ersten Weltkrieges. Rätselhafte Vorfälle in einer steigenden Kurve von Gewalt schüren eine Atmosphäre latenter Bedrohung. In diesem patriarchalisch regulierten sozialen Konstrukt mit seiner strengen Hierarchie sind die Schwachen Gefangene, einerseits die Bauern in ihrer Abhängigkeit vom Landbesitzer, dem reichen Baron, andererseits die einzelnen Mitglieder in den Familien von ihrem väterlichen Oberhaupt, dessen Macht über die Frauen und Kinder ähnlich unumschränkt waltet. Frustrierende Abhängigkeiten, Verachtung im Umgang miteinander, die Unterdrückung emotionaler Beziehungen – es sind Misshandlungen psychischer wie physischer Art, die dieses System zusammenhalten, letztlich aber den Nährboden für politische Katastrophen bereiten. „Es geht um ein gesellschaftliches Klima, das den Radikalismus ermöglicht", stellte der Regisseur Haneke in einem Interview fest. „Das ist die Grundidee."

Was den Drehbuchautor Haneke betrifft, so las er beim Schreiben nach eigenen Worten „Tonnen von Büchern über die Erziehung und das Landleben im 19. Jahrhundert" und in diesem Zusammenhang auch von dem titelgebenden weißen Band als Symbol der Unschuld. Indem der Pastor seine Kinder zwinge, es an ihrer Kleidung zu tragen, mache er es „zur demütigenden, weil für alle sichtbaren Bestrafung". Im Charakter des Geistlichen verdeutlicht der Regisseur den Versuch der Inszenierung des Anscheins von sittlicher Ordnung, wo die Verrohung der Gesellschaft und im Besonderen auch seines eigenen innenfamiliären Regimes nur allzu offensichtlich ist. In den

Bestrafungsritualen der Kinder wird dieses Unterfangen besonders deutlich, etwa in der Szene, in der der Pastor in einem intimen Tribunal psychologischer Folter seinen Sohn Martin über
das Thema der Selbstbefriedigung befragt, ohne diese beim Namen zu nennen. Dabei erweckt er in der Vorstellung des Burschen die schlimmsten Qualen. Das weiße Band um den Arm
der Jacke gebunden, gibt sich Martin Mühe, Haltung zu bewahren. Der Vater füttert seinen Kanarienvogel, für den er merklich
mehr echte Gefühle aufzubringen vermag als für seine Kinder,
und tut besorgt – ob er denn schlecht schlafe oder Probleme in
der Schule habe? Er nennt sich selbst einen Seelsorger und gefällt sich offensichtlich sehr in dieser Rolle. Er beschreibt die
Merkmale einer schlimmen Krankheit an einem Buben aus der
Nachbarschaft: Freudlosigkeit und Müdigkeit, dunkle Ringe um
die Augen, er sei auch beim Lügen ertappt worden. In der Folge
habe er den Appetit verloren, seine Hände hätten zu zittern begonnen, er habe das Gedächtnis verloren und auf Gesicht und
Körper Geschwüre bekommen. Schließlich sei er gestorben:
„Sein Leichnam glich dem eines alten Mannes." Martin steht
längst als Häufchen Elend vor dem Vater, der sich nun dicht vor
ihm aufbaut. Der verstorbene Bursch, so führt er seine Geschichte weiter mit sanfter Stimme aus, die Martin wie Hiebe
trifft, habe sich an seinen feinsten Nerven berührt und damit
nicht mehr aufhören können, und schließlich wären sämtliche
Nerven seines Körpers dadurch zerstört worden. „Ich liebe dich
von ganzem Herzen", dringt der Vater in seinen Sohn, der zu
keinem Wort fähig ist und am ganzen Leib zittert. Tränen rinnen Martins Wangen hinunter und der Bub bricht unter der
direkten Frage des Vaters, ob er auch solche Dinge getan habe,
zusammen.

Friedrich Hegel spricht 1820 in seiner Rechtsphilosophie über Methoden, das Kind im Erziehungsprozess zu formen – so müsse ihm zunächst seine „Wildheit" und „Rohigkeit" ausgetrieben werden: „Ein Hauptmoment der Erziehung ist die Zucht, welche den Sinn hat, den Eigenwillen des Kindes zu brechen." Hegel tritt etwaigen Überlegungen, die mit einem verständnisvolleren Zugang zur Psyche der Kinder einhergehen würden, entschieden entgegen: „Hier muss man nicht meinen, bloß mit Güte auszukommen; denn gerade der unmittelbare Wille handelt nach unmittelbaren Einfällen und Gelüsten, nicht nach Gründen und Vorstellungen."

In gerader Linie mit einem solchen Erziehungsentwurf verläuft auch die weitere Handlung der eingangs beschriebenen Szene beim Abendessen. Als Folge des Zuspätkommens von Martin und Karla schickt der Vater die Kinder hungrig ins Bett. Ehrerbietig beugen sie sich, eines nach dem anderen, zu seiner Hand, um sie zu küssen. Martin und Klara aber weist der Vater zurück: Er wolle von ihnen nicht berührt werden, denn durch die Schuld, die sie auf sich geladen hätten, wären sie unrein. Und er stellt für den kommenden Abend unbarmherzig die ihm gerecht erscheinende Strafe in Aussicht: „Eure Mutter und ich werden heute eine schlechte Nacht haben, weil wir wissen, dass ich euch morgen wehtun muss und weil uns das mehr schmerzen wird als euch die Schläge."

In ihrer Publikation *Evas Erwachen* (2001) beschreibt die polnisch-schweizerische Psychologin Alice Miller ihr Verständnis von Schwarzer Pädagogik als „... eine Erziehung, die darauf ausgerichtet ist, den Willen des Kindes zu brechen, es mit Hilfe der offenen oder verborgenen Machtausübung, Manipulation und Erpressung zum gehorsamen Untertan zu machen." Die

Züchtigung von Martin und Klara stellt sich in der verqueren Empfindung des Pastors in diesem Sinne als eine Art von Reinigung dar. Wir befinden uns im engen Flur des Pfarrhauses, die Wände sind kahl, die Schritte hallen auf dem Holzboden. Die Mutter holt Martin zur Bestrafung aus dem dunklen Bubenzimmer im Erdgeschoß, Karla kommt auf ihren Ruf von oben die Treppe herunter. Die Kinder folgen der Mutter den Flur entlang ins Esszimmer. Die Tür wird geschlossen, nur einmal noch tritt Martin heraus und holt aus dem Arbeitszimmer des Vaters die Gerte. Dann bleibt die Tür zu, und wir werden im Flur stehen gelassen. Die Stille wird von den Schlägen und den Schreien der Kinder zerschnitten; vor unserem inneren Auge spielt sich die Szene im Speiseraum in all ihrer Gewalt sehr lebhaft ab.

Wesentlich direkter inszeniert der schwedische Filmemacher Ingmar Bergman eine ähnliche Züchtigungsszene in seinem letzten Kinofilm *Fanny och Alexander*, der in einer fünfeinhalbstündigen Version auch als Fernsehserie gezeigt wurde. Wieder vertritt ein protestantischer Geistlicher, in diesem Fall der Bischof Vergérus (Jan Malmsjö), die richterliche und die ausführende – und im Grunde genommen auch die gesetzgebende – Gewalt in einer Person. Im zweiten von drei Akten aus dem Leben der Familie Ekdahl, einer Theaterdynastie im Schweden des frühen 20. Jahrhunderts, hat die noch junge Witwe Emilie (Ewa Fröling) nach dem überraschenden Tod ihres Mannes Oscar der Verheiratung mit dem Bischof zugestimmt – sehr zum Leidwesen ihrer beiden Kinder. In seiner Funktion als Direktor des kleinen Theaters hat Oscar, seine gerührten Züge meist in Großaufnahme, nach der Aufführung des Weihnachtsstücks eine Rede für die hinter der Bühne um einen Christbaum versammelte

Belegschaft gehalten. Seine einzige Begabung sei, „dass ich unsere kleine Welt hier von Herzen liebe." Draußen, so Oscar, befinde sich die große Welt, hier drinnen das Spiegelbild ihrer kleinen, das dazu diene, die große zu verstehen. Sein Ziel sei es, die Menschen so zu verzaubern, die kalte Welt draußen für ein paar Sekunden zu vergessen: „Unser Theater ist ein kleiner Raum voller Sorgfalt, Klarheit, voller Ordnung und Liebe."

Der etwa zwölfjährige Alexander (Bertil Guve) und seine jüngere Schwester Fanny (Pernilla Allwin) werden aus ihrer gewohnten opulenten Umgebung im großbürgerlichen Haushalt gerissen, die im ersten Akt des Films in der ungemein sinnlichen Inszenierung des Weihnachtsfestes der Ekdahls dargestellt wird, und – der Gegensatz könnte nicht größer sein – in ein lustfeindlich-asketisches Lebensfeld gestoßen. Fand ihre kindliche Fantasie vormals im episch-prallen Fresko des Lebens ihrer Onkel und Tanten, in den Geschichten von Alexanders Papiertheater und dem flackernden Licht einer Laterna Magica Nahrung, droht sie nun zu verhungern. Traum und Wirklichkeit, die Welt der Vorstellung, der Imagination mit den wiederholten Erscheinungen seines verstorbenen Vaters, und der Realität sind für Alexander eins, sie gehören für ihn zusammen, wie für einen wahren Träumer des Kinos, der auch Ingmar Bergman war; oder in den Worten August Strindbergs, aus dessen Stück *Ein Traumspiel* (1902) Alexanders Großmutter Helena (Gunn Wållgren) gegen Ende des Films zitiert: „Alles kann geschehen, alles ist möglich und wahrscheinlich. Zeit und Raum existieren nicht." Der Bischof hingegen empfindet Alexanders selbstbestimmtes Aufbegehren als Affront gegenüber seiner väterlichen Autorität. Alexander will die Behauptung, die erste Frau des Bischofs sei mit ihren Kindern bei einem Fluchtversuch ums

Leben gekommen, nicht zurücknehmen – was zu dieser Szene der Vollstreckung von Grausamkeit an einem hilflosen Kind führt.

Der Raum in der Bischofsresidenz wirkt wie der Ort einer Inquisition: der schwere dunkle Holztisch, die strickenden Frauen in schwarzen Kleidern zu seinen Seiten, der Bischof im ebenfalls schwarzen Talar. Er lässt Alexander auf die Bibel schwören, die Wahrheit zu sagen. Die beiden stehen einander gegenüber wie in einem Duell. Anfangs wagt der Junge noch Widerworte: „Ich glaube, dass Sie mich hassen." Doch die Hand des Bischofs greift wie eine Zange in seinen Nacken und legt sich ihm dann auf die Wange: „Ich hasse dich nicht. Ich liebe dich." Aber diese Liebe sei keine weichliche und blinde, so der Bischof, sondern stark und streng – und er sei stärker als Alexander. Darauf dieser: „Das bezweifle ich nicht." Nun beginnt der Bischof über die Wahrheit und das Recht zu schwadronieren, die er auf seiner Seite habe. Dabei umarmt er Alexander, als wolle er ihn zerquetschen: Er habe sein Spiel verloren. Es folgt die bereits bekannte Rechtfertigung der Gewalt durch das Argument der Errettung. Er präsentiert seinem Opfer drei Möglichkeiten der Strafe: den Rohrstock, Rizinusöl oder das Gefängnis in einem Kellergewölbe, wo Alexander nach ein paar Stunden von Ratten heimgesucht werden würde: „Die Strafe soll dich lehren, die Wahrheit zu lieben, Alexander."

Der Bursch wählt den Rohrstock. Er folgt der Anweisung, sich die Hose hinunterzuziehen und über den Tisch zu beugen. Die Finger einer der Frauen bohren sich in seinen Nacken und drücken den Kopf nach unten. Wir sehen die Mienen von Fanny und den Frauen in Großaufnahme, als der Bischof den Buben schlägt, doch von Alexander kommt kein Laut. Als er sich auch nach dem zehnten Hieb weigert, den Bischof um Verzeihung zu bitten, folgt die Drohung, mit der Züchtigung so lange fortzufahren, bis er nachgäbe. „Du begreifst doch, dass ich dich aus Liebe gestraft habe", gibt der Bischof von sich, nachdem er Alexanders Willen gebrochen hat; und wie der Pastor in *Das weiße Band* seine Kinder, zwingt er ihn, ihm die Hand zu küssen.

Michael Hanekes Geschichte einer Generation der Kinder, der von jener ihrer Eltern die Mitmenschlichkeit ausgetrieben wird, mündet in Ausbrüchen von Gewalt, die sich gegen den Kanarienvogel des Pastors, den Sohn des Barons, einen behinderten Burschen sowie den Arzt des Dorfes wendet und schlussendlich in die Gräuel des Ersten Weltkriegs mündet. Ingmar Bergmans Rückblick in die angstvollen Momente in der Kindheit von Alexander und seiner Schwester lässt die glücklichen Erlebnisse aber nicht außer Acht und endet in einem versöhnlichen Ton. Die Flucht vor dem Bischof gelingt, Emilie und ihre Kinder finden sich wieder im sicheren Hafen ihrer Familie, am Schluss steht das Fest zu einer doppelten Geburt. Ein opulentes Mahl ist angerichtet, der Tisch ist in Weiß und Rosa gedeckt, in zwei Wiegen liegen die kleinen Mädchen und Onkel Gustav Adolf (Jarl Kulle) hält eine emotionale Ansprache. Wie zu Beginn des Films sein Bruder Oscar im Theater, spricht auch er vom Sturm des Lebens und von Katastrophen, die zuweilen über ihre kleine Welt hereinbrechen würden. Doch in der Zuflucht, die die Familie ihnen allen biete, stünden der Genuss des sinnlichen Vergnügens und die Herzensfreude über das Essen, die Blumen, die Musik. Er nimmt seine Tochter hoch: „Ich halte eine kleine Kaiserin in meinen Armen." Und durch seine Worte hören wir Ingmar Bergman selbst: „Die Welt ist eine Räuberhöhle, und es wird finster zur Nacht. Die Bosheit zerreißt ihre Fesseln und streunt durch die Welt wie ein tollwütiger Hund. Die Vergiftung trifft uns alle, uns Ekdahls wie alle anderen, keiner wird verschont. [...] Das ist nun einmal so! Und aus diesem Grunde sollte man glücklich sein." Ein größerer Gegensatz zu den grausamen Mechanismen der Schwarzen Pädagogik als diese altersweise Lobrede auf das Leben und die Liebe lässt sich kaum denken.

Das weiße Band – Eine deutsche Kindergeschichte
(Deutschland/Österreich/Frankreich/Italien 2009)
Fanny och Alexander (*Fanny und Alexander*,
Schweden/Frankreich/Deutschland 1982)

Den Tag nützen

Dead Poets Society

Auf Filme, die sich um das große Thema Erziehung kümmern, lässt sich meist trefflich das oft zitierte Goethewort anwenden: „Zwei Dinge sollten Kinder von ihren Eltern bekommen: Wurzeln und Flügel." Klarerweise drehen sich die auf Schule umgemünzten Variationen solcher Coming-of-Age-Geschichten oft um die Beziehung von Lernenden und ihren Lehrkräften. Der Schulfilm par excellence ist Peter Weirs *Dead Poets Society*, nicht einmal *Good Will Hunting* (1997) und *Finding Forrester* (*Forrester – Gefunden!*, 2000) reichen an ihn heran, obwohl beide immerhin von Ausnahmeregisseur Gus Van Sant, jedoch in einer eher konventionell gestrickten Phase seines Schaffens, inszeniert. Für den Komödianten Robin Williams festigte die Verkörperung des Lehrers John Keating, der die ihm anvertrauten Burschen auf einer erzkonservativen Privatschule auf den Weg zum selbstständigen Denken und individuellen Handeln zu leiten versucht, den Ruf als Schauspieler mit Gespür für große tragische Rollen. Die linkische Unsicherheit der Heranwachsenden, dazu des Lehrer Keatings Appell, sich nicht um Konventionen zu kümmern und stattdessen auf die innere Stimme zu hören und die ureigenen Wünsche und Träume Wirklichkeit werden zu lassen. Schlicht und einfach den Tag zu nützen, ist sein wiederholtes Motto, wenn er die Schüler etwa dazu auffordert, jene Seiten aus ihren Literaturbüchern zu reißen, die sich erdreisten, den „Wert" eines Gedichtes in einem Graphen darstellen zu wollen. Stattdessen sollen sie Poesie in sich selbst entdecken. Die Szene, in der er den introvertierten Todd (Ethan Hawke am Anfang seiner Karriere) vor der Klasse dazu bringt, seine Gefühle in Worte zu fassen, die direkt aus seinem Herzen kommen, vermag uns noch heute Gänsehaut zu erzeugen.

Besonders bei Todd und dem theaterbegeisterten Neil (Robert Sean Leonard), die beide unter der Nichtbeachtung respektive der großen Strenge von Seiten ihrer Eltern leiden, trifft er dabei auf einen wunden Punkt und den Nerv, der sie dazu bringt, ihre Prioritäten zu überdenken, ihre eigenen Möglichkeiten auszuloten und sich selbst ganz einfach mehr zuzutrauen. „Freude, schöner Götterfunken" – Schiller, Beethoven und der grenzenlose Sturm und Drang in diesen jungen Männern: Im Taumel der Musik lernen sie, sich an der überbordenden Kraft ihrer Körper, an der Frische ihres Geistes und der schieren Herrlichkeit des Lebens zu erfreuen. Neil gründet daraufhin den im Filmtitel genannten Club, und es kommt zu geheimen mitternächtlichen Treffen mit der Deklamation von Gedichten, Saxofonmusik und – ganz unerhört! – sogar anwesenden Mädchen. In diesem Fall führt die Begeisterung jedoch zur Katastrophe. Nach einer Aufführung von Shakespeares *A Midsummer Night's Dream* (*Ein Sommernachtstraum*, 1595), in der Neil den Puck spielt, droht ihm das Damoklesschwert von Jahren in der Militärakademie. Bewegungen wie in Trance, Bilder von bodenloser Verzweiflung: In der tief verschneiten Winternacht vor der Abfahrt in ein Leben, das ihm keine Hoffnung auf Zukunft lässt, steht Neil mit nacktem Oberkörper, auf dem Kopf Pucks märchenhafter Kopfschmuck, vor dem offenen Fenster und nimmt sich mit der Pistole seines Vaters das Leben.

Es gibt diese kurze Szene des Abschiednehmens in Louis Malles berührender Freundschaftsstudie *Au revoir, les enfants* (*Auf Wiedersehen, Kinder*, 1987). Der zwölfjährige Jean (Raphaël Fejtö), der als Jude in einem von Patres geführten Internat im besetzten Frankreich des Jahres 1944 Unterschlupf gefunden hat, wird nach einer Denunziation gemeinsam mit zwei weiteren Schülern und dem Leiter der Anstalt von deutschen Soldaten abgeführt. Die anderen Lehrer und Schüler sind auf dem Hof versammelt, auch unter ihnen herrscht eine Atmosphäre der Ungewissheit und der Furcht. Einer von ihnen ist Julien (Gaspard Manesse); nach anfänglichen Reibereien haben die beiden Burschen im Laufe des eiskalten Winters zueinander Vertrauen gefunden und Freundschaft geschlossen. Ein verstohlener Blick von Julien war es, der Jean im Klassenzimmer verriet, zum Abschied bleiben ihnen nur ein paar Momente, als Jean im Schlafsaal seinen Koffer packt. „Irgendwann hätten sie mich sowieso gekriegt", versucht Jean die Schulgefühle des Freundes zu beruhigen. Nun aber, im Hof, für einen Augenblick nur, so etwas wie ganz leises Aufbegehren gegen das Unrecht. Erst einer, dann auch andere Schüler, rufen den Namen des Direktors und verabschieden sich von ihm. Dieser dreht sich noch einmal zu ihnen um und antwortet mit dem Gruß, der dem Film seinen Titel gibt. Jean ist der letzte an der Tür. Auch er wendet sich ein letztes Mal um. Julien winkt ihm mit einer versteckten Geste zu, dann packt einer der Soldaten Jean und zieht ihn mit sich. Unser Blick bleibt bei Julien, dem Tränen in den Augen schimmern, als wir von seiner erwachsenen Stimme aus dem Off von Jeans Tod in Auschwitz erfahren.

Eine Szene ähnlicher Prämisse und Gestaltung bildet das Ende von *Dead Poets Society*. Nicht nur in Neil, auch in Todd haben die unkonventionellen Unterrichtsmethoden des Lehrers Keating etwas bewirkt. Einmal ließ dieser die Jungen auf dem Schulhof exerzieren, um ihnen auf diese Weise die Macht der Anpassung zu verdeutlichen, ein anderes Mal sollten sie im Sinne einer Demonstration, wie wichtig ein Perspektivwechsel sei, auf den Lehrertisch steigen und „die Welt" von dort oben betrachten. Als Keating nun in der Schlussszene noch einige persönliche Dinge aus seinem Klassenzimmer holen will und vom rigiden Direktor mit harschen Worten zum sofortigen Verlassen des Raums aufgefordert wird, kann Todd die Ungerechtigkeit nicht länger totschweigen. Dass Keating zum alleinigen Sündenbock für Neils Selbstmord gemacht und der Schule verwiesen wurde, lastet allzu sehr auf Todds Gewissen. Er steigt auf seinen Tisch und erweist dem scheidenden Lehrer, dem er so viel verdankt, vor der gesamten Klasse seinen Respekt. Zum Abschied ruft er ihm die von Keating bevorzugte Anrede „O Captain! My Captain" nach (ein Zitat aus einem Gedicht von Walt Whitman, das den Tod Abraham Lincolns zum Thema hat).

Als der Lehrer sich daraufhin noch einmal umwendet, schließen sich nach und nach weitere Mitschüler Todds Vorbild an, bis schließlich die halbe Klasse auf den Tischen steht. Der Direktor tobt, fordert die Schüler lautstark zum Hinsetzen auf und bleibt doch machtlos.

Unter Tränen endet natürlich auch diese Szene, nicht nur im Fall von Todd und seinem Lehrer, gerührt sind auch wir, wenn Keating seinen Schützlingen dankt und Maurice Jarres Musik die Emotionalität in dieser Ausnahmesituation vorwärtstreibt und allen Beteiligten, jenen auf und jenen vor der Leinwand, dabei das Herz übergeht.

Dead Poets Society (*Der Club der toten Dichter*, USA 1989)

Tiles to tango

Death on the Nile

Es ist Nacht, aus dem Old Cataract Hotel, das sich in Wirklichkeit in Assuan befindet, hier aber für Kairo stehen soll, dringt beschwingte Musik. Wir befinden uns in einer Ära, in der das Reisen noch ein Privileg der Society war, und dementsprechend sieht das High-Class-Setting aus, in dem sich eine Auswahl der Crème de la Crème von Hollywoodstars versammelt hat. Ein Tanzsaal, im Stil des Art déco dekoriert, darin bewegen sich gemäßigten Schrittes schöne und reiche Menschen, prächtig kostümiert. Da sind Bette Davis und Maggie Smith, Jane Birkin und Mia Farrow, George Kennedy und Angela Lansbury, allesamt Verdächtige im Fall eines Mordes, der auf einer Dampferfahrt auf dem Nil erst begangen werden wird, alle mit einem veritablen Motiv und einer Reihe von Gelegenheiten ausgestattet, im Rahmen von Ausflügen zum Sightseeing oder abends nach dem Dinner an Deck das gefasste Vorhaben auch in die Tat umzusetzen. Sie haben alle nur Augen für Lois Chiles als schmerzhaft selbstbewusste Millionenerbin Linnet, und auch Peter Ustinov entgeht nichts, was sich um ihre Person herum abspielt. Obwohl Ustinov Agatha Christies belgischem Meisterdetektiv Hercule Poirot, den er in diesem Film zum ersten Mal verkörpert, im Aussehen nicht ähnlich ist, stiehlt er mit seiner unnachahmlichen Exzentrik Albert Finney, dem Poirot aus *Murder on the Orient Express* (*Mord im Orient-Express*, 1974), die Show. David Niven gibt seinen Freund Colonel Race, einen Versicherungsdetektiv. Der Colonel erwähnt einen früheren Fall und begeht den Fehler, von Glück bei der Auflösung zu sprechen. Poirot korrigiert ihn, Glück wäre für ihn keine Kategorie, als „kausalitär geahndete Methode der Aufklärung" könnte man bezeichnen, was Poirot wesentlich charmanter seine berühmten „little grey cells" nennt. „I've forgotten your opinion about yourself", reagiert der Colonel pointiert auf Poirots selbstgefälligen Stolz.

Später, nach missglückten Anschlägen auf Linnets Leben und dem schließlich geglückten Verbrechen, dem auch die Morde an zwei weiteren Mitgliedern der Reisegruppe folgen, wird Poirot, wie das bei klassischen „whodunits" der Brauch ist, das Funktionieren seiner grauen Zellen unter Beweis stellen. In seinem abduktiven Konzept der Überführung von Tätern wird er die Verdächtigen in der Lounge des Nildampfers, einer typisch begrenzten Umgebung für solche Kriminalgeschichten, versammeln und einem nach dem anderen ihre kleinen kriminellen Verfehlungen erläutern. Von Veruntreuung und Erpressung ist hier die Rede, Juwelendiebstahl und ärztlichen Kunstfehlern. Doch Poirot hält sich damit nicht länger auf, denn was nun folgt, ist das Finale mit der Überführung der tatsächlichen Täter, in diesem speziellen Fall ein höchst dramatisches Unterfangen mit auch für Poirot traurigem und unbefriedigendem Ausgang.

Dieser Moment ist im Tanzsaal des Luxushotels zu Beginn des Films und der Reise auf dem Nil noch fern. Es kommt zum herrlich theatralischen Auftritt von Angela Lansbury als berühmt-berüchtigte und stets beschwipste Autorin von – wie sie es selbst mehrmals betont – höchst erotischen Romanzen. Sie tritt gleich gehörig ins Fettnäpfchen, als sie Poirot „Porridge" und einen Franzosen nennt. Und dann beginnt die Kapelle einen Tango zu spielen, einen Tanz, dessen Sinnlichkeit der Autorin natürlich wie geschaffen für eine Frau wie sie erscheint. Rudolph Valentino habe gemeint, „it takes tiles to tango", schwärmt die alternde Diva in Andrew Lloyd Webbers Musical *Sunset Boulevard* nach Billy Wilders gleichnamigem Film aus dem Jahr 1950. Diese Idee von Klasse und Stil wird ad absurdum geführt, als Poirot in weiser Voraussicht die Tochter der Autorin zum Tänzchen bittet und deren Mutter sich daraufhin an den armen Colonel Race wendet: „Do you tango, Colonel?" Und als dieser verneint, folgt die Drohung: „I will teach you."

Flugs setzt sie ihr Vorhaben in die Tat um, und was folgt, ist ein wahres Gustostück an Drehungen und Wendungen, an falsch gesetzten Schritten und verhinderter Grazie. David Niven, stets die quintessenzielle Verkörperung des britischen Gentleman, sieht sich auf dem Marmorboden des altehrwürdigen Hotels herumgewirbelt von einer erotisch aufgeladenen Schnapsdrossel. Allein sein leidender und dennoch um Contenance bemühter Gesichtsausdruck macht uns genauso großen Spaß, wie ihn das Ensemble beim Dreh offensichtlich hatte.

Death on the Nile (*Tod auf dem Nil*, GB 1978)

Chronik eines angekündigten Todes

Decision to Leave
Gods and Monsters

Eine Frau fährt zu einem Strand, um dort zu sterben. *Decision to Leave*, der romantische Thriller von Park Chan-wook, dem Regisseur der *Vengeance*-Trilogie, ist ein ausgeklügelter Film noir auf Hitchcocks Spuren und fast zu schön, um wahr zu sein. Chang Hae-jun (Park Hae-il), Kommissar der Mordkommission und gefangen in einer zur Routine erstarrten Ehe, verliebt sich in Song Seo-rae (Tang Wei), die Hauptverdächtige in einem Fall um einen Hobbykletterer, der von einem Felsen gestoßen wurde. Zwischen den beiden entwickelt sich eine „Amour fou", ein raffiniert verschachteltes psychologisches Spiel um Schuld und Sühne, Begierde und Verrat und die Hellsichtigkeit von Gedanken in quälenden Perioden von Schlaflosigkeit. Die Farben, das Licht, die ungewöhnlichen Kameraeinstellungen, die wunderbare Musik von Parks Stammkomponisten Cho Young-wuk – mit untrüglichem Gespür für Stil und Eleganz kleidet Regisseur Park seine traurige Erzählung von der Ungewissheit einer Liebe, die es eigentlich nicht geben dürfte, in eine flirrende Atmosphäre der Ungewissheiten und der Sehnsucht.

Wie eben auch auf dem Strand in der Abschlusssequenz des Films. Hae-jun folgt Seo-rae mithilfe einer Ortungsapp, und sie offenbart ihm am Telefon ihre wahren Gefühle: In dem Moment, als er „Ich liebe dich" zu ihr gesagt habe, sei seine Liebe erloschen. „Und als deine Liebe erlosch, hat meine Liebe begonnen." Dann trennt Seo-rae die Verbindung. Sie hält am Meer, sie steht, einem Scherenschnitt gleich, vor der schon tiefen Sonne. Über eine steinerne Treppe zwischen Felsen gelangt sie zu einem anderen Abschnitt des Strandes, dort beginnt sie, mit einem kleinen Eimer eine Grube im Sand zu graben. Schon rücken die Wellen heran; die Kamera beobachtet Hae-jun, als er am Straßenrand am Meer mit seinem Wagen hinter dem ihren hält, und Seo-rae in einer Perspektive aus dem fertig gegrabenen Loch; über ihr fliegt ein Flugzeug am Himmel und gleich darauf über Hae-jun, der in Seo-raes Wagen ihr Handy findet. Darauf befindet sich seine Sprachnachricht, das Geständnis seiner Liebe: Er habe die Beweise für ihr gefälschtes Alibi und ihre Täterschaft vernichtet, denn „Ich musste nur glauben, dass du mich magst, und schon würde ich alles für dich tun."

Seo-rae steigt in die Grube, sie trinkt aus einer grünen Flasche, sie fängt das Wasser, das über den Rand schwappt, in ihrer Hand auf. Dann lehnt sie sich zurück. Die Wellen spülen den aufgehäuften Sand neben dem Loch fort, der Blick wird frei auf die Sonne, die orangerot den Horizont berührt. Zurück bleiben ein kleiner gurgelnder Strudel und die Verzweiflung von Hae-jun, der längst auf diesem Abschnitt des Strandes umherläuft und Seo-rae dennoch nicht finden kann. Er irrt durch die hereinbrechende Nacht; die Frage, ob sich die Nebel in der Geschichte, die er selbst durchlebt hat, diese Zeit vor dem Sterben seiner Geliebten, jemals vollständig lichten werden, wird nicht beantwortet.

Auch der Mann, der das berühmteste Monster der Filmgeschichte erschaffen hat, will seinem Leben ein Ende setzen, lassen ihm doch die Bilder im Kopf keine Ruhe: jene seiner Arbeit als Regisseur und der Szenerien seiner Leinwanderzählungen, jene aus den Schützengräben des Ersten Weltkriegs, jene seiner Liebesbeziehungen. Das Älterwerden, die Einsamkeit und Depressionen lasten ihm auf der Seele. Wir befinden uns im Hollywood des Jahres 1957. James Whale, Regisseur der *Frankenstein*-Klassiker, hat auch den Look erfunden, mit dem Boris Karloff als unglückliche Kreatur Weltruhm erlangte, doch längst will niemand mehr etwas von ihm wissen. Beruflich ist er seit Jahren auf dem Abstellgleis, in Hollywoods System der Scheinheiligkeiten hat er seine Homosexualität allzu offen gelebt. Nach einer Reihe kleiner Schlaganfälle machen nun auch Körper und Geist nicht mehr mit. Ian McKellen, bekannt als Gandalf in den *Lord of the Rings*-Filmen und Magneto in der *X-Men*-Serie, verleiht dem Regisseur seine große Präsenz: eine Darstellung zum Niederknien. Sein Whale ist ein zutiefst unglücklicher, am Leben verzweifelnder und verzweifelter alter Mann, der sich nur noch den Tod herbeiwünscht und, ganz in der Art des Filmemachers, ein Szenario entwirft, wie er diesen herbeiführen könnte.

Basierend auf Christopher Brams semi-fiktionalem Roman *Father of Frankenstein* (1995) und seinem eigenen kunstvoll verschachtelten, mit einem Oscar prämierten Drehbuch, entwirft Regisseur Bill Condon den Ablauf der letzten Tage Whales; die sich anfangs nur zögerlich entwickelnde Freundschaft mit dem Gärtner Clayton (Brendan Fraser), die Annäherung der beiden so unterschiedlichen Charaktere, dient ihm dabei als Leitfaden. Whale ist fasziniert von Claytons jungenhaftem Gesicht und seinem wie gemeißelten Körper, der Gärtner wiederum ist beeindruckt von Whales Ruhm, seiner Eloquenz und dem Zauber, der immer noch von seinen Filmen ausgeht. Im Laufe von Sitzungen, in denen Clayton Whale Modell für seine Zeichnungen steht, baut sich zwischen ihnen Vertrauen auf. Und dann eine Party, die in einem plötzlichen Regenguss endet. „Certainly you have better things to do than babysit an old man", meint Whale, als sie bis auf die Haut durchnässt bei seinem Haus anlangen. Doch Clayton verspricht, zum Essen zu bleiben. Whale macht sich fein, und während er sich die Masche bindet, sieht er in den halben Schatten im Schlafzimmer seinen Geliebten vor sich, „a schoolboy from Harrow", der im Krieg sein Leben lassen musste. Später tobt draußen ein Gewitter und Whale verliert ob der schrecklichen Einsicht in die Beschränktheit seiner Existenz die mühsam aufrechterhaltene Contenance: Sein Leben sei leer, er habe nichts zu tun, könne sich beim Lesen nicht mehr konzentrieren, sogar das Zeichnen gelinge ihm nicht mehr – er zeigt Clayton die Blätter all ihrer Sitzungen, ein wirres Gekritzel.

In der Szene, die sich aus diesem Moment entspinnt, bricht der Damm zwischen den beiden Männern. In der Reflexion im Fensterglas, hinter den Schlieren des Regens, sieht Whale, wie sich Clayton langsam auszieht: „You said you want to draw me like a statue." Zärtlich berührt Whale die Scheibe, berührt in der Vorstellung auch Claytons Körper. Dann holt er aus einem Nebenzimmer die Gasmaske aus dem Krieg: Er möchte, dass Clayton sich diese überzieht: ein menschlicher Körper, eine unmenschliche Maske.

Dass er nicht atmen könne, ruft Clayton fast panisch. Whale umfängt ihn von hinten, massiert seinen Nacken, er küsst seinen Hals und klammert sich an Clayton, der sich seiner Umarmung zu entziehen versucht. Clayton stößt Whale von sich, er schlägt ihn zu Boden, er liegt auf ihm, die Hände um seinen Hals. Darauf Whale, wie in Ekstase: „You undressed for me. I've been kissing you. I even touched your prick. How will you be able to live with yourself?" Claytons Erwiderung: „What do you want from me?" Und endlich, wie eine Erlösung, das Schluchzen: „I want you to kill me!"

„I am not your monster!", schreit Clayton in seinem Aufbegehren, dann nimmt er die Hände von Whales Kehle. Das Atmen des alten Mannes ist ein Röcheln, als ob in diesem Augenblick seine Seele den Körper verließe. Ob er ihm verzeihen könne?, fragt er ernüchtert. Clayton bringt Whale zu Bett, zwischen ihnen herrscht die Ruhe von Menschen, zwischen denen alles gesagt ist. Beim Einschlafen sieht Whale zwei Scherenschnittfiguren über eine Szenerie wie aus einem seiner Filme wanken, das Monster und sein Schöpfer; gleich darauf entpuppt sich daraus er selbst an der Hand von Clayton – in der Nähe ein Schützengraben mit leblosen Soldatenkörpern, unter ihnen befindet sich Whales Geliebter. Zu ihm steigt er hinab und legt sich an seine Seite.

Am nächsten Morgen ist der Sturm abgeflaut; Hanna und Clayton finden Whale im Pool, der Tote treibt im Wasser, als tanzte er zur Musik des blinden Geigenspielers, der Frankensteins Monster in sein Haus bittet – weil er die Kreatur nicht sehen kann und ihr deshalb nicht misstraut.

„The future is just old age and illness and pain ... I must have peace and this is the only way", schrieb der reale James Whale in einer Abschiedsnotiz. „The only monsters are here", hat Whale im Film einmal gemeint und sich an die Stirn getippt. So wie Seo-rae in der Grube am Strand, wenn darüber die Wellen zusammenschlagen, hat er mit ihnen in der Stille des Wassers seinen Frieden geschlossen.

Gods and Monsters (USA/GB 1998)
Haeojil gyeolsim (*Decision to Leave/Die Frau im Nebel*, Südkorea 2022)

Der letzte der alten Könige

Der Name der Rose
Robin and Marian
The Untouchables

Robin Hood ist alt geworden, und als er von den Kreuzzügen nach England zurückkommt, muss er erkennen, dass er keine Kraft mehr hat zu kämpfen. Dennoch lässt er sich ein letztes Mal auf ein Duell mit dem Sheriff von Nottingham ein, seinem alten Rivalen. Da prallen zwei Männer aufeinander, die mit dem Mut der Verzweiflung versuchen, den Lauf der Geschichte aufzuhalten. In einem traurig-grotesken Zeitlupentheater der hilflos-heroischen Gebärden werden die Streiche ihrer Schwerter immer langsamer, immer schwerer erscheinen ihnen die Waffen, kaum kommen sie mehr auf die Beine: Völlig erschöpft stehen sie einander in Richard Lesters *Robin and Marian* schließlich gegenüber, müssen sie sich geschlagen geben gegen die Zeit, aus der sie gefallen scheinen und die sie nicht zurückdrehen können.

„Wir hatten noch Gesichter damals", sagt Gloria Swanson in Billy Wilders *Sunset Boulevard* (*Boulevard der Dämmerung*, 1950) und meint damit jene unbedingte Leinwandpräsenz, wie sie die wahren Ikonen des Kinos auszeichnete. Sean Connery, der 2020 im hohen Alter von 90 Jahren starb, war der letzte dieser alten Könige. Abgesehen von seiner Paraderolle als James Bond, entwarf er seine Filmfiguren als grandios verrückte Kerle in wunderbarer Ausgewogenheit zwischen prallem Leben und melancholischer Einsicht in die eigenen Grenzen. Der unbedingte Mut zur Überlebensgröße zeichnet sie in ihrer tragischen Gebrochenheit aus. Keine Furcht umklammert ihre Seele, wenn sie mit ihrer Alles-oder-Nichts-Pose inmitten der heftigsten emotionalen Brandungsstürme stehen, und sie sind nicht bereit, von ihren Überzeugungen abzurücken, koste es, was es wolle: und wenn es den eigenen Untergang bedeutet. Da ist Mulay El Raisuli, der Berberhäuptling und kolossale Despot, der so sehr von sich selbst als gewaltigem Archetyp fasziniert ist, dass er eine Amerikanerin und deren Kinder entführt und tatsächlich glaubt, auf diese Weise Präsident Roosevelt erpressen zu können (*The Wind and the Lion/Der Wind und der Löwe* von John Milius, 1975), da ist jener abgemusterte Sergeant der britischen Armee, der im kolonialen Indien des 19. Jahrhunderts für kurze Zeit zum Herrn über ein eigenes Königreich aufsteigt (*The Man Who Would Be King/Der Mann, der König sein wollte* von John Huston, 1975), und da ist auch der Weltraummarshal, der in einer Bergwerkskolonie auf dem Jupitermond Io ganz auf sich allein gestellt ist und sich dennoch skrupellosen Drogendealern entgegenstellt (*Outland* von Peter Hyams, 1981).

In Brian de Palmas *The Untouchables* gibt Connery den irischen Cop Malone, der im Chicago der Dreißigerjahre des vergangenen Jahrhunderts gemeinsam mit bärbeißigem Charme und FBI-Mann Eliot Ness (Kevin Costner) Jagd auf den Mafiaboss Al Capone (Robert de Niro) macht und seinen Einsatz mit nichts weniger als dem Leben bezahlt. Im Tode noch gelingt es ihm aber, eine Spur zu seinen Mördern zu legen. In der Oper singt der Bajazzo und Al Capone weint dazu, unterdessen schleppt sich Malone, lebensgefährlich verwundet, unter großen Schmerzen und Aufbietung seiner letzten Kräfte, durch seine Wohnung, um dem FBI-Team einen Hinweis auf den Buchhalter des Mafiabosses und eine bestimmte Zugverbindung zu hinterlassen. Abgesehen von der darauffolgenden, ebenfalls berühmten Szene im Bahnhof, in der während eines Feuergefechts ein Kinderwagen die Treppe hinunterrollt (ein Zitat auf Sergei Eisensteins *Bronenossez Potjomkin/Panzerkreuzer Potemkin*, 1925) und Ennio Morricones eindringlichem Score, bleibt in *The Untouchables* Connerys ungemein physische Präsenz in Erinnerung und wurde auch mit einem Oscar für die beste männliche Nebenrolle prämiert.

Am Ende von *Robin and Marian* gibt es eine weitere wunderbare Szene, in der Lady Marian, gespielt von Audrey Hepburn, ihrem Geliebten, also Robin Hood, den Giftbecher reicht und dann auch selbst daraus trinkt. In einer letzten Geste des Aufbegehrens versucht sich Robin gegen den Tod zu stellen – und gibt sich ihm dann doch geschlagen. In „Desolation Row", einem seiner berühmtesten Lieder, singt Bob Dylan von „Einstein, disguised as Robin Hood, with his memories in a trunk." In Lesters filmischer Ballade vom Abschiednehmen sind sich die beiden titelgebenden Figuren ihrer glorreichen Vergangenheit und des eigenen Mythos bewusst. Doch sie haben die Erinnerungen in der Truhe abgelegt, die ihr Leben ausmacht, und nun akzeptieren sie ohne Hader, dass ihre Zeit abgelaufen ist, und sie schließen den Deckel darüber.

Shakespeare hat für die tragische Gebrochenheit seiner Figuren eine Art von Katharsis vorgesehen, einen steinigen Weg zur inneren Reife. In dem schrecklichen Konflikt zwischen der

Hinwendung auf das Schicksal oder dem Akzeptieren des freien Willens ringen sie sich dazu durch, Verantwortung zu übernehmen. Eine der schönsten in der Reihe von Sean Connerys großen Rollen ist die des Mönchs William von Baskerville in Jean-Jacques Annauds Eco-Adaption *Der Name der Rose*. William besitze, so formuliert es der Abt des Klosters, das den faszinierenden Schauplatz der Geschichte darstellt, „knowledge both to the human spirit and the wiles of the spirit."

Der menschliche Geist und seine Tücke – William, der Sherlock Holmes in der Mönchskutte, vertraut denn auch tatsächlich auf seinen Verstand und auf die Vernunft, wo der Aberglaube und der religiöse Fanatismus des Mittelalters die Schrecken der Inquisition gebären. Auf ihm lastet jedoch eine Schuld aus der Vergangenheit, und er offenbart sie seinem Schüler Adson (Christian Slater) bei einem Gespräch in ihrer kargen Zelle, während draußen vor dem Fenster der Regen rauscht. Einst sei William selbst für die Inquisition tätig gewesen, aber in seinem Versuch, Verständnis für Dinge aufzubringen, die einfach neu und anders und allein aus diesem Grund verboten waren, sei er in die Fänge eines grausamen Inquisitors geraten. Er sei der Häresie angeklagt und im Gefängnis gefoltert worden und habe sich daraufhin geschlagen gegeben. „You said nothing", wirft ihm Adson seine Feigheit vor. "I said nothing, because there was nothing to be said", erwidert William.

Und doch nagt die Erkenntnis an William, damals falsch gehandelt zu haben, und als es erneut zur Konfrontation mit dem Inquisitor kommt, tritt er der Behauptung von Hexerei und anderem Humbug entgegen; er macht sich daran, die Morde im Kloster auf eigene Faust zu klären. In der Entscheidung für die Wahrheit und für die Treue zu seinen persönlichen moralischen

Prinzipien, riskiert William Kopf und Kragen, findet schließlich aber auch zu einer Art heiteren Gelassenheit, zur humorvollen Distanz zur Welt. So wird er zu einem neuen Prospero, um den herum der Sturm der Zeiten braust und der die Dämonen doch zu zähmen weiß; und in seinen Augen sehen wir, dass er dabei im Herzen Ruhe und Frieden gefunden hat.

Der Name der Rose (BRD/Italien/Frankreich 1986)
Robin and Marian (*Robin und Marian*, USA 1976)
The Untouchables (*The Untouchables – Die Unbestechlichen*, USA 1987)

Urvertrauen

Der Untergang

Das Vertrauen in die Welt, in das Ganze in und um und zwischen uns, in die positive Einstellung zur Idee, dass es sich einfach lohne zu leben, findet sich in den Arbeiten des Kinderpsychologen Erik H. Erikson und des Soziologen Dieter Claessens, es wird darin als Resultat der erfolgreichen Entwicklung von Selbstwertgefühl und Liebesfähigkeit, zu emotionaler und psychosozialer Bindungsfähigkeit beschrieben. Eine Szene in Oliver Hirschbiegels kontroversiell rezipiertem historischen Drama *Der Untergang* zeigt die Pervertierung dieses Urvertrauens von Kindern ihrer Mutter gegenüber aufs Grausamste. Die Mutter, die sich dieses Missbrauchs schuldig macht, ist Magda Goebbels, der Schauplatz ihrer Tat ist der Führerbunker ganz kurze Zeit vor dem Fall von Berlin; die Tat, die letztlich den Untergang dessen darstellt, was Menschsein bedeutet, ist die Ermordung ihrer eigenen Kinder.

Die Älteste, Helga, liest ihren fünf Geschwistern gerade vor, als die Mutter in Begleitung des Arztes den Raum mit den Stockbetten betritt. Sie habe ihnen eine Medizin gebracht, „dass ihr nicht krank werdet hier in diesem feuchten Bunker", heißt es. Und die Bekräftigung: „Sie ist ein bisschen bitter, aber dafür hilft sie auch." Wie oft sagen Eltern diesen Satz, um ihre Kinder von der Notwendigkeit zu überzeugen, den Hustensaft oder welche Medikamente auch immer zu schlucken; und im Urvertrauen, dass ihre Eltern nur das Beste für sie wollen, tun die Kinder, was ihnen gesagt wird. „Du bist doch immer so tapfer", wendet sich Frau Goebbels an die jüngste Tochter. „Einen schönen großen Schluck ... Siehst du, war doch gar nicht so schlimm." Einem Kind nach dem anderen reicht sie das Glas mit dem Schlafmittel, nur der Ältesten ist das böse Spiel suspekt: „Bitte, Mama, ich mag das nicht trinken." Was folgt, ist ein stummer Kampf, die Mutter hält ihrem Kind den Kopf und zwingt das Mädchen, den Mund zu öffnen, der Arzt flößt ihr den Trank ein.

Später kehrt der Todesteufel im Schafspelz der Mutter zurück. Die Kinder schlafen tief, einem nach dem anderen legt sie die Giftkapsel zwischen die Lippen, einem nach dem anderen drückt sie die Zähne zusammen, eines nach dem anderen küsst sie nach dem kurzen Todeskampf auf die Stirn und zieht ihm die Decke über den Kopf, sodass die bloßen Füße nicht mehr bedeckt sind. Mir ist dabei durch den Sinn gegangen, dass die Kinder nun nicht mehr frieren müssen. Als sie kurze Zeit darauf beginnt, Spielkarten zu mischen und eine Patience zu legen, droht das eiskalte Maskengesicht der Frau Goebbels für Momente zu entgleisen, Corinna Harfouchs Verkörperung, die in ihrer Brillanz jener von Bruno Ganz in der Rolle Adolf Hitlers nicht nachsteht, reißt sie aber schon im nächsten Augenblick zurück in die Gewissheit, die sie vorher formuliert hat und die ihr Handeln bestimmt: dass nichts mehr von Bedeutung wäre, wenn die nationalsozialistische Idee und mit ihr all „Schönes, Bewundernswertes, Edles und Gutes" zugrunde gehe. Die Welt, die nach dem Nationalsozialismus komme, so Frau Goebbels, sei nicht mehr wert, darin zu leben. Für diesen Wahn hat sie als Mutter sogar ihre Kinder geopfert.

Der Untergang (Deutschland/Italien/Österreich 2004)

Ordnung und Chaos

Die Blechtrommel

Ordnung, eine sogenannte bürgerliche Tugend des neunzehnten Jahrhunderts – in den Zeiten von Faschismus, Nationalsozialismus und anderer Ismen, die den Verlauf des darauffolgenden zwanzigsten prägten, wurde daraus die Bürokratisierung des geplanten Tötens. Die peniblen Aufzeichnungen in den Konzentrationslagern, der Massenmord unter dem Deckmantel von deutscher Korrektheit: Im Gleichschritt der Uniformierten und des Denkens fiel dem Vergessen anheim, was mit Anstand, mit Gewissen und Menschlichkeit zu tun hat. Eine wunderbar effektive und entlarvende Szene in Volker Schlöndorffs *Die Blechtrommel*, der mit einem Oscar ausgezeichneten Adaption des Romans von Günter Grass, hält dieser Ordnung, die doch eigentlich nichts anderes war als das totale Chaos der Moral, einen zynisch-sarkastischen Zerrspiegel vor.

David Bennent, damals keine dreizehn Jahre alt und von beängstigender darstellerischer Brillanz, spielt Oskar Matzerath, den Jungen mit dem titelgebenden Instrument und einer Stimme, die Glas zum Zerspringen bringen kann. Im polnischen Danzig fasst Oskar an seinem dritten Geburtstag den Vorsatz, nicht mehr zu wachsen. Zu diesem Zwecke stürzt er sich die Kellerstiege hinunter und durchbricht so die Ordnung der Dinge, wie sie die Erwachsenen in ihrer verrückten Welt als gegeben sehen. Was in keiner Szene des Films so deutlich wird wie bei dem Massenauflauf der Nazis, den Oskar auf seine ganz und gar einzigartige Weise sprengt.

Vom Mund des Nazischergen bewegt sich die Kamera weg, als dieser vor den strammstehenden Soldaten, den Hitlerjungen und deutschen Mädeln, seine kriegstreiberischen Phrasen drischt. „Wir wollen heim ins Reich!", schreit er, während Oskar insgeheim durch ein loses Brett im Zaun zur Rückseite der Holztribüne gelangt und sich bis unter das Rednerpult pirscht. „Wir Deutschen hatten schon eine Post, als der Pole noch nichts in Briefen zu sagen hatte!", brüllt der Nazi, während die Honoratioren vorfahren. Einer von ihnen übernimmt von einem Kind einen Blumenstrauß, reicht ihn dem nächsten, der ihn seinerseits achtlos wegwirft – eine kurze Referenz an den entlarvenden Moment in Chaplins *The Great Dictator* (*Der große Diktator*, 1940), als sich dieser nach einem offiziellen „Lächelfoto" mit einem Baby auf dem Arm angeekelt die Hände abwischt.

„Ordnung marschiert mit gewichtigen und gemessenen Schritten, Unordung ist immer in Eile", soll Napoleon Bonaparte einmal gesagt haben. Mit solch akzentuierten Schritten nähern sich die Honoratioren nun der Tribüne, Marschmusik setzt den dazu passenden Takt. Und da beginnt Oskar zu trommeln. Er pirscht sich mit den Schlagstöcken an den Marsch heran, ist einer von vielen Musikanten, nur um sich dann auf einmal zwischen sie zu drängen – mit anderer Musik, mit einem anderen Takt, einem Walzer. Irritiert schauen die Musiker um sich, Unsicherheit macht sich breit, doch dann hat Oskar auch schon gewonnen. Donau so blau – der steife Marsch ist der Walzerseligkeit ausgeliefert, und alsbald spielen alle diesen Rhythmus, tanzen den Walzer, schwenken die Hitlergrußarme und die Fahnen im Dreivierteltakt.

Mit dem Aphorismus „Zeiten der Ordnung sind die Atempausen des Chaos" räumt Oskar in dieser Szene auf. Das Chaos, das der kleine Anarchist hier stiftet, stellt die Atempause in der Ordnung des Grauens dar. Jahre später, während des Begräbnisses seines Vaters, wird Oskar beschließen, wieder zu wachsen. Er wirft seine Trommel ins offene Grab und stellt sozusagen durch seine eigene Entscheidung die Ordnung im Verlauf seines Lebens wieder her. Jene des Naziaufmarsches durcheinanderzubringen, ist ihm zuvor gelungen; all das Töten und Sterben, das damit involviert ist, kann hingegen auch er nicht verhindern.

Die Blechtrommel (BRD/Frankreich 1979)

Heroische Herzen

Dr. No
Goldfinger
Skyfall

James Bond erwacht aus seiner Bewusstlosigkeit und schlägt die Augen auf. Er findet sich mit gespreizten Armen und Beinen auf etwas gefesselt, das auf den ersten Blick wie eine Stahlplatte wirkt. Goldfinger, der Bösewicht, der danach trachtet, die Goldvorräte von Fort Knox in seine Gewalt zu kriegen, erklärt ihm gleich darauf, dass es sich um Gold handle. Und auch, dass der Laser, der zwischen Bonds Beine gerichtet ist, in der Lage sei, selbst solides Metall zu durchschneiden.

Während sich der Laserstrahl langsam in Richtung von James Bonds Männlichkeit hochfrisst, bedenkt Goldfinger den wehrlosen Agenten mit sarkastischen Spitzen. „Do you expect me to talk?", fragt James Bond schließlich in höchster Not. „No, Mr. Bond, I expect you to die!", lautet Goldfingers launige Antwort. In der Großaufnahme von Sean Connerys Gesicht erkennen wir etwas, das James Bond nur ganz selten zu empfinden scheint: Angst.

Ein Duell zwischen zwei Alphamännchen, gleichzeitig ein Kammerstück von zwei herrlichen Schauspielern. Gerd Fröbes jovial-verächtliche Bösartigkeit ist eine der wenigen Darstellungen, die James Bond im Laufe all der Beiträge der Filmserie durch mittlerweile bereits mehr als sechs Jahrzehnte abgesehen von wilden Schießereien, farbenfrohen Explosionen und dem üblichen reichlichen Theaterdonner wirklich zusetzt. „Je stärker das Böse, umso härter der Kampf, umso besser der Film", hat Alfred Hitchcock in dem berühmten Interview gesagt, das François Truffaut mit ihm führte, und Hitchcock wusste, wovon er sprach. Bevor 007 am Ende des Films ein Bond-Girl mit dem unnachahmlichen Namen Pussy Galore in die Arme nehmen kann, muss der Agent in *Goldfinger*, der allenthalben als bester Bond-Film gilt, um das fürchten, was seine Identität als Machoheld der Sechzigerjahre definiert.

Sean Connerys lakonische Männlichkeit machte den britischen Geheimagenten mit der Lizenz zum Töten zu jener einsamen Ikone des Kalten Krieges, die den Zwiespalt zwischen beamtetem Killer und kausal dominiertem Helden, der doch jeden Zug der Handlung selbst bestimmt, mit eiskaltem Sarkasmus auszugleichen wusste. James Bond, das war und ist eine in die dramaturgischen Muster der Trivial-Serials gekleidete Inventarisierung des Zeichensatzes der Welt der Reichen und Schönen und nicht zuletzt die Erkenntnis, dass es noch nie leicht war, Stil zu zeigen. Wobei es im ersten Beitrag der Reihe, *Dr. No* (1962), das Bond-Girl war, das mit einem bis dahin unerhörten modischen Akzent die erinnerungswürdigste Szene bestimmte. Ursula Andress alias Honey Rider, die in dem Film wie eine moderne Version von Botticellis Venus der jamaikanischen Brandung entsteigt, beeinflusste nicht nur die männliche Vorstellungswelt einer ganzen Generation, sondern machte ganz nebenbei auch noch den Bikini gesellschaftsfähig.

„What are you doing here? Looking for shells?", fragt Honey

den Geheimagenten am Strand betont naiv, worauf Connerys 007 ganz cool reagiert: „No, I'm just looking."

In Charles Laughtons einziger Regiearbeit *The Night of the Hunter* (*Die Nacht des Jägers*, 1955) spielt Robert Mitchum den Prediger einer unheimlich-obskuren Sekte. Auf die Finger seiner rechten Hand hat er „love" geschrieben, auf die der linken „hate". Mitchums Hände versinnbildlichen den Kampf des Guten gegen das Böse, Sean Connerys Bond war in vergleichbarer Weise die Personifizierung des manichäistischen Dualismus zwischen dem Hellen und dem Dunkeln und trat in Szenen zutage, in denen Bond einen Gegner erschießt und dies dann mit zynischem Grinsen abtut.

Die einen Bond-Filme sind besser gealtert, die anderen schlechter; mitunter muten gerade als damals lässig empfundener Humor heute als auf fast pubertäre Weise machohaft und ehemals als spektakulär apostrophierte Actionszenen als geradezu peinlich an. Ähnlich unleugbar in ihrer Entstehungszeit verhaftet verhält es sich mit den Darstellungen des Agenten, die auf Connerys Interpretation gefolgt sind. Roger Moore war ein Sir, wie er in britischen Knigge-Ratgebern stehen mag, doch eigentlich zu weich, um glaubwürdig zu sein, Timothy Dalton agierte eher unbeholfen, Pierce Brosnan arg versnobt, und George Lazenby kommentierte sich selbst bei seinem Einmal-Auftritt in *On Her Majesty's Secret Service* (*Im Geheimdienst Ihrer Majestät*, 1969) überaus treffend mit der Bemerkung: „This never happend to the other guy."

In den jüngsten fünf Verhandlungen der Figur des James Bond schlug Daniel Craig mit dem trotzigen Aufbegehren eines waidwunden Raubtiers eine ganz neue, in sich stimmige und sehr interessante Richtung ein. Craigs Interpretation ist die einzige nach Sean Connery, in der Bond wirklich glaubhaft gefährlich ist. *Goldfinger* setzte die Parameter, die Sam Mendes' *Skyfall* fünfzig Jahre nach *Dr. No* schließlich auf atmosphärisch stimmige und wunderbar befriedigende Weise einzulösen versteht. In einer Schlüsselszene muss die wunderbare Judi Dench als Geheimdienstchefin M auf dem Abstellgleis des Alters vor einem ministerialen Untersuchungsausschuss aussagen, dabei zitiert sie den britischen Dichter Tennyson: „Made weak by time and fate/but strong in will/To strive, to seek, to find/and not to yield". Doch ist es nicht an ihr, klein beizugeben, sie lacht dem Wandel der Zeiten ins Gesicht: „We are/One equal temper of heroic hearts".

Im Aston Martin fahren Bond und M nach Schottland, im fahlen Morgenlicht blicken sie von einer Kuppe über das Tal, in dem Bond einst aufgewachsen ist, ein Bild von ikonischen Ausmaßen. M spricht ihn auf den Tod seiner Eltern an und stellt fest: „Orphans always make the best recruits." Und dann die finale Szene, in der M in einer halb verfallenen Kapelle im Moor Bond in die Augen schaut und meint: „I did get one thing right." Das ist ein Abschiedsblick, sie stirbt in Bonds Armen. Bis zum im wahrsten Sinne des Wortes finalen Showdown am Ende von *No Time to Die* (*Keine Zeit zu sterben*, 2021) haben wir James Bond noch nie so emotional gesehen: Tränen rinnen über sein Gesicht, er schließt der Frau, die ihm so etwas wie ein Mutterersatz war, die Augen und küsst sie auf die Stirn. Nie war Bond als Mann verletzlicher als in der Szene mit dem Laserstrahl, der zwischen seine Beine zeigt, nie war die Figur runder und menschlicher als bei Ms Sterbeszene und dann, zwei Filme später, in den Momenten vor seinem eigenen Tod, als er Abschied nimmt von der Welt und denen, die ihm darin die Liebsten waren. Und all die Jahre dazwischen haben im damaligen unmittelbaren Erleben einfach verdammt viel Spaß gemacht.

Dr. No (*James Bond – 007 jagt Dr. No*, GB 1962)
Goldfinger (GB 1964)
Skyfall (GB/USA 2012)

Auf falscher Fährte

Dressed to Kill
Psycho

Was im Medium von Computerspielen unter Gegenständen verstanden wird, die aufzuspüren dem Gamer aufgetragen wird, obwohl sie sich alsbald als völlig nutzlos erweisen, hat Alfred Hitchcock, der um die spannungssteigernde Wirkung solcher Finten nur allzu gut Bescheid wusste, als „MacGuffin" bezeichnet. Erst mal in die Handlung eingebaut, spielen solche Gegenstände oder Personen in deren weiterem Verlauf zwar keine weitere Rolle, treiben diese jedoch zumindest in die gewünschte Richtung voran. In seinem berühmten Interview mit François Truffaut verwies Hitchcock dabei auf die Geschichte von zwei Männern während einer Zugfahrt. „One man says ‚What's that package up there in the baggage rack?', and the other answers ‚Oh, that's a MacGuffin'." Und auf die logische Frage, worum genau es sich dabei handeln würde: „It's an apparatus for trapping lions in the Scottish Highlands." Auf den Einwand, dass es dort aber keine Löwen gebe: „Well, then that's no MacGuffin!" Und Hitchcocks Schlussfolgerung: „So you see, a MacGuffin is actually nothing at all."

Hingegen erfüllt der sogenannte „red herring" eine mitunter essenzielle Funktion. Egal, welche Herleitung dieses Terminus nun zutrifft, ob auf jene der Kriminellen auf der Flucht, die im 17. Jahrhundert Heringe auslegten, um Spürhunde von der Fährte abzulenken, oder aber auch auf einen Artikel des Schriftstellers William Cobbett in einer Ausgabe der Wochenzeitung „Political Register" von 1807, in dem die Metaphorik der stark riechenden Räucherfische für die Irreführung der Presse steht – heute und in Bezug auf Literatur und Film dreht sich, wenn vom durch das Pökeln und Räuchern rötlich gefärbten Hering gesprochen wird, alles um das lustvolle Spiel mit Täuschung, mit Hinweisen, die ins Nichts führen, und Spuren, die uns in die Irre leiten.

Diese falsche Fährte des „red herring" führt den Zuschauer von der eigentlichen filmischen Handlung weg, ins Zerrspiegelkabinett des kinematografischen Lugs und Trugs, der, wird er denn von einem echten „Master of Suspense" gespielt, herrlich viel Vergnügen bereitet. Dass sich Marion Crane, die blonde Heldin in *Psycho*, mit gestohlenem Geld auf jene Flucht einer endlosen Autofahrt durch dunkle Regennächte macht, ist der Trick, den uns Hitchcock spielt, letztlich aber ein Handlungsstrang ohne weitere Bedeutung – außer jener, dass diese Flucht die Blondine schließlich in ein abgelegenes Motel führt, wo sie in der legendären Duschszene auf effektvollste Weise dahingemetzelt wird. Janet Leigh, der Star des Films, ist nach vierzig Minuten nicht mehr am Leben – die allenthalbene Verwirrung muss 1960 beim Start des Films grenzenlos gewesen sein.

Der Schatten hinter dem Duschvorhang entpuppt sich später als Norman Bates, der Serienkiller mit dem Problem der gespaltenen Persönlichkeit, den niemand besser als der schlaksige Anthony Perkins hätte verkörpern können, und nicht als dessen dominante Mutter, wie man zuerst vermuten mag. Von den fünfundsiebzig Einstellungen dieser legendären fünfundvierzig Filmsekunden, für die Hitchcock eine ganze Drehwoche benötigte, wurde schon viel geschrieben, doch auch mehr als ein halbes Jahrhundert, nachdem sie das damalige Publikum völlig unvorbereitet trafen und in wahre Schockzustände versetzten, ist das immer noch verdammt effektives Kino: von den extremen Großaufnahmen auf den gedoubelten Körper der Hauptdarstellerin, die Hand mit dem Messer, das man in keinem Moment tatsächlich in das Opfer eindringen sieht, die Geräusche der Einstiche, die mit Hilfe einer Wassermelone verursacht wurden, den Duschkopf, aus dem das Wasser wie Nadeln schießt, den Abfluss mit der Schokosauce, die für Blut herhalten musste, weil dies in den wunderbar durchkomponierten Schwarz-Weiß-Bildern realistischer wirkte, der nervenaufreibende Score von Bernard Herrmann, der die stakkatohafte Schnittfolge perfekt aufnimmt und längst zum Inbegriff von Thrillermusik geworden ist, die an den Mord anschließende Plansequenz des betont langsamen Schwenks von den starren Augen der Leiche aus der Dusche hinaus, durch das Schlafzimmer, vorbei an dem Nachttisch mit dem unterschlagenen Geld, aus dem Fenster und hinauf zu Bates' Wohnhaus.

Als höchst aufschlussreich erweist sich dabei die Interpretation des slowenischen Philosophen Slavoj Žižek, der in *The Pervert's Guide to Cinema* (2006), seiner vergnüglichen Reise quer durch die Filmgeschichte, den dreigeschossigen Aufbau des düster-gotischen Psycho-Hauses und damit verbunden auch Norman Bates' Persönlichkeit mit Freuds Theorie von Ich, Über-Ich und Es vergleicht. Das Erdgeschoß, auf dem sich Normans Alltagsleben abspielt, der Stock darüber, wo seine „Mutter" lebt und von wo aus sie ihren Sohn mit Aufträgen,

Regeln und so manchem sarkastischen Kommentar zu leiten versucht, schließlich der Keller, in dem Normans triebgesteuerte Ängste in Form der mumifizierten Leiche vor den Blicken der Außenwelt verborgen sind – erst Hitchcocks punktgenaue Verortung der kranken Psyche seines Killers öffnet uns den Blick in seine Innenwelt.

Psycho gilt als großes Vorbild der Vertreter des italienischen Giallo, eines Genres, das seinen besonderen Reiz aus der Überhöhung von Motiven des trashigen Kriminalfilms bezieht und in den 1970er-Jahren seinen Höhepunkt fand. Giallo ergeht sich in der detailverliebt-spektakulären, fast opernhaft opulenten Inszenierung von Morden, wobei der meist maskiert auftretende Serienkiller, die psychosexuelle Pathologie als Erklärungshintergrund und der Einsatz von fetischhaftem Zuwerk wie dunkler Sonnenbrille, Perücken und Leder gewichtige Rollen spielen. In diesem Sinne lässt sich *Dressed to Kill* des Hitchcock-Epigonen Brian De Palma wie die Hollywood-Hochglanzversion des Giallo lesen. Zwanzig Jahre nach *Psycho* nahm sich De Palma die hochstilisierte Machart des Mordes unter der Dusche zum Vorbild und versetzte sie in einen Aufzug – und jede Einstellung, jedes Bild wird ihm zur Huldigung seines Idols.

Der Vogelflug der Kamera ganz zu Beginn des Streifens, das voyeuristische Spähen durch ein Fenster, das Eindringen ins Persönliche eifert Hitchcock ebenso nach wie zwei Duschszenen, eine zu Anfang, die andere am Ende des Streifens. Bei der Premiere des Films sorgte die Szene von Angie Dickinsons Masturbation unter der Dusche für gehöriges Aufsehen und einen veritablen medialen Skandal. Das Katz-und-Maus-Spiel, mit dem sie als gelangweilte und sexuell frustrierte Ehefrau Kate und der Mann, mit dem sie kurz darauf den Nachmittag im Bett verbringen wird, einander in einem Museum umkreisen, dieses lange Hinauszögern von Entscheidungen und Aktionen, das die Spannung beträchtlich zu steigern weiß, dann schließlich der Mord im Aufzug, in dem der Star des Films unerwarteterweise nach fünfzig Handlungsminuten aus dem Leben scheidet – der Moment des Übergangs von einer tragenden Figur, Kate, zu einer anderen, der Edel-Prostituierten Liz (Nancy Allen), die sich als Zeugin des grausigen Geschehens alsbald in die Rolle der Tatverdächtigen gedrängt sieht.

Nachdem Kate erfahren hat, dass der Mann, mit dem sie gerade geschlafen hat, an einer Geschlechtskrankheit leidet, entdeckt sie im Aufzug, dass sie ihren Ring in dessen Wohnung vergessen hat. Was folgt, ist ein genial-böses Treiben in beengtem Raum: das Öffnen und Schließen der Aufzugstüren, ein kleines Mädchen, das Kate geradewegs in die Seele zu blicken scheint, die Tränen in den Augen, die bald nichts mehr sehen werden, dann das blitzende Skalpell, das spritzende Blut, die tiefen Schnitte ins Fleisch, die, anders als bei Hitchcock, in Nahaufnahme erfolgen, die Reflexion der grausigen Geschehnisse in einem Spiegel, das Opfer, das schreit und um Gnade fleht, das sich zu schützen sucht und zu Boden sinkt, und letztlich eine Mörderin, die nicht ist, was sie zu sein scheint: De Palma versteht sein Geschäft aufs Trefflichste, und Michael Caine in einer Rolle, die Ähnlichkeiten mit der von Anthony Perkins nicht verleugnen kann, ist ihm dabei eine nicht zu unterschätzende Stütze.

Dressed to Kill (USA 1980)
Psycho (USA 1960)

Die Dekonstruktion der Zeichen

Elephant

Die Burschen und Mädchen sitzen im Kreis, die Kamera befindet sich in ihrer Mitte. Sie bewegt sich langsam an ihnen entlang, derweil die Mitglieder der Gay-Straight Alliance mit einem Lehrer über die Frage diskutieren, ob und falls ja an welchen äußeren Zeichen und Verhaltensweisen jemand denn als homo- oder heterosexuell zu identifizieren wäre. Offenbare das Tragen von rosa Kleidung oder eines Regenbogenzeichens die sexuelle Identität?

In das Spiel der Deutung solch vermeintlicher Hinweise sind wir selbst involviert; wir betrachten die Gesichter, die Körperhaltung, die Kleidung der Jugendlichen in diesem langen Kameraschwenk, als säßen wir mitten unter ihnen und suchten selbst nach Anzeichen der sexuellen Orientierung unseres Gegenübers. Unsere Verunsicherung wird dadurch verstärkt, dass zumeist nicht jene Mädchen und Jungen im Bildausschnitt zu sehen sind, die gerade sprechen – unwillkürlich messen wir unsere spontanen Reaktionen an denen der anderen Gruppenmitglieder.

Die Jugendlichen kommen in Gus Van Sants Film *Elephant* schließlich zu dem Schluss, dass die simple Zuweisung von Kategorien in sich widersinnig ist – und genau darum dreht sich alles in dem brillanten Cannes-Gewinner: um das Setzen von Zeichen und deren Dekonstruktion als nicht geeignet für schlüssige Erklärungsmodelle unserer Welt, wenn es um die Handlungen von Individuen geht. Alex und Eric, die beiden Jungen, die Mitschüler und einen Lehrer niedermetzeln – sind sie schwul, weil sie sich am Morgen ihrer Tat in der Dusche küssen? Sind sie Rechtsradikale, weil im Fernsehen eine Dokumentation über Hitlers Propagandamaschinerie läuft? Trägt die Waffenlobby Mitverantwortung für den dem Columbine-Massaker von 1999 nachempfunden Hergang der Ereignisse, weil es in den USA leicht ist, an Waffen heranzukommen? Sind es die familiären Verhältnisse, das unverantwortliche oder empathielose Verhalten mancher Erwachsener oder Mobbing in der Schule, die die beiden Jungen in die Enge treiben?

Elephant ist der mittlere Teil von Van Sants sogenannter Todes-Trilogie. Zusammen mit *Gerry* (2002) und *Last Days* (2005) stellt der Streifen ein Abbild einer verlorenen Jugend dar, die aus den Irrungen und Verwirrungen der Realität ebenso wie aus jenen ihrer Psyche nicht mehr herauszufinden vermag. Eine Spezialität in diesen Filmen sind lange Szenen ohne Schnitte, in denen die Kamera Charakteren durch eine Momentaufnahme ihres Lebens folgt. Wie in der Art eines Third-Person-Shooter-Spiels betrachten wir den Verlauf des Films aus einer Perspektive, die meist hinter, zuweilen auch neben oder vor der agierenden Figur positioniert ist. Es entsteht eine latente Atmosphäre der Verunsicherung, des Unbehagens, des Drohenden, die durch das eigenwillige Sounddesign des Films noch verstärkt wird. Die Vermischung von realen und imaginierten Tönen, also von diegetischen und extradiegetischen Elementen der Erzählung, löst die Charaktere aus ihrer gewohnt-bekannten Umgebung und löscht dadurch alles, was ihnen darin Sicherheit gewähren könnte. In diesem Verlust der innerbildlichen Kommunikation finden sie keinen Ausweg aus der Situation der Lebensausschnitte, in denen wir ihnen in fast voyeuristischer Weise als Teil ihrer ständigen Überwachung folgen. Bruchstücke der Handlung werden nacheinander aus der Sicht dieser Personen gezeigt, dabei gibt es bewusste Redundanzen und Überschneidungen. Dieses zuweilen willkürlich erscheinende Aufnehmen und Fallenlassen von Erzählsträngen und deren Wiederholung lässt allmählich ein komplexes Bild der Abläufe und Räumlichkeiten jener High School entstehen, an der die zwei Jungen ein Blutbad anrichten werden.

Die Bedeutung der einzelnen Szenen erschließt sich uns oftmals erst im Nachhinein. Dabei ergeht es uns ähnlich wie den Figuren, die sich durch die Gänge der Schule, die Cafeteria, die Bibliothek, das Fotolabor und den Sportplatz bewegen und immer nur einen Ausschnitt des Ganzen sehen: die Zeichen, die sie nicht zu deuten vermögen – denn die Relevanz dessen, was sich eigentlich direkt vor ihren Augen ereignet, erfassen sie nicht. Auf diese Weise ist die Schule, in der sich die beteiligten Charaktere täglich aufhalten, für sie nichts als ein virtueller Ort, und das Massaker, das sich doch eigentlich in ihrer Wirklichkeit abspielt, nicht realer als ein Computerspiel. „So foul and fair a day I have not seen", zitiert einer der beiden Attentäter aus Shakespeares *Macbeth* – das Blutbad, das er sich soeben anzurichten anschickt, befindet sich für ihn im Rang der Fiktion, er selbst ist einer der Akteure in dieser Welt, die doch nur Bühne ist.

Der Verhandlung der Gründe für die Gewaltakte verweigert sich *Elephant* freilich. Der Film entwickelt keine platten Psychologisierungsversuche und gängigen Erklärungsmuster, die nach unfassbaren Vorkommnissen wie diesem immer wieder zur allgemeinen Beruhigung hervorgekramt werden. Es gibt eine Reihe von möglichen Erläuterungen zum Titel des Films, angefangen vom Elefanten als Symbol der republikanischen Partei über die buddhistische Parabel, in der fünf Blinde einen Elefanten untersuchen und dabei zu fünf unterschiedlichen Ergebnissen kommen, bis hin zur Redensart vom „Elephant in the Living Room", die von der Verdrängung tiefgehender sozialer Probleme spricht. Die Versuche der Dechiffrierung vermeintlicher Anzeichen von Homosexualität, so die Diskussionsrunde im Film, führen ins Leere. Dass der Film darüber hinaus das Thema von virulenter Gewalt in unserer Gesellschaft verhandelt, ohne mehr als Andeutungen möglicher Ursachen und schon gar keine Lösungsansätze anzubieten, ist seine verunsicherndste Qualität.

Elephant (USA 2003)

Die Prüfung der Unschuld

El laberinto del fauno

Das leise Summen einer Melodie, das Gezirpe von Grillen, das Wehen des Windes und dazu das Keuchen eines sterbenden Kindes. Ein Mädchen liegt auf kalten Steinen am Boden, die blutige Hand von sich gestreckt, mit einem Mal jedoch wechselt der Fluss des Blutes die Richtung, fängt an, ihr in die Nase zurückzurinnen. Eine magische Weltverzauberung: Aus dem Off erfahren wir von der Geschichte einer Prinzessin, und die Erinnerungen an all das Leid und das Schreckliche in der Vergangenheit des Mädchens werden ausgelöscht und machen einer erträumten Gegenwart Platz, in der sie die Heldin ist und ein ganzes Königreich zu retten vermag.

Traum und Wirklichkeit verschwimmen für Ofelia, die zwölfjährige Protagonistin in Giullermo del Toros todtrauriger Parabel, diesem tragischen, zum Teil gewalttätigen Märchen über die Schrecken des Faschismus und die heilende Kraft kindlicher Imagination. Es ist das Jahr 1944. Ofelia ist die Stieftochter von Hauptmann Vidal (Sergi López), dessen Auftrag es ist, in den Bergen Nordspaniens Jagd auf Partisanen zu machen. Ihre Welt ist ganz anders als die grausame Wirklichkeit, die voll ist von den Brutalitäten ihres Stiefvaters, ihre Welt ist eine Art Zauberreich, in dem Feen leben und Ofelia einen versteinerten Faun aus einem langen Schlaf erweckt. *Pans Labyrinth* – Im Originaltitel wird an Stelle des griechischen Hirtengottes Pan die altitalienische Bezeichnung des Fauns verwendet: Deutsche Filmtitel sind zuweilen ohnehin ein Mysterium für sich. Wie auch immer, das gehörnte Mischwesen berichtet ihr von der Prämisse der Wiedergeburt einer Prinzessin in Ofelias Gestalt. Die Prinzessin habe vor ewiger Zeit aus Neugier ihr unterirdisches Reich verlassen, sei menschlich geworden und habe dabei ihre wahre Identität vergessen. Noch immer warteten ihre Eltern, der König und die Königin, auf sie. Den Fluch, so erfährt Ofelia, könne sie brechen und der sterbenden magischen Welt zu neuem Leben verhelfen. Zu diesem Zweck gelte es laut dem Faun, drei Prüfungen zu bestehen – denn unter Umständen habe die Prinzessin durch den langen Aufenthalt in der Menschenwelt längst ihre Unsterblichkeit verloren.

Eine riesige Kröte aufzustöbern, die in einer Höhle unter den Wurzeln eines uralten Baumes lebt, sie zu töten und auf diese Weise einen Schlüssel zu organisieren, birgt weniger Gefahren in sich als die Sache mit einem blinden Ungeheuer, und hier befinden wir uns schon inmitten der vielleicht brillantesten phantastischen Szene im an solchen nicht armen Werk del Toros. Durch ein geheimes Tor, das aus ihren Kreidestrichen an der Wand ihres Zimmers entsteht, gelangt Ofelia in ein unterirdisches Reich, in dessen Zentrum an einem prächtig gedeckten Tisch ein Monster sitzt. Das Scheusal mit bleicher Haut, faltigfahlem Körper und kahlem Schädel scheint zu schlafen, seine Augäpfel liegen auf einem Teller vor ihm. Für Ofelia gilt es, mit Hilfe des Schlüssels, den sie von der Kröte erbeutet hat, an einen goldenen Dolch zu gelangen, doch sie schlägt die Warnungen der kleinen fliegenden Feen, die sie begleiten, in den Wind und kostet von den herrlich reifen Trauben – was wiederum das Ungeheuer zum Leben erweckt. Mit den langen schwarzen Fingernägeln schlägt es auf einmal den Takt auf der Tischplatte, dann setzt es sich die Augäpfel in die Innenflächen seiner Hände. Ofelia ist ganz in den seltenen Genuss der Früchte versunken und sieht das Monster hinter ihrem Rücken nicht näherkommen. Dieses beißt den Feen den Kopf ab, es hält sich die Hände vors Gesicht und macht sich mit staksigen Schritten an die Verfolgung des Mädchens. Eine Sanduhr hat für Ofelia die Zeit angezeigt, während der die Tür zurück in ihr Zimmer geöffnet bleibt, diese rinnt nun ab, und der Durchgang schließt sich. In allerletzter Sekunde, das Monster greift schon nach ihren Füßen, schafft es das Mädchen, durch ein neues Tor, das sie in die Decke des Gewölbes zeichnet, zu entkommen.

In aller Opulenz der Ausstattung, der brillanten Masken und technischen Raffinesse schlägt del Toros Inszenierung nie über die Stränge, sie ist blutig und unheimlich und hält sich dennoch so weit zurück, dass es selbst in einer Schockszene wie dieser in erster Linie immer um ein kleines Mädchen (Ivana Baquero mit ihren großen dunklen Augen) in all seiner Unschuld und das geht, wovor sie die allergrößte Angst hat. In den finalen Momenten des Films kehren wir an den Anfang zurück. Ofelia ist das sterbende Mädchen vom Beginn, erschossen von ihrem Stiefvater. Sie haucht ihr Leben aus und träumt dabei die Geschichte mit sich selbst als der Prinzessin, die das Reich ihrer Eltern gerettet hat. Denn sie hat auch die dritte Prüfung bestanden, hat sich geweigert, mit dem Dolch aus der Kammer des Ungeheuers ihren neugeborenen Bruder zu ermorden, und dadurch ihre eigene Unschuld und damit auch die des Feenreiches bewahrt. Goldener Glanz legt sich auf sie, sie schreitet durch einen Thronsaal, der wie eine Kathedrale anmutet, und trifft nach so langer Zeit ihre Eltern wieder. Die kindliche Melodie, die die Partisanin Mercedes an Ofelias sterbendem Körper summt, wird für sie zur Musik, die die heimkehrende Prinzessin willkommen heißt. In der realen Welt lächelt Ofelia, bevor ihr Traum, der doch nichts war als der letzte winzige Rest von Leben in ihr, zu Ende geht.

El laberinto del fauno
(*Pans Labyrinth*, Spanien/Mexiko 2006)

Nie geboren

El Mar

„Nie geboren zu sein, das ist/Weit das Beste – doch wenn man lebt,/Ist das Zweite, woher man kam,/Dorthin zu kehren, so schnell wie möglich." Die berühmten Worte des Chors aus *König Ödipus von Sophokles* (zirka 429–425 v. Chr.) weisen uns den Weg durch einen Film, dessen Handlung an einem ganz anderen Ort und zu einer ganz anderen Zeit spielt. Der spanische Regisseur Augustí Villaronga verspinnt in *El Mar* Themen wie die Sünden des Franco-Faschismus, den kranken Wahn übersteigerter Religiosität, zurückgewiesene Liebe und unterdrückte Homosexualität zu einem Netz aus tatsächlicher und vermeintlicher Schuld und der Gier nach Sühne, in dem sich seine Figuren gefangen sehen, sodass ihnen letztlich der Sinngehalt der Verse des griechischen Philosophen, sollten sie ihnen denn geläufig sein, als einziger Weg zur Erlösung erscheinen würden.

Die bestürzende Ausgangsszene des Films ist im Jahr 1936 angesiedelt. Die Kinder Ramallo, Manuel, Francisca und ein weiterer Bursch werden Zeugen der Erschießung einer Gruppe von Regimegegnern an der Friedhofsmauer ihres Heimatortes. Im Versuch, am Sohn eines der Faschisten Rache für die Hinrichtungen zu nehmen, kommt dieser zu Tode; wie in einer heiligen

Handlung streicht ihm der Junge, der ihm ein Messer in den Hals gerammt hat, über die Stirn und die Wange, dann springt er auf und läuft selbst in den Tod. Die Momente, bevor sich dieser Junge in ein tiefes Felsloch stürzt, schält Villaronga mittels eines weiten Kameraschwenks aus dem Fluss der Zeit. Die eigentlichen Geschehnisse spielen sich außerhalb des sichtbaren Ausschnitts ab, indes zieht der Blick über die heiße, ausgedörrte Grasebene, die den Atem anzuhalten scheint und ebenso verbrannt ist wie die Gefühle der Väter, die das Land in den Bürgerkrieg getrieben haben, und der Kinder, die es nicht besser wissen, als ihre Sünden zu wiederholen.

Der Film spannt eine Brücke zu seiner finalen und ebenso tödlichen Klimax, wenn sich die Wege von Manuel, Ramallo und Francisca (Bruno Bergonzini, Roger Casamajor und Antónia Torrens) Jahre später in dem morbiden Setting eines Sanatoriums für Tuberkulosekranke wieder kreuzen. Francisca ist inzwischen Nonne und pflegt die Patienten, zu denen auch Manuel und Ramallo gehören. „Ich will mir nicht meine Mutter vorstellen beim Packen von den Kleidern, die ich nicht mehr tragen werde", fasst Manuel seine Angst in Worte, wenn einer der Mitpatienten eine Nacht nicht überlebt hat und die weißen Betttücher durch den Bluthusten befleckt und zu Leichentüchern geworden sind. Ramallo hingegen übt sich nach außen in Zweckoptimismus und gibt den Macho, um seine Vergangenheit als Stricher zu verheimlichen. Seine Aggressionen entladen sich nach einem Besuch seines Freiers, indem er vorerst eine Katze zu Tode tritt – später wird er den Freier mit einer Axt erschlagen.

Das Leben auf dem Zauberberg ist auch für Manuel zur Hölle auf Erden geworden. Er leidet unter dem Feuer in seinem Herzen und in seiner Seele. In seinem übersteigerten religiösen Wahn will er sich die Zuneigung, die er für Ramallo empfindet, nicht erlauben. Wie schon als Kinder spucken sich die beiden in die Hand und schwören einander ewige Freundschaft. Als er wieder allein ist, riecht Manuel an der Hand, die vorhin Ramallos berührt hat, in einer folgenden Szene wird er es mit Ramallos Shirt tun, als dieser unter der Dusche steht. Nach dem Tod eines anderen Patienten hat sich Manuel zu dessen Mund gebeugt, um seinen letzten Atem einzuhauchen: „Ich will Gott in mir spüren." Seine größte Angst drückt er so aus: „Ich fürchte, ein schlechter Mensch zu werden, sodass Gott mich hasst." Er wendet sich dann an Ramallo: „Ich hasse dich." – „Du hasst mich nicht", ist dessen Antwort. „Dein Problem ist, du liebst mich wohl zu sehr."

Diese Liebe, die sich Manuel nicht erlaubt, gebiert schließlich das Verderben, die sexuelle Spannung entlädt sich in offener Gewalt. Manuel nagelt Ramallos Gewand in Form eines Kreuzes an die Wand, er zieht sich aus, presst nackt seinen Körper gegen die Kleider und klammert sich schluchzend daran. Blutend von den Wundmalen, die er sich selbst zugefügt hat, ist Manuel überzeugt: „Satan hat das ausgenutzt. Er machte aus Freundschaft eine unmögliche Liebe." Mitten in der Nacht steht Ramallo an seinem Bett. Er trägt den Anzug des ermordeten Freiers, er zieht sich vor Manuels Augen aus. „Willst du mich nicht umarmen, bevor ich gehe?" Er weiß um Manuels Wahn Bescheid: „Gleich geht's dir so gut, dass du ewig leiden wirst." Die Küsse und die verführerischen Worte der Liebe kippen in die Brutalität einer Vergewaltigung. In seinem Schmerz und seiner Verzweiflung greift Manuel nach einem Obstmesser und sticht zu.

Am Morgen zieht Francisca frische weiße Laken über die Körper der beiden Aufgebahrten, sie deckt das Leid und die offenen Wunden von zwei verpatzten Leben zu und küsst Ramallo, den sie schon als Kind verehrte, auf die Stirn. „Vielleicht bin ich eher hier, um geformt zu werden, als selbst zu formen", hat sie einmal von sich gesagt. Nun öffnet sie die Fenster zur Leichenhalle und nimmt ihre Nonnentracht ab. Nach dem Mord an seinem Freier hat Ramallo seinen Kopf in ein Aquarium getaucht; im Wasser hoffte er die Stille und den Frieden zu finden, die ihm in der Gewalttätigkeit, die sein Leben durchzog, nicht vergönnt waren. Manuel starb in eben dieser unerfüllten Sehnsucht mit aufgeschlitzten Pulsadern im Blutbad in der Badewanne. Die jungen Männer sind zurückgekehrt, woher sie kamen, allein Francisca wagt den Schritt nach draußen, in ein Leben, das für sie, wir können mit ihr zumindest hoffen, so etwas wie eine Zukunft in sich trägt.

El Mar (*El Mar – Das Meer*, Spanien 2000)

Auf der Suche nach den verlorenen Kindern

El orfanato
Finding Neverland

Der kleine Junge, Peter Llewelyn Davies, sitzt auf einer Bank im Park. Gerade wurde seine Mutter begraben, der Vater ist schon lange tot. Jetzt fürchtet er, auch James Matthew Barrie zu verlieren, den väterlichen Freund. „So many perfect days", hat James am Grab von Peters Mutter über die Zeit gesagt, die er mit der Familie, Peter, seiner Mutter und den Brüdern, verbracht hat, und dass er gedacht habe, es würde für immer so weitergehen. Dass nichts für immer sei, hat Peter ihn unterbrochen und ist davongelaufen. Jetzt, auf der Bank in den Kensington Gardens, ist er so allein, wie ein Kind nur sein kann. Da kommt James und versichert ihm: „I'm staying for good." – „I thought she'd always be here", spricht Peter wieder über seine Mutter Sylvia und stellt schließlich die Frage, um die es eigentlich geht: „Why did she have to die?"

Um den Traum, nicht sterben zu müssen, oder besser erst gar nicht erwachsen zu werden, geht es in J. M. Barries berühmtem Theaterstück *Peter Pan*, das im London des beginnenden 20. Jahrhunderts Furore machte und dann auch in Romanform erschien. „All children, except one, grow up.", lautet dessen erster Satz. Dieser eine, der nicht erwachsen wird, ist die Titelfigur, und der Ort, in dem er zusammen mit den „Lost Boys", der Fee Glöckchen, seiner mütterlichen Freundin Wendy und ihren Brüdern Abenteuer mit Meerjungfrauen, damals als solche bezeichneten „Indianern" und Piraten erlebt, heißt Neverland. Dort existiert das für das Bewahren der Kindheit und des Kindlichseins bedrohliche Konzept von Zeit nicht, außer im Ticken der Uhr, die immer dann zu hören ist, wenn sich das Krokodil nähert, das einst die Hand von Captain Hook abgebissen und verschluckt hat. Hier muss man nur an etwas glauben, damit es passiert, und woran Peter Pan fest glaubt, sind die Unveränderlichkeit des Jetzt und die Unsterblichkeit.

Die Mutter sei glücklich gewesen, als sie das Stück über ihre Familie miterleben durfte, versucht Barrie auf der Parkbank den kleinen todtraurigen Peter zu trösten, „about her boys that never grow up." Sylvia war schon zu krank, um zur Premiere des Theaterstücks zu kommen, zu dem Barrie durch das Zusammensein mit ihr und den Jungen inspiriert wurde. Deshalb hat der Autor eine Aufführung im Wohnzimmer organisiert, an deren Ende die Türen zum Garten aufgegangen sind und Sylvia hinaustrat in ihr ganz persönliches Nimmerland. Peter könne sie dort besuchen, wann immer auch er dorthin gehe, meint Barrie. „How?", fragt das Kind mit Tränen in den Augen. „By believing, Peter", meint Barrie. „Just believe." Und Peter: „I can see her."

Diese Schlussszene von Marc Fosters *Finding Neverland* ist herrliches Gefühlskino, bei dem wahrlich kein Auge trocken bleibt und Johnny Depp als J. M. Barrie Stichwortgeber ist für den damals zwölfjährigen wunderbaren Kinderdarsteller Freddie Highmore. Das subtil gesponnene Märchen über einige der Einflüsse auf die Entstehungsgeschichte von Peter Pan und die

Macht der Fantasie überschreitet immer wieder in elegant inszenierter Weise die Grenzen verschiedener Wirklichkeitsebenen. Dadurch ermöglicht der Film nicht zuletzt Kate Winslet als todkranker Sylvia Llewelyn Davies eine ergreifende Sterbeszene, wenn sie die Stufen von ihrer Terrasse in den Garten hinuntersteigt und sie dort die Figuren aus Nimmerland willkommen heißen.

Um den Triumph der Imagination über die Realität geht es auch in dem spanisch-mexikanischen Horrorfilm *El orfanato*, hinter dem mit Regisseur Juan Antonio Bayona und Produzent Guillermo del Toro zwei Meister des Unheimlichen mit emotionalem Tiefgang stehen. Diesmal ist es die Fensterbank in einem Schlafsaal, auf der die Hauptfigur sitzt und ihren toten Sohn in den Armen hält. „Dreams do come true, if only we wish hard enough", sagt Peter Pan zu Wendy, seiner mütterlichen Freundin. „You can have anything in life if you will sacrifice everything else for it." Laura, die Frau am Fenster, hat einen Fehler begangen und ist jetzt bereit, alles zu geben, und sei es ihr Leben, um ihn wieder gutzumachen. Sie hat die Geschichten ihres Sohnes Simón über seine neuen Freunde in dem großen alten Haus, in dem Laura und ihr Mann ein Kinderheim einrichten wollen, nicht ernst genommen. Sie selbst war es, die unabsichtlich die Tür zum Keller, in dem sich Simón versteckt hatte, verkeilt hat. So ist Simón seit Monaten tot, als Laura durch eine Art Schnitzeljagd, die die Geister von Waisenkindern mit ihr veranstalten, endlich auf ihn stößt. Doch für sie ist Simón, der in ein Laken gewickelt unter der Treppe liegt, am Leben. Sie nimmt ihn in den Arm, da erwacht das Haus zum Leben. Kinderstimmen erklingen, ein Dröhnen ertönt, und Laura fleht Simón an, nicht an die Geister zu glauben und ruhig zu bleiben. Ihr verzweifeltes Leugnen beendet den Spuk, und nun sieht sie Simón, wie er wirklich ist: ein schon mumifizierter Leichnam. „Every time a child says ‚I don't believe in fairies', there is a little fairy somewhere that falls down dead", heißt es schon in Peter Pan. Auch Laura muss noch einiges lernen über die Macht des Glaubens.

Vor seinem Tod hat der HIV-positive Simón die Abenteuer von Peter Pan gelesen und war, die Möglichkeit des eigenen Todes stets vor Augen, davon überzeugt, selbst nie erwachsen zu werden. Jetzt hat Laura, die selbst einmal als Kind in diesem Waisenhaus lebte, seinen kleinen Leichnam in den Schlafsaal der Kinder getragen, die hier Jahre zuvor Tomás, dem missgestalteten Sohn der Erzieherin, einen bösen Streich spielten, der ihn das Leben kostete, und daraufhin von dessen Mutter ermordet wurden. Laura sitzt da und wiegt ihren toten Sohn in den Armen. Sie nimmt so viele Beruhigungspillen, dass sie sie kaum unten behalten kann, die Lider werden ihr schwer, ihr Kopf sinkt vornüber. Da erwachen die Schaukel vor dem Haus und dann auch das Haus selbst zu Leben, und aus dem nahen Leuchtturm, der seit Jahren nicht mehr in Betrieb war, fällt Licht durchs Fenster. Laura schlägt die Augen auf und sieht sich selbst als Kind durch den Garten laufen. Die Decke rutscht von Simón, der Junge fragt: „Mama, darf ich jetzt aufwachen?" Und dann sitzen auch die Waisenkinder wieder in ihren Betten, sie kommen auf Laura zu, selbst der missgestaltete Tomás ist unter ihnen. Sie betasten ihr Gesicht und umringen sie wie eine wiedergefundene Freundin: „Das ist Laura. Sie ist alt geworden wie Wendy in der Geschichte."

Diese Geschichte zu hören, erbittet Simón von seiner Mutter. „Es war einmal in einem kleinen Haus am Strand, in dem die verlorenen Kinder wohnten", beginnt Laura. „You know that place between sleep and awake, that place where you can still remember dreaming?", fragt Peter Pan Wendy. „That's where I'll always love you. That's where I'll be waiting." Die ungemein ergreifende Schlussszene von *El orfanato* vereint diese Kinder, die so vieles mitmachen mussten, mit ihrer Ersatzmutter für die Ewigkeit. Auf diese Weise ist die erwachsene Wendy nach Neverland zurückgekommen, an den Ort, an dem alles möglich ist, wenn man nur fest genug daran glaubt.

El orfanato (*Das Waisenhaus*, Mexiko/Spanien 2007)
Finding Neverland (*Wenn Träume fliegen lernen*,
USA/GB 2004)

Bilder der Erlösung

Empire of the Sun
E. T. – The Extra-Terrestrial
Jurassic Park
Poltergeist
The Color Purple

Wenn es denn in einem Film einen Moment der reinsten Glückseligkeit gibt, dann wohl diesen in Steven Spielbergs *E. T.* Darin sehen wir den kleinen Elliott (Henry Thomas, neben Christian Bale vielleicht Spielbergs begabtester Kinderdarsteller) und seinen außerirdischen Freund auf dem Fahrrad. Die Handlung spielt zu Halloween, Elliotts Gesicht ist grau geschminkt, seine Augen sind rot umrandet, das kleine Alien ist unter einem weißen Laken mit Gucklöchern verborgen. Auf diese Weise ist es ihnen möglich, das Haus zu verlassen, ohne großes Aufsehen zu erregen. Die beiden befinden sich auf ihrer „phone home"-Mission – aus allerlei Spielzeug soll eine Art Funkapparat zur Kontaktaufnahme mit E. T.s Mutterschiff gebastelt werden. Der Außerirdische in einem Korb vorn am Fahrrad, geht es durch den Wald, bis Elliott feststellt, dass sie von nun an zu Fuß weitergehen müssten: „It's too bumpy." Doch stattdessen, ganz und gar unerwartet, hebt das Rad vom Boden ab und fliegt vom Rand einer Klippe in den Himmel hinauf. Dazu setzt das musikalische Leitmotiv von John Williams ein, wie bei den meisten seiner Kompositionen wird es von diesem Moment an untrennbar mit diesen Charakteren und dem Film verbunden sein. Elliotts anfängliche Furcht verwandelt sich in reinste Freude, als sie ihre Bahn über den Wipfeln der Bäume und dann vorbei an der riesigen runden Scheibe des vollen Mondes ziehen. Ein Jauchzen kommt aus Elliotts Mund, so muss es für die Darling-Kinder sein, als ihnen Peter Pan das Fliegen beibringt.

Bei Elliotts und E. T.s Flugszene sind wir schon mittendrin in der dramatischen Handlung. Davor sind die Schilderung des Alltags von Elliotts Familie in einer typischen US-amerikanischen Vorstadtsiedlung und die liebenswert-komischen Szenen des Kennenlernens und der vorsichtigen Annäherung zwischen dem Buben und dem Außerirdischen gestanden. Ähnlich gelöst inszeniert Spielberg den Einstieg in seinen Film *The Color Purple*. Zwei Mädchen, Celie und Nettie, spielen in einem Feld voll lila Mohnblumen. Sie laufen und springen umher, sie lachen und klatschen in die Hände. Eine unausgesprochene Gewissheit verbindet die beiden: Ihre Freundschaft wird ewig währen; und das warme Licht einer großen Sonne scheint ihr Bündnis zu segnen.

Wie in fast allen seinen Arbeiten beschreibt Spielberg auch hier eine Idylle. Der Alltag in einer kleinen Küstenstadt in *Jaws* (*Der weiße Hai*, 1975), der Tanz der Verliebten in einer Pilotenkneipe in *Always* (1989), das grenzenlose Staunen über die wiedererstandenen Dinosaurier in *Jurassic Park*, die Geborgenheit, die der kleine Sammy inmitten seiner Familie empfindet, wenn er in *The Fabelmans* (*Die Fabelmans*, 2022) Spielzeugzüge entgleisen lässt und mit seinen Schwestern Filmszenen nachstellt: Spielbergs Grundton bei der Einführung seiner

Hauptfiguren und der Schauplätze ist von einem Rhythmus der Ironie und der Leichtigkeit geprägt, der trotzdem große Genauigkeit in der Beobachtung der täglichen Abläufe, ihrer spezifischen Zeichencodes und Symbole zulässt.

Bald aber werden in Form von klug gesetzten Irritationen erste Risse sichtbar und die ursprünglich heiter-gelöste Atmosphäre erweist sich als allzu trügerisch. Es sind Vorzeichen des nahenden Unheils, wenn eigentlich vertraute Gegenstände aus der Umgebung der Charaktere und gewohnte Situationen aus ihrem Lebensbereich ihre Dekodierbarkeit verlieren und geradezu dämonische Züge annehmen. Ein Fernlaster entpuppt sich in *Duel* (*Duell*, 1971) als veritable Gefahr, ein Flugzeugmodell geht in *Empire of the Sun* verloren, Sammy, der mittlerweile Sam genannt werden möchte, entdeckt auf einem Familienfilm die intimen Gesten, die Blicke und das Lächeln zwischen seiner Mutter und dem besten Freund des Vaters (*The Fabelmans*); und ein Mann ahnt in *Schindler's List* (*Schindlers Liste*, 1993), dass es so nicht funktioniert: nichts von all dem wissen zu wollen, was sich um ihn herum abspielt, und dabei ein aufrechter Mensch zu bleiben.

Schon bricht die Katastrophe mit einer Gewalt über die Figuren herein, die sie eine Zeit lang orientierungslos herumtaumeln lässt. Feuersbrünste wüten durch die Wälder (*Always*), in den schwarzen Tiefen des Meeres lauert ein heimtückisches Ungeheuer (*Jaws*). Frauen und Männer finden sich in der stinkenden Enge eines Sklavenschiffes wieder (*Amistad*, 1997), Soldaten im Kugelhagel bei der Erstürmung der Strände der Normandie (*Saving Private Ryan/Der Soldat James Ryan*, 1998). Ein Neugeborenes wird seiner Mutter entrissen und in die eisige Kälte des Winters hinausgetragen (*The Color Purple*), ein Junge im Menschengewühl von seinen Eltern getrennt (*Empire of the Sun*). Dabei gelingen Spielberg zuweilen Bilder von geradezu ikonografischer Dichte – nicht zuletzt beim Ausbruch eines T-Rex aus seinem Gehege in *Jurassic Park*.

Ein tropischer Sturm wütet über der Insel der geklonten Saurier, die Elektroautos, in denen der Großteil des tragenden Personals der Geschichte während einer Besichtigungstour unterwegs war, kommen direkt vor den hohen Zäunen, die eigentlich elektrisch geladen sein sollten, zum Stehen. Durch Sabotage eines Computertechnikers bieten sie aber keine echte Barriere mehr. Die Art und Weise, wie Spielberg den T-Rex ins Spiel bringt, ist einzigartig. Im vorderen der beiden Wagen befinden sich unter anderem die Enkelkinder des Park-Gründers John Hammond, Lex (Ariana Richards) und Tim (Joseph Mazzello), im hinteren der Paläontologe Alan Grant (Sam Neill) und der Chaos-Forscher Ian Malcom (Jeff Goldblum). Tim trägt ein Nachtsichtgerät und starrt durch die regennassen Scheiben, da ist auf einmal ein Geräusch zu hören, das uns wie ein entfernter Donner oder Kanonenschuss erscheint. Der Bub stutzt und legt die Hand auf die Schulter der Schwester: „Did you feel that?" Nochmals dieses Geräusch und dann der Blick auf zwei Plastikbecher, in denen beim nächsten Donner und dem kurz darauf folgenden übernächsten das Wasser vibriert. Etwas nähert sich den Wagen, so viel wird klar, und dieses Etwas muss sehr groß sein.

Dieses Bild wird in einer späteren Szene ein weiteres Mal aufgenommen, dann ist aber schon offensichtlich geworden, wobei es sich bei diesem Herankömmling handelt – wenn Malcom, am Bein verwundet, auf dem hinteren Teil eines Jeeps liegt, vibriert auf dem Boden daneben das Regenwasser in einem gigantischen Fußabdruck, den der besagte T-Rex im Schlamm hinterlassen hat.

Zurück zu den Kindern am Gehege. Um das Raubtier anzulocken, wurde in einer frühen Szene eine Ziege auf eine Plattform hinter den Zäunen gehievt. Jetzt ist sie verschwunden. Lex macht große Augen: „Where is the goat?" Just in diesem Augenblick fällt ein abgetrennter blutiger Ziegenschenkel auf das Glasdach über ihr. Nun bekommen wir zum ersten Mal durch die Regenschlieren auf der Autoscheibe den Schädel des Giganten mit seinen riesigen Zähnen zu sehen, der gerade die Ziege verschluckt.

Das macht einen Teil des Reizes von Spielbergs Filmen aus: Selbst in Szenen, die von beträchtlichen Emotionen getragen sind, sei es von großer Liebe oder ebensolchen Schrecken, geht er nie überhastet vor, er zelebriert diese Momente, in denen Film einfach Film ist und die Bilder, die einst das Laufen lernten, sich neu zu erfinden scheinen; er kostet sie aus wie vor ihm vielleicht nur David Lean, der sich selbst einmal einen „picture chap" nannte und dessen Meisterwerk *Lawrence of Arabia* (*Lawrence von Arabien*, 1962) Spielberg nach eigener Aussage so oft wie keinen anderen Film angesehen hat.

Und dann reißen die dicken Drähte des nicht mehr elektrisch geladenen Zauns, und der T-Rex stakst über die Betonmauer des Geheges und nimmt die mittlerweile klassische und unzählige Male kopierte Pose ein: beugt den massigen Körper, reckt den Hals vor, reißt das Maul auf und gibt dieses elefantentrompetenhafte Brüllen von sich.

Wenn dann das Chaos in den Filmen endgültig losgebrochen ist, zieht Spielberg unter Aufbietung immer wieder verblüffender visueller Sensationen seinen handlungstragenden Figuren den Boden unter den Füßen weg; er stößt sie in einen Kampf mit den Elementen, in den archaischen Konflikt zwischen Gut und Böse. Dies geschieht stets in einer Bildsprache von höchster emotionaler Dramatik, die Spielberg mitunter, etwa bei der Räumung des jüdischen Gettos in *Schindler's List*, zu surrealer Bitterkeit gerät. „Warum?", weint Nettie in *The Color Purple*, als Celies brutaler Ehemann sie von der Freundin trennt und von der Farm verjagt. Seine Antwort ist die zum Schlag erhobene Faust. Die Gewalttätigkeit der Menschen und Umstände stellt Spielbergs Charaktere an einen Punkt, an dem sie sich entscheiden müssen: den kleinen Außerirdischen sterben zu lassen oder seine Entführung zu riskieren; die Gefahr, die von dem Riesenhai ausgeht, zu ignorieren oder das eigene Unbehagen vor dem Wasser zu bezwingen; die Augen vor Unrecht zu verschließen oder für die Freiheit der Sklaven einzutreten, die Befreiung der Kameraden zu wagen, die hinter der Front eingeschlossen sind, oder auch, eine Liste zu verfassen, die über tausend Menschen das Leben retten könnte. Kurz: einfach aufzugeben oder den Kampf gegen seine größten Ängste zu suchen.

Es kann auch schon mal ein grinsender Kasperl mit hoher Mütze sein, der diese tiefe Furcht manifestiert. Offiziell fungierte Tobe Hooper als Regisseur von *Poltergeist*, sein *The Texas Chainsaw Massacre* (*Blutgericht in Texas*, 1974) stellt ja auch tatsächlich allerhöchste Referenzen im Horrorgenre aus. Der maßgebliche Einfluss Steven Spielbergs, besonders in der Postproduktion des Films, von der Hooper ausgeschlossen war, kann jedoch nicht verleugnet werden. Es ist Abend in dem Haus in einem Vorort von Los Angeles, der dem, in dem Elliotts Familie in *E. T.* wohnt, zum Verwechseln ähnelt. Seit einiger Zeit bereits haben sich hier seltsame Vorkommnisse abgespielt, in dieser Nacht werden sie zu blankem Terror kulminieren. Die kleine Carol-Anne (Heather O'Rourke) und ihr Bruder Robbie (Oliver Robins) gehen zu Bett, da schwant, als das Licht abgedreht wird, dem Buben gleich Böses. Sein Blick fällt auf den Clown auf dem Stuhl am Fußende des Bettes. Dieser wirkt gar nicht mehr wie ein harmloses Spielzeug. Robbie versucht, seine Jacke über die Figur zu werfen, trifft aber daneben. Das Schellen der Glöckchen an der Mütze, das Schlenkern der Hand mit den langen Fingern – Robbie gibt sich Mühe, diese Anzeichen drohenden Unheils zu ignorieren. Eine lange Stille, die schlafende Carol-Anne, die Mutter (JoBeth Williams) in der Badewanne, Momente der bewussten Verzögerung, die die Spannung, die Erwartung des Schlimmen, das da noch kommen mag, grandios zu steigern wissen.

Wie viel Zeit vergangen ist, wissen wir nicht, als Robbie plötzlich die Augen öffnet und sich im Bett aufsetzt. Der Stuhl, auf dem eben noch der Kasperl gesessen ist, ist leer. Mit Entsetzen in den Augen schaut Robbie unter sein Bett, zuerst auf der einen Seite, dann auf der anderen: nichts zu sehen. Er richtet sich wieder auf, da ist der Clown hinter ihm und umschlingt Robbies Hals mit seinen dünnen Armen. Er zieht ihn unters Bett, dort entbrennt ein Kampf auf Leben und Tod. Auch die Mutter wird attackiert und von einer unbekannten Kraft vom Ehebett hochgezogen, die Wand hinauf und quer über die Zimmerdecke. Einstweilen schwingt die Tür zum Nebenraum des Kinderzimmers auf und jenes Licht dringt heraus, in das Carol-Anne später gezogen, von dem sie geradezu verschlungen wird.

Dieser Kampf, in den sich Spielbergs Figuren gestoßen sehen, wird sie zu anderen Menschen machen. In *Empire of the Sun* wird der elfjährige Jamie (Christian Bale am Beginn seiner großen Karriere) durch den Irrsinn des Zweiten Weltkrieges aus seiner privilegierten Kindheit im britischen Viertel von Shanghai gerissen. Von den Eltern getrennt, nennt er sich fortan Jim und muss lernen, auf sich allein gestellt zu überleben: „I can't remember what my parents look like." Als die US-Bomber im Angriff über das japanische Gefangenenlager brausen, in dem auch Jim inhaftiert ist, jubelt der Bursch ihnen zu. Spielberg zeigt uns die Szene konsequent aus der emotionalen Perspektive des Kindes, dem der Krieg die Kindheit geraubt hat. Jim klettert auf einen Turm, er jubelt und steigert sich in eine fast hysterische Euphorie, er imaginiert sogar das Zeitlupenwinken eines Piloten – und bricht dann jäh zusammen. In einer späteren Szene gelangt Jim mit einem Flüchtlingstreck in ein Stadion, das vollgestopft mit Wertgegenständen ist, die nun keinen Wert mehr besitzen: Kristallluster, Möbel, Gemälde, ein weißer Flügel, sogar der frühere Wagen seines Vaters. Der zerlumpte und ausgezehrte Jim stolpert zwischen den prunkvollen Gegenständen wie durch sein früheres Leben, er hat auf gewaltsame, überstürzte Weise seine Unschuld verloren: „I learned a new word today. Atom bomb. It was like a white light in the sky. Like God taking a photograph. I saw it." Der Aufruhr von Jims Gefühlen kulminiert in vergeblichen Wiederbelebungsversuchen an einem japanischen Freund. Momente zuvor betrachtet er seine Hände im Gegenlicht, als könnte er damit Wunder vollbringen: „I can bring everyone back. Everyone." Beschwörend, immer lauter, bis er sie herausschreit, wiederholt Jim die Worte – und sieht sich dabei selbst unter seinen Händen am Boden liegen, das Kind in der roten Schuluniform, das er einmal war.

Steven Spielbergs Filme sind sehr konkrete Versuchsanordnungen über die Abhängigkeitsverhältnisse zwischen Menschen und über die innere Stärke, die sie bei der Überwindung dieser Abhängigkeit gewinnen. Auf der Suche nach der verlorenen Zeit ihrer Träume sind diese Figuren gezwungen, den Unterschied zwischen Wahrheit und Lüge zu treffen und sich ihre wahren Gefühle einzugestehen. Sie gehen den schmerzlichen Weg vom fremd- zum selbstbestimmten Wesen, von der Marionette der Umstände oder anderer Personen zum eigentlichen Individuum. Die Auseinandersetzungen, die sie dabei zu bestehen haben, stellen die Möglichkeit einer Reinigung dar, einer Katharsis, die den Weg zu echter Reife weist. Am Ziel angelangt, sind sie nicht mehr auf der Flucht vor sich selbst, sondern zur wahren Solidarität mit anderen Menschen fähig.

In diesem Sinne hat Steven Spielberg einige der schönsten Erlösungsfantasien der Filmgeschichte gedreht: berührende Augenblicke der Menschlichkeit, wundersam-mystische Visionen von Licht und Wärme, vom Fliegen als dem Sich-Erheben-Können über menschliche Unzulänglichkeiten, von tiefer Freundschaft und Liebe. Das Sich-Fallen-Lassen in diese reine Liebe, ins Licht, dieses Eins-Sein mit der Schöpfung zelebriert Spielberg in der ihm so eigenen Weise – und am Ende seiner Filme ist aus dem gewaltigen Kampf der Elemente ein neues, ein überirdisches Element hervorgegangen. Die Außerirdischen in *Close Encounters of the Third Kind* (*Unheimliche Begegnung der dritten Art*, 1977) treten aus dem gleißenden Licht ihres Raumschiffes, und der erwachsene Peter Pan erinnert sich daran, welch „wunderbarer Gedanke" es ist, Vater zu sein, er nimmt seine Kinder an der Hand und fliegt mit ihnen in den strahlend blauen Himmel (*Hook*, 1991). Die Mutter stößt in *Poltergeist* die Tore der Hölle auf und bringt ihr Kind in einer Art zweiter Geburt ins Leben zurück, und Jim kann in den Armen seiner Mutter seit Langem wieder friedvoll die Augen schließen. Oskar Schindler erhält vom Juden Stern die Absolution: „Wer das Leben eines Menschen rettet, der rettet die ganze Welt!" Und in einem tränenreicher kaum vorstellbaren Abschied („Come." – „Stay.") legt E. T. seine leuchtende Fingerkuppe an Elliotts Stirn und versichert ihm mit schnarrender Stimme: „I'll be right here." Dann fährt er in einem weißen Feuerstoß, der sich in einen Regenbogen verwandelt, zu den Sternen auf.

Wenn am Schluss von *The Color Purple* Celie und Nellie, nun dargestellt von Whoopie Goldberg und Akosua Busia, als alte Frauen wieder zusammentreffen, wenn sie wie in ihrer Jugend einander in einem Feld gegenüberstehen und in die Hände klatschen, dann sind sie im Geiste wieder jung, und all die Demütigungen und das Leid in den Jahren zuvor haben ihre Selbstachtung nicht gebrochen. Und über all dieser Weltverzauberung thront der riesige rote Sonnenball wie das Auge eines Gottes, der seine Schöpfung betrachtet und sie gutheißt.

Empire of the Sun (*Das Reich der Sonne*, USA 1987)
E. T. – The Extra-Terrestrial
(*E. T. – Der Außerirdische*, USA 1982)
Jurassic Park (USA 1993)
Poltergeist (USA 1982)
The Color Purple (*Die Farbe Lila*, 1985)

Die Beschaffenheit der Dinge

Fight Club
Se7en

Eine einsame Straße weit außerhalb der Stadt, eine verdorrte Ebene in kranken Gelbtönen, durchzogen von riesigen Strommasten, die Leitungen liegen darüber wie ein gewaltiges Spinnennetz, darunter die beiden Polizisten David (Brad Pitt) und William (Morgan Freeman), zusammen mit ihrem Gefangenen, dem Serienmörder John Doe (Kevin Spacey); sie alle warten. Auf einmal nähert sich auf der staubigen Landstraße ein Lieferwagen. William fährt ihm entgegen, David hält mit gezogener Pistole den Mörder in Schach. Durch einen Schuss in die Luft bringt William den Wagen zum Stehen, der Fahrer entpuppt sich als Bote mit dem Auftrag, ein Paket zuzustellen. William schwant Fürchterliches, der Schock ist ihm schließlich ins Gesicht geschrieben, als er des Inhalts ansichtig wird, während der irre Mörder mit gefährlich sanfter Stimme David zu umschmeicheln scheint: wie sehr er ihn bewundere, wie stolz er auf das Leben sein könne, das er sich mit seiner jungen Frau Tracy (Gwyneth Paltrow) aufgebaut habe. Und als David seinen Kollegen schon auf sich zulaufen sieht und ihn rufen hört, er solle seine Pistole wegwerfen, John Does schreckliche Erzählung von seinem frühmorgendlichen Besuch bei Tracy: „I tried to play husband. [...] It didn't work out. So I took a souvenir. Her pretty head."

Does Serie von Morden unterliegt, wie der Filmtitel *Se7en* reflektiert, dem Parameter der sieben biblischen Todsünden, jene von Völlerei, Habgier, Trägheit, Wolllust und Hochmut bildeten die Ausgangslage für seine bisherigen Gewaltakte. „I envy your normal life", meint er nun zu David. „It seems envy is my sin." Wobei er mit seinen nächsten Worten die Bestrafung durch David sicherzustellen versucht: „She begged for her life and for the life of the baby inside of her." David solle ihn richten, denn seine Rache entstünde aus der letzten der Sünden, aus Zorn.

„If you kill him, he will win!", warnt William seinen Partner in verzweifelter Eindringlichkeit, doch dieser kann schon nicht mehr klar denken, hat in seinem übergroßen Schmerz, der ganz nach Does Plan zur unbändigen Wut führt, nur seine dahingemetzelte Frau vor Augen und schießt einmal, zweimal, mehrmals auf den Mörder.

Die interessantesten Charaktere in den Filmen des amerikanischen Regisseurs David Fincher sind keine strahlenden Helden, sie sind gebrochene Figuren, die scheitern im Aufbegehren gegen das Unweigerliche ihres Schicksals. Der Wahnsinn des Serienkillers hat David alles genommen, was ihm im Leben wichtig ist, er hat ihn dahingehend manipuliert, genau das zu werden, was er als Cop mit Ambitionen eigentlich bekämpfen wollte.

Mit seinen düsteren Bildern schafft Fincher eine beklemmende Atmosphäre der Ausweglosigkeit und des Pessimismus, die gerade dadurch betont wird, dass sich David und seine Frau inmitten dieser ständig verregneten, apokalyptischen seelenlosen Großstadt verzweifelt an ihr kleines Refugium der Menschlichkeit klammern, der Killer Doe jedoch wie ein Marionettenspieler nur an ein paar Fäden ziehen muss, um diese Hoffnungen zu zerstören.

In diesem Sinne ist auch *Fight Club*, vier Jahre später gedreht, zutiefst zynisch und menschenverachtend, aber nicht aus Selbstzweck, sondern deshalb, weil es die Gesellschaft ist, die von eben diesen negativen Qualitäten verseucht zu sein scheint und der der Film einen Spiegel vorhält.

Der namenlose Protagonist (Edward Norton) verabscheut sein unauffälliges Leben zutiefst, findet jedoch ungeahnten Spaß daran und auf einmal auch an sich selbst durch die Bekanntschaft mit dem mysteriösen Tyler Durden, der von Brad Pitt verkörpert wird und einfach so ist, wie die Hauptfigur nie war und immer schon sein wollte: hart, cool, kompromisslos. Lebensüberdruss und Orientierungslosigkeit führen direkt in einen Kreislauf von Gewalt und Anarchie, der im völligen Chaos endet.

In der Schlusssequenz des Streifens, die mit der ersten Szene übereinstimmt, erkennt der Protagonist, dass Tyler nie existiert hat und er ein Teil seiner selbst ist. Die Prügeleien, die Gründung eines Kampfklubs für Männer, die sich in ähnlichen Sinnfragen gefangen sehen, der Plan, die Sitze von Kreditkartenunternehmen mittels Nitroglyzerinbomben in die Luft zu sprengen, um das Finanzwesen kollabieren zu lassen, all das entsprang der Imagination seines zweiten Ich. Als Ausdruck seiner multiplen Persönlichkeitsstörung kristallisierte sich Tyler zum Kondensator seiner unterdrückten Wünsche und Begierden. In einer Parkgarage verprügelt sich der Protagonist faktisch selbst, wobei Tyler die Oberhand behält.

Eine Reihe von Rückblenden erhellt die Filmhandlung, wir erkennen, dass Tyler und der Protagonist tatsächlich nur eine

Person sind. Später, vor der Glasfront eines Wolkenkratzers, kommt es zur direkten Konfrontation. „In the end, you will thank me", ist sich Tyler sicher, doch der Protagonist lässt sich davon nicht mehr beeindrucken. „Don't do this!", warnt Tyler ihn, als er sich einen Revolver in den Mund schiebt. „We're doing this", antwortet der Protagonist und drückt ab, um sich, damit aber auch Tyler zu töten. Damit stellt er sich gegen die Zweifel, die Shakespeares Hamlet bezüglich eines Selbstmords plagen: „Nur daß die Furcht vor etwas nach dem Tod/Das unentdeckte Land, von des Bezirk/Kein Wandrer wiederkehrt, den Willen irrt,/Daß wir die Übel, die wir haben, lieber/Ertragen als zu unbekannten fliehn." Tyler verschwindet mit einem klaffenden Loch im Hinterkopf, der Protagonist überlebt schwer verletzt, kann Tylers Tun aber auch nicht mehr aufhalten: Die Bomben in den umliegenden Wolkenkratzern explodieren, eine surreal anmutende Kakophonie der Zerstörung, die im Großen reflektiert, was sich im Kleinen, in der Psyche des Protagonisten, bereits vollzogen hat.

„Eine Splittergranate von Film", die sich präzise zwischen die Schenkel von Hollywoodkommerz und Hochglanz schiebe und dort punktgenau zünde, hat die Zeitschrift „cinema" *Fight Club* bezeichnet.

Moral, Wahrheit, das Göttliche, das Dasein an sich – die Suche nach einem klar erkennbaren Lebenssinn erschien auch Friedrich Nietzsche nicht einfach: „Dass es keine absolute Beschaffenheit der Dinge, kein „Ding an sich" giebt [sic!] – dies ist selbst ein Nihilism, und zwar der extremste."

Nicht ganz so radikal sieht es der Polizist William in einem inneren Monolog am Ende von *Se7en*: „Ernest Hemingway once wrote, „The world is a fine place and worth fighting for." I agree with the second part." Im konsequenten Nihilismus des filmischen Kosmos von David Fincher ist das schon etwas.

Fight Club (USA 1999)
Se7en (*Sieben*, USA 1995)

Das Spiel der Lebenden mit den Toten

Frankenstein
Targets
The Mummy

Als Schwanengesang auf das Werk Boris Karloffs wird Peter
Bogdanovichs Film *Targets* oft bezeichnet, der Film ist nichts
weniger als eine Verbeugung vor einem ganz großen Schauspieler. Karloff gibt darin den alten Horrordarsteller Byron Orlok
(der Name ist wohl als Referenz an den Grafen Orlok alias Nosferatu in Murnaus Klassiker aus dem Jahre 1922 zu sehen), einen Anachronismus in einer Zeit, deren Gewaltbereitschaft jene
seiner Filme bei Weitem übersteigt. Ihm gegenüber steht auch
tatsächlich ein psychopathischer Vietnamveteran, der als
Scharfschütze Besucher eines Drive-in-Kinos ins Visier nimmt.
Doch Karloff braucht keine großen Actionszenen, um uns in
seinen Bann zu ziehen, ihm genügt es, mit seiner sonoren
Stimme und ganz kleinen Gesten eine Anekdote zu erzählen, die
die Kamera im langsamen Näherkommen und ohne Schnitt
einfängt. Es geht um den Tod, der im Basar von Bagdad darüber
erstaunt ist, den Diener eines reichen Kaufmanns zu sehen. Dieser erschrickt angesichts des Todes gehörig und flüchtet auf einem Pferd seines Meisters in die Stadt Samarra, wo ihn, wie er
hofft, der Tod nicht finden würde. Der Kaufmann macht sich

daraufhin selbst zum Basar auf und stellt den Tod zu rede: Weshalb er seinen Diener bedroht habe, will er wissen. „I was astonished to see him here in Baghdad, for I had an appointment with him tonight in Samarra", erklärt sich der Tod.

Boris Karloffs wichtigste Rollen waren stets in diesem Grenzbereich zwischen Leben und Tod angesiedelt. Eine kurze Geschichte, eine Einstellung von nicht einmal zwei Minuten, eine böse Pointe, und Karloff hat uns in seinen Bann gezogen und lässt uns nicht mehr los. Auch als Frankensteins unglückselige Kreatur und als verfluchter Hohepriester Imhotep, seinen beiden berühmtesten Rollen in Horrorfilmen der 1930er-Jahre, waren es meist stumme Blicke in stillen Momenten, die dem damaligen Publikum Schreckensschauder über den Rücken jagten und uns auch heute noch ihre immense stilprägende Wirkung verstehen lassen. Karloff und sein Regisseur James Whale kreierten für *Frankenstein* den Look des aus Leichenteilen zusammengesetzten Ungeheuers, wie man es sich seitdem kaum anders vorzustellen vermag, und damit wohl eine Urtextur des Horrorkinos. Karloffs Kunst ist die unbeholfene Annäherung der unglücklichen Kreatur, die kein Monster sein will, ist das Sich-Herantasten an das Menschliche, aus dem es sich ausgestoßen fühlt.

Die berührende Szene am See zeigt das auf überaus anschauliche Weise. Ein kleines Mädchen spielt dort in einer lichtdurchfluteten Szenerie, die in direktem Gegensatz zu dem Kerker steht, in dem die Kreatur bislang von seinem Schöpfer, dem „mad scientist" Victor Frankenstein, festgehalten wurde. Nur im ersten Moment ein unsicherer Blick, dann akzeptiert das Mädchen ihr Gegenüber, wie dieses eben ist. „Who are you? I'm Maria." Und sie fragt ihn, ob er mit ihr spielen wolle, nimmt ihn an der Hand und reicht ihm eine Blume. Zum ersten Mal sehen wir die Kreatur lächeln, sie betrachtet die kleine weiche Hand des Kindes und hält sie in ihren vernarbten Pranken. Doch gleich darauf wendet sich das Blatt; als keine Blumen mehr da sind, um sie ins Wasser zu werfen, packt das Monster das Mädchen und schleudert sie in den See. In Panik ergreift die Kreatur die Flucht, ihre Bewegungen sind voller Hektik und linkisch, sie wirken wie ein grotesker Tanz, und eine Überblendung führt uns tatsächlich in eine Volkstanzszene von Victors Hochzeitsgesellschaft, aus der sich alsbald der Mob in Lynchlust herauskristallisieren wird, der die Kreatur schlussendlich in einer brennenden Windmühle zu Tode bringen wird.

Der verrückte Wissenschaftler, der Gott spielt in dem irren Glauben, aus toten Teilen Leben erschaffen zu können, findet seine Spiegelung in dem Archäologen, der an der ägyptischen Ausgrabungsstelle einen geheimnisvollen Papyrustext entziffert und dadurch *Die Mumie* zu Leben erweckt. Karl Freunds Inszenierung spielt mit Licht und Schatten und ist darin vom deutschen Expressionismus beeinflusst, lebt letztlich aber doch wieder in erster Linie von Boris Karloffs schauspielerischer Glanzleistung. In seiner aufwendigen und auch nach heutigen Maßstäben noch schlichtweg genialen Maske der Mumie öffnet Karloff ganz langsam die Augen. Die Kamera streift über die uralten Binden zu seinen Händen, Staub und Fetzen der Bandagen fallen zu Boden, und erst als sich die langen dürren Finger mit dem glänzenden Ring auf die Schriftrolle legen und diese wegziehen, realisiert der Archäologe, was geschehen ist. Sein irres Lachen hallt durch die Nacht, als Hilfe herbeieilt, ist der wiedererwachte Imhotep, der einst bei lebendigem Leibe mumifiziert wurde, jedoch bereits verschwunden. „He went out for a little walk!", ist die hysterische Reaktion des Archäologen. Dieser Blick, diese Augen, in den späteren Szenen, in denen Imhotep seine geliebte Prinzessin ins Leben zurückholen will, auch diese tiefe Stimme – keine der heutigen digitalen Spezialeffekte vermögen eine solche Atmosphäre des Unheimlichen herzustellen.

In *Targets* macht sich Peter Bogdanovich einen Spaß daraus, das Prinzip von Karloffs Horrorfilmen umzukehren. Hier sind es keine Lebenden, die glauben, den Tod manipulieren zu können, sondern es ist der Tod selbst, der seine grausamen Spielchen spielt. „When I was nine I played the demon king in *Cinderella* and it launched me on a long and happy life of being a monster", meinte Boris Karloff einmal mit selbstironischem Humor. Der Schauspieler erhielt Namen wie „Boris the Uncanny" (Karloff der Unheimliche) oder „The Master of Horror" zugedacht, den tiefsten Eindruck machte er aber dann, wenn er hinter die gruselige Fassade seiner Figuren blicken ließ und dort die wunden Narben einer gemarterten Seele zum Vorschein trat.

Frankenstein (USA 1931)
Targets (*Bewegliche Ziele*, USA 1968)
The Mummy (*Die Mumie*, USA 1932)

The Head in the Fridge

Friday the 13th
Halloween
Halloween H20: Twenty Years Later

Im Grunde genommen war es damals ein arger Spoiler, als zum Start von *Friday the 13th* auf dem Cover des amerikanischen Magazins „Fangoria" die Schlagzeile erschien: „Whatever you do, don't open the fridge!" Sie bezieht sich auf die vielleicht effektivste Szene von Sean S. Cunninghams Horrorfilm über Morde im Ferienlager am Crystal Lake. In diesem ersten Eintrag der vielteiligen Reihe fungiert der berühmt-berüchtigte Jason noch nicht selbst als Killer, die Hockeymaske, die für seine Figur charakteristisch werden sollte, trägt er erst ab dem dritten Teil. Dennoch fungierte der Streifen zusammen mit den ersten Filmen der *Halloween*- und *Nightmare*-Reihen als Initialzündung für das bis heute höchst erfolgreiche Genre der Teenie-Slasher, über deren inhärente Gesetzmäßigkeiten sich Filme wie Wes Cravens *Scream* (1996) und Bücher wie Seth Grahame-Smiths witziger Ratgeber *How to Survive a Horror Movie* (2007) lustig machen.

Camp Crystal Lake also, ein Mädchen geht durchs Haus und späht um die Ecken, sie erscheint uns extrem angespannt, was angesichts der blutigen Ereignisse um sie herum natürlich

nachvollziehbar ist. Diverse Geräusche lassen sie zusammenfah-
ren, in der Küche tastet sie nach einem Messer, und die Musik
hält die ganze Zeit diesen langen spukigen Ton – dass Cunnig-
ham Musik nur in Szenen einsetzt, in denen sich der Killer in
der Nähe befindet, wissen die Charaktere des Films natürlich
nicht. Jedenfalls späht das Mädchen vorsichtig aus dem Fenster, da springt eine Katze herein – ein Moment des Aufatmens
und der Entspannung für die Protagonistin wie für uns selbst.
Das Mädchen setzt den Teekessel auf, will für die Katze Futter
aus dem Kühlschrank holen – und findet darin einen abgetrennten Kopf. Und noch bevor sie so richtig schreien kann,
bohrt sich ein spitzes Mordwerkzeug in ihre Schläfe; den dra-
maturgisch passend pfeifenden Teekessel nimmt der Mörder
vom Herd. Wir hatten nach dem Start des Films zumindest für
eine Zeit lang ein mulmiges Gefühl, wenn wir vor dem Kühlschrank standen.

Oder auch beim Anblick eines Clowns – ein Umstand, den
sich nicht zuletzt Horrorautor Stephen King mit der Figur von
Pennywise in seinem Roman *It* (*Es*, 1986) und die filmischen
Adaptionen, ob als Fernsehserie oder für die große Leinwand
konzipiert, zunutze machten. Dieses Motiv findet sich einige
Jahre zuvor bereits in John Carpenters stilbildendem Meisterwerk *Halloween* und wird schon in der Eingangssequenz des
ersten Teils aufgeworfen. Der sechsjährige Michael Myers tötet
darin seine ältere Schwester in ihrem Haus in Haddonfield in
Illinois mit einem Küchenmesser. Von Anfang an verfolgen wir
den Handlungsverlauf durch einen subjektiven Blickwinkel,
nämlich die Augen des Kindes, das zum Mörder wird. Seine
Identität ist uns aber noch nicht bewusst, niemand würde bei
den folgenden Ereignissen an ein Kind denken, denn die sub-

jektive Kamera macht uns zu Voyeuren auf Michaels Spuren. Dieser beobachtet seine Schwester und ihren Freund beim Knutschen auf dem Wohnzimmersofa – wir wissen, Sex führt in Horrorfilmen meist ziemlich direkt zum Segnen des Zeitlichen. Die beiden Teenager beschließen, die Abwesenheit der Eltern auszunützen und verschwinden im oberen Stock. Michael gelangt durch die Hintertür ins Haus, besorgt sich in der Küche ein Messer mit bedrohlich langer Klinge und sieht schließlich den Burschen wieder die Treppe herunterkommen. Eigentlich ist ja nicht genug Zeit für ein ausführlicheres Einander-Näherkommen vergangen, von diesem kleinen Logikfehler lenkt uns die Spannung dieses Moments aber ab.

Der Boyfriend jedenfalls zieht sich sein T-Shirt herunter und versichert dem Mädchen auf nicht unbedingt glaubwürdige Weise, dass er sie anrufen würde. Michaels Schwester scheint damit jedoch zufrieden zu sein, denn der Bub – für uns immer noch ein geheimnisvoller Unbekannter – hört ihr Summen, als er die Stufen nach oben steigt. Kleidungsstücke liegen verstreut auf dem Boden herum, Michael hebt eine Clownmaske auf und setzt sie sich auf – von nun an sehen auch wir durch den Augenausschnitt der Maske. Die Schwester ist fast nackt und kämmt sich vor ihrer Spiegelkommode die langen Haare, und als sie ihres Bruders ansichtig wird, ein panischer Schrei. Sie bedeckt ihre bloßen Brüste, da sticht er schon auf sie ein, Blicke zur Seite auf das heruntersausende Messer, dann wieder auf das Mädchen, das blutend zu Boden sinkt. Wie in Hitchcocks Duschszene in *Psycho* (1960) gibt es kein explizites Bild vom Eindringen des Messers in den Körper des Opfers, wie in diesem Film spielt sich das Grausige in erster Linie in unseren Köpfen ab. Und dann die Treppe hinunter und durch die Haustür ins Freie, wo gerade der Wagen der Eltern hält und diese erschrocken wirken und wir zum ersten Mal dieses Tableau des Grauens von außen betrachten: den kleinen Jungen im Clownkostüm, der abwesend-stumpfe, verlorene Ausdruck in seinem Gesicht, das Messer mit der riesigen Klinge, das Blut darauf.

Genau dieses Bild nimmt Regisseur Steve Miner im Finale des besten aller *Halloween*-Sequels, betitelt *Halloween H20* aus dem Jahr 1998, wieder auf. Jamie Lee Curtis hat in ihrer Rolle als Scream-Queen Laurie aus all den Wiederauferstehungsszenarien des schon so oft tot geglaubten Michael Myers gelernt. Sie entwendet den Leichenwagen mit dem Killer im Plastiksack und fährt mit jaulendem Motor durch die Nacht. Immer wieder wirft sie nervöse Blicke über die Schulter, denn im Sack bewegt sich etwas. Michaels Hände kommen hervor, schließlich auch sein Kopf, dann folgt die Attacke. Eine Vollbremsung schleudert Michael durch die Windschutzscheibe hinaus auf die Straße. Laurie fixiert ihren Opponenten, der seit der Halloweennacht zwanzig Jahre zuvor zu ihrer lebenslangen Nemesis geworden ist, und als er sich wieder aufrichtet, fährt sie ihn eiskalt über den Haufen. Michael klammert sich an die Motorhaube, mit Blicken voller Hohn und Hass starren die beiden einander an, da gerät der Wagen außer Kontrolle. Er überschlägt sich einen Abhang hinunter, Laurie wird aus dem Auto geschleudert und Michael zwischen einem Baumstamm und dem Wagen eingeklemmt.

Laurie kommt wieder auf die Beine, sie greift nach einer Axt, und blutend humpelt sie auf den Killer zu. Und dann dieser unglaublich intensive Moment: Sie nennt Michael bei seinem Namen, er hebt den Kopf, und als er sie anschaut und sie ihm durch die Ausschnitte in seiner weißen Maske in die Augen blickt, ist große Traurigkeit darin. Hilfesuchend streckt er die Hand nach ihr aus, fast ist es, als wäre er wieder das Kind vom Beginn des ersten Teils. Ihre Finger berühren sich für eine Sekunde, dann holt Laurie mit der Axt aus und schlägt ihm den Kopf ab. Der Kreis hat sich geschlossen.

Friday the 13th (*Freitag, der 13.*, USA 1980)
Halloween (*Halloween – Die Nacht des Grauens*, USA 1978)
Halloween H20: Twenty Years Later
(*Halloween H20*, USA 1998)

Die Hölle in uns

Geschichten aus dem Wiener Wald

Alles scheint in den Bahnen der Richtung einer besseren Zukunft zu verlaufen, doch der Schein trügt und die eitle Eintracht ist nur Fassade. Nach ihrer Verhaftung wegen eines vermeintlichen Diebstahls im Nachtklub „Maxim" kommt Marianne aus dem Gefängnis frei, ihr Vater, der „Zauberkönig" genannte Besitzer eines Spielwarengeschäfts, ist nach einem Schlaganfall einsichtig geworden und nimmt die einst verstoßene Tochter wieder bei sich auf. Grund für den Zwist war Mariannes Flucht in das, was sie für die wahre Liebe hielt, ein kleiner, verzweifelter Akt von Selbstbestimmung – weg von Oskar, dem feisten Fleischhauer, vor dem sie ekelt, dem sie von ihrem Vater aber versprochen ist, hin zu Alfred, dem Strizzi, der ihr ein Kind macht, dann nichts mehr von ihr wissen will und sie als Nackttänzerin in einem Varieté unterbringt. Doch selbst jetzt, da Mariannes Traum von der Liebe in Scherben liegt, und trotz des unehelichen Kindes ist Oskar willens, sie zur Frau zu nehmen. Marianne ist bereit, sich ob des Kindeswohls in diese Ehe zu fügen, die ihr Schicksal zu sein scheint. Alles, was sie will, ist, so etwas wie ein bisschen Frieden zu finden; doch nicht einmal das ist ihr vergönnt.

Hell in the Pacific (*Die Hölle sind wir*) heißt ein Film von

John Boorman aus dem Jahr 1968, in dem zwei verfeindete Soldaten (Lee Marvin und Toshirõ Mifune) auf einer unbewohnten Pazifikinsel ums Überleben kämpfen. Dabei wird selbst diesen sturen Böcken allmählich klar, dass sie auf die Hilfe des anderen angewiesen sind und ihre Gegensätze überwinden müssen. Eine ähnliche Grundkonstellation entwirft Jean-Paul Sartre in seinem Stück *Huis clos* (*Geschlossene Gesellschaft*, 1944), doch er treibt die Geschichte in eine andere, viel extremere Richtung. Sartre stellt seine drei Figuren gefangen in einem engen Raum dar, den sie als ihre ganz persönliche Hölle identifizieren, und lässt sie darin erkennen, dass sie zu ihren eigenen Folterknechten bestimmt sind, in der ewigen Verdammnis, die anderen beständig zu quälen und von ihnen gequält zu werden. Nicht einmal töten können sie einander, denn sie sind ja schon tot. Und so gilt auf ewig: „Die Hölle, das sind die anderen."

Eine solche existenzialistische Analyse der Ausweglosigkeit des menschlichen Daseins offenbart sich auch in dem grotesken und (selbst)zerstörerischen Spiel, das die Charaktere in Ödön von Horváths sogenanntem Volksstück *Geschichten aus dem Wiener Wald* miteinander treiben.

In ihrer betont werkgetreuen Inszenierung legen Regisseur Maximilian Schell und sein Drehbuchautor Christopher Hampton den Finger in die offene Wunde der Seelen, in denen ein eiterndes Geschwür aus Dummheit, Selbstgerechtigkeit, bornierter Überheblichkeit, Frustration, Bigotterie und verlogener Moral gärt. Mit seinem brillanten Darstellerensemble (Birgit Doll als Marianne, Helmut Qualtinger als Zauberkönig, Götz Kauffmann als Fleischermeister Oskar und Adrienne Gessner als Großmutter) treibt er diese Umstände zu einem fast unerträglichen Höhepunkt, dessen Grausamkeit sich hinter vordergründiger Freundlichkeit verbirgt, dann aber unvermittelt mit gnadenloser Brutalität zustößt.

Marianne hat ihr Kind zur Pflege zu Alfreds Mutter in die Wachau gegeben, dort hat die Großmutter ihr böses Werk getan, quasi als Hexe im „Wachauerlandl", das zum Setting eines Albtraums wird.

Hoch über der Donau sitzt sie vor ihrer Zither und hackt mit ihren gichtverkrüppelten Klauen vermeintlich lustige Weisen in die Saiten. Einem schwarzen Todesengel gleich, hat sie in der kalten Nacht die Decke vom Kind in seinem Bett gezogen. „Gott gibt und Gott nimmt", erwidert sie, als sie von ihrer Tochter deswegen zur Rede gestellt wird. „Die Mutter im Zuchthaus und der Vater ein Hallodri. Für manche wär's besser, wenn's hin wären." Und später diktiert sie den Brief an Marianne: „Wertes Fräulein! Gott der Allmächtige hat es so gewollt, dass Sie kein Kind mehr haben sollen."

Davon weiß Marianne noch nichts, als sie gemeinsam mit ihrem Vater und dem Fleischhauer kommt, um ihr Kind heimzuholen. Die Babyschelle in den Krallenhänden der Großmutter ist der verstörende Missklang für Mariannes totalen Absturz. Nur für einen Moment lodert in ihr noch einmal so etwas wie Aufbegehren, dann sinkt sie in radikaler Desillusionierung in sich zusammen.

„Ich habe mal Gott gefragt, was er mit mir vorhat", murmelt sie. „Er hat's mir nicht gesagt." Nur Oskar, der Fleischer, ist zur Stelle: „Du wirst meiner Liebe nicht entgehen." Darauf Marianne: „Ich kann nimmer. Jetzt kann ich nimmer." – „Dann komm!", bestimmt Oskar, und als jede letzte Kraft aus Mariannes Körper und von Widerstand aus ihrem Herzen entwichen ist, nimmt er sie in die Arme und trägt sie ins Tal wie eine Leiche. Das Zerstörungswerk ist getan, die Hölle auf Erden hat eine neue Bewohnerin.

Geschichten aus dem Wiener Wald (Österreich/BRD 1979)

Heroische Herzen

Gladiator
Kingdom of Heaven
Troy

In Tennysons Gedicht „Ulysses" blickt der titelgebende griechische Held auf ein Leben voller Gefahren und heroischer Taten zurück: „All times I have enjoy'd/Greatly, have suffer'd greatly, both with those/That loved me, and alone, on shore." Sein Hunger nach Wissen, nach Erkenntnis habe ihn angetrieben, doch auch der alte Mann wolle sich nicht dem Tode geschlagen geben: Denn es sei noch nicht zu spät, zu einem neuen Abenteuer und zu neuen Welten aufzubrechen. Judi Dench zitiert Tennysons Zeilen im Bond-Film *Skyfall* (2012) und spricht dabei vom Mut zum übergroßen Gestus, diesem epischen Atem, diesen heroischen Herzen – womit der Bogen zum Historienkino des Ridley Scott gespannt ist.

Scotts *Gladiator* wurde mit fünf Oscars ausgezeichnet und weltweit mit Filmpreisen geradezu überhäuft. Die Opulenz und Genauigkeit der Ausstattung, die Leistungen in der Zeichnung der Figuren, die Eleganz der Inszenierung – tatsächlich bietet der Streifen Brillanz in allem, worin wir unsere Augen schweifen lassen können. Als Beispiel sei etwa der Mord an Kaiser Mark Aurel herausgegriffen. Durch den transparenten Stoff im

Wind wehender Vorhänge sieht der alte Kaiser seinen Sohn Commodus näher kommen, seine Offenheit, was seine geplante Nachfolge durch einen anderen als das eigene Fleisch und Blut und daraufhin Roms Rückkehr zur Republik betrifft, zeugt von wahrem Mut, kostet ihn aber das Leben. Das Zusammenspiel zwischen Richard Harris und Joaquin Phoenix ist intensiv – Commodus' Hadern mit unterdrückten Gefühlen, sein verletzter Stolz, die Eifersucht: „What is it in me that you hate so much?" Der Vater streckt dem Sohn die Hände entgegen, die Umarmung wird zu seinem Todeskampf. Dass er für die Liebe des Vaters die ganze Welt niedermetzeln würde, stößt Commodus hervor, dann erstickt er ihn an seiner Brust.

In diesem Genre hat ein gewisses Quantum an Pathos durchaus seinen Platz. Commodus' Rivalität mit Mark Aurels Ziehsohn Maximus (Russell Crowe in der Rolle seines Lebens) wird den ganzen Film bestimmen und erst in der Arena in Rom ihr Ende finden. Maximus tötet den Vatermörder im Zweikampf, ist aber selbst so schwer verwundet, dass es keine Hoffnung auf sein Überleben mehr gibt; doch er stirbt in Frieden. Im Niedersinken sind seine Gedanken schon bei seiner einst hingemetzelten Familie, ist er mit seiner Frau und dem kleinen Sohn endlich wieder vereint. Eine Szenerie in verfremdeten Farben, schon nicht mehr von dieser Welt: ein wogendes Kornfeld, Maximus streicht mit der Hand über die Ähren, indessen scheint sich sein Körper im Sterben über den blutigen Sand der Arena zu erheben: „You're home."

Edelmut versus abgrundtiefe Bösartigkeit, der rote Faden auch für Ridley Scotts zweites Monumentalepos *Kingdom of Heaven*. Orlando Bloom in einem dramatischen Kreuzzugsszenario und, wie bei *Gladiator*, inmitten der Intrigen und des

Schlachtgetümmels intime Momente, die zu Herzen gehen. Eva Green spielt Sybilla, die Schwester von Baldwin, dem leprakranken König von Jerusalem (Edward Norton unter einer goldenen Maske). Ihr Abschied vom sterbenden Bruder, die Erinnerung an den Sommer, als er sechzehn war und noch gesund: „You were a beautiful boy." Schließlich der Anblick des von der Krankheit zerfressenen Gesichts: das Grauen. Dieses Bild vor Augen, erkennt Sybilla bald auch bei ihrem kleinen Sohn, dem neuen König, die ersten Anzeichen der Krankheit. Er zeigt keinerlei Reaktion, als ihm heißes Siegelwachs auf die Hand tropft, eine spätere Untersuchung bringt die schreckliche Gewissheit. Sybilla will ihm das Schicksal ihres Bruders ersparen: „How long before he wears a mask? [...] No kingdom is worth my son alive in hell. [...]" Und die tragische Konsequenz: Ein letztes Spielen mit einer Ritterfigur, ein letztes Streicheln, ein letztes Wiegen in den Armen. Und als das Kind eingeschlafen ist, träufelt sie ihm Gift ins Ohr.

Die Qualen einer Mutter, die Pein eines Vaters. Scott-Epigone Wolfgang Petersen, der die Regie von *Gladiator* ablehnte, pflanzt in den gewaltigen Aufwand von *Troy*, der Rekonstruktion der gleichnamigen Stadt und des damit konnotierten Krieges, eine Szene von menschlicher Eindringlichkeit, nämlich das Flehen eines Vaters um den Leichnam seines toten Sohnes. Es ist Nacht, und dem trojanischen König Priamos gelingt es, sich unbemerkt in das Lager der Griechen und dort ins Zelt des Helden Achill zu schleichen. Der grandiose Peter O'Toole (weißbärtig wie Richard Harris in *Gladiator*) trifft auf Brad Pitt, er erniedrigt sich auf ungeahnte Weise vor dem Feind, kniet sich vor ihn hin und küsst ihm die Hände: „I have endured what no one on earth has endured before. I have kissed the hands of the man who killed my son." Diesen Sohn, Hector (Eric Bana), hat Achill nicht nur im Zweikampf besiegt, sondern zudem, an einen Streitwagen gebunden, um die belagerte Stadt geschleift. Dass er ihn töten lassen könne, begehrt Achill gegen Priamos auf, doch dieser: Ob er tatsächlich glaube, der Tod mache ihm noch Angst? – „You've taken everything from me." Sein sehnsüchtigster Wunsch sei es, so Priamos, den Körper des Verstorbenen zu waschen und die vorgesehenen Gebete für ihn zu sprechen. Und sein Argument, das selbst Achilles' Seele rührt: „Even enemies can show respect."

Gladiator (GB/USA 2000)
Kingdom of Heaven (*Königreich der Himmel*,
USA/Spanien/GB/Deutschland 2005)
Troy (*Troja*, USA/Malta/GB 2004)

Der traurige Clown

Good Morning, Vietnam

Da steht der Clown, dem einst das Publikum zu Füßen lag, steht auf der Bühne des Varietés und blickt in den leeren Zuschauerraum, aus dem kein Lachen dringt. In *Limelight* (*Rampenlicht*, 1952) ist Charlie Chaplins Calvero ein trauriger Spaßmacher, einst gefeiert, doch nun schon seit Langem ohne Engagement. Die Figur offenbart einen Blick in Chaplins Seele, in der, so Richard Schickel, Autor des Dokumentarfilms *The Life and Art of Charles Chaplin* (*Charlie – Leben und Werk von Charles Chaplin*, 2003), die ständige Angst wohnte, sich selbst überlebt zu haben und nicht mehr lustig zu sein. Nicht von ungefähr stirbt die Figur am Ende des Streifens und mit ihr die Ära des Stummfilms, die Chaplin, der ewige Tramp, wie kein zweiter geprägt hat.

Ein solch trauriger Clown, Nachfolger des legendären Pierrot mit seinem weiß geschminkten Gesicht und unerwiderter Liebe im Herzen, war auch Robin Williams, der Komiker, der in seinen besten Rollen selbst im Lachen einen Glanz von Traurigkeit in den Augen hatte. Wie kaum ein zweiter Darsteller seiner Generation verkörperte Williams das Tragische im Komischen, das Drama der Melancholie einer verletzten Seele, und dies zuweilen sogar in der Rolle von Mördern und Psychopathen. Die Titelfigur in George Roy Hills *The World According to Garp* (*Garp und wie er die Welt sah*, 1982), die alles für ihre Familie tun will und doch so vieles falsch macht; der unkonventionelle Lehrer in Peter Weirs *Dead Poets Society* (*Der Club der toten Dichter*, 1989); der Arzt, der glaubt, die Schlafkrankheit besiegen zu können, in Penny Marshalls *Awakenings* (*Zeit des Erwachens*, 1990); der erwachsene Peter Pan, der das Fliegen verlernt hat, in Spielbergs Märchenfilm *Hook* (1991); der Obdachlose auf der Suche nach dem Heiligen Gral in Terry Gilliams *The Fisher King* (*König der Fischer*, 1991); der sich aufopfernde Psychologe in Gus van Sants *Good Will Hunting* (1997); der einsame Stalker in Mark Romaneks Psychostudie *One Hour Photo* (2002); der Mörder im mitternachtssonnenhellen Alaska in Christopher Nolans *Insomnia* (2002) – eine Liste intensivster Kinoerlebnisse, nicht zuletzt aufgrund von Robin Williams' Darstellung. Und natürlich der Radiomoderator Adrian Cronauer in Barry Levinsons *Good Morning Vietnam*, ein Schandmaul am Mikrofon, das mit Zoten und Rock 'n' Roll seine Vorgesetzten provoziert, sich unter den Soldaten jedoch größter Beliebtheit erfreut. Auf schmerzhafte Weise, durch eine unglückliche Liebe zu einer Vietnamesin und die Freundschaft mit ihrem Bruder, der im Geheimen für den Vietcong arbeitet, muss Adrian lernen, dass der Wahrheit hinter der mediengerechten Präsentation eines Krieges wohl immer Abgründe innewohnen, die einen aufrechten Menschen zu harten Entscheidungen zu zwingen vermögen. Inmitten dieser Dramatik, die Levinson auf wohltuend unaufgeregte, mitunter fast improvisiert wirkende Weise inszeniert, ein Lied, das erst 1967 aufgenommen wurde und somit im Grunde genommen gar nicht in den Handlungsverlauf von 1965, jedoch perfekt zur Stimmung des Films passt.

„What a Wonderful World" – Adrian sitzt vor dem Mikrofon, zuerst erfolgt sein charakteristischer Morgengruß, dann setzt die Musik ein, Louis Armstrongs unverwechselbare Stimme, die von grünen Bäumen, roten Rosen, einem blauen Himmel und der „dark sacred night" singt, vom Regenbogen, der Freundschaft zwischen Menschen und dem Heranwachsen von Kindern – schlichtweg von der Welt, wie wunderschön sie nun eben sei. Und währenddessen sehen wir die Kameradschaft unter den amerikanischen Soldaten, sehen die Vietnamesen auf ihren Feldern arbeiten, auf dem Markt Fisch kaufen und im Fluss ihre Wäsche waschen – und dann, unvermittelt und ohne jede Vorwarnung, die Bomben, die auf die Hütten hinter den Reisfeldern fallen, ein Dorf, das in Flammen aufgeht, eine Explosion in Saigon und blutige Sandalen; wir sehen, wie junge Männer von Militärpolizisten aufgegriffen, in einen Hauseingang geführt und dort kurzerhand erschossen werden; wir erleben eine Demonstration, die mit Gewalt aufgelöst wird. Abschließend, in einem langsamen Schwenk über die vermeintliche Idylle eines Militärcamps am Ufer eines Dschungelflusses, die jungen Soldaten an ihren Waffen. Einfach so, Szenen des Lebens aus einem Land, zum damaligen Zeitpunkt schon seit Generationen in Unruhe.

„Oh yeah", raunt der traurige Clown gemeinsam mit Onkel Satchmo ins Mikro – auf den Lippen der Versuch eines Lächelns und in den Augen das verräterische Glitzern von Tränen. Irgendwann war es für Williams dann zu viel mit der Traurigkeit, mit dem Kampf gegen Alkohol und Depressionen: Im August 2014 nahm er sich 63-jährig das Leben.

Good Morning, Vietnam (USA 1987)

Sich selbst treu geblieben

Gran Torino
The Bridges of Madison County
Unforgiven

Ein nicht mehr ganz junger Mann, Robert Kincaid, steht im Regen. Er sieht zu, wie die Frau, die er erst seit ein paar Tagen kennt, mit ihrem Ehemann davonfährt. Er hätte nicht gedacht, dass er sich noch einmal verlieben würde, und doch liebt er diese Frau. Er ist in diese ländliche Gegend in Iowa gekommen, um die überdachten Brücken zu fotografieren, dabei hat er Francesca, die unter ihrer glücklosen Ehe leidet, kennengelernt. Als Francescas Ehemann für einige Tage wegmuss, ist den beiden Liebenden eine kurze Zeitspanne gegönnt, in denen sie sich ihren Träumen so nah fühlen wie nie zuvor. Doch jetzt, am Schluss von *The Bridges of Madison County*, sehen wir Roberts nacktes, nasses Gesicht und darin all die Verzweiflung und die Liebe, all die Erfahrungen und Emotionen, die ein Leben ausmachen. Die einmalige Meryl Streep verkörpert Francesca mit der ihr eigenen emotionalen Reife. Doch auch Clint Eastwood, der große, stille Charakterdarsteller, gewährt uns für einen kurzen Moment einen Blick in die Seele keiner Filmfigur, sondern jener eines Menschen.

Im Laufe der Zeit hat Clint Eastwood eine Reihe von wortkargen Einzelgängern wie Robert Kincaid dargestellt – und die Filme dazu meist auch gleich selbst inszeniert. Er entwickelt dabei seine Geschichten aus den alltäglichen Details, seine Meisterschaft ist das Verweilen im vermeintlich Nebensächlichen. In dieser großen Genauigkeit des Privaten entstehen Charaktere von ungewöhnlicher Tiefe, Figuren, die mit großer Ruhe, mit lakonischer Gelassenheit und spröder Würde auf die Wirren des Lebens und der Gewissheit von dessen Endlichkeit reagieren. Auf diese Weise ist es ihm auch gelungen, die doch eher banale Romanvorlage von *The Bridges of Madison County* zu einem wohltuend erwachsenen Film zu machen, zu einer wunderschönen traurigen Ballade über die Liebe als das größte, das einmaligste Gefühl.

Ein solcher Protagonist ist auch William Munny in dem oscargekrönten Western *Unforgiven*. Früher war Munny einer der gefürchteten Revolverhelden, die am Mythos des Wilden Westens mitschrieben. Was ihn von der Gewalt abgebracht habe, sei die Liebe zu einer Frau gewesen, die er nun aber begraben musste. „My wife, she cured me of that", erklärt er einem jungen Burschen: „Cured me of drink and wickedness." Jetzt ist Munny alt, er geht gebeugt und trifft nur noch mit Mühe. Er steht am Grab seiner Frau und ist voller Reue: Die Bilder all der Frauen und Kinder, die er auf dem Gewissen hat, lassen ihn nicht mehr ruhig schlafen. Der Bursch, dem sich Munny erklärt, macht ihn auf das Kopfgeld aufmerksam, das auf Cowboys ausgesetzt wurde, die eine Prostituierte verstümmelt haben. Zuerst will Munny von einer Rückkehr in den Sattel nichts wissen. Doch als auf seinem Hof die Schweinepest ausbricht und ihm und seinen beiden Kindern der finanzielle Ruin droht, schnallt er sich ein letztes Mal den Pistolengurt um – auch wenn seine Schießübungen nicht sofort von Erfolg gekrönt sind. Dass sein Pferd nicht mehr daran gewohnt sei, gesattelt zu werden, meint Munnys Sohn. Das Pferd scheut tatsächlich, als Munny versucht aufzusteigen, er fällt vor den Augen seiner Kinder in den Staub, was er trocken kommentiert: „Ain't hardly been in the saddle myself in a while." Eine stimmungsvolle und menschlich stimmige Ausgangssituation für den folgenden Feldzug gegen das Unrecht, das in eine Regennacht und ein Massaker mündet, in der, wie Norbert Grob und Bernd Kiefer treffend analysieren, „Gewalt keine regenerierende Kraft mehr ist, sondern nur noch zerstörerisch." So wird *Unforgiven* zur entmythologisierten Reflexion eines Filmgenres, das Clint Eastwood maßgeblich mitgeprägt hat.

Tatsächlich ist Munny, der Antiheld, eine konsequente Fortführung jenes Charakters, der den Schauspieler einst berühmt machte: des „Mannes ohne Namen" aus Sergio Leones *Dollar*-Trilogie (1964-66). Der schweigsame Pistolero mit dem Zigarillo im Mundwinkel, der nichts als seiner eigenen Moral verpflichtet ist, könnte tatsächlich ein Bildnis Munnys als junger Mann sein, ebenso wie der desillusionierte Cop Callahan (*Dirty Harry*, 1971) in den Straßen von San Francisco die Spiegelung dieses Charakters in mittleren Jahren. In späteren Arbeiten entwickelte Eastwood differenziertere Charaktere. Als todkranker Musiker folgt Eastwood seinem Traum, in der Grand Ol' Opry in Nashville aufzutreten (*Honkytonk Man*, 1982), als Sheriff kämpft er um das Leben eines entführten Buben (*Perfect World*, 1993).

In dem Film *Gran Torino* schließlich stellt er sich als Walt Kowalski, ein verbitterter Veteran aus dem Koreakrieg, der eigentlich nichts mehr will, als den Rest seines Lebens auszusitzen, gegen eine Gang, die die Nachbarschaft im von Wirtschaftskrisen gebeutelten Detroit terrorisiert, und gleichzeitig gegen seine eigenen Vorurteile gegenüber asiatischen Immigranten. Wenn er erfährt, dass er nicht mehr lang zu leben hat, beschließt er, die Sache, derer er sich angenommen hat, auf seine ganz spezielle Weise zu Ende zu bringen. Er sorgt dafür, dass es genügend Zeugen gibt, um eine spätere Verhaftung der Täter sicherzustellen, und provoziert die Mitglieder der Gang vor ihrem Haus. Dann greift er in die Innentasche seiner Jacke und ist sich bewusst, dass sie denken, er hätte eine Waffe. Im Kugelhagel sinkt er zu Boden und liegt da wie ein Gekreuzigter, in der Hand das Feuerzeug aus der Tasche.

Eastwoods berührendste Darstellungen zeigen Menschen, die in ihrer ganz persönlichen Tragödie verfangen sind, die darob aber nicht verzweifeln. Sie sehen ihrem bitteren Ende entgegen und bleiben dabei ganz ruhig. Je brüchiger ihre physische Erscheinung ist, desto wichtiger sind für sie ihre Ideale geworden.

In der Szene im strömenden Regen respektiert Robert Kincaid Francescas Entscheidung, ihre Familie nicht zu zerstören. Er kommt nicht näher, er wartet ab, und dann steigt er in seinen Pick-up und fährt davon. Indem er der Frau, die er liebt, die Wahl lässt, ohne sie zu bedrängen, und er die Einsamkeit eines Lebens ohne sie akzeptiert, weil es ihre Entscheidung ist, ist er sich selbst treu geblieben.

Gran Torino (USA 2008)
The Bridges of Madison County
(*Die Brücken am Fluss*, USA 1995)
Unforgiven (*Erbarmungslos*, USA 1992)

Harte Kerle, weiches Herz

Hellboy II: The Golden Army

Vielleicht ist diese Szene auch deshalb so grandios, weil sie so ganz und gar unverhofft kommt. Freilich zieht sich durch Guillermo del Toros *Hellboy*-Filme ein (selbst)ironischer Unterton, der immer wieder zwischen die visuellen Sensationen seiner etwas anderen Superheldensaga leise, liebenswerte, witzige, einfach die Klischees brechende Momente setzt. Das originelle Design im Steampunk, die zuweilen verschrobenen Einfälle und skurrilen Details, die märchenhafte Atmosphäre, die eingestreuten kleinen bösen Horrorelemente, die fantasievolle Zeichnung der Charaktere ausgehend von dem rothäutigen Muskelrecken mit den gestutzten Hörnern – diese ungewöhnliche Mischung macht den Reiz von del Toros Fantasie aus. Doch Superhelden, die sich ihren Liebeskummer von der Seele singen, hätte man nicht einmal in diesem Umfeld erwartet.

Hellboy II dreht sich um eine Truppe aus riesenhaften mechanischen Kriegern, um Schwärme spinnenartiger „Zahnfeen", um einen Trollmarkt unter der Brooklyn Bridge, einen Waldgott in Form eines ungeheuren baumartigen Wesens, das halb New York verwüstet, und schließlich um einen Todesengel, der eine Speerspitze aus Hellboys Brust entfernt, indem er Liz, der Freundin des Helden, nahelegt, ihm einen Grund zum Leben zu geben. Ron Perlman und Selma Blair geben dieses Paar, dass Liz schwanger ist und somit einen sehr guten Grund kennt, weiß Hellboy noch nicht, als ihn sein Liebeskummer aus der Bahn wirft. Sie brauche eine Auszeit nur für sich, hat ihm Liz nämlich mitgeteilt, während im Hintergrund auf einem Fernsehschirm Frankensteins Kreatur und seine Braut zu sehen waren. Diese Mitteilung hat unseren Helden so sehr verunsichert, dass er in einem Streit im Umkleideraum sogar den menschenähnlichen Schutzanzug von Johann Krauss zerstört hat, einem aus Ektoplasma bestehenden Geist, der seit einiger Zeit Mitglied von Hellboys fantastischem Team ist und allenthalben durch seine ständige Besserwisserei und seinen köstlich übertriebenen deutschen Lispelakzent nervt.

Da hört Hellboy, der sich intensiv dem „liebesfrustigen" Bierkonsum zugewandt hat, aus der Ferne des unterirdischen Bunkerkomplexes, der ihm und seinen Mitstreitern als Rückzugsort dient, ganz leise ein Lied. Vor flackerndem Kaminfeuer widmet sich Abe Sapien (Doug Jones), der Fischmensch und Hellboys „best buddy", gerade seinem ganz persönlichen Herzschmerz. Er hat sich in die Tennyson rezitierende Prinzessin Nuala verliebt, die Zwillingsschwester des Oberbösewichts der Geschichte. Sie hat seine neuen Kontaktlinsen bemerkt, da ist Abe dahingeschmolzen: „I'm trying a new look." Die Fernbedienung der Musikanlage in der Hand, behauptet Abe, er würde Vivaldi hören, als Hellboy ins Zimmer poltert. Hinter seinem Rücken jedoch verbirgt er eine CD mit „Popular Love Songs". Hellboy lässt nicht locker, und Abe gibt klein bei. Statt Vivaldi erklingt Barry Manilows „Can't smile without you", die Bierdosen zischen, und da sitzen sie auf den Stufen vor dem offenen Kamin, die beiden Superheldenfreunde mit ihren aufgewühlten Gefühlen. „I wish father were here", bricht es aus Hellboy heraus. Die freundschaftliche Harmonie lässt dann alle Dämme bersten. Abe beginnt als Erster mitzusingen, alsbald kann sich auch Hellboy nicht länger zurückhalten und stimmt mit ein. Die gar nicht so harten Kerle verbergen ihre weichen Herzen nicht länger, die Emotionen wallen, und schon singen beide aus voller Kehle und ein bisschen falsch, ohne sich darum zu kümmern, dass sie auch die Agenten in den Gängen des Bunkers hören können.

Gab es je einen entspannteren Moment in einem Superheldenfilm als diesen liebevoll-ironischen Bruch mit den Standards des Genres?

Hellboy II: The Golden Army
(*Hellboy – Die goldene Armee*, USA/Deutschland 2008)

Viva la diva

Hello, Dolly!
Yentl

Natürlich ist Barbra Streisand keine wirklich herausragende Schauspielerin in dem Sinne des Verschmelzens mit unterschiedlichsten Charakteren, sie verkörpert eigentlich immer eine Rolle, das ist sie selbst, die Diva aller Diven, in wechselnder Garderobe und passendem Dekor. Aber wen kümmert das bei solch umwerfenden Ergebnissen wie der Inszenierung des Titelliedes in *Hello, Dolly!*, der Verfilmung von Jerry Hermans Broadwaymusical, das 1964 seine Premiere erlebte. Als verwitwete Heiratsvermittlerin hat sie in und um New York bereits ganze Paraden, Parks, Avenuen und Vorstädte samt Bahnhof und fahrenden Zügen in wunderbar einstudierte und buntestes Technicolor getauchte Massenekstasen versetzt, als sie dann ganz oben auf der Treppe des Harmonia Gardens steht, bis zum Tode ihres Mannes ihr Lieblingsrestaurant. Ihr Erscheinen hat sich schon angekündigt und die Bediensteten in hellste Aufregung und nicht minderes Verzücken versetzt, nun herrscht Totenstille und alle Augen sind auf dieses fast überirdische Wesen im golden schillernden Kleid und den Federn im rötlichen Haar gerichtet. Dolly setzt den ersten Schritt, da setzt die Musik ein, und wir werden Zeugen eines Eroberungsfeldzuges, der mit

Augenaufschlag und Charme und kleinen Schmeicheleien schon gewonnen ist, bevor der Chor der rot livrierten Kellner und weiß beschürzten Köche auch nur zu singen und tanzen begonnen hat. Alles schmilzt dahin, wenn Dolly im Wintergarten vor Brunnen und Palmen lobt, wie fesch die Herren denn seien, und mit ihnen beschwingte Steps setzt, die man fast als Schweben bezeichnen möchte. Acht grandiose Minuten dauert die Szene, die Choreografie unter Gene Kellys Regie ist ein einziges swingendes Fließen, das kaum durch Schnitte unterbrochen ist und dem man, anders als in vielen heutigen Tanzfilmen, deshalb tatsächlich noch folgen kann. Und wenn sich der Leiter des Orchesters dann auch noch als Louis Armstrong entpuppt, der in einem herrlich jazzigen Duett Dolly versichert, dass sie nirgendwo anders hingehöre, als genau an diesen Platz, und sie ihm, dass sie nicht vorhabe, von hier noch einmal wegzugehen, sind wir natürlich absolut ihrer Meinung und überhaupt hin und weg.

Dass die Streisand auch bescheidener kann, dadurch aber nicht weniger beeindruckt, zeigt uns die Szene aus *Yentl*, in der sie Michel Legrands Lied „Papa, can you hear me?" singt. Basierend auf einer Kurzgeschichte von Isaac Bashevis Singer, rekonstruiert der Film die Welt des Ostjudentums der Wende zum zwanzigsten Jahrhundert. Unter ihrer eigenen Regie schneidet sich Barbra Streisand als jüdisches Mädchen nach dem Tod ihres geliebten Vaters die Haare ab und verkleidet sich als junger Mann, um an einer Religionsschule studieren zu können. In all der rollenspielverursachten Verwechslungsdramatik in Liebes- und anderen Angelegenheiten und den von allerlei Gesang durchzogenen Konfusionen gibt es diesen Gänsehautmoment der Stille. In der hereinbrechenden Dämmerung kniet Yentl auf einer Waldlichtung vor einem Baumstumpf, darauf entzündet sie eine Kerze, und in deren Licht beginnt sie ein Gebet, das sich bald von Gott zu ihrem Vater wendet, „who is also in heaven": „May the light/Of this flickering candle/Illuminate the night the way/Your spirit illuminates my soul." Sie fleht um des Vaters Beistand, um seine Hilfe im Kampf gegen ihre Furcht und die Unsicherheit ob der Richtigkeit ihres Tuns. Dabei spielt der Wind mit der Kerzenflamme und bewegen die Emotionen in der Stimme unsere Herzen. Die Kamera umkreist die Betende wie die Augen eines Liebenden und fängt die Tränen in den ihren ein, wenn sie ihrem Vater versichert, wie sehr sie ihn vermisse, „kissing me goodnight"; und dann zieht sie sich zurück und belässt Yentl in ihren Gedanken und in der Dunkelheit, die sie umgibt.

„On her stage/She sings her story", inszenierte Dana International in „Diva", ihrem Song Contest-Siegertitel von 1998, die Titelfigur ihres Liedes, und weiter: „Pain and hurt/Will steal her heart alight/Like a queen/In all her glory [...]" Die Streisand erscheint mir als Verkörperung einer solchen Diva; eine, die stets nach dem bestimmten Artikel vor dem Nachnamen verlangt.

Hello, Dolly (USA 1969)
Yentl (USA 1983)

Bette Davis' Eyes

Hush ... Hush, Sweet Charlotte
What Ever Happened to Baby Jane?

Diese Augen, dieser Ausdruck tiefen Leids darin, die Enttäuschung über ein verwirktes Leben, über verlorene Träume und die Marter der Erkenntnis, dass die Zeit durch nichts zurückzudrehen ist und sich begangene Fehler nicht mehr korrigieren lassen: Innerhalb kurzer Zeit verkörperte Bette Davis in zwei Filmen des Regisseurs Robert Aldrich Frauen am Rande des Wahnsinns, der in einem der beiden Fälle auch über ihr zusammenschlägt. „Die Erinnerung ist das einzige Paradies, aus dem wir nicht vertrieben werden können", sagte Jean Paul einmal. Für die Charaktere, die Bette Davis in diesen Filmen verkörpert, ist diese Kraft kein Segen, sondern ein Fluch, und das, was für den deutschen Schriftsteller als Paradies erschien, ist für sie die Hölle.

Der erste der beiden Streifen trägt den Titel *What Ever Happened to Baby Jane?* und zeigt Bette Davis auf der Höhe ihrer Schauspielkunst. „I've written a letter to daddy" heißt das Lied, das Baby Jane Hudson als Kinderstar im Varieté singt, dabei beschwört sie mit theatralischen Gesten die Liebe zum Vater, der sich in diesem Moment im Himmel anstatt an ihrer Seite befinde. Eine der fast lebensgroßen Puppen, die damals von ihr verkauft wurden, ist immer noch in Janes Besitz, als sie viele Jahre später ihre gelähmte Schwester Blanche pflegt und ihr gleichzeitig das Leben zur Hölle macht. Joan Crawford spielt Blanche, rund um die Dreharbeiten wurde viel über die Rivalität der beiden schwierigen Diven geschrieben. Ein Unfall jedenfalls beendete Blanches Filmkarriere, auch Janes Berühmtheit ist längst vorbei. Doch sie trägt noch weiße Spitzenkleider wie früher, ihr Gesicht ist geschminkt wie das Porzellan einer Puppe, mit hohen aufgemalten Brauen und schwarz umrandeten Augen. Jane trinkt Alkohol und klimpert dabei die Melodie von damals am Klavier. Sie hört sich als Kind singen, und all der Schmerz über die verpasste Karriere ist in ihrem Gesicht auszumachen. Jane nimmt eine Masche aus dem Haar der Puppe und steckt sie sich in ihr eigenes, legt den Kopf schief und sieht im Schein einer Lampe ganz plötzlich ihr Spiegelbild. Da schreit sie auf und gerät in Rage und serviert Blanche deren geliebten Kanarienvogel zum Mittagessen.

Dass sie nicht für den Unfall der Schwester verantwortlich war, wie sie Blanche all die Jahre hindurch glauben machte, erfährt Jane in der letzten Szene des Films am Strand. Sterbend liegt Blanche im Sand, sie fleht Jane um Hilfe an und spricht zum ersten Mal die Wahrheit aus: dass sie selbst den Unfallwagen gelenkt und die damals betrunkene Jane die ganze Zeit nur ausgenutzt habe: „You weren't ugly then, I made you that way." Von einem Augenblick auf den anderen geht in Janes Miene etwas vor sich, das Gefühl von Schuld, das sie so gemartert hat, fällt von ihr ab: „All this time we could have been friends", und umringt von Menschen am Strand, tanzt sie nochmals das Lied vom toten Vater unweit des Platzes, an dem die tote Schwester liegt.

Zwei Jahre später folgt der Film *Hush ... hush, Sweet Charlotte* vergleichbaren Handlungsimpulsen und Figurenkonstellationen. Abermals wird Bette Davis psychothrillergemäß übel mitgespielt, diesmal ist Olivia de Havilland als ihre Cousine die Widersacherin. Gemeinsam mit Joseph Cotten als Hausarzt versucht sie, die psychisch extrem labile Charlotte endgültig in den Wahnsinn zu treiben. Charlotte fühlt sich immer noch für die grauenhafte Ermordung ihres Geliebten aus Jugendjahren im Rahmen eines prächtigen Balles in ihrem Südstaatenelternhaus verantwortlich, Kinder aus der Nachbarschaft verspotten sie deswegen, die Cousine möchte das Haus gewinnbringend verkaufen. Eines Nachts wacht Charlotte auf und hört aus dem Salon die ihr bekannte Melodie. Sie wähnt sich in der Vergangenheit, ruft nach John, dem Geliebten, und steht doch in einem leeren Raum mit zerbrochenen Spiegeln. Eine Pistole liegt auf dem Klavierstuhl, Charlotte nimmt sie in die Hand und sieht das Blumenbouquet von damals und sich selbst in einem wunderschönen weißen Kleid. John ist da und verbeugt sich vor ihr, er reicht ihr die Hand und sie tanzen einen Walzer. Plötzlich kommt „Big Daddy" auf sie zu, der gegen die Liebschaft mit John war, der Traum zerbricht wie die Spiegel, die unter Charlottes Schüssen zerbersten, als mit einem Mal John ohne Kopf vor ihr steht und sie aufschreit und nicht mehr ein und aus weiß.

Aldrich schildert Charlottes Abgleiten in den Wahnsinn im Stil des Grand Guignol, eines Horrorstücks mit grotesken Zügen, und mithilfe von Schockeffekten, die den Zuschauern der damaligen Zeit wohl ziemlich hart erschienen. Bette Davis' beinahe beängstigend intensives Spiel, das immer wieder im Ausdruck ihrer Augen kulminiert, macht jede Nuance davon nachvollziehbar. Durch Zufall belauscht sie später die Cousine und den Arzt vom Balkon aus und erkennt, dass sie einer Inszenierung aufgesessen ist. Wutentbrannt stößt sie eine schwere Blumenschale von der Brüstung, die die beiden erschlägt. Auch die Identität von Johns wahrer Mörderin erfährt sie noch, und am Schluss ist ihr so etwas wie Erleichterung, ist ihr innere Ruhe vergönnt. Anders als Jane im früheren der beiden Filme hat sie es in einem letzten Aufbegehren geschafft, sich aus dem Sumpf der vergeudeten Jahrzehnte herauszuziehen; wenngleich sie die Realität ihrer eigenen Grenzen akzeptieren muss und derer, die ihre Umwelt ihr setzt, gelingt ihr ein letzter Schritt zu sich selbst.

Hush ... Hush, Sweet Charlotte
(*Wiegenlied für eine Leiche*, USA 1964)
What Ever Happened to Baby Jane?
(*Was geschah wirklich mit Baby Jane?*, USA 1962)

Einstürzende Altbauten

Inception

„Alles war denkbar. Alles war möglich." Franz Huchel, der junge Protagonist in Robert Seethalers Roman *Der Trafikant* (2012), hat vom Kahlenberg aus das Häusermeer Wiens vor sich und dabei das Gefühl, die Stadt und ihre Bewohner seit dem Einmarsch der Nazis nicht mehr zu kennen. Hakenkreuze überall, beschmierte Geschäftsfassaden, Vernadereien, Juden auf den Knien, und sogar der berühmte Professor Freud sieht sein Heil in der Flucht: „Wer tagsüber am Heldenplatz eine Legion von Händen gegen den Himmel reckt und abends brüllend durch die Gassen rennt, der würde auch das Riesenrad aus seinen Angeln heben." Franz läuft die steilen Hänge des Berges hinunter: „Und für einen Moment wusste er nicht mehr, ob die Zweige, die gegen die Brust und an die Arme schlugen, Wirklichkeit waren oder ob er sich in seinem eigenen Traum befand."

Ein Kippen der Realität, wachen oder träumen – Dominick Cobb, der zentrale Charakter in Christopher Nolans hochkomplexer Phantasmagorie *Inception*, wüsste Franz' Emotionen nachzuvollziehen. Franz hat von Professor Freud den Tipp bekommen, seine Träume aufzuschreiben, um unter Umständen darin so etwas wie einen Sinn finden zu können. Cobb hingegen, mit verzweifelter Intensität von Leonardo DiCaprio verkörpert, ist ein Einbrecher in die Traumwelten anderer Menschen und ein Dieb von Informationen aus ihrem Unterbewusstsein.

Des Mordes an seiner Frau verdächtigt, ist Cobb auf der Flucht und von seinen Kindern getrennt. Durch die Lösung eines neuen, besonders heiklen Auftrags, so die spannende Prämisse des Films, würde er die Erlaubnis erhalten, sie wiederzusehen: dermaßen die Sinngebung für seine Existenz.

Nolans Streifen ist vieles: tragische Liebesgeschichte, Film noir, Action à la James Bond und die visuell atemberaubende Interpretation von Platons Höhlengleichnis; als führte Alices Sturz durch den Kaninchenbau in immer tiefere Ebenen ihres Bewusstseins, springt auch *Inception* von einer Bedeutungsebene zur nächsten. Traum im Traum im Traum, und dabei die zentrale Frage: Wo beginnt die Realität, wo hört sie auf?

„Eines Tages wird man offiziell zugeben müssen, dass das, was wir Wirklichkeit getauft haben, eine noch größere Illusion ist als die Welt des Traumes", hat Salvador Dalí einmal gesagt. In diesem Sinne lässt sich über kaum einen Film so vortrefflich diskutieren wie über diesen, wobei die Verwirrung in der Szene einsetzt, indem in Paris die Altbauten einstürzen und wie ein Sandwich übereinander geklappt werden, bis die Stadt für Cobb so unkenntlich geworden ist wie für Franz das braune Wien.

Cobb macht sich gemeinsam mit der Architekturstudentin Ariadne (Elliot Page) an das Designen neuer Traumwelten. Sie sitzen in einem Café, als auf einmal rund um sie Obstkisten, Stühle und die Bistrotische in die Luft fliegen, Scheiben zu Bruch gehen, das Straßenpflaster aufbricht und Mauern explodieren – ganz ruhig und unbehelligt in diesem Chaos einer im wahrsten Sinn des Wortes verrückten Welt.

„Non, je ne regrette rien", das Lied holt sie wieder in die Realität zurück, Cobb erklärt Ariadne die unterschiedlichen Geschwindigkeiten, mit denen im Schlaf und im wachen Leben Zeit abläuft. Und dann ein neues Eindringen in die Ebene des Traumes. Ariadne lässt die Straße hochkippen, mechanische Geräusche scheinen dabei die Achsen der Wahrnehmung zu verschieben, bis über ihren Köpfen wie in einer Art Spiegelung Autos fahren und sich Menschen kopfunter bewegen.

Was geschieht, wenn man sich mit den Gesetzen der Physik und jenen der Psychologie anlegt, bekommen wir gleich darauf vor Augen geführt. Die Menschen, die Ariadnes Architektur bevölkern, sind jene aus Cobbs Vorstellungswelt, weshalb die Architektin selbst, die Urheberin von Veränderungen, die mit dieser Welt nicht übereinstimmen, als Art Virus empfunden wird, den es abzuwehren gilt. Ariadne und Cobb schreiten auf eine Wand los, die einmal die Straße war, sie steigen daran einfach hoch und befinden sich wieder auf einer horizontalen Ebene; unter ihren Füßen entsteht eine Brücke, riesige Spiegelscheiben multiplizieren sie endlos – und plötzlich sieht sich Ariadne von der Menge attackiert, und eine Frau stürmt mit einem gezückten Messer auf sie los. Auf diese Weise geht Nolan vor: in der schieren Überwältigung durch visuelle und akustische, doch auch durch gedankliche Sensationen, sodass wir bald mit offenen Augen und offenem Mund und selbigem Hirn dasitzen und selbst in den Psychostrudel hinabgerissen werden, der hier vor uns abläuft. Die Aufhebung der Gravitation und der Kampf in Schwerelosigkeit in einem Hotelflur, die höchstmögliche Zeitlupe in der Darstellung der maximalen Zerstörung, die wiederholte Doppelbödigkeit eines Labyrinths aus endlosen Möglichkeiten der Analyse – und darin die Frage, die auch Cobb sich bis zum Schluss stellt: Traum oder Wirklichkeit?

Cobb benutzt immer wieder einen Kreisel, um Auskunft darüber zu erhalten, in welcher Ebene er sich gerade befindet. Dreht sich der Kreisel weiter, deutet dies auf einen Traum hin, wird er schwächer, auf die Realität. Am Schluss des Films wendet sich Cobb seinen Kindern zu, während der Kreisel sich noch dreht. Die Kamera hält einige Sekunden darauf, dann blendet das Bild ab. Kippt der Kreisel oder dreht er sich weiter?

„I've been asked the question more times than I've ever been asked any other question about any other film I've made", meinte Nolan in einem Interview mit „Entertainment Weekly". Und weiter: „What's funny to me is that people really do expect me to answer it." So macht uns *Inception* selbst zu denen, die Platons Höhle erstmals verlassen – und geblendet sind von den grenzenlosen Möglichkeiten, die die filmische Welt eines wahren Magiers des Kinos für uns bereithält.

Inception (USA/GB 2010)

Der Mann mit der Peitsche

Indiana Jones-Trilogie

Es ist die vielleicht brillanteste Einführung eines Serienhelden in der Geschichte des Kinos, vergleichbar nur mit der Szene, in der sich dieser coole Gentleman im Smoking im Casino eine Zigarette anzündet und dann als „Bond, James Bond" vorstellt. Das Paramount-Logo blendet gleich zu Beginn von Steven Spielbergs *Raiders of the Lost Ark* auf Bergspitzen über, die aus dem südamerikanischen Dschungel ragen, und dann geht es auch schon los mit einer Abfolge von Aktionen, die, fallenden Dominosteinen gleich, eine die nächste nach sich ziehen.

Wir wähnen den Titelhelden mit der Lederjacke und dem Hut beim Entfalten einer Schatzkarte im Hinterhalt. Ein Bösewicht nähert sich ihm mit gezogenem Revolver, doch ein rascher Peitschenhieb bereinigt die Situation für den Professor im Abenteueroutfit, der erst jetzt mit dem Gesicht von Harrison Ford aus dem Schatten tritt. Doch schon tut sich der Eingang zu einer Höhle auf, einen düsteren Gang voller Fallen und Hinterhalte gilt es zu überwinden, Spinnweben und alles, was darin kreucht und fleucht, gespitzte Pfähle, die aus den Wänden schießen, tiefe Gruben und pfeilschussauslösende Bodenplatten. Dann steht Indy endlich vor der goldenen Statuette, dem Ziel seiner archäologischen Begierden. Damit, dass es erst jetzt so richtig losgeht mit den Falltüren und sich senkenden Steinplatten und einer riesigen Felskugel, die unseren Helden zu überrollen droht, hat Indiana Jones wahrscheinlich ohnehin insgeheim gerechnet, für uns jagt eine Überraschung die nächste. Es treten im Weiteren auf: ein französischer Archäologenrivale und eine Horde blasrohrblasender Indios, vor denen sich Indy nur in allerletzter Sekunde in ein startendes Wasserflugzeug retten kann. Dass er darin unter seinem Sitz eine Schlange findet, das Haustier des Piloten, entlockt ihm zum allerersten Mal jenen von Abscheu getragenen Fluch, der sich auch durch die weiteren Filme der Reihe ziehen soll: „I hate snakes!"

Spielbergs herrlich unsinnige und nicht minder unterhaltsame Hommage an das klassische Abenteuerkino mit einem Helden, der von einer Cliffhanger-Situation geradewegs in die nächste stolpert, fällt, hechtet oder sich wie auch immer sonst flüchtet, funktioniert ganz nach Coleridges These über die Natur der dramatischen Illusion, der „willentlichen Aussetzung der Ungläubigkeit", wonach sich das Publikum bereitwilligst auf das einlässt, was sich vor seinen Augen abspielt, ganz einfach, um dafür unterhalten zu werden. Spielbergs Maschinerie der Sensationen kreiert genau das, was der englische Poet Samuel Taylor Coleridge vor zweihundert Jahren als „waking-dream experience of imaginative fiction" bezeichnete, heute nennt man das Popcornkino *as good as it gets*.

Mit großer inszenatorischer Eleganz verbindet Spielberg sein filmisches Überwältigungszahnwerk voller wunderbar (selbst) ironischer Momente und verblüffender Actionsequenzen wie der genannten, das, zu Beginn jedes Abenteuers einmal losgetreten, ein Atemholen erst wieder mit dem Abspann zulässt. Spielberg bietet Entertainment in Reinkultur, ob es die Szene in

Raiders of the Lost Ark ist, in der der abenteuerlustige Professor, ohne lang herumzufackeln, einen fuchtelnden Schwertkämpfer mit einem einzigen Schuss ausschaltet, ob die unter dem Motto „Anything goes!" als Persiflage von Revuefilmen angelegte hektische Suche nach einem Diamanten inmitten verschütteter Eiswürfel am Beginn von *Indiana Jones and the Temple of Doom* oder die wilde Lorenfahrt auf der Achterbahn eines unterirdischen Feuerhöhlensystems später im selben Film, oder ob der Held nicht weniger als die Explosion einer Atombombe in einem Kühlschrank in *Indiana Jones and the Kingdom of the Crystal Skull* (*Indiana Jones und das Königreich der Kristallschädel*, 2008) übersteht – ja, wir wollen auch diesen vierten Teil der Reihe hier einmal und dann nicht wieder erwähnen und über den katastrophalen fünften aus dem Jahr 2023 am besten kein einziges Wort verlieren.

Oder betrachten und genießen wir die verbalen Scharmützel mit „Papa Jones" Sean Connery in *Indiana Jones and the Last Crusade*. In dieser Szene sind Vater und Sohn Jones wieder einmal auf der Flucht vor den Nazis. Indy ist mit einem Befreiungsversuch seines Vaters aus einem Schloss namens Brunwald befasst, in einer Szene sind sie dort Rücken an Rücken aneinandergefesselt und Elsa, die böse Nazischergin, mit der sie beide ein Verhältnis hatten, verabschiedet sich von Jones junior auf, wie sie das nennt, österreichische Weise, mit einem Kuss und der ins Ohr geflüsterten Erinnerung daran, wie schön die gemeinsame Zeit doch gewesen sei, was der Senior, der diese Worte an sich gerichtet glaubt, geschmeichelt mit „It was rather wonderful" kommentiert. Dabei gibt es auch einen offenen Kamin, der als Drehtür zur Funkzentrale fungiert, und einen unabsichtlich verursachten Brand, allesamt höchst vergnügliche

Filmmomente in der Tradition einer veritablen Screwball-Comedy, in der die lang aufgestauten Konflikte zwischen Vater und Sohn mit präzise gesetzten Pointen süffisant ausgekostet werden.

Später sind die beiden drauf und dran, sich in einem Zeppelin aus Berlin davonzumachen, als Indiana Jones wieder auf Elsa zu sprechen kommt: „[...] you're old enough to be her ... her grandfather." – „Well, I'm as human as the next man", verteidigt sich der Papa. Darauf sein Sohn: „I was the next man", und dann der Vorwurf, der Vater wäre nie für ihn da gewesen: Ob er sich daran erinnern könne, wann sie zum letzten Mal zusammen etwas getrunken hätten? „I had a milkshake." Der Vater: „What did we talk about?" –„We didn't talk. We've never talked." Und die schon legendäre Antwort: „You left just when you were becoming interesting."

Die kulinarische Mischung aus diesen komödiantischen Intermezzi und den brillant choreografierten Actionsequenzen drumherum ist es, die den Reiz dieser Feuerwerkspektakel namens *Indiana Jones* geriert und sie so bekömmlich macht. „Augen zu und durch' – wer diesen Rat im Kino befolgt, versäumt nicht einmal viel", stand im „Spiegel" zur Premiere von *Raiders of the Lost Ark* zu lesen. Ja, so weit kann man mit einer Rezension danebenliegen.

Indiana Jones and the Last Crusade
(*Indiana Jones und der letzte Kreuzzug*, USA 1989)
Indiana Jones and the Temple of Doom
(*Indiana Jones und der Tempel des Todes*, USA 1984)
Raiders of the Lost Ark
(*Jäger des verlorenen Schatzes*, USA 1981)

Der gar nicht diskrete Charme
des ganz banalen Bösen

Inglorious Basterds

Kein Wunder, dass Monsieur LaPadite Schlimmes schwant, als sich der Militärwagen seinem Bauernhof nähert. Zwar kann der Monsieur im Gegensatz zu uns die unheilschwangere Musik jener Art nicht hören, die in Western meist Duelle mit blutigem Ausgang heraufbeschwört, doch im von den Nazis besetzten Frankreich des Jahres 1941 sowie im Wissen, unter den Bodendielen seines Hauses die jüdische Familie Dreyfus, Milchbauern aus der Nachbarschaft, versteckt zu halten, ist seine offensichtliche Nervosität durchaus nachvollziehbar.

Diese Beklommenheit zur veritablen Angst, um Leib und Leben auszubauen – des eigenen und das seiner Töchter –, darauf zielt das perfide Spiel ab, das SS-Standartenführers Hans Landa, der dem Nazigefährt entsteigt, sogleich mit dem armen Bauern beginnt. Wie eine Spinne um ihr Opfer, so webt Landa sein Netz um den Monsieur. Es gibt kein offenes Drohen, es gibt keine Ausbrüche; mit ausgesuchter Höflichkeit und leutseligem Charme, mit Augenzwinkern und einladendem Lächeln preist Landa die Milch des Bauern, philosophiert alsdann über die Sinnhaftigkeit seines Spitznamens „The Jew Hunter", um dann penibel Papier, Feder und Tinte zurechtzulegen, um einige, wie er meint, kleine bürokratische Fragen über den Verbleib der Familie Dreyfus zu klären.

Indes erkennen wir durch die Ritzen zwischen den Dielenbrettern unter dem Tisch, an dem Landa und der Bauer einander gegenübersitzen, die schreckgeweiteten Augen der Versteckten. Dass er die Bezeichnung als Judenjäger durchaus verdient habe, stellt Landa fest und benennt in diesem Sinne Juden als Ratten und Deutsche als Falken. Ein Sinnieren über die Art und Weise, wie sich Menschen von Ratten abgestoßen fühlen würden, während Landa genussvoll an seiner ziemlich großen Pfeife zieht und dem Bauern als Lohn für die Preisgabe des Verstecks der Familie Dreyfus die Immunität seiner eigenen in Aussicht stellt; und all dies im weichen wienerischen Singsang-Englisch, ein Märchenonkel, dem man beim bloßen Zuhören nichts Böses zutrauen würde, in dessen Augen jedoch immer wieder ein eiskalter Ausdruck aufblitzt, der den Bauern wie auch uns beim Zuschauen schaudern lässt.

Eines der primären Markenzeichen des amerikanischen Kultregisseurs Quentin Tarantino sind diese extrem langen Dialogsequenzen, meist eher Monologe mit schockiertem Gegenüber als Stichwortgeber, die dann unvermittelt in einen Ausbruch extremer Gewalt kippen, wie er auch eines Italowestern oder südkoreanischen Gangsterfilms würdig wäre. John Travolta und Samuel L. Jackson gaben 1994 in *Pulp Fiction* diese Richtung vor, der österreichische Schauspieler Christoph Waltz folgt in *Inglorious Basterds* ihrem Vorbild und setzt in seiner brillanten und nicht zu Unrecht oscargekrönten Darstellung einen Höhepunkt an hinterfotziger Bösartigkeit, mit der es ihm gelingt, den Milchbauern schließlich zum Kollaborateur zu machen, der das Versteck der Familie Dreyfus verrät.

Als „Banalität des Bösen" charakterisierte die Philosophin Hannah Arendt in ihrem 1963 erschienenen Bericht über den Prozess gegen Adolf Eichmann in Jerusalem die Rolle des Nazischergen. In ihrer kontroversiell rezipierten Theorie bezeichnete sie Eichmann entgegen üblicher Dämonisierung nicht als Ungeheuer, sondern als „normalen Menschen", der, eingespannt in den nationalsozialistischen Vernichtungsapparat, eben auch zu „bösen" Taten fähig gewesen sei. Tarantino übt sich in vielen seiner Narrative im historischen Revisionismus. Da befreien sich Sklaven selbst aus der Unterdrückung (*Django Unchained*, 2012), findet der Mord an der Schauspielerin Sharon Tate nicht statt (*Once Upon a Time in Hollywood*, 2019) und wird am Ende des kontrafaktischen Kriegsfilms *Inglorious Basterds* in einem Pariser Kino sogar an Joseph Goebbels und Hitler selbst Vergeltung geübt. Hans Landa hat sich in dieser Handlung völlig den Gegebenheiten seiner Lebensumstände verschrieben. Er lässt sich von Monsieur LaPadite bestätigen, dass die Versteckten bislang nichts von ihrem in englischer Sprache geführten Gespräch verstanden hätten und sich in relativer Sicherheit wiegen würden. Alsdann wechselt er ins Französische, bedankt sich überschwänglich für die Gastfreundschaft des Milchbauern und gibt seinen Soldaten, die inzwischen den Raum betreten haben, stumme Zeichen, wohin sie zu feuern haben.

Was folgt, ist ein Gewitter der Salven aus den Maschinengewehren, ist das Aufspritzen der Holzsplitter aus dem Boden, sind das Entsetzen und das Blut der Menschen, die ihr Leben lassen müssen. Nur eine von ihnen, Shosanna (Mélanie Laurent), kann durch ein Kellerfenster entkommen, sie läuft über die Wiese davon und um ihr Leben. Landa steht in der Tür und

hat die Pistole erhoben, er zielt auf die junge Frau, die Herz-
klopfdramatik erreicht ihren Höhepunkt; und als er die überra-
schenderweise leere Waffe abdrückt und der gefürchtete Schuss
nicht fällt, Landas zynischer Kommentar, in liebevollstem
Stimmfall: „Bumsti!"

Die Gefährlichkeit der Pythonschlange Kaa aus dem Disney-
Klassiker *The Jungle Book* (*Das Dschungelbuch*, 1967), die ihre
Opfer zu hypnotisieren versucht, um sie dann mit Haut und
Haar zu verschlingen: In diesem Sinne wird Landa im Verlauf
des Films seine aufgesetzte Liebenswürdigkeit des Öfteren über
sein Gegenüber ausgießen – sei es die unter einem anderen
Namen lebenden Shosanna bei Strudel mit Obers, sei es über
Diane Krüger mit Gipsbein, der er wie der Prinz seinem
Aschenputtel einen Schuh anprobiert, um sich dann mit ausge-
streckten Würgegriffhänden auf sie zu stürzen, sei es nicht zu-
letzt über Brad Pitt, mit dem er bei einer Flasche Rotwein sein
Schicksal nach dem unausweichlichen Sieg der Alliierten verhandelt.

Die Aussicht auf Landas weiteres Leben in der erhofften Freiheit, jedoch mit dem Makel des von Pitt in seine Stirn geschnit-
tenen Hakenkreuzes, stellt den vor Sarkasmus triefenden Kontrapunkt zu seiner bisherigen Art und Weise dar, die Dinge zu
seinen Zwecken zu verbiegen. Nun wird ihm all sein Charme zur
Täuschung der Umwelt nicht genügen.

Inglorious Basterds (USA/D 2009)

Lieder von der unerfüllten Liebe

Jesus Christ Superstar
Les Misérables

„Wenn Lieder gesungen werden, sollt passen Ton und Wort",
heißt es in Richard Wagners *Meistersinger von Nürnberg* (uraufgeführt 1868). Dies vorausgesetzt, ist es mit Musicals wie mit
Opern so eine Sache, die einen mögen sie und wenn, dann meis-
tens sehr, die anderen können nicht wirklich etwas damit anfangen. Beim Thema von Musicalverfilmungen divergieren die
Meinungen meist noch mehr, denn diese Gattung transponiert
die Bühnenstoffe eben in ein anderes Medium mit seinen ganz
eigenen Gesetzen. Zwei Szenen aus Filmadaptionen haben uns
ganz besonders zu berühren verstanden, als Momente, in denen
die Protagonistin und der Protagonist genau in sich hineinhö-
ren und dabei ihre Seele finden – und die nun nicht länger ver-
schütteten Gefühle in hochdramatische Töne kleiden.

„Wenn die Musik der Liebe Nahrung ist, spielt weiter", rät Or-
sino, seines Zeichens Herzog von Illyrien, in Shakespeares Komödie *Twelfe Night, Or what you will* (*Was ihr wollt*, circa
1601) seiner unsterblich geliebten Gräfin Olivia. Und so ist das
hauptsächliche Thema von Musicalarien wohl die Liebe, die
unerfüllte, schicksalshadernde, tragische Liebe; und niemand
singt darüber herzzerreißender als Anne Hathaway in *Les*

Misérables. In der Rolle der Fabriksarbeiterin Fantine, die ein kleines Kind zu versorgen hat und deshalb zuerst ihre Haare, dann ihre Zähne und schlussendlich ihren Körper verkauft, sitzt sie auf der Pritsche, auf der sie eben noch für einen Freier still-gehalten hat, und erinnert sich an bessere Zeiten. „He slept a summer by my side/he filled my days with endless wonders" träumt sie ihren unmöglichen Traum eines Lebens, das auch tatsächlich lebenswert wäre und sich auf solche Weise unter-scheiden würde von der Hölle, in der sie sich gefangen fühlt; und muss doch resignierend feststellen: „Now life has killed the dream/I dreamed."

Regisseur Tom Hooper ließ, so wird berichtet, seine Stars am Set live singen, ihm geht es weniger um stimmliche Perfektion denn um die Authentizität der überbordenden Empfindungen. In diesem Sinne hält er während der großen Arien des Stücks ohne Schnitte auf die Gesichter seiner Figuren und setzt die optischen Sensationen seiner Inszenierung primär in den Über-gängen und Massenszenen ein. Russell Crowes Inspektor Javert fällt gesanglich dabei zu den anderen Darsteller:innen ab, doch Hugh Jackman mutiert als Jean Valjean vom Sträfling zur In-karnation von Edelmut, ohne dass uns dies unglaubwürdig oder gar lächerlich erscheinen würde, und Eddie Redmayne über-zeugt zutiefst als junger Revolutionär Marius, der den Tod sei-ner Kumpane an leeren Tischen und Stühlen betrauert. Ihnen gelingt das Kunststück, die Emotionen der Charaktere aus der bewusst künstlichen Welt des Singspiels in die realistischer an-mutende des Films zu übersetzen und sie uns darin als echte Enttäuschungen und Sehnsüchte nachvollziehbar erscheinen zu lassen. Anne Hathaway schließlich ist eine Klasse für sich, sie schluchzt und stammelt und haucht sich schier die Seele aus dem Leib, vergießt nicht nur selbst Tränen, sondern rührt auch uns zu solchen und liefert dabei eine geradezu überirdische Darstellung in Richtung des emotionalen Overkills.

Fast vierzig Jahre vor *Les Misérables* kletterte ein Mann auf einen Berg und sprach dabei mit der Imagination seines Vaters, und schon damals ging es um enttäuschte Liebe, wenngleich unter anderen Parametern. Norman Jewison gestaltete die Verfilmung von Andrew Lloyd Webbers *Jesus Christ Superstar* als poppiges Happening mit Hippie-Charakter, nahm sich aber bei „Gethsemane", dieser Zwiesprache von Jesus mit Gott, den er Vater nennt, ganz zurück und lässt Ted Neeleys Schreie der Verzweiflung ganz für sich wirken. „Then, I was inspired/now I'm sad and tired", bestimmt Jesus seinen Standpunkt nach dem Letzten Abendmahl und hat schon konkret sein Schicksal vor Augen: „Take this cup away from me", bittet er, weil er den Sinn seines Sterbens nicht erkennen kann, und er wundert sich, warum er Angst hat, zu beenden, was er begonnen habe – „what you started/I didn't start it", relativiert er gleich. In dieser Geschichte, und das war zur Entstehungszeit wild umstritten, ist Jesus ganz Mensch; am Schluss der Arie steht er auf der Kuppe des Ölbergs, vor Augen die aufgehende Sonne, die durch die Wolken bricht. Er findet im Gebet zu seinem vorherbestimmten Weg zurück und gibt sich hin im Vertrauen auf das, was größer ist als seine irdische Existenz: „I will drink your cup of poison/ Nail me to your cross and break me/[...] Take me now/Before I change my mind."

Jesus Christ Superstar (USA 1973)
Les Misérables (GB 2012)

Schätze

King Kong
The Hobbit: An Unexpected Journey

Es gibt diese Bilder, Ikonografien der Popkultur: Charlie in seinem typischen Outfit als Tramp und Frankensteins Kreatur mit den dunklen Schatten unter den Augen und den Narben im Gesicht, Marlon Brando, ganz der Rebell samt Lederjacke und Motorrad, und James Dean, der Sensible, mit gesenktem Blick und dem Gewehr über den Schultern, Marilyn in ihrem sexy weißen Kleid über dem Luftschacht und Audrey, elfenhaft wie immer, in Abendrobe vor dem Schaufenster von Tiffany's. Ein weiteres Motiv, das zu einem solchen Ankerpunkt der Filmgeschichte wurde, gehört in diese Reihe, der Riesenaffe King Kong hoch über den Straßenschluchten Manhattans auf der Spitze des Empire State Buildings, in dem verzweifelten und, wie man weiß, unmöglichen Versuch, die angreifenden Doppeldecker abzuwehren. Er hat eines der Flugzeuge mit einer Pranke gepackt, er holt gerade aus, um es wegzuschleudern. Die ursprüngliche animalische Kraft des unglücklichen Ungetüms ist geradezu greifbar, der zottelige Pelz, das gefletschte Gebiss, man vermeint, sein Schnauben und Brüllen hören zu können. Und doch ist schon in dieses Bild der Moment des Scheiterns eingeschrieben, des Untergangs, des langen Sturzes in die Tiefe. Kong war nie ein König, sondern bloß ein Wesen, das an seiner Liebe zu Fay Wray verzweifelt, der ersten Scream-Queen der Filmgeschichte. Zerschmettert wird er am Fuße des Wolkenkratzers, des damals höchsten Gebäudes der Welt, liegen bleiben. „It was beauty killed the beast", wird ein beistehender Polizist die eigentliche tragische Relevanz der Ereignisse erkennen.

Merian C. Coopers und Ernest B. Schoedsacks *King Kong* ist eine Mischung aus Abenteuer-, Horror-und Fantasyfilm und, ja, auch das, eine veritable Liebesromanze. Er war der erste Tonfilm, bei dem Dialogszenen mit Musik unterlegt wurden. Den größten Anteil am Erfolg des Streifens und seinem bleibenden Einfluss hatte aber wohl Willis O'Briens wegweisende Umsetzung des Stop-Motion-Verfahrens, auf die sich auch O'Briens Schüler Ray Harryhausen berief, der spätere Papst dieser Tricktechnik. Harryhausens Kunst war über Jahrzehnte „state of the art", ihren Höhepunkt in Prä-CGI-Zeiten fand sie in dem elegant choreografierten Kampf des Titelhelden mit den Skeletten in *Jason and the Argonauts* (*Jason und die Argonauten*, 1963).

Einer, der sich seinerseits immer wieder auf Harryhausen bezieht, ist Peter Jackson, womit die Brücke zu einer weiteren Gänsehautszene geschlagen ist, die ihrerseits eines Tages in die Riege der ikonischen Bilder eingehen wird – oder es vielleicht sogar schon ist. Ich spreche von Jacksons *The Hobbit* und im Speziellen von der Figur des Gollum. Die Szene, in der Bilbo und Gollum einander Rätsel aufgeben, Bilbo in der Hoffnung, als Siegespreis den Weg aus der Höhle gewiesen zu bekommen, in der er gestrandet ist, Gollum schon den Geschmack des zarten Fleisches des Hobbits auf der Zunge, zählt zum tricktechnisch Ausgereiftesten, das es im kontemporären Kino zu sehen gibt. Dazu kommt die dramatische Tiefe, die Jackson als Regisseur und Andy Serkis als Darsteller im mit Sensoren gespickten Anzug dem Charakter der Figur in seiner computeranimatorischen Umsetzung geben. „Performance capture" nennt man dieses Verfahren, hier wird es in absoluter Brillanz eingesetzt.

Die literarischen Bezüge zu Caliban aus Shakespeares *The Tempest* (*Der Sturm*, 1611) und Grendel im *Beowulf*-Mythos (nach 700), die Spiegelungen der dunklen Seite der Heldenfiguren dieser Geschichten, stellen nur einen, wenngleich faszinierenden Aspekt des Gollum dar; ist er doch selbst ein Zerrissener im Gut-Böse-Dualismus, gemartert von der Gier nach dem, was er als „my precious" bezeichnet, seinem Schatz: nämlich dem sämtliche Aktionen des Handlungsverlaufs auslösenden Ring. Der andere, wichtigere, ist, dass wir es hier vermeintlich tatsächlich mit einem lebendigen Wesen zu tun haben, so echt wirkt die Filmfigur mit ihrem heimtückischen Grinsen, den rollenden Augen und spitzen Zähnen, ihrem verkrüppelten Körper, der vornüberhockenden Körperhaltung, dem vorgestreckt-lauernden Kopf, ihrem kriechenden, hoppelnden, hüpfenden Gang, dazu dem hintergründigen Sarkasmus und dem Aufblitzen der gemarterten gespaltenen Seele auf uns. Denn es ist die Suche nach ihren Schätzen, der jungen Frau, dem Ring, der sie alles andere unterzuordnen bereit sind, die King Kong und Gollum schlussendlich in den Untergang führen.

King Kong (*King Kong und die weiße Frau*, USA 1933)
The Hobbit: An Unexpected Journey
(*Der Hobbit: Eine unerwartete Reise*, Neuseeland/USA 2012)

Ein Leben und die ganze Welt

La vita è bella
Schindler's List

Am Anfang stehen das Entzünden einer Kerze und der Kiddusch, ein Segensspruch zum Sabbat, am Ende legen Überlebende und ihre Darsteller im Film gemeinsam Steine auf das Grab jenes Mannes, der 1200 Jüdinnen und Juden vor dem Tod im Konzentrationslager bewahrt hat.

„Whoever saves one life saves the world entire", versucht Itzhak Stern (Ben Kingsley) Oskar Schindler (Liam Neeson) zu beschwichtigen, als dieser schluchzend in seinen Armen zusammenbricht: Wie viele Leben er mit dem Wert seines Autos, einer Anstecknadel oder all des Geldes, das er verschwendet habe, noch retten hätte können! Dazu diese todtraurige, dennoch süße und direkt ins Herz treffende Filmmusik von John Williams – Steven Spielbergs Methode der Aufarbeitung des Holocaust ist die des aufwühlenden Dramas. Spielberg beschreibt die Tragödie mit dem für ihn typischen großen emotionalen Gestus, setzt in den Verlauf der Handlung jedoch auch wiederholt Details von einem bitteren Zynismus und einer verzweifelten Suche nach so etwas wie Menschlichkeit inmitten einer Umgebung, die jeden Gedanken an eben diese Qualität aufgegeben zu haben scheint.

Wenn SS-Offizier Amon Göth (Ralph Fiennes, mit einer Brillanz wie später nie wieder) nach morgendlichen Dehnübungen vom Balkon seines Hauses mit Ausblick auf das von ihm befehligte Arbeitslager willkürlich Menschen erschießt; wenn er sich zerrissen zeigt zwischen dem schier unbändigen Begehren der Jüdin Helen (Embeth Davidtz), die in seinem Haus arbeiten muss, im nächsten Moment aber alle jüdischen Menschen als Ratten bezeichnet, wenn er Helen einerseits über die Haare, die Wange, die Brüste streicht und sie beinahe küsst, dann aber wütend auf sie einzuschlagen beginnt; wenn die Kinder des Lagers zur musikalischen Untermalung des Liedes „Mamatschi, schenk mir ein Pferdchen" auf Lastwägen verfrachtet werden und im Transport in den Tod ihren Müttern zuwinken, es aber einem kleinen Jungen, Olek (Kamil Krawiec), gelingt, sich in der stinkenden Kloake unter den hölzernen Sitzen des Klos zu verstecken; wenn nackte Frauen im Baderaum mit angstgeweiteten Augen auf die Duschköpfe starren und dann in befreiendes Gelächter ausbrechen, als tatsächlich Wasser hervorkommt: Szenen von zuweilen fast unerträglicher Intensität.

Die Räumung des Krakauer Gettos steigert Spielberg zur in manchen Momenten geradezu surreal wirkenden Ausdruckskraft eines expressionistischen Stummfilms. Schindler beobachtet die Szenerie auf dem Rücken eines Pferdes von einem Hügel aus. Jüdinnen und Juden rennen um ihr Leben, andere werden in Reihen aufgestellt und abgeführt, wieder andere sterben im Kugelhagel, das menschliche Leben zählt tatsächlich nichts mehr. Inmitten des Chaos sehen wir immer wieder ein kleines Mädchen (Oliwia Dabrowska), das in seinem roten Mantel aus den Schwarz-Weiß-Bildern des Films heraussticht.

Wie unbeteiligt wirkt das Kind, und niemand scheint sich um

es zu kümmern, als es schließlich ein Haustor öffnet, eine Wohnung betritt und sich unter einem Bett versteckt. Wir werden es in einer späteren Szene wiedersehen, nachdem die Nazis mit Stethoskopen Wände und Zimmerdecken nach Versteckten abgehört haben und nachts Menschen aus einem Klavier und Schränken geklettert sind: Wie grelle Blitze erleuchten die Feuerstöße der Maschinengewehre immer und immer wieder die Fenster einzelner Wohnungen. Berge von Toten sind der Blutzoll dieser Nacht, und wir werden auch das kleine Mädchen in ihrem roten Mantel nochmals entdecken: als Leiche auf einer Schubkarre.

Ein stilistisches Element, mit dem Spielberg in aller Brillanz seiner Inszenierung dezidiert nicht arbeitet, ist Humor, das ist so gar nicht seine Sache. Den Holocaust mit Sarkasmus wegzulachen, bis er einem im Hals stecken bleibt, das ist schon Chaplin mit *The Great Dictator* (*Der große Diktator*, 1940), Ernst Lubitsch mit *To Be or Not to Be* (*Sein oder Nichtsein*, 1942) und Mel Brooks – mit viel derberem Humor – in *The Producers* (*Frühling für Hitler*, 1968) auf geniale Weise gelungen; Roberto Benigni ist ihnen in *La vita è bella* ein Verwandter im Geiste. Eine bitter-absurde Tragikomödie und berührende Vater-Sohn-Geschichte: Der jüdische Buchhändler Guido, dargestellt von Benigni selbst, seine Frau Dora (Nicoletta Braschi) und ihr kleiner Sohn Giosuè (Giorgio Cantarini) werden im Italien des Zweiten Weltkriegs in ein nationalsozialistisches Konzentrationslager eingeliefert. Ein simpler Tor, ein Jedermann, jedoch nur vordergründig unbedarft: Guido setzt im Lager alles daran, seinen Sohn vor der grauenvollen Realität zu bewahren. Er gaukelt ihm ein Spiel vor, dessen Regelwerk ziemlich kompliziert sei, aber genauestens eingehalten werden müsse; dem Sieger, so

Guido, würde als Preis ein echter Panzer winken. Guido preist die perfekte Organisation des ständigen Schlangestehens und schweißtreibenden Arbeitsdienstes, er charakterisiert das Geschehen als Spiel „Mannschaft gegen Mannschaft" und bezieht sich dabei auf die Trennung von Frauen und Männern, er übersetzt bewusst falsch vom Deutschen ins Italienische, um Giosuè nicht zu beunruhigen, und lobt sogar die Klarheit, die durch das Eintätowieren seiner Lagernummer entstanden sei.

Dann steht das Kriegsende bevor, das Lager ist in Aufruhr und Guido sieht seine Chance gekommen, Kontakt zu Dora herzustellen. Er sucht und findet für seinen Sohn das perfekte Versteck, nur die großen Augen des Kindes blicken aus einem Sehschlitz. Er schärft ihm ein, diesen Unterschlupf unter keinen Umständen zu verlassen, verkleidet sich auf der Suche nach Dora als Frau, wird jedoch entdeckt und von einem Soldaten abgeführt. Und nun kommt dieser einzigartige Moment, als Guido, immer noch in seiner Verkleidung mit Kopftuch, im übertriebenen Stechschritt und das Gewehr des Soldaten im Rücken, an Giosuès Versteck vorbeischreitet. Er gibt den Hampelmann, dazu ein Klick-klack als musikalischer Kommentar, er zwinkert seinem Sohn mit einem breiten Grinsen zu, dieser erwidert das vermeintliche Zeichen der Verschwörung; der Weg zum Sieg im Spiel, so erscheint es ihm, ist in greifbarer Nähe. Dass der Vater um eine Ecke geführt und dort erschossen wird, kriegt der Kleine nicht mit.

Am nächsten Tag wird er von den Befreiern des Lagers aufgelesen und in einem amerikanischen Panzer mitgenommen, im festen Glauben, das Spiel tatsächlich gewonnen zu haben.

Das Leben eines kleinen Buben, das Leben von so vielen im KZ: Am Ende von *Schindler's List* erfahren wir, dass es von den

1200 geretteten sogenannten „Schindlerjuden" zum Zeitpunkt der Veröffentlichung des Films über 6000 Nachfahren gebe.

Ein Leben retten und damit die ganze Welt.

La vita è bella (*Das Leben ist schön*, Italien 1997)
Schindler's List (*Schindlers Liste*, USA 1993)

Die Dunkelheit um uns, die Dunkelheit in uns

Lawrence of Arabia
The Lion in Winter

Gleich zweimal stellte Peter O'Toole im Laufe seiner Karriere den englischen König Heinrich II. dar: als jungen Mann, der sich zwischen der Zuneigung und der sinnlosen Rivalität zu seinem Freund Thomas Becket hin- und hergerissen sieht (in Peter Glenvilles *Becket*, 1964); und als einsam-alternden Herrscher, der sich, konfrontiert mit einem schmutzigen innerfamiliären Kampf um die Erbfolge, verzweifelt an sein Lebenswerk klammert (in Anthony Harveys *The Lion in Winter*). „Funny, it's nearly always been cold – except at the beginning, when we were friends", sagt Heinrich im erstgenannten Film am Grab des Mannes, den er liebte wie sonst keinen Menschen und den er dennoch ermorden ließ. „I'm an old man in an empty place", erkennt im letzteren der König, der an der selbstzerstörerischen Hassliebe zu seiner Frau Eleonore von Aquitanien und der verschlagenen Machtgier seiner Söhne zugrunde zu gehen droht, und resigniert: „My life, when it is written, will read better than it lived."

Peter O'Toole hat immer wieder mit dem für ihn typischen stechenden Blick solch zerrissene Charaktere verkörpert, die Tragödie in ihrem unbedingten Willen zur Größe fast bemitleidenswerter Männer war sein Fach. Das episch-theaterdonnernde Pathos seiner Darstellung mutet aus heutiger Sicht vielleicht zuweilen anachronistisch an und weiß dennoch dank seines ungeheuren Charismas zu faszinieren. Seine Figuren schwanken dabei zwischen Genie und Wahnsinn und sind Gefangene ihrer viel zu hoch gesteckten Ansprüche: Daran, dass sie die eigenen Grenzen und jene der Welt nicht sehen, zerbrechen sie schließlich. „To dream the impossible dream", sang O'Toole in der Rüstung des Mannes von La Mancha: eine hagere Gestalt am Ende ihrer körperlichen Leistungsfähigkeit, die all ihre verbliebene Kraft zusammennehmen muss, um noch ein letztes Mal gegen die Windmühlenflügel ins Feld zu ziehen, und die trotzdem den Kopf hoch erhoben trägt. Als Lawrence von Arabien, seiner wohl berühmtesten Rolle, beschließt er, die Wüste Sinai zu durchqueren: „Why not? Moses did!"

Am Ende stehen diese Charaktere allein da, sie ziehen sich von der Welt und den Menschen zurück. „We are all God's fools", hat Becket seinem König Heinrich zu erklären versucht. Und auf die Frage, was ihn an der Wüste anzieht, antwortet Lawrence: „It's clean."

Es ist zweifellos einer der effektvollsten Schnitte der Filmgeschichte – von der Großaufnahme zur extremen Weitwinkeleinstellung, geradlinig in Idee und Gestaltung und auch heute noch gänsehautintensiv in der Wirkung. Im Büro der britischen Kolonialverwaltung in Kairo hebt Thomas Edward Lawrence, den Plan vor Augen, den man auch seinen Traum nennen könnte, nämlich die Stämme Arabiens zu vereinen und gegen das Osmanische Reich zu führen, ein brennendes Zündholz zu den Lippen und bläst es aus. Die Leinwand ist schwarz, dann erkennen unsere Augen die Linie des dunklen Wüstenhorizonts und flirrend wie die Musik von Maurice Jarre schiebt sich ganz langsam und in all der Dramatik, die einer solchen Einstellung innewohnt, eine blutrote Sonne in den Himmel. Fast nicht mehr vorstellbar im Zeitalter der Computereffekte ist die Hartnäckigkeit, die David Lean, der Meister der großen Leinwandepen wie *The Bridge on the River Kwai* (*Die Brücke am Kwai*, 1957) und *A Passage to India* (*Reise nach Indien*, 1984), an den Tag legen musste, um das in die Kamera zu bannen, was er als perfekten Sonnenaufgang akzeptierte. David Lean hat sich selbst einmal als „alten Elefanten" bezeichnet und damit auf sein Beharren auf den episch-breiten Stil seiner Filme angespielt. Dieser führte dann zu Szenen wie dem minutenlangen Herannahen von Omar Sharifs Sherif Ali auf seinem Pferd aus fatamorganaartiger Verschwommenheit bis zur Unmittelbarkeit eines tödlichen Schusses. Steven Spielberg bezeichnete sein großes Vorbild demnach auch als „den letzten einer Generation von klassischen Künstlern". Leans romantischer Realismus war stets erfüllt von der unstillbaren Sehnsucht nach überbordenden Gefühlen und dem weiten Atem außerordentlicher Szenarien. Nichts Geringeres als Bilder für die Ewigkeit hatte David Lean, der sich selbst einen „picture chap" nannte, im Sinn. „Es würde ihm nichts ausmachen, wenn um ihn herum alle Welt sterben würde; dann nimmt er eben selbst die Kamera in die Hand, stellt sich den Schauspieler zurecht und kriegt, was er will." So formulierte es Katharine Hepburn nach den Dreharbeiten zu *Summertime* (*Der Traum meines Lebens*, 1955).

David Leans Cinemascope-Erzählungen waren aber immer mehr als visuelles Überwältigungskino, und das ist der präzisen Zeichnung seiner Figuren geschuldet. In Reisen an oft exotische Orte und auch zu sich selbst sehen sie sich mit dem Zwang kon-

frontiert, sich mit ihrer individuellen inneren Hölle auseinan-
derzusetzen. Dabei gelangen sie an einen Punkt ohne Wieder-
kehr, einen Moment der Katharsis, deren reinigende Wirkung
für sie schmerzhafter nicht sein könnte. Mit beinahe chirurgi-
scher Präzision legt Lean den verwirrten Kern frei, der sich hinter der großartigen Fassade dieser Menschen verbirgt – die
nicht selten einsam zurückbleiben in ihrer zerbrochenen Welt.

Um eine solch prägende Veränderung glaubhaft zu machen,
bedarf es großer Charakterdarsteller wie Peter O'Toole. Der damals relativ unbekannte Theaterschauspieler wirkt vielleicht
deshalb fast unglaublich deckungsgleich mit seiner Filmfigur
des T. E. Lawrence, weil in beiden, dem Darsteller und der Rolle, eine faszinierende Ambiguität zu spüren ist, die Zwiespältig-
keit einer charismatischen, aber auch gebrochenen Figur. Es
war eigentlich Lawrence selbst, der in seinem autobiografischen
Kriegsbericht *The Seven Pillars of Wisdom* (*Die sieben Säulen
der Weisheit*, 1926) durch die heroische Stilisierung seiner
Abenteuer im Guerillakampf gegen osmanische Militärposten
und Einrichtungen der Infrastruktur und dann bei der Einnah-
me von Akaba und Damaskus während des Ersten Weltkriegs
bereits zu Lebzeiten jenen Mythos generierte, den Lean als Basis für seinen Film heranzog– nur, um ihn in manchen Passagen
der Entwicklung des Protagonisten wieder zu brechen. Lawrences Wirken und seiner Wirkung nach außen in der politischen Tragweite seiner oft spektakulären Aktionen steht der innere Konflikt der bis heute ungeklärten Frage seiner sexuellen
Neigung und seiner Beziehung zu Männern gegenüber – hier ist
vieles denkbar und fast alles offen. Peter O'Toole selbst hat sich
nie eindeutig zu seiner sexuellen Orientierung geäußert und
auch um die reale Person des T. E. Lawrence ranken sich in die-

ser Hinsicht bis heute diverse Spekulationen. Einem intimen Umgang mit Frauen stand Lawrence offenbar zeitlebens abgeneigt gegenüber, bezeichnete ihn als „lächerlichen Fortpflanzungsprozess" und „unhygienisches Vergnügen"; hingegen schwärmt er in *Seven Pillars* von „Freunden, die gemeinsam mit heißen entblößten Gliedern auf dem gleitenden Sande in höchster Umarmung erschauerten". Ob er homosexuellen Praktiken selbst zugeneigt war oder nur mit Wohlwollen darüber spekulierte, ist hingegen fraglich. Sein Biograf Anthony Nutting bringt es auf den Punkt: Lawrence sei kein „gequälter Homosexueller" gewesen, der sich das Ausleben seiner Veranlagung aus gesellschaftlichen Gründen versagt habe, sondern er habe einfach intime körperliche Berührungen in jeder Form abgelehnt.

David Lean bezieht in seinem Film nicht eindeutig Stellung zu dieser Frage, lässt aber durch Peter O'Tooles manieriertes Spiel eine für eine Großproduktion von Anfang der Sechzigerjahre überraschend deutliche Auslegung zu; eine „performance as the flamboyant, perhaps homosexual soldier" nannte es etwa der Rezensent Aljean Harmetz. In einer Szene stolziert er in seiner weißen und im Wüstenwind wehenden arabischen Gewandung umher „as if he is parading in some fashion show" (Palash Ghosh) und betrachtet fast selbstverliebt sein Spiegelbild in der Klinge eines Dolches. Und die Sequenz, in der ein türkischer Bey (José Ferrer) wie in einem unausgesprochenen Angebot zärtlich seine nackte Haut abtastet, dann jedoch Lawrences Zurückweisung mit Folter bestraft, nimmt Bezug auf jene Passagen in *Seven Pillars*, in denen von der Gefangennahme und Vergewaltigung durch die Türken berichtet wird. Mir erscheint die Beziehung von Lawrence zu seinen beiden jugendlichen Gefährten, Farraj (Michel Ray) und Daud (John Dimech), die im

Film die offensichtlichsten Hinweise auf gleichgeschlechtliche Harmonie zulässt; die freundschaftliche Fürsorge, die sich zwischen ihnen in beide Richtungen entwickelt, geht weit über ein normales Dienstverhältnis hinaus. Die Beziehung endet jedenfalls auf traumatische Weise. Diese beiden Szenen gehören zu den stärksten, weil menschlich intimsten und berührendsten in diesem Film.

Lawrence verliert Daud in einem Sandsturm. Er und die beiden Burschen kämpfen sich gegen die Böen vorwärts, da kommt Daud beim Abstieg von einer Düne ins Straucheln und gerät in Treibsand. Er streckt die Arme nach oben, doch sich selbst zu befreien, ist aussichtslos. So versucht er, gegen das Heulen des Windes um Hilfe anzuschreien. Farraj hört ihn tatsächlich und läuft los, auch Lawrence lässt die Zügel seines Kamels fallen und stolpert ihm nach. Es gelingt ihm, Farraj einzuholen und ihn davor zu bewahren, selbst in das todbringende Sandloch zu treten. Er zerrt sich das Tuch vom Kopf und wirft es Daud zu wie ein Seil. Dieser kriegt das Ende auch zu fassen. Wie zum Zerreißen gespannt ist die Leine, die doch nicht die ersehnte Rettung bringt. Daud wird vor den Augen seiner Freunde vom Sand verschluckt. Farraj schreit auf, und Lawrence nimmt ihn in den Arm, beide legen sie weinend den Kopf in den Sand.

Der zweite dieser dramatischen Momente des Verlustes spielt sich später im Film ab. Durch die Presseberichte des amerikanischen Journalisten Jackson Bentley ist Lawrence längst zu einer Berühmtheit geworden. Mit Guerillaanschlägen sprengt er türkische Züge in die Luft und posiert auf den Dächern der Waggons für Bilder eines Kriegshelden, der sich fast unverwundbar glaubt. Doch dann kommt es beim Anbringen eines Sprengsatzes an Schienen zu einem tragischen Unfall. Farraj wird von einer Sprengpatrone schwer verletzt. Stöhnend liegt er vor den Männern im Wüstensand, das Herannahen des Zuges ist schon zu hören. „If they track him down, you know what they will do!", spricht Sherif Ali aus, was auch Lawrence denkt. Seinen jungen Freund in die Hände der Türken geraten zu lassen, kommt für ihn aber nicht infrage. Mit der Pistole am Kopf des Jungen liegt er neben Farraj, sein Mund zittert, in seinen Augen das blanke Entsetzen – ein Abschiedsblick. „Daud will be angry with you", stößt Farraj hervor. „Salute him for me", gibt ihm Lawrence einen letzten Gruß mit auf den Weg. Dann vernehmen wir den Schuss; und Lawrence läuft davon, als hätte er gerade den Teufel gesehen.

Um den Bogen zurück zu O'Tooles Rolle als König Heinrich zu spannen: Weil Männern wie Lawrence und dem englischen Monarchen die eigene Größe als allzu erstrebenswert erscheint, geben sie sich Blößen, die von anderen leicht ausgenutzt werden können. Genau um dieses Spiel der gegenseitigen Manipulationen, um das Psychoduell der Verletzungen und des Leckens von tiefen seelischen Wunden geht es auch in *The Lion in Winter*, in diesem Fall setzt John Barry bombastisch-oratoriumhafte Klänge als treibende Kraft der Erzählung ein. Dass sie alle Kreaturen des Dschungels seien, charakterisiert Katharine Hepburn als Heinrichs Frau Eleonore die Intrigen am Hofe – von Dunkelheit umgeben. „In the corners you can see the eyes." Darauf Heinrich: „And they can see ours."

Die Dunkelheit, die ihn umgibt, jedoch auch die Dunkelheit inmitten seiner engsten Familie und jene im eigenen Herzen: Diesmal hat sich der alte König verrechnet. Er glaubt, seine Frau, seine drei Söhne und nicht zuletzt sogar Philipp II., den König von Frankreich, allesamt zur Weihnachtszeit in einer

Burg versammelt, in ihrem überaus gewagten Hasardieren um seine Nachfolge auf dem englischen Thron gegeneinander ausspielen zu können, und hat dabei doch nur sich selbst getroffen. „You fool!", verhöhnt ihn sein Sohn Richard, den man auch Löwenherz nennen wird: „As if it matters how a man falls down." – „When the fall is all there is, it matters", ist Heinrichs Antwort. „My boys are gone. I've lost my boys. Oh, Jesus, all my boys ...!", schreit er später und wankt, halb wahnsinnig vor dem Schmerz der Enttäuschung durch die leeren Räume seines eiskalten Schlosses. Schließlich klettert er zu den Zinnen der Burg hinauf. Dort oben sinkt er zu Boden, umfasst die Knie und kauert sich zusammen wie ein kleines Kind, das sich in seiner Welt verirrt hat.

Am Ende des Films geleitet Heinrich Eleonore zu dem Schiff, das sie in die Gefangenschaft zurückbringen wird, in der sie schon die letzten Jahre verbringen musste. Die Eifersucht, der Hass, der Wahn, mit anderen Menschen spielen zu können, als wären sie nichts wert, haben die Beziehungen in dieser Familie zerstört. Die Dunkelheit zwischen den Figuren und in ihrem Herzen, so scheint es, ist in diesem Moment schwärzer als jene, die sie umgibt. Der alte Löwe ist in der eisigen Kälte dieses emotionalen Winters erfroren.

Lawrence of Arabia (*Lawrence von Arabien*, GB/USA 1962)
The Lion in Winter (*Der Löwe im Winter*, GB 1968)

Beide Seiten

Love Actually

Wahrscheinlich haben schon so manch unglücklich Verliebte sich diese herrliche Filmszene zum Vorbild genommen. Die Textkarten, der Kassettenrekorder, daraus die leise Musik von „Stille Nacht", wenn sich Mark (Andrew Lincoln lang vor seinem Ruhm als *Walking Dead*-Rick) als jemand entpuppt, der trotz aller Aussichtslosigkeit mit der Liebe, die er für die mit seinem besten Freund verheiratete Juliet (Keira Knightley) all die Zeit mit sich herumgetragen hat, nicht mehr hinter dem Berg halten will. Im nächsten Jahr, so Mark, würde er mit viel Glück mit einer Frau ausgehen, die so aussehe wie die Models auf einer der Karten, die er der Unerreichbaren entgegenhält, doch weil Weihnachten sei und man an diesem Abend die Wahrheit sagen solle: „To me you are perfect and my wasted heart will love you ..." – Und als man sich schon fragt, wie in aller Welt sich jemand allen Ernstes solche Sätze zu schreiben traut, reißt Drehbuchautor und Regisseur Richard Curtis das Ruder aus dem Schmalz: „... until you look like this:" Und auf der nächsten Karte sehen wir das Foto einer verschrumpelten Mumie.

Mark bringt sein Wagemut zumindest einen freundschaftlichen Kuss der Angebeteten ein und die Gewissheit, getan zu

haben, was ganz einfach getan werden musste: zu diesem Zeitpunkt, an diesem Ort. Genau die Stimmung dieser Szene zwischen hemmungslosem Sentiment und dessen mal sarkasti-
scher, dann wieder liebevoller Brechung macht den Reiz von
Love Actually aus und den Film zum Inbegriff einer durch und
durch „very British romantic comedy". Wenn Bill Nighy als ab-
gehalfterter Rocksänger die Wette eingeht, splitternackt aufzutreten, sollte er bis Weihnachten die Nummer eins der englischen Charts werden, oder Colin Firth als liebeskranker Schriftsteller seiner portugiesischen Haushaltshilfe vor vollem Lokal
und versammelter Verwandtschaft einen Heiratsantrag in der
fremden Sprache macht; wenn Liam Neeson und sein kleiner
Filmsohn Thomas Brodie-Sangster sich eine Dosis „Kate & Leo"
geben, um den eigenen Kummer zu bekämpfen, oder sich der in
puncto Frauen im kalten England glücklose Kris Marshall in die
USA aufmacht, wo sein Akzent geradezu unglaubliche Auswirkungen auf das weibliche Geschlecht zeitigt; wenn sich schließlich Hugh Grant als Premierminister in seine Sekretärin verliebt, nächtens beckenschwingend durch No. 10, Downing
Street tanzt und es dem überheblichen US-Präsidenten (Billy
Bob Thornton) bei einer Pressekonferenz mal so richtig rein-
sagt: Curtis' weihnachtliche Fahrt durchs Londoner Märchen-
wunderland umschifft mit fast schlafwandlerischer Sicherheit
sämtliche Klippen von Peinlichkeit, was seine lupenreine Weltverzauberung zur reinen „pleasure" ohne jedes Quäntchen
„guilty" macht.

Einmalig ist auch die Szene, in der „Mr. Bean" Rowan Atkinson aus der kleinen Rolle eines Warenhausverkäufers ganz großes Kino gestaltet. Alan Rickman drückt die Midlifekrise ganz
gewaltig, und während seine Frau Emma Thompson ihrerseits

Weihnachtsgeschenke aussucht, ersteht er für seine Sekretärin eine goldene Halskette. Er drängt auf einen möglichst raschen Abschluss des Geschäftes, Geheimhaltung ist alles. „Would you like it gift-wrapped?", fragt Atkinson mit unschuldigem Augenaufschlag und geriert diesen im Grunde genommen simplen Verpackungsprozess zu einem Zeremoniell voll Grandezza und fast royalen Ausmaßes. „This is so much more than a bag!", weist er Rickman zurecht, dem das schlechte Gewissen ins Gesicht geschrieben steht, versucht dessen Nervosität aber durch die Versicherung zu beruhigen, „ready in the flashiest of flashes" zu sein. „Prontissimo" würde er zu Werke gehen, betont er während des großzügigen Verteilens von allerlei Dekomaterials im durchsichtigen Plastiksack, und während er noch Lavendel darüberreibt und Zimtstangen hinzufügt: Das alles sei doch nur „the work of a moment."

Die Ehefrau findet das Geschenk in einfacherer Verpackung in der Manteltasche ihres Mannes und glaubt ihrerseits am Weihnachtsabend an ein Schmuckstück unter dem Baum. Von Wolken, die das Sonnenlicht blockieren, singt Joni Mitchell im Lied „Both Sides, Now", die CD dazu ist das Geschenk, das Emma Thompson anstelle der erwarteten Halskette in der Schachtel vorfindet. Liebe nur als Märchen, als unerreichbare Illusion, davon handelt der Song als Hintergrund zu der Gänsehautszene, in der die betrogene Ehefrau im Schlafzimmer um Fassung ringt. Sie steht in dem Zimmer wie fehl am Platz, die Kamera streicht über die Familienbilder auf der Kommode, doch die Jahre der Ehe zerrinnen ihr in diesen Momenten zu Lug und Trug. Wenn sie die Bettdecke glatt streicht, eine Geste, die ihr in all den Ehejahren wohl schon zur Routine geworden ist, und dabei die Tränen hinunterschluckt, um den Kindern nicht das bevorstehende Krippenspiel zu verpatzen, dann ist das inmitten all der bunten Filmwelt ein Augenblick, der direkt ins Herz trifft.

„Kitsch as Kitsch can" – zweifellos ist *Love Actually* in seiner emotionalen Übersteigerung, die im finalen Mosaik von Umarmungen auf einem Flughafen mündet, einzigartig. Doch es ist die zweite der beiden Seiten, es sind die Augenblicke der Wahrheit, die immer wieder unvermittelt auftauchen, die den Film zu dem modernen Weihnachtsklassiker machen, zu dem er beim alljährlichen Wiedersehen längst geworden ist.

Love Actually
(*Tatsächlich ... Liebe*, GB/USA/Frankreich 2003)

Froschregen

Magnolia

Das Inferno ist nicht vorherzusehen, aber, wie der Erzähler des Films feststellt: „[...] strange things happen all the time." Der erste Frosch kracht auf die Windschutzscheibe eines Autos, das nächtens auf verlassener Straße vor einer roten Ampel wartet. In ebenso roten Schlieren rutscht er langsam vor den schockierten Augen des Fahrers die Scheibe hinunter. Unweit davon hört Claudia, eine depressive, von ihren Eltern entfremdete Frau, beim Koksen hinter ihrem Rücken ein seltsames Geräusch – und als sie vorsichtig den Vorhang lüftet, splittert das Glas der Scheibe unter dem einsetzenden Regen an Fröschen.

Weitere Orte zur selben Zeit, weitere Einträge in ein Tagebuch des völligen Chaos: Der misogyne Motivationstrainer Frank, ein wiedergefundener Sohn, hat nur Augen für seinen sterbenden Vater Earl, der nach Luft keucht und dann den Kampf gegen seine Krankheit verliert. Earls Pfleger Phil, dem es mit großem Einsatz gelungen ist, den Kontakt zwischen Vater und Sohn wieder herzustellen, wähnt sich umzingelt vom wahren Trommeln der Tierkörper, die auf das Dach der Villa, in den Pool und rund um ihn auf den Beton zu Hunderten, ja Tausenden aufschlagen. Ein Notarztwagen mit Linda, Earls medikamentensüchtiger Frau, durchbricht den Schranken vor dem Krankenhaus, überschlägt sich und kommt direkt vor dem Eingang zu liegen. Der krebskranke Quizmaster Jimmy hält sich gerade einen Revolver an die Wange, als ein Frosch, dessen Weg wir aus der Vogelperspektive aus der Luft verfolgen können, durch ein Oberlicht und ihm die Waffe zur Seite schlägt, sodass der Schuss ins Leere geht. Der notorische Verlierer Jim, der gerade über eine Regenrinne in ein Elektrogeschäft einbrechen will, wird von einem herabfallenden Frosch zu Boden gestoßen und von dem Polizisten Jim, der kurz zuvor seine Dienstwaffe verloren hat, unter das schützende Dach einer Tankstelle gezogen. Und der kluge Stanley, das Wunderkind einer Quizshow im Fernsehen, sitzt in der Schulbibliothek, umgeben von Büchern und hinter sich an der Wand die Schattenrisse der wie in Zeitlupe fallenden Frösche, zieht ein nicht unzufriedenes Resümee: „This is something that happens."

Der Froschregen ist der Punkt, auf den sich die episodenhaften Handlungsstränge in Paul Thomas Andersons dreistündigem Narrativ *Magnolia* zubewegen. Sie sind zusammengehalten von Musikstücken von Aimee Mann und Jon Brion, die diese Fäden zu bündeln scheinen, indem zuweilen verschiedene Charaktere in unterschiedlichen Settings dasselbe Lied singen, von einer großen inszenatorischen Geschmeidigkeit und der Brillanz eines wunderbaren Ensembles (Jason Robards, Julianne Moore, Philipp Seymour Hoffman, William H. Macy, John C. Reilly, Philip Baker Hall und ein schier entfesselter Tom Cruise). Ist es reiner Zufall, ist es Fügung – der Erzähler aus dem Off gibt selbst zu: „If that was in a movie, I wouldn't believe it." Doch – der Butterfly Effect lässt grüßen – die Dinge des Lebens würden eben einfach ihren eigenen Gesetzen folgen, denn: „We might be through with the past, but the past ain't through with us."

Am Ende der Kurzgeschichte „The Life You Save May Be Your Own" der amerikanischen Südstaatenautorin Flannery O'Connor prasseln „fantastic raindrops, like tin-can tops" auf den Pick-up von Mr. Shiftlet, dem einarmigen Betrüger, der eine alte Farmerin um ihren Besitz gebracht und deren geistig behinderte Tochter an einer Tankstelle zurückgelassen hat. Andersons Figurenpersonal unter dem Froschregen sind neun Menschen aus dem San Fernando Valley in Kalifornien, und wenn der Protagonist in O'Connors Geschichte mögliche Skrupel einfach in seiner Selbstgerechtigkeit ertränkt, aufs Gaspedal tritt und in Richtung des Küstenorts Mobile davonfährt, gehen die Charaktere in *Magnolia* einen anderen Weg. Wie Mr. Shiftlet an einem Scheidepunkt des Lebens angelangt, ergreifen sie im Gegensatz zu ihm die Gelegenheit, die eingefahrenen Bahnen neu zu überdenken.

Der Bezug zum Buch *Exodus* ist augenscheinlich: „Aaron streckte seine Hand über die Gewässer Ägyptens aus. Da stiegen die Frösche herauf und bedeckten ganz Ägypten." Kapitel acht, Vers zwei – die Bedeutung der Zahlen der Bibelstelle zieht sich durch den gesamten Film, Referenzen sind in Vielzahl auszumachen, nicht zuletzt im Filmtitel selbst, der acht Buchstaben hat. Wenn am Ende des Films ein neuer Morgen dämmert, ist der Erdboden mit Froschleichen übersät. Gestohlenes Geld wird in den Safe zurückgebracht, ein versöhnlicher Besuch im Krankenhaus, eine Mutter und ihre Tochter, die einander nach langer langer Zeit wieder in die Augen schauen können: der tierische Regen als kathartische Wende, als Art von Offenbarung der Schuld der Väter, als Reinigung von Unerledigtem und dadurch Läuterung der Seele, die Möglichkeit zu einer ganz persönlichen Art der Erleuchtung durch die Kraft des Verzeihens. Dass er in Zukunft netter zu ihm sein solle, dringt Stanley in seinen jähzorni-gen Vater und wiederholt angesichts von dessen unwirscher Reaktion seine Bitte eindringlich. Die Erleuchtung, die der Film für denkbar hält, gibt auch ihm Hoffnung, dass sich etwas zum Besseren ändern könnte; nicht mehr und nicht weniger.

Magnolia (USA 1999)

Der Kuss der Küsse

Merry Christmas, Mr. Lawrence
Rear Window

Ein Kuss, nein, nicht einfach ein Kuss, sondern der Filmkuss schlechthin. Es ist Abend, die Sonne ist gerade erst untergegangen, und hinter den Häuserfronten rund um den Innenhof leuchtet der Himmel, als würde dort irgendwo Feuer lodern. James Stewart ist in seinem Stuhl am Fenster eingeschlafen. Da fällt ein Schatten auf sein Gesicht, und da wir uns in einem Film von Alfred Hitchcock befinden, denken wir für einen kurzen Moment an eine mögliche Gefahr. Dann aber erkennen wir, dass es Grace Kelly ist, die auf ihn zukommt. Wir sehen ihr Gesicht in Großaufnahme, das blonde Haar, die rot geschminkten Lippen, die Perlenkette, die Verkörperung einer Mischung aus Sinnlichkeit und Unschuld. Stewart öffnet die Augen, zuerst weiß er nicht, wo er sich befindet, doch dann verzieht sich sein Mund zu einem Lächeln. Ganz langsam nähern sich Grace Kellys Lippen der Kamera. François Truffaut hat es einmal so formuliert: Es ist „dieser typische Hitchcock'sche Blick einer Figur, der fast ins Objektiv der Kamera geht." Der Blick versetzt uns in die Rolle von James Stewart, einen herrlichen Augenblick lang. Doch dann ist es natürlich doch er, der den Kuss empfängt, ganz zart und hingehaucht.

Das Thema vieler Filme von Alfred Hitchcock ist Voyeurismus, das trifft auch auf *Rear Window* zu. Die Neugier, mit der Fotograf Jeff, der mit seinem Gipsbein an den Platz am Fenster gefesselt ist und von dort aus mit dem Teleobjektiv das Leben im Hinterhof aufs Genaueste mitverfolgt, ist vergleichbar mit der des Regisseurs an den Aktionen und Reaktionen seiner Figuren. Er erfüllt das meist völlig harmlose Treiben der Charaktere mit Leben, indem er sich dazu Geschichten ausdenkt; in einem Fall vermeint er sogar, Zeuge eines Mordes zu sein. Auf diese Weise macht Jeff die Bewohner der Mietshäuser rund um den Hof zu ungewollten Mitwirkenden in dem Film, der in seiner Vorstellung abläuft. „Über die dunklen Fantasien eines kleinen, fetten Mannes" nannte ein Kritiker einmal einen Artikel über Hitchcock. Tatsächlich gelang es dem Meister des Suspense durch Jahrzehnte, die Zuschauer zu Komplizen seiner persönlichen Obsessionen zu machen. Schon den Kuss zwischen Ingrid Bergman und Cary Grant in *Notorious* (*Berüchtigt*, 1946) zögerte Hitchcock trickreich weit über die drei Sekunden hinaus, die Zensoren als gerade noch akzeptable Richtlinie erschien. In der damals längsten Kussszene der Filmgeschichte umging er die zeitliche Begrenzung, indem er in einer knapp dreiminütigen Sequenz die beiden, unterbrochen durch kurze Dialogsätze, sich immer und immer wieder küssen ließ, während sie sich im Apartment umherbewegten und sich über das Essen und die Frage unterhielten, wer den anschließenden Abwasch übernehmen solle.

In *Nuovo Cinema Paradiso* (*Cinema Paradiso*, 1988), Giuseppe Tornatores nostalgischem Rückblick in eine Kindheit in einem sizilianischen Dorf der 1940er-Jahre, ist es die Schere im Kopf des Priesters, die den Filmvorführer Alfredo dazu zwingt, als bedenklich empfundene Kussszenen aus den gezeigten Filmen herauszuschneiden. Jahrzehnte später ist aus dem Kind Salvatore ein berühmter Regisseur geworden. Als Vermächtnis des verstorbenen Alfredo erhält er eine Filmrolle aus den zusammengeklebten Schnipseln, ein Reigen aus zweiundzwanzig magischen Momenten, den Küssen, die damals niemand sehen durfte. Ennio Morricones schwelgerische Musik liegt über diesem Spiel aus Licht und Schatten, das sich von der Leinwand in einem Vorführraum auf Salvatores Gesicht spiegelt, und sich vor seinen Augen filmische Figuren in Großaufnahmen in den herrlichsten Augenblicken der Daseinsvergessenheit verlieren.

Auch bei dem Filmkuss zwischen Grace Kelly und James Stewart in *Rear Window* können wir unsere Augen nicht von der Leinwand nehmen. Die ungewöhnlich ruckartigen Bewegungen, wenn ihre Gesichter aufeinander zukommen, muten wie Zeitlupe an, wurden laut Hitchcock aber durch eine Art von Zittern erreicht, „indem man die Kamera oder den Dolly oder beides zusammen vibrieren lässt." Dadurch wird diese seltsame Atmosphäre zwischen Wachen und Traum erzeugt, die die Szene für Augenblicke der Wirklichkeit entrückt. In diesen Sekunden sind wir in James Stewarts Haut geschlüpft und mit Grace Kelly allein, und sie beugt sich zu uns zu diesem endlosen wunderbaren Kuss.

Ein zweiter Kuss in einem ganz anderen Film, doch auf seine Art ebenfalls einzigartig, und dann das Bild des sterbenden David Bowie, bis zum Hals im Erdreich eingegraben. Die Adaption von Laurens van der Posts Roman *The Seed and the Sower* (1963) des japanischen Regiemeisters Nagisa Ôshima dreht sich um zwei Männer und ihr stilles Ringen um etwas, das sie wahrscheinlich gar nicht benennen können, um die (Nicht-)Er-

reichbarkeit einer Wunschidentität und etwas, das wohl Begehren und Liebe ist. Das Setting ist streng abgesteckt: ein Kriegs-
gefangenenlager, das die Japaner auf der indonesischen Insel
Java eingerichtet haben; die flirrende Hitze reflektiert die
Emotionen zwischen den Unterdrückern und den Unterdrückten in brutalen Szenen der direkten Konfrontation, in denen
ihre wohl unvereinbaren Vorstellungen über den Wert des
Menschen und der Menschlichkeit aufeinanderprallen. Das Ideal der Unterordnung der eigenen Persönlichkeit in ein Kollektiv
steht dem westlichen Individualismus diametral gegenüber, die
einen scheinen jederzeit bereit, ihr Leben hinzugeben, die anderen gehen Kompromisse ein, um am Leben zu bleiben.

Einer aber, der britische Major Celliers, fügt sich nicht in dieses Raster und bringt dadurch das fragile soziale Konstrukt im
Lager zum Einsturz. In diesem Sinne gelingt dem Film der
Transfer von der Darstellung der Gewalt des Krieges im großen
Maßstab zu jener als Interaktion von Einzelpersonen von Angesicht zu Angesicht. Bei einer Verhandlung vor dem Militärge-
richt treffen der Lagerführer Hauptmann Yonoi und Celliers
(der japanische Musikstar Ryūichi Sakamoto, der auch für den
hypnotischen Score verantwortlich zeichnet, und sein westliches
Pendant David Bowie) erstmals aufeinander. Sofort ist Yonoi
fasziniert von der stoisch-selbstbewussten Haltung und dem
rebellischen Stolz des Gefangenen. Celliers ist angeklagt, ein-
heimische Guerillakämpfer angeführt zu haben, doch selbst mit
einer Schein-Exekution gelingt es den Japanern nicht, seinen
Willen zu brechen und ihn zum Reden zu bringen.

Hingegen ahnt Celliers die Art von Yonois unterdrückter Zuneigung und drängt diesen mit einer Kette offener Provokatio-
nen immer mehr in die Enge des Gesichtsverlusts. „Hassen und

lieben zugleich muss ich. – Wie das? – Wenn ich's wüsste! Aber ich fühl's, und das Herz möchte zerreißen in mir." So Catulls Dichterwort in der Übersetzung von Eduard Mörike von 1840, als wäre es für diese beiden Männer geschrieben: Yonoi ist Celliers verfallen, muss seine Neigung als Angehöriger der japanischen Armee aber verbergen – zu Beginn des Films hat eine Hinrichtung aufgrund der Anschuldigung homosexueller Handlungen stattgefunden. Yonois Leidenschaft ist nur durch das eine oder andere Zugeständnis zu erahnen, der Psycho-Kampf der beiden Protagonisten macht die Faszination des Films aus, die Anziehung zwischen ihnen, der präsente erotische Unterton in ihrem Verhältnis, gleichzeitig Yonois Angst, die nach und nach seine Seele auffrisst.

Celliers bricht ein traditionelles Fasten, an dem sich auch die Japaner beteiligen, indem er Maisbrot ins Lager schmuggelt. Als die Aktion auffliegt, isst er auf provokante Weise Blüten und starrt Yonoi dabei direkt ins Gesicht. In der Nacht schleicht sich ein Soldat in seine Zelle, um ihn zu töten, doch Celliers kann ihn überwältigen. Kurz darauf stehen sich Celliers und Yonoi mit gezückten Schwertern gegenüber. „Why don't you fight me?", herrscht der Lagerkommandant sein Gegenüber an. „If you defeat me, you will be free." Celliers lächelt nur und lässt seine Waffe sinken. Zur Rettung seiner Ehre begeht der unglückliche Attentäter darauf Harakiri; von Yonoi zuvor um seine Motivation für den Anschlag befragt, bezeichnet er Celliers als „devil, trying to seduce you."

In seinen streng komponierten Bildern zelebriert Regisseur Ôshima genau jene Männlichkeitsrituale, die er an anderer Stelle wieder infrage stellt; in eben diesem Zwiespalt sieht sich Yonoi gefangen. Einmal lässt er alle Gefangenen, einschließlich der Kranken und Verwundeten aus dem Lazarett, auf dem Versammlungsplatz im Lager antreten, um an Informationen über Waffenexperten unter den Inhaftierten zu gelangen. Als sich der Kommandant der Briten wiederholt weigert, diese preiszugeben, droht Yonoi mit seiner Enthauptung. Da tritt Celliers hervor, langsam geht er auf Yonoi zu, diesem ist die Panik ins Gesicht geschrieben, doch Celliers wirkt ganz ruhig. Er steht vor dem Hauptmann, dieser stößt ihn von sich, Celliers rappelt sich aus dem Staub auf, und dann ereignet sich das Unerhörte: Wie in einer letzten Form des Widerstands, einer heiligen Handlung, küsst er ihn einmal und ein zweites Mal – wir sehen das in Zeitlupe wie ein Anhalten des Atems.

Danach kochen die Gefühle. Yonoi reißt sein Schwert aus der Klinge und hebt es zum Schlag, wankt dann aber zurück und fällt in Ohnmacht. Er ist allzu sehr zerrissen zwischen Liebe und Hass, als dass er den tödlichen Hieb zu setzen vermag, zu sehr ist die Schmach, die seinen Untergang besiegelt, für alle sichtbar. An seiner Stelle wird ein neuer Lagerleiter eingesetzt, der Celliers bis auf den Kopf im Sand eingraben lässt. „The Lord is my shepherd", singen die Gefangenen rund um den Platz, auf dem Celliers in der brütenden Sonne dahinsiecht. Seine aufgerissenen Lippen bewegen sich unmerklich zu den Worten des Liedes, und wir können verfolgen, dass er in Gedanken mit dem eigenen Schicksal Frieden schließt. Nachts schleicht sich Yonoi schließlich zu Celliers und schneidet eine Locke von seinem Haar ab, das im bleichen Mondlicht die Farbe des Sandes rund um den Kopf hat. Dann steht er vor ihm, vor diesem Menschen, dem alle Möglichkeiten genommen sind, und salutiert – ein Abschied, eine Geste der Hilflosigkeit, der rührende Versuch, einen Rest dessen aufrechtzuerhalten, was man als Ehrenhaftigkeit bezeichnen könnte. Die Locke, so erfahren wir später, wird Yonoi vor seiner Hinrichtung nach Ende des Krieges zur Aufbewahrung im Familienschrein in sein Heimatdorf schicken lassen. Auch für ihn bedeutet dies wohl den Friedensschluss mit sich selbst.

Rear Window (*Das Fenster zum Hof*, USA 1954)
Senjō no merī kurisumasu/Merry Christmas, Mr. Lawrence
(*Furyo – Merry Christmas, Mr. Lawrence*, GB/Japan 1983)

Filmrollen voll reinsten Vergnügens

Modern Times
The Circus
The Gold Rush
The Great Dictator
The Kid

Für einen ganz kurzen Moment denkt Charlie in diesem legendären Moment in *The Kid*, das von einer Mutter weggelegte Kind selbst wegzulegen. Er sitzt am Gehsteigrand, in den Armen das Baby, das er neben einer Mülltonne gefunden hat, da fällt sein Blick auf das Kanalgitter neben ihm. Er hebt das Gitter hoch und wägt seine Möglichkeiten ab, doch noch bevor der bitterböse Gedankenblitz Folgen zeitigt, hat ihn Charlie auch schon wieder von sich geschoben.

Charlie Chaplin weiß, wovon er in seinen Filmen spricht, wenn es um Armut geht. Die soziale Situation im Londoner East End gegen Ende des 19. Jahrhunderts, die latente Gewalt der Umgebung, der Alkoholmissbrauch des Vaters und die psychischen Zusammenbrüche der Mutter, der tägliche Kampf ums Überleben und die Armenhäuser als Orte der letzten Zuflucht waren für Charlie und seinen älteren Halbbruder Sydney reale Bestandteile ihrer Kindheit. Der junge Charlie Chaplin als Protagonist eines Romans von Charles Dickens, den dieser nie ge-

schrieben hat, so könnte man es sehen. Denn wie David Copper-
field und Oliver Twist gelang es ihm, sich selbst aus dem Sumpf
zu ziehen, in den er hineingeboren wurde. Von ersten Gesangs-
darbietungen in Music Halls und bei Engagements auf Tourneen als Neunjähriger schaffte er es in seiner Rolle als Tramp
mit seinen Markenzeichen, der engen Jacke, den weiten Hosen
und übergroßen Schuhen, der Melone, dem Bärtchen und dem
Spazierstock und diesem seltsam watschelnden Gang schließlich an die Spitze der aufblühenden amerikanischen Filmin-
dustrie und wurde zum schlichtweg berühmtesten Künstler seiner Zeit.

In *The Kid* bewahrheiten sich seine schlimmsten Befürchtun-
gen, dass Mitarbeiter des örtlichen Waisenhauses das Findel-
kind, das inzwischen zu einem fünfjährigen Buben heran- und
Charlie ans Herz gewachsen ist, zu sich holen wollen. Charlie
und das Kind, die beiden Schelme, haben sich nicht nur aneinander gewöhnt, sondern als echte Lebenskünstler auch Ein-
nahmequellen wie jene ersonnen, bei der der Junge mit Steinen
Fensterscheiben einschießt und Charlie darauf als Glaser an-
rückt. Das kongeniale Zusammenspiel zwischen Charlie Chaplin
und Jackie Coogan, der hier wie eine Miniaturausgabe des
Tramps agiert, stellt denn auch den vielleicht größten Reiz dieses Films dar.

Nun aber kommen Aufseher aus dem Waisenhaus an. Sie stürmen Charlies armselige Behausung, sie versuchen, ihm das wei-
nende Kind aus den Armen zu reißen. Die Gegenwehr von Vater
und Ziehsohn ist heftig und kann in slapstickartiger Manier nur
durch die Unterstützung eines herbeigerufenen Polizisten gebrochen werden. Weder Flehen noch Schläge mit einem Hammer helfen, das Kind wird auf einen Pritschenwagen verfrach-

tet. Doch Charlie entkommt der autoritären Gewalt und es entspinnt sich eine waghalsige Verfolgungsjagd über die Dächer. Schließlich springt Charlie auf den offenen Wagen und es gelingt ihm, den Buben noch vor der Ankunft in der Anstalt zu befreien; und immer dann, wenn es in dieser herzzerreißenden Bilderfolge vielleicht doch eine Spur zu sentimental werden könnte, bricht Chaplin sie wie nebenbei mit einem dieser kleinen, unnachahmlichen Gags, die die Szenerie für einen Augenblick ins fast Surreale kippen lassen.

„Was wir Wirklichkeit heißen, ist ein Treppengeländer, an das jeder sich klammert, ohne zu wissen, wohin es führt", schreibt der österreichische Literaturwissenschaftler und Autor Markus Gasser in *Das Buch der Bücher für die Insel* (2014) in einem Essay über den für seine makabren Geschichten bekannten britischen Schriftsteller Roald Dahl. „Geht es einmal hinab mit uns, dann wartet im Kellergewölbe eine Urwelt jenseits aller Barmherzigkeit." Gegen dieses Grauen, so führt Grasser seine Gedanken fort, habe die Menschheit nur ein Rezept gefunden, nämlich die Komik.

Charlie Chaplins filmisches Werk liest sich wie eine beinahe ununterbrochene Folge solcher Momente, in denen die Figur seines Tramps und die Menschen um ihn die größten Anstrengungen unternehmen, den Absturz von der Treppe, die von der Realität in den Untergang führt, zu vermeiden. In *The Gold Rush* vollführt Charlie in der Rolle eines bitterarmen Goldgräbers einen „roll dance", eine Art Tanz mit auf Gabeln gespießten Semmeln, mit unnachahmlicher Leichtigkeit und Eleganz und verspeist eine Schuhsohle und die Schnürsenkel wie die Delikatessen eines Gourmetrestaurants. In *The Circus*, dessen widrige Produktionsbedingungen und die gleichzeitige schmutzige

Scheidungsschlacht Chaplin an den Rand der Verzweiflung brachten, entwirft er den schlichtweg genialsten „banana peel joke" der Filmgeschichte – Charlie vollführt ihn auf einem Hochseil und während ihm Affen in die Nase beißen und die Hose hinunterziehen. In *Modern Times* erliegt er in einer bitteren Kapitalismuskritik den Tücken einer „feeding machine", die er, während sie ihm Suppe und Torte ins Gesicht kippt, im Versteckten selbst bedient, er kann in einer anderen Szene mit der Geschwindigkeit eines Förderbandes nicht mithalten und wird in die Eingeweide einer riesigen Maschine gezogen und in einer dritten durch das Schwenken einer roten Flagge, die von einem Lastwagen gefallen ist, zum unfreiwilligen Anführer einer Gewerkschaftsdemonstration. In *The Great Dictator* gibt er den streng choreografierten, mit unnachahmlicher Eleganz vorgetragenen Tanz mit dem Globus zur Darbietung, der dem Diktator Hynkel schließlich in den Händen zerplatzt, und ebenso die im Gegensatz dazu frei improvisierte Rede dieses Hitler-Verschnitts in einem grandios-unsinnigen pseudodeutschen Kauderwelsch, gespickt mit völlig unpassenden Wörtern wie Sauerkraut und Wiener Schnitzel.

Chaplins sozialpolitische Anliegen sind in allen diesen Szenen spürbar. Doch schon Jahre vor diesen Meisterwerken ging er mit *The Kid* ein Wagnis ein und erfand, wovor ihm von Seiten der Filmstudios heftigst abgeraten wurde: das Filmgenre der Tragikomödie. Diese Verschmelzung von herrlich subversivem Humor, dessen Gags auch heute noch zünden wie vor über hundert Jahren, und hochdramatischer Tragödie, die deshalb unsere Seele berührt, weil wir hier nicht bloß Filmcharaktere vor Augen haben, sondern Menschen, die aus ihrem Fundus an Erlebtem schöpfen, war zum damaligen Zeitpunkt absolut unüblich und stellt wohl Chaplins eigenständigste Leistung dar. Dieses Hadern mit dem Grauen des Lebens und dabei das Ringen um Qualitäten wie Barmherzigkeit und Menschlichkeit nahmen ihren Anfang in Chaplins Reflexion der eigenen Kindheit. In der ihm so eigenen realistischen Sozialkritik verschmolz er bittere Momente mit sentimentaler Romantik, echtes Mitgefühl mit perfekt getimtem Slapstick zu dem, was die zeitgenössische Werbung von *The Kid* versprach: schlicht und einfach „Six reels of joy", sechs Filmrollen von je zehn Minuten Lauflänge (und in späteren Arbeiten auch mehr) reinsten Vergnügens.

Modern Times (*Moderne Zeiten*, USA 1936)
The Circus (*Der Zirkus*, USA 1928)
The Gold Rush (*Goldrausch*, USA 1925)
The Great Dictator (*Der große Diktator*, USA 1940)
The Kid (USA 1921)

Berührungen

Moonlight

In seinem Gedicht *If*, 1895 geschrieben und erstmals 1910 in der Sammlung *Rewards and Fairies* veröffentlicht, beschwört Rudyard Kipling die Tugend der Gelassenheit, wie sie in der Viktorianischen Zeit als erstrebenswerte typisch englische Eigenschaft angesehen wurde. „If you can keep your head when all about you/Are losing theirs ..." heißt es etwa gleich zu Beginn des Poems und kurz darauf weiter: „If you can wait and not be tired by waiting ..." Warten zu können und dabei des Wartens nicht überdrüssig zu werden – den Lohn dafür stellt Kipling in den letzten beiden Versen in Aussicht: „Yours is the Earth and everything that's in it,/And – which is more – you'll be a Man, my son!" Ein Mann zu sein und darum, dieser Mann zu werden, sich dabei in Geduld zu üben, zu sich selbst zu stehen und sich nicht zu verbiegen, geht es auch in Barry Jenkins' mit einem Golden Globe und drei Oscars prämiertem Filmdrama *Moonlight*.

Der Bezug zum Filmtitel wird in einer Szene zwischen dem Dealer Juan (Mahershala Ali) und dem neunjährigen Chiron (Alex R. Hibbert mit großen fragenden Augen) dargestellt, den alle ob seiner schmächtigen Statur nur Little nennen. Wir befinden uns in der von Gewalt und Drogen geprägten Gegend von

Miamis South Beach. Chiron wird regelmäßig von seinen Mitschülern tyrannisiert und leidet unter der Drogensucht seiner Mutter. Juan erzählt ihm von seiner wilden Kindheit auf Kuba und versucht, dem kleinen Jungen so etwas wie Stolz und Selbstbewusstsein zu vermitteln: Es gebe überall auf der Welt Schwarze, denn sie seien die ersten Menschen gewesen. Im Mondlicht, so habe ihm eine alte Frau damals erklärt, würden schwarze Jungen blau aussehen – ein metaphorisches Bild für die Schönheit jedes Lebewesens. Und Juan stellt den Zusammenhang dar, den Chiron erst viel später verstehen wird: An einem Punkt des Lebens sei es entscheidend, dass er selbst wähle, wer er sein wolle – eine Entscheidung, die ihm niemand abnehmen könne.

In *The Broken Places* (*Hemingways Kind*, 2023), seiner berührenden romanhaften Aufarbeitung der unglücklichen Lebensgeschichte von Gregory, dem jüngsten Sohn Ernest Hemingways, und seinem tiefen Wunsch, eine Frau zu sein, entwirft der amerikanische Schriftsteller Russell Franklin einen wunderbaren Moment der Nähe zwischen Vater und Sohn: „Er hatte Greg im Pool neben dem Haus das Schwimmen beigebracht und den dünnen Körper des Jungen dabei so behutsam gehalten wie ein tiefgläubiger Mensch eine Reliquie." Eine Szene, die sich auf solche Weise nachfühlen lässt, enthält auch *Moonlight*. In der Struktur eines Tryptichons entwirft der Film Porträts von Chiron als Kind, Jugendlicher und dann auch als Erwachsener. Worauf darin alles hinausläuft, ist die Möglichkeit, zu einem anderen Menschen Vertrauen zu entwickeln. Die Schlüsselszene dazu zeigt Juan, wie er Chiron das Schwimmen lehrt; hier gelingen dem Film magische Bilder. Aus dem Blickwinkel halb unter Wasser, im Auf und Ab der Wellen, sind wir so nah wie nur möglich an den Personen und erleben Chirons Unsicherheit, seine anfängliche Angst und die darauffolgende Freude über seinen Erfolg so unmittelbar mit, als würden wir selbst gerade unsere ersten Schwimmversuche machen. Das kann man, so man möchte, auch als metaphorische Taufe verstehen. Juan, dessen Name auf Deutsch Johannes (der Täufer) bedeutet, legt die Hand unter Chirons Kopf und verspricht ihm, ihn über Wasser zu halten, er solle ihm nur vertrauen: denn er sei der Mittelpunkt der Welt. Da gibt der Junge nach und lässt die Wand aus Misstrauen seiner Umwelt gegenüber, die für ihn bisher notwendig zum Überleben war, sinken. Ob er bereit sei, allein zu schwimmen?, fragt ihn Juan schließlich, und es gelingt.

Das Narrativ des Films beschreibt einen Transformationsprozess in drei Schritten. Chirons Erlebnisse der meist unschönen Art verändern ihn merklich, seine Reaktion auf die Einflüsse seiner Umwelt führen jedoch meist in die innere Emigration. Es sei ihm gelungen, Darsteller mit „ängstlich wirkenden Augen" zu finden, meinte Regisseur Barry Jenkins einmal. Dieser erkennbare Schmerz mache es glaubhaft, dass es sich um die Entwicklung derselben Person handle. Chirons Name kann in Zusammenhang mit dem Zentauren Cheiron aus der griechischen Mythologie gebracht werden, der als Halbbruder von Zeus, Poseidon und Hades in der Götterwelt nirgends so richtig dazuzugehören scheint. So bleibt er auch in der zweiten Phase der Filmerzählung ein Außenseiter. Ashton Sanders ist als schlaksig-ungelenker sechzehnjähriger Teenager zwar gewachsen, was die Körpergröße, nicht aber, was sein Selbstbewusstsein betrifft. Gerade, als er glaubt, jemanden gefunden zu haben, der so ist wie er selbst, muss er eine Enttäuschung erleben, die sein

Leben aus den Angeln reißt. Wieder spielt diese Szene am Strand. Ein erster Joint mit Kevin (Jharrel Jerome), in den er sich insgeheim verschaut hat. Wir schauen auf die beiden Burschen herab wie aus der Sicht des Mondes, der gutheißt, was sich in seinem Licht abspielt; das ist aus der Sicht des ewigen Außenseiters Chiron eine Menge. Es hat den Anschein, als würde sich ihm Kevin, der laute Macho, öffnen. Zuweilen, meint er, würden die Menschen stehen bleiben, wenn sie die Meeresbrise spürten – ganz still werden und innehalten. „I guess all you can hear is your own heartbeat, right?", vermutet Chiron. Und Kevin: „It feels so good it makes you wanna cry." Dass er manchmal so viel weine, gesteht Chiron daraufhin, dass er denke, er würde zu Tränen werden. Da legt ihm Kevin den Arm um die Schultern, behutsam, ganz vorsichtig und zögernd nähern sie sich einander an. Es kommt zum Kuss, und Chiron vergräbt sein Gesicht in Kevins Nacken – so nah wie in diesem Moment war er noch nie einem anderen Menschen. „I'm sorry", flüstert Chiron später. Betretenes Schweigen, als Kevin ihn anschließend nach Hause fährt, Scham in Chirons Augen. „I see you around", verabschieden sich die zwei betont kumpelhaft mit Handschlag. Chirons fragender Blick bleibt vorerst unbeantwortet. Die Antwort, nämlich dass es besser wäre, sich keinem so sehr zu öffnen, erhält er in der Schule. Um sich vor einer Gang von Burschen zu beweisen, soll Kevin als Bewährungsprobe Chiron verprügeln. Kevins Taktik, ihn so rasch wie möglich außer Gefecht zu setzen und ihn auf diese Weise vor dem Schlimmsten zu bewahren, geht aber nicht auf: Chiron kommt immer wieder auf die Beine. Als er am nächsten Tag den Anstifter der Aktion niederschlägt, wird er von der Polizei abgeführt und der Schule verwiesen.

Teil drei, zehn Jahre später: Chiron wird aus der Strafanstalt entlassen und nennt sich nun Black (Kevins früherer Spitzname für ihn). Er gibt sich wie ein archetypischer „Pimp": Aggressivität ausstrahlend, mit Goldzähnen, Goldkette, Ohrringen, ein aufgepumpter Muskelberg – und dennoch tief drinnen so traurig, verletzt und verletzlich wie eh und je. In beiderlei Hinsicht ist Trevante Rhodes' grandiose darstellerische Leistung völlig authentisch. Wieder ist es Nacht, und Chiron hat sich auf die Suche nach dem ehemaligen Freund (André Holland als erwachsener Kevin) gemacht und ihn in einem Diner gefunden, wo er als Kellner arbeitet. „Hello stranger", ist aus der Jukebox zu hören, „it seems so good to see you back again/How long has it been?/It seems like a mighty long time." Sie sitzen einander gegenüber, keine Worte, gesenkte Blicke, alles ist in der Schwebe wie damals. „Who is you, man?", dringt Kevin, der von sich selbst sagt, nach vielen Jahren endlich bei sich selbst angekommen zu sein, später in Chiron. „I'm me", lautet die Antwort. Es ist für Chiron nicht einfach, seine Gefühle zum Ausdruck zu bringen. Er habe lange Zeit versucht zu vergessen, was geschehen sei, gibt er dann doch von sich preis. Dann habe er sich als Mann neu erfunden, und schließlich, mit Zittern in den Zügen seines Gesichts und in der Stimme, die Worte, die alles erklären: „You're the only man that's ever touched me." Wie damals am Strand liegt in der nächsten Einstellung Chirons Kopf an Kevins Schulter. Kevin streichelt seine Haare und Chiron kann – endlich seine Augen schließen. Es ist, als lernten die beiden Männer in diesem Moment des gegenseitigen Vertrauens aufs Neue Schwimmen, als fände wieder eine Taufe statt; als hätte sich ihre Sehnsucht lang genug in Geduld geübt und wären sie nun bei sich selbst angekommen: als jene Männer, die sie ihr ganzes

Leben werden wollten. Im Schlussbild sehen wir Chiron wieder als Kind am Strand. Die Wellen rollen heran, und im Rauschen des Ozeans und dem Licht des Mondes wirkt seine Haut nicht schwarz, sondern so blau wie in Juans Geschichte. Chiron hat seine Schönheit gefunden, er hat herausgefunden, wer er wirklich ist.

Moonlight (USA 2016)

Des Menschen Wolf

Novecento
The Killing Fields

Einem Knaben, Patrizio, wird furchtbare Gewalt angetan. Missbraucht, vergewaltigt, hockt er da, mit tränenverschmiertem Gesicht, die schwarzen Handschuhe seines Peinigers, des Gutsverwalters Attila, hat er übergezogen. In dessen Fratze ein irrer Blick, ein noch immer geifernder Mund. Langsam kommt das Kind auf die Beine und zieht sich die Hose hoch. Da packt ihn Attila und drückt ihn an sich; was für einen Moment einer perversen Art von Liebkosung ähnelt, gerät sogleich außer Kontrolle. Dass er über das Geschehene Stillschweigen bewahren müsse, schärft der Mann dem Jungen ein: „Über so was wird nicht geredet!" Dann beginnt er, Patrizio an den Beinen herumzuwirbeln, wie es ein Vater im Spiel mit seinem Sohn tun mag; doch die Vorzeichen sind ganz andere. Schneller und immer schneller dreht er sich im Kreis, aber was auf einem Karussell Jauchzen ist, verkommt hier zu Schreien aus Todesangst. Patrizios Kopf schlägt gegen die Wand, Blut spritzt auf, aber Attila hält nicht inne, stattdessen nochmals und nochmals das schreckliche Geräusch und die roten Schlieren auf der weiß getünchten Mauer.

„Homo homini lupus" – das abgewandelte Zitat des römischen Komödiendichters Plautus, später durch den englischen

Philosophen und Staatstheoretiker Thomas Hobbes allenthalben bekannt gemacht. Des Menschen Wolf verkörpert Donald Sutherlands Attila in all seiner Grausamkeit. In Bernardo Bertoluccis *Novecento*, diesem über dreihundert Minuten langen maßlos-grandiosem Epos über die italienische Geschichte der ersten Hälfte des zwanzigsten Jahrhunderts, steht Attila für den aufkeimenden Faschismus. Bilder von geradezu lyrischer Schönheit, und dann diese Grausamkeit, die sich zwischen die beiden Protagonisten schiebt, den Gutsbesitzersohn Alfredo (Robert De Niro) und den Landarbeiter Olmo (Gérard Depardieu), beide am selben Tag geboren und als Kinder enge Freunde. Später lebt der eine als Bohemien, der andere wird zum glühenden Sozialisten. Das KZ-artige Regime, das Attila auf dem Hof errichtet, stellt, wie so vieles andere, auch diese Beziehung infrage. Die Ermordung des Knaben Patrizio ist dazu der Anfangspunkt: der erste Riss in dem, was man als menschliche Moral bezeichnet, und jene Stelle, von der aus schließlich alle Dämme brechen werden.

Ein zweiter Film, eine Erzählung aus einem völlig anderen Kulturkreis, doch auch hier weiß man inzwischen, dass Kinder, um Patronen zu sparen, mit dem Kopf gegen die Wand geschlagen und auf diese Weise zu Tode gebracht wurden. Roland Joffés Drama *The Killing Fields* ist auf eine Art und Weise aufwühlend, der die Gräueltaten des Terrorregimes der Roten Khmer im Kambodscha der Jahre 1975 bis 1979 zugrunde liegen. Eine wahre Geschichte: Inmitten des Chaos des Umsturzes in Phnom Penh werden die Journalistenfreunde Dith Pran (Haing S. Ngor) und Sydney Schanberg (Sam Waterston) getrennt. Eine Odyssee – Diths Inhaftierung, seine Arbeit auf den Reisfeldern, dann seine Flucht durch die kambodschanischen Bergwälder bis zu einem Lager des Roten Kreuzes an der thailändischen Grenze, und darin eine Szene des Grauens. Ein Flusslauf, Dämme, abgestorbenes Astwerk ragt aus dem Schlamm. Ein Steg, zerschunden, durchnässt, ausgemergelt, wie er ist, kommt Dith ins Straucheln. Er rutscht aus, fällt in ein Wasserloch, rund um ihn erkennen wir plötzlich Knochen, Skelette, Totenschädel. Dith gibt sich Mühe, wieder hochzukommen, die Kamera bleibt in Höhe seiner Beine, als er wieder auf dem Damm steht, und dann richtet sie sich auf und den Blick auf sein Gesicht. Das Grauen in Diths Augen verstehen wir, als die Kamera in die Totale geht: ein See aus schwimmenden Leichen, Dämme aus Knochen, eine Szenerie aus hunderten, vielleicht tausenden Skeletten.

Haing S. Ngor wurde für seine Darstellung des Kambodschaners, dem die Flucht nach Thailand gelingt, mit einem Oscar ausgezeichnet. Im wahren Leben machte er Ähnliches durch. Er musste seine Qualifikation als Arzt verleugnen, um von den Roten Khmer im Rahmen ihrer sogenannten „Säuberungsaktionen", denen in erster Linie gebildete Menschen zum Opfer fielen, nicht umgebracht zu werden. Aus diesem Grund konnte er im Lager seiner Frau bei der Geburt ihres Babys nicht beistehen. Die Frau starb damals, Ngor selbst wurde 1996 in Los Angeles von einer Straßenbande ermordet und trug dabei angeblich ein Amulett mit ihrem Bild bei sich. Wieder einmal hatte der Wolf zugebissen.

Novecento (1900, Italien/Frankreich/Deutschland 1976)
The Killing Fields
(*The Killing Fields – Schreiendes Land*, GB 1984)

Einfach cool

Ocean's 11
Pirates of the Carribean: The Curse of the Black Pearl

Es ist allenthalben nachzulesen, dass es der Jazzsaxofonist Lester Young gewesen sein soll, der das Wort „cool" als Erster im Sinne der Definition seines Seelenzustandes verwendet habe. Haltung zu bewahren, trotz all des Wahnsinns um ihn herum, das habe er gemeint, wenn er sich selbst auf diese Weise beschrieb; dazu die Sonnenbrille bei Auftritten in finsteren Lokalen. Während Youngs musikalische Interpretationen den Übergang vom Swing zum Bepop markierten, ging die Stilrichtung des Cool Jazz einen Schritt weiter. Mit ihrem introvertierten Spiel ließ sie den atmosphärischen Hintergrund entstehen, der als Gegenbewegung zum allzu hektischen Bepop gilt. „Standing on a street corner waiting for no one is power" – ein schönes Bild, mit dem der Beat-Poet Gregory Corso einst Coolness auf den Punkt brachte: die Ruhe im Trubel der Zeit, der Schritt zurück von der Realität und der gewisse Abstand dazu, die Fähigkeit, „keine Emotion in Situationen zu zeigen, in denen Aufregung und Sentimentalität erlaubt wären", wie es der Kulturwissenschaftler Joel Dinerstein über die Umschreibung beim Volk der Gola in Liberia zu berichten weiß.

Bei der Definition von Coolness im jüngeren Kino kommt mir

natürlich sofort Johnny Depp in den Sinn, wie er im ersten und mit Abstand besten Teil der *Pirates of the Carribean*-Reihe als Captain Jack Sparrow vom sinkenden Schiff aus an Land geht. Zuerst schöpft er noch Wasser, dann passiert er eine Galerie von gehenkten Piraten. Der Gruß, das Salutieren, da ist vom Boot nicht mehr viel zu sehen, das erkennen wir am verblüfften Gesichtsausdruck der Leute am Kai. Und dann dieses herrliche Bild von Jack, der längst auf den Masttopp übersiedelt ist. Nur noch dieser Mast samt dem stoischen Piratenkapitän darauf schaut aus dem Wasser heraus, wenngleich das Boot wie von Geisterhand getrieben auf den rettenden Kai zusteuert. Keine Miene verzieht der Kapitän, perfekt getimt setzt er den Stiefel auf die Holzplanken und geht an Land, als wäre dies das Selbstverständlichste der Welt. Eine kleine, feine Szene, eine Miniatur in all dem Bombast des Piratenspektakels rundum.

Anderer Film, ähnlicher Faktor an Coolness: Danny Ocean und seine Spießgesellen vor den Brunnenfontänen des Bellagio in Las Vegas. Schier undurchführbar schien der Coup, den es ihnen schließlich doch in die Tat umzusetzen gelang: einen Tresor tief unter den Fundamenten des Casinohotels auszurauben. Welche Schwierigkeiten es dabei zu bewältigen gab, auf den ersten Blick unlösbare Hindernisse, die dann doch dieses „Rat Pack", allesamt Typen der Marke eines George Clooney, Brad Pitt und Matt Damon in ihren stylishen Klamotten, zu beseitigen schafften. Und nun, nachdem das Husarenstück geglückt ist, eben diese charmante, aus dem Rest des Films wie herausgelöst wirkende Szene. Untermalt von Debussys Klavierstück „Claire de Lune" und sonst ganz stumm, stehen sie als Scherenschnittfiguren noch einmal beisammen am Geländer vor den Brunnen und genießen auf ihre ganz eigene Weise den Moment.

In gewaltigen, weiß beleuchteten Fontänen spritzt das Wasser in die Höhe, dahinter der Komplex des Casinohotels, und in den Gesichtern der Kumpane, an denen die Kamera langsam entlangfährt, spiegeln sich Stolz und Erleichterung und stille Freude. Brad Pitt wirft anerkennende Blicke nach links und rechts, daraufhin ziehen sie, einer nach dem anderen, allmählich von dannen. Keine Hast gibt es hier, keine Eile, das ist alles vorbei; nicht im Lauten und in weiten Gesten liegt die wahre Coolness, sondern in der Ruhe eines Augenblicks, in dem sich das Leben zu verdichten scheint, ob als Piratenkapitän oder eben als Einbrecherkönig.

Ocean's 11 (USA 2001)
Pirates of the Carribean: The Curse of the Black Pearl
(*Fluch der Karibik*, USA 2003)

Winter des Lebens

On Golden Pond

Schon als Teenager konnte ich mich für die Stars des klassischen Hollywood und für diesen Film begeistern, der einen wahren Triumph für zwei der größten von ihnen, Katharine Hepburn und Henry Fonda, bedeutete. Ich schrieb sogar in meiner Englischmatura über sie und ihre Schauspielkunst – damals war man noch nicht in das Korsett von normierten Textsorten gezwängt und durfte in solch freien Themen sein Talent beim Verfassen von fremdsprachigen Essays beweisen. Mich beeindruckte auch der Subtext, den Fondas Tod kurz nach Beendigung der Dreharbeiten Mark Rydells wahrlich zu Herzen gehendem Film an zusätzlicher Bedeutung einschrieb. Ethel und Norman, das alte Ehepaar, das seit Jahrzehnten den Sommer in ihrem Ferienhaus an einem idyllischen und im Titel genannten See verbringt, der Besuch ihrer Tochter Chelsea (Jane Fonda), die sich nie so recht mit ihrem schwierigen Vater verstand, die zögerliche Annäherung zwischen Norman und Billy, dem pubertierenden Sohn von Chelseas zukünftigem Ehemann – immer wieder treiben die Szenen dieses wunderbaren Dialogstücks nicht nur den Charakteren, sondern auch uns beim Zuschauen die Tränen in die Augen.

Norman, der Inbegriff eines „grumpy old man", hadert mit

dem Schicksal des Älterwerdens, seine Frau gibt sich alle Mühe, mit zuweilen penetranter Fröhlichkeit die Ängste vor dem Alleinsein und dem Tod zu überspielen. Ein Kritiker meinte einmal bissig, im Grunde genommen könnten die Hepburn und Henry Fonda das Telefonbuch vorlesen, es würde nicht weniger eindringlich wirken. Wie auch immer, die Darstellungskraft von einer Schauspielerin und ihres Kollegen auf der Höhe ihrer Kunst weiß auch heute noch zu faszinieren. Wenn Norman eines Tages vom Erdbeerpflücken nicht mehr zur Hütte zurückfindet und ihn Ethel dann „my knight in shining armour" nennt – darin findet sich kein Funke Kitsch, stattdessen die Einsicht von zwei Menschen im Winter ihrer Jahre, die eigentlich von den Klippen zur Verzweiflung erzählen, an denen sie tagtäglich entlangbalancieren, und dem Galgenhumor, der sie doch noch ans Leben bindet. Als Billy ihn als ziemlich alt bezeichnet, meint Norman: „You should meet my father." Und auf die erstaunte Frage, ob dieser denn noch am Leben sei: „No, but you should meet him."

Es sind die Details dieser jahrzehntelangen Beziehung, die Ethel und Norman auf herrlich pointierte Weise auskosten. „[...] you really are the sweetest man in the world", meint Ethel einmal zu ihrem Mann und fügt hinzu: „But I'm the only one who knows it." Ihr Spiel gipfelt in der unnachahmlichen Szene, in welcher der so sehr gefürchtete Augenblick des Abschiednehmens gekommen zu sein scheint. Ethel und Norman haben sich daran gemacht, die Rückfahrt in die Stadt vorzubereiten, da krümmt sich Norman plötzlich vor Schmerzen. Ein Karton fällt zu Boden, das Porzellan darin zerbricht, Norman wankt auf die Veranda und sinkt dort in die Knie. „Dear God, don't take him now!", fleht Ethel, als sie neben ihm kauert und versucht, ihm eine Pille unter die Zunge zu schieben. „You don't want him. He's just an old poop." Wie diese Frau gegen einen unsichtbaren und eigentlich übermächtigen Gegner ankämpft, ihr Schluchzen, ihre Verzweiflung, und wie sie doch all ihre Kraft zusammen und Norman in ihre zitternden Arme nimmt – und dann, als es Norman wieder ein wenig besser zu gehen scheint, das Aufblitzen jener Gewitztheit, die vielleicht die einzige Waffe gegen den Tod ist, die uns Menschen bleibt: „My heart stopped hurting. Maybe I'm dead."

„This is the first time I've really felt that we're gonna die", meint Ethel und beschreibt, dass sie ihren Mann bereits aufgebahrt vor sich gesehen habe. „How did I look?", will dieser wissen. „Not good, Norman", ist die Antwort, die ganz tief in eine entsetzte Seele blicken lässt. Der Ruf der Eistaucher, die die beiden immer beobachtet haben, reißt sie aus ihren Gedanken. Norman kommt wieder auf die Beine, und dann stehen sie auf dem Steg beisammen, sie betrachten die Vögel auf dem Wasser und verabschieden sich von diesem Sommer. Obwohl schon damals eine alte Dame Mitte siebzig, sollte Katharine Hepburn Henry Fonda um mehr als zwanzig Jahre überleben. Seinen Oscar konnte Fonda nicht mehr persönlich entgegennehmen, und auch die ebenfalls ausgezeichnete Hepburn blieb der Zeremonie fern. Heute wissen wir, dass diese letzten Augenblicke, als über dem See der Abend hereinbricht, auch ein Abschied voneinander und für Henry Fonda einer vom Leben war.

On Golden Pond (*Am goldenen See*, USA 1981)

Von der lyrischen Schönheit des alltäglichen Lebens

Our Little Sister

Vier Frauen am Strand, und über allem ein Gefühl des Glücks, am Leben und dabei nicht allein zu sein. Wer sich im Werk des japanischen Regisseurs, Drehbuchautors und Produzenten Hirokazu Kore-eda, dessen Name zuweilen auch mit Koreeda transkribiert wird, ein wenig umgesehen hat, versteht, dass von einer solch entspannten Atmosphäre getragene Schlussszenen typisch für seine Arbeiten sind; kein Wunder, dass wir dann zumindest mit einer Ahnung und einer Art Nachempfindung des inneren Friedens, den seine Figuren gefunden zu haben scheinen, das Kino verlassen. Kore-edas tragendes Thema ist dabei immer die Familie in ihren unterschiedlichsten Spielarten. Ihre Mitglieder werden durch den Zufall des Prekariats zusammengewürfelt (*Manbiki kazoku/Shoplifters*, 2018 in Cannes mit der Goldenen Palme ausgezeichnet) oder durch die nicht minder unwägbare Vertauschung von Babys nach der Geburt (*Soshite Chichi ni Naru/Like Father Like Son*, 2013), Geschwister und ihre Mutter finden nach dem Tod des Vaters nach einem Unwetter wieder zueinander (*Umi yori mo Mada Fukaku/After the Storm*, 2016) und zwei Brüder, die durch die Scheidung ihrer Eltern getrennt wurden, durch eine neue Zugverbindung (*Kiseki/I Wish*, 2011). Abgesehen von der thematischen Klammer ist Kore-edas Filmen auch der unspektakuläre, fast beiläufige Stil der Inszenierung eigen, deren raffinierte Kunstfertigkeit sich erst in diesem seltsamen Sog offenbart, der uns in die jeweiligen Geschichten zieht und damit in die Herzen und die Seelen der Menschen, an deren Leben wir eine Zeit lang teilhaben dürfen.

Der Originaltitel des Streifens *Unsere kleine Schwester, Umimachi Diary*, kann wörtlich mit „Meeresstadt-Tagebuch" übersetzt werden und kennzeichnet sowohl den Ort wie auch die Art der Erzählung aufs Trefflichste. Die drei Schwestern Koda, Sachi (Haruka Ayase), Yoshino (Masami Nagasawa) und Chika (Kaho) führen im alten Haus ihrer Großmutter in einem Küstenstädtchen ein recht beschauliches Leben. Bei der Beerdigung ihres Vaters, der die Familie fünfzehn Jahre zuvor verlassen hat, erfahren sie von der Existenz einer wesentlich jüngeren Halbschwester, der dreizehnjährigen und anfangs schüchternen Suzu Asano (Suzu Hirose). Sie bieten ihr an, sie bei sich aufzunehmen, und wie sie sich allmählich aneinander zu gewöhnen beginnen, zeigt uns Kore-eda in seiner wunderbar stillen, bedächtigen Schilderung der Rituale des Alltags. Ob bei der Arbeit als Krankenschwester, bei wechselnden Männerbekanntschaften, bei einer Fahrradfahrt unter rosablühenden Kirschbäumen oder dem ersten Sich-Herantasten an das andere Geschlecht – das Leben als langer, ruhiger Fluss, in dessen Verlauf sich auch mitunter auftretende Stromschnellen gemeinsam leichter bewältigen lassen. Dass die Schwestern dabei nicht nur zueinanderfinden, sondern die Tiefe ihrer Bindung jede von ihnen auf eigene, persönliche Weise auch zu sich selbst führt, ist eine der beglückenden Einsichten des Films.

Der Spaziergang am Strand, an dem wir teilnehmen, weil sich die Kamera und wir uns mit ihr unter den Schwestern bewegt, findet nach der Trauerfeier für eine ältere Bekannte statt. Die Schwestern tragen schwarze Kostüme und dazu kleine schwarze Handtaschen, Suzu ist nicht so streng gekleidet. Von einem Trauergast haben wir eben noch gehört, dass die Verstorbene kurz vor ihrem Tod betont haben soll, wie glücklich sie sei, dass sie die Schönheit der Kirschblüte immer noch so stark berühre. Die Worte muten an wie ein Leitsatz Kore-edas, der die Schönheit des Lebens und auch das Glück, das daraus resultiert, im Alltäglichen findet und eben auch seine Protagonistinnen so empfinden lässt. Sie bewegen sich in der finalen Szene des Films in einer Szenerie ausgebleichter Farben, der leicht zum Meer abfallende Strandabschnitt, der Sand, das Wasser, der bewölkte Himmel darüber, im Hintergrund eine Bergkette im Dunst. Doch es ist kein trostloses Bild, das wir vor Augen haben, die wahren Farben darin sind die vier Frauen und ihre mutmachende Beziehung. Suzu merkt an, der Vater habe einmal etwas Ähnliches wie die Verstorbene gesagt. „Dann muss er ein gutes Leben gehabt haben", ist die Reaktion der Schwestern.

Es entspinnt sich ein kleines Spiel der Mutmaßungen, woran sie selbst sich eines Tages erinnern würden. „An einen Kerl", meint die in dieser Hinsicht immer recht umtriebige Yoshino. „An unsere Veranda", fügt die vernünftige Sachi hinzu. „An viele neue Dinge", ist Suzu, die Jüngste, optimistisch. Dass sie in fünfzig Jahren noch beisammen und „alle Omis" sein würden, stellen die Schwestern lachend fest; ihr einhelliges Fazit: „Das könnte lustig werden." Ein nachdenkliches Innehalten, dann fällt der Satz: „Vater war vielleicht zu nichts gut, aber ich glaube, er war ein netter Mann." Und auf die Frage nach dem Grund für diese Vermutung: „Na, weil er uns so eine tolle Schwester geschenkt hat." Einhellige Zustimmung, dann streicht Sachi Suzu liebevoll übers Haar. Die Kamera und wir mit ihr halten uns jetzt hinter den Schwestern auf, wir blicken gemeinsam mit ihnen aufs Meer, wir hören reduzierte musikalische Klänge im Rauschen der kleinen Wellen, vor denen die Frauen zurücktreten, um keine nassen Füße zu bekommen. Auf einfachere, unaufdringlichere Weise kann eine filmische Szene eigentlich nicht eingerichtet werden, und näher können wir uns trotzdem den Empfindungen von Figuren kaum fühlen. In den letzten Momenten des Films, als sich die vier Schwestern am Ufer entlang von der Kamera fortbewegen und wir sie in Ruhe ziehen lassen, kommt ein wenig Sonne zwischen den Wolken hervor, und kein Gleißen, sondern die Ahnung von Glitzern legt sich auf das Wasser. Hirokazu Kore-eda, der einmal einer der großen Humanisten des heutigen Kinos genannt wurde, braucht anstatt von großen Gesten nur leise Zwischentöne, um uns die lyrische Schönheit der Welt nachfühlbar zu machen.

Umimachi Diary (Our Little Sister/Unsere kleine Schwester,
Japan 2015)

Glauben an die Liebe

Out of Africa

Natürlich ist es diese Musik, sind es John Barrys majestätische Klänge, die uns über das afrikanische Buschland tragen und durch das Leben von Karen Blixen, der die einmalige Meryl Streep in Sydney Pollacks Oscarabräumer ihr Gesicht leiht. Als junge Frau flieht sie aus der Enge ihrer Familie in Dänemark und versucht, sich in Afrika eine unabhängige Existenz aufzubauen. „I had a farm in Africa, at the foot of the Ngong hills", ist der erste Satz ihrer Memoiren *Out of Africa* (1937 in englischer Sprache, in deutscher Übersetzung *Afrika – dunkel lockende Welt* betitelt), auf denen der Film basiert. Die Autorin schlägt darin einen Ton der poetischen Verzauberung ihres mitunter doch recht mühsamen Lebens an, hinter den der weitere Verlauf ihres Buches in keiner Passage zurückfällt. Ihr Ehemann (auch Klaus Maria Brandauer war für einen Oscar nominiert) ist ihr untreu und wenig geschäftstüchtig; Karen ist auf sich allein gestellt und sieht sich gezwungen, die Kaffeeplantage selbstständig zu führen. Meryl Streeps Spiel bewegt sich zwischen der Hingabe in die Unzulänglichkeiten des Lebens und dem Aufbegehren gegen eben diese; ihre Karen Blixen ist sich der Grenzen bewusst, die eine Frau ihrer Zeit einengen, und versucht sie doch zu sprengen. Das ist es, was ihr letztlich trotz ihres Scheiterns, nachdem eine Feuersbrunst die gesamte Kaffeeernte vernichtet hat, die Hochachtung sowohl der englischen Siedler als auch der Einheimischen einbringt.

Doch im Grunde genommen geht es um nichts als die Liebe. Bereits in den ersten Momenten des Films erleben wir einen Sonnenaufgang über der Savanne mit, und Robert Redford alias Denys George Finch Hatton, Lebenskünstler und Großwildjäger, zeichnet sich als Scherenschnitt davor ab. „He even took the gramophone on safari", lässt uns Karen aus dem Off wissen: „Three rifles, supplies for a month and Mozart." Ganz klar, dass dieser Mann die Liebe ihres Lebens wird. „He began our friendship with a gift", heißt es weiter. „And later [...] he gave me another. An incredible gift. A glimpse of the world through God's eye. And I thought: Yes, I see. This is the way it was intended."

Worauf hier bereits angespielt wird, ist eine spätere Szene, zuvor kommt noch der eigentliche Beginn des Films mit der langsamen Zufahrt durch die afrikanische Steppe, die John Barrys Musik auf eine geradezu überirdische Ebene hebt. Dieser Score ist es auch, der aus dem Flug von Denys und Karen in einem kleinen Doppeldecker etwas ganz Besonderes macht: Wir lassen uns hineinfallen in die Magie dieser Bilder und ihrer musikalischen Untermalung, die viel mehr ist als bloß eine solche, wir schweben auf diese Weise über erloschene Vulkankrater und die grüne Savanne, über Herden von auseinanderstiebenden Gazellen und Schwärme von aufflatternden rosa Flamingos am Meer. Karen sitzt vor Denys, dem Piloten, und als sie mit der Hand nach ihm tastet und er die ihre ergreift, spiegelt sich in ihrem Gesicht das grenzenlose Staunen über die Wunder dieser Welt, die Sehnsucht nach dem Unendlichen und dem Unerfüllbaren, und sie weint vor Glück. Karen strahlt ein Gefühl aus „für das eigene Leben, seine Höhen, seine Tiefen, für das Ganze des Lebens, seinen unsichtbaren Bogen", wie es der deutsche Schriftsteller Bodo Kirchhoff in seinem Roman *Die Liebe in groben Zügen* (2012) in einem anderen Kontext und doch auf so seelenverwandte Weise formuliert: „Wer bin ich, wenn ich liebe?", das sei die Frage, Karen hat sie für sich bereits beantwortet: Als Liebende erst ist sie ganz sie selbst.

Denys wird kurz darauf bei einem Flugzeugabsturz ums Leben kommen. Bei seinem Begräbnis in den Ngong-Bergen spricht Karen über ihn und möchte schon eine Handvoll Erde in sein Grab werfen. Doch dann zögert sie und wendet sich von den anderen Europäern ab, und im Gehen fährt sie sich nach Sitte der Eingeborenen mit der Hand durchs Haar. Dass sich jeden Tag ein Löwe und eine Löwin auf dieser Grabstelle treffen würden, erfährt Karen, die ihre Farm schließlich aufgeben und Afrika verlassen muss, aus einem Brief. Das Löwenpaar habe von dieser Stelle aus einen guten Ausblick über die Ebene, mutmaßt Karen, und aus dem fernen Europa fragt sie sich: „If I know a song of Africa, of the giraffe and the African new moon lying on her back, of the plows in the fields and the sweaty faces of the coffee pickers, does Africa know a song of me? "

„Wie sprach man über Liebe?", eine Frage, die abermals Bodo Kirchhoff in den Raum stellt, diesmal in seinem Roman *Infanta* (1990). „Über die handfeste, durch Mark und Bein gehende, ein ganzes Leben auf den Kopf stellende Liebe. In höchsten Tönen? In leisen Tönen? Im Plauderton? Andächtig? Oder gar nicht." *Out of Africa* trifft diese Entscheidung und spricht von der Liebe auf eine ganz eigene Art, in der Form eines romantischen Idealismus, der uns zu verzaubern weiß. Diese sanfte Wehmut, diese schwelende Melancholie, dieses betörende afrikanische

Licht: Für Karen im Film stehen diese von ihren Emotionen getragenen Bilder für die Liebe und – trotz aller Enttäuschungen und Entsagungen – ihren unbedingten Glauben daran.

Out of Africa (*Jenseits von Afrika*, USA 1985)

Einsame Tiere

Paradies Liebe

„Grenzüberschreitende Literatur", schrieb Jonathan Franzen anlässlich der Verleihung des „Center for Fiction's Fadiman Award" im Jahr 2005 an den US-amerikanischen Autor James Purgy, „richtet sich, sei es offen oder uneingestanden, immer an die bürgerliche Welt, von der sie abhängig ist." Und Franzen weiter: „Als Leser grenzüberschreitender Literatur hat man zwei Möglichkeiten: Man ist entweder schockiert, oder aber man schockiert andere mit seiner Weigerung, schockiert zu sein." Es genügt ein Schwenk von Purgys vielerorts beim Erscheinen als Skandal apostrophierter Literatur zum Film, und wir docken beim österreichischen Regisseur Ulrich Seidl an, der wie kein Zweiter zu polarisieren scheint – und erkennen in der Rezeption von dessen Werk die Spiegelung jenes Dilemmas, das Franzen als für Purgys Werk gültig formulierte.

Zwei Damen, nicht mehr ganz jung, liegen am Strand. Sie halten die Gesichter in die Sonne, und es ist, als würden die vollschlanken Leiber in der Hitze zerrinnen. Die Security des Strandhotels patrouilliert entlang der Absperrung zwischen den Liegestühlen und den davor aufgereihten Beach Boys, als die erfahrenere der beiden Frauen damit beginnt, der unerfahrenen Verhaltenstipps für den Umgang mit diesen Burschen zu geben.

Die Unterhaltung dreht sich um Schambehaarung beziehungsweise um deren Entfernung. Dass sie sich „unten" nicht rasieren
würde, meint die eine Dame, denn die Männer hier in Ostafrika
würden auf ihren „Busch" stehen, hätten sie selbst doch nur
„kleine Wuckerln" vorzuweisen. „Wild und ursprünglich" würden die weißen Touristinnen den kenianischen Boys auf diese
Weise erscheinen. Und für Männer, bekräftigt sie, wolle sie sich
nicht mehr verbiegen: Sie habe gelernt, zu sich selbst zu stehen.

Vier Damen liegen am Strand, nur ein paar kurze Szenen später. Sie braten in der Sonne und unterhalten sich über Frustra-
tionen im Eheleben und solche mit Männern im Allgemeinen,
über den Verlust der Schönheit beim Älterwerden, Hängebrüste
und damit in Zusammenhang stehende Operationen diverser
Körperteile. Bei ihr wäre eine „Gesamtabsaugung" notwendig,
meint eine der Damen mit gewissem Zynismus, und dann die
Sehnsucht: dass die „Neger", wie die weißen Damen die Afrika-
ner nennen, sich nicht an ihrem Äußeren stoßen, sondern geradewegs die aus ihrer Sicht unzweifelhafte Schönheit ihrer Seelen erkennen würden.

Margarethe Thiesel ist eine dieser vier Damen im vermeintlichen Urlaubsparadies in Kenia. Sie verkörpert die fünfzigjährige
Teresa mit naiv-berührender Verletzlichkeit. *Angst essen Seelen
auf* (1974) ist ein zentrales Werk von Rainer Werner Fassbinder
betitelt, die Geschichte dreht sich um die Beziehung zwischen
der sechzigjährigen Putzfrau Emmi und dem wesentlich jüngeren Marokkaner Ali, feindselige Stimmung im Lebensumkreis
der beiden inklusive. Mit Seelenangst hat auch Teresa zu kämpfen, verhandelt Ulrich Seidl in seinem Film doch die (Un)Mög-
lichkeit der Echtheit der Gefühle zwischen den Europäerinnen
und den Beach Boys; die Missverständnisse und der Selbstbe-

trug, die die Sehnsüchte der Touristinnen mit sich bringen, sind vorprogrammiert. Teresa missinterpretiert die Dienste, die die Boys anbieten, als echte Zuneigung. Unsicherheiten, Selbstzweifel, die Furcht vor dem Verlassen-Sein und der Einsamkeit, dann auch immer wieder so etwas wie eine fast störrische Selbstbehauptung stecken die Schritte auf einem Weg ab, an dessen Ende Teresa enttäuscht und schluchzend zurückbleibt.

„Als sie im Bad den Schlafanzug auszog, sah ihr Körper in dem großen Spiegel läppisch aus. An manchen Stellen merkwürdig geschrumpft, an anderen aufgedunsen. Hüftlastig. Ein groteskes Paket." In der Beschreibung der Richterin Fiona Maye in dem Roman *The Children Act* (*Kindeswohl*, 2014) vermittelt Ian McEwan vortrefflich, wie sich eine solche Frau fühlen mag: „Warum sollte jemand sie nicht verlassen?" Ähnlich funktioniert Ulrich Seidls Film in einem für den Regisseur typischen Balanceakt zwischen bitterem Sarkasmus und tiefer Traurigkeit. Nicht nur in den Liegestuhlszenen am Strand blicken wir auf Stillleben des verzweifelten Festhaltens an der Idee, als Mensch nicht gescheitert und ohne Wert zu sein. In diesem Sinne sind Seidls streng durchkomponierte Aufnahmen Tableaux vivants, lebende Bilder, jedoch unter umgekehrten Vorzeichen. Hier werden keine Werke der Malerei oder Plastik durch Personen nachgestellt, eine Mode, die gegen Ende des achtzehnten Jahrhunderts aufkam, hier findet keine Belebung der sonst starren Kunst statt; hingegen entwirft Seidl in seinem peniblen Arrangement des Settings und der ebenso sorgsamen Auswahl des Kamerablicks Nachstellungen der Realität in gemäldegleichen Bildern, kontrollierte Bewegungsabläufe, in denen die Nachahmung der Wirklichkeit den Figuren zu Leibe rückt, und dies im wahrsten Sinne des Wortes. Aus der Passivität, in denen Seidls

Figuren lange Zeit inmitten ihrer Lebenswelten verharren, brechen dann unvermittelt Affekte, brechen ihre allzu lang unterdrückte Wut und ihre Ängste mit zuweilen schockierender Brutalität.

Seidl setzt dieses Konzept der Vermessung und Bestückung seiner filmischen Räume in ganz unterschiedlichen Welten ein: in jene von Wiener Zeitungskolporteuren oder von Models mit aufgespritzten Lippen ebenso wie in jene von Sexarbeiterinnen und ihren Freiern oder Menschen mit mitunter extremer Tierliebe, zuletzt in die eines pädophilen Mannes in der väterlichen Beziehung zu rumänischen Buben – und dies alles unter der Hitze von Hundstagen oder in kühlen Kellern. Im Fall von *Paradies Liebe* führt der Regisseur den nach eigener Definition „eingesperrten Menschen in seiner Melancholie" eben unter dem freien Himmel Kenias und in den armseligen Zimmern der Beach Boys vor. Seidl siedelt seine Arbeit im Grenzbereich zwischen Dokumentar- und Spielfilm an und definiert sein Interesse am Dokumentarischen im Sinne des Cinéma Vérité, verleugnet dabei aber auch nicht seinen Hang zur Inszenierung der Szenerien: „Das Konzept, die Kamera zwischen verschiedenen Standpunkten zirkulieren zu lassen, sie aufzustellen, ein Bild einzurichten, einzuschalten – und was passiert, passiert."

„Noch nie habe ich im Kino so geradewegs in die Hölle geschaut", hat Werner Herzog, der Seidl zu seinen zehn Lieblingsfilmemachern zählt, einmal geschrieben und weiter ausgeführt: Das Alltägliche, durch Gewohnheit unsichtbar, würde zu einem Abgrund, in den wir gebannt starren. Natürlich hat Herzog recht, wenn er von „grässlicher Schönheit" spricht; doch Ulrich Seidls Blicke sind nur vordergründig von Eiseskälte. Da ist noch mehr in diesen Szenerien der Traurigkeit, mehr als die Erbärmlichkeit der unerfüllten Sehnsüchte der Figuren. Denn genau in ihrem Scheitern liegt ihre größte, mitunter poetische Qualität: ihre Menschlichkeit. „And there are no truths outside the gates of Eden", hat Bob Dylan vor einem halben Jahrhundert gesungen. Manchen von Seidls Charakteren und unter ihnen auch Teresa in ihrem Liegestuhl am Strand und später im Bett mit ihrem Beach Boy, von dem sie sich entgegen aller Vernunft so etwas wie Liebe erhofft, ist dieser Blick über die Absperrungen und Zäune ihres Lebens vergönnt, und wir sind dabei ganz nah bei ihnen. Dennoch zwingt uns Seidls Blick dazu, eine konkrete Position zu dem einzunehmen, das sich auf der Leinwand abspielt; man könnte sie Mitleid nennen. Seidls Unnachgiebigkeit, sein Verharren auf den Abgründen der Empfindungen und Befindlichkeiten der kleinbürgerlichen Welt bezieht uns mit ein, die wir uns eigentlich außen vor und in Sicherheit wähnen. So anders sind wir nicht, ruft das Entsetzen darüber, was sich hier abspielt, auch in uns ein Erkennen von Wahrhaftigkeit hervor. „We are lonesome animals", hat John Steinbeck geschrieben. „We spend all our life trying to be less lonesome." Ulrich Seidls Figuren sind Tiere dieser Art – und wir mit ihnen.

Paradies Liebe (Österreich/Deutschland/Frankreich 2012)

Zu ebener Erde und im ersten Stock

Parasite

Der Film beginnt mit einer Einstellung, die schon vieles sagt und vorwegnimmt: Von einer Kellerwohnung aus blicken wir durch schmale Fenster auf das Straßenniveau am unteren Ende einer abfallenden Gasse. Dann schwenkt die Kamera auf einen jungen Mann, der mit seinem Handy beschäftigt ist. Er flucht, dass das WLAN der Frau aus der Wohnung darüber nun passwortgeschützt sei und er deshalb nicht mehr ins Internet komme. Durch die Diskussion, die sich daraufhin entwickelt, lernen wir die anderen Mitglieder seiner Familie kennen, deren Schicksal und Bemühungen, dagegen aufzubegehren, uns durch diese filmische Erzählung begleiten wird. Später wird diese Wohnung im starken Regen fast völlig überflutet werden, wohingegen das luxuriöse Anwesen einer zweiten Familie, zu dem ein weiter Weg unzählige Treppen und steile Gassen und Straßen hinaufführt, unbeschadet bleiben wird – zumindest von Wind und Wetter, jedoch nicht von den Auswirkungen der immensen Diskrepanzen und den daraus resultierenden sozialen Spannungen, die uns die Handlung vor Augen führen wird.

Zu ebener Erde und im ersten Stock lautet der Titel von Johann Nestroys Posse aus dem vorrevolutionären Österreich des Jahres 1835. Haben die Figuren auf der unteren Ebene dieser

Lebenswelten alle Hände damit zu tun, sich Gläubiger vom Leibe zu halten, stehen eine Etage darüber die Vorbereitungen für einen Ball im Mittelpunkt. Kleidertausch, Heiratsanträge und Prügeleien feiern ihr turbulentes Treiben; die Frage, ob das alles denn ein glückliches oder schlimmes Ende nehmen werde, ist bei Nestroy vorhersagbarer als im südkoreanischen Kino, dessen erste Prämisse dennoch aus dem Munde des Meisters des Wiener Volkstheaters stammen könnte: „Mein Beispiel gebe warnend euch die Lehre: Fortunas Gunst ist wandelbar." Die Perspektive jener, die ganz unten sind, und die Demaskierung des Blendwerks, das nicht nur die koreanische Gesellschaft ausmacht, durch ihre Gewitztheit und ihren Überlebenswillen, ihr zuweilen schamloses Spiel mit sämtlichen Möglichkeiten, die sich ihnen bieten – es ist die totale Schrankenlosigkeit der in Cannes und mit mehrfachen Oscars prämierten Arbeit von Regisseur Bong Joon-ho, die uns beim Betrachten unbändiges Vergnügen bereitet.

Es ist das, was man einen Ensemblefilm nennen könnte, treffen doch in der anfänglichen Interaktion und späteren Konfrontation der Lebenswelten insgesamt zehn wichtige Charaktere aufeinander. Da ist die arme Familie Kim auf der einen, die reiche Familie Park auf der anderen Seite, und zwischen diese beiden Fronten schieben sich noch die Haushälterin der Parks und ihr Mann, der sich in einem geheimen Bunker tief unter dem Anwesen vor Kredithaien versteckt hält. Die Handlung dreht sich um die gefinkelten Winkelzüge wie das Fälschen von Dokumenten, Schmeicheleien und Verleumdung, mit deren Hilfe sich die Kims bei den Parks einschleichen, dort nach und nach wichtige Stellen und dadurch immer mehr Freiräume besetzen: in der Person des Privatlehrers und dann auch Liebhabers der

Tochter, der Kunstlehrerin des kleinen Sohnes, eines neuen Chauffeurs und der ebensolchen Haushälterin – wobei der Chauffeur und die Haushälterin, die diese Posten besetzen, erst einmal in Ungnade fallen müssen. Die Armen machen sich dabei die Überspanntheit und Neurosen der Oberschicht zunutze, die in ihrer Borniertheit die prekären Lebensumstände des Proletariats völlig zu verdrängen weiß. Dabei legen die Kims ein beträchtliches Ausmaß an Hemmungslosigkeit an den Tag, wenn es um die Eroberung und dann die Verteidigung mit allen Konsequenzen dessen geht, von dem sie glauben, dass es ihnen zustehen würde. Aus den rundum gelungenen Leistungen der Darsteller:innen könnte man Song Kang-ho und Choi Woo-shik als Vater und Sohn Kim sowie Lee Jung-eun als Haushälterin, die ein böses Schicksal erwartet, hervorheben.

Auch in den nachtschwarzen Kurzgeschichten aus der Sammlung *Knockemstiff* (2008) des US-amerikanischen Schriftstellers Donald Ray Pollock gehen die Figuren nicht zimperlich miteinander um; die freie Übersetzung „Schlag sie tot" des real existierenden Ortes, der dem Buch seinen Titel gibt, lässt schon Rückschlüsse auf die Verhaltensweisen zu, mit denen diese Charaktere auf die Härte des Lebens reagieren, in das sie sich geworfen sehen. Von der „Boshaftigkeit der Armut, und wie sie dich direkt ansieht" spricht in diesem Zusammenhang der Kriminalautor Daniel Woodrell, und die Mitglieder der Familie Kim scheinen in die gleiche Kerbe zu schlagen.

Was *Parasite* betrifft, fällt uns die eindeutige Zuordnung zu einem einzigen Genre schwer. Ein Drama, das zum wahren Thriller, Satire, die zur grotesken Farce geriert, das Mosaik grausamer Miniaturen einer rabenschwarzen Tragikomödie über soziale Ungleichheit, eine Parabel als Kritik an den Auswüchsen des Kapitalismus auf die Lebens- und Arbeitswelten der Menschen, die sich darin gefangen sehen – der Film ist alles in einem und vermittelt trotzdem in keinem Moment einen überladenen oder gar konstruierten Eindruck. Dazu macht es viel zu viel Spaß, der Handlung und ihren sich beständig steigernden Wirrungen und Verwirrungen zu folgen, die schließlich in der vielleicht denkwürdigsten Szene des Films, dem Crescendo eines absurden Blutbades, mündet.

Es geht um die spontan einberufene Geburtstagsparty für den kleinen Sohn der reichen Familie und zuerst einmal um die Vorbereitungen dazu. Mit Frau Park betreten wir ihr riesiges Schrankzimmer, in dem die Auswahl angesichts der schieren Überfülle an Kleidungsstücken wahrlich schwerfällt – ein krasser Gegensatz zu dem Notquartier, in dem die Kims die Nacht wegen einer Überflutung verbringen mussten, und den gespendeten Kleidungsstücken, aus denen sie Brauchbares zu finden suchen. Sie solle die Tische im Garten in einem Halbkreis aufstellen, instruiert Frau Park ihre Haushälterin im Anschluss und entwirft dabei das Bild der Schwingen eines Kranichs in Bezug auf eine berühmte Seeschlacht, wobei das Zelt ihres Sohnes ein japanisches Kriegsschiff symbolisiere – wie treffend ihr martialischer Vergleich ist, wird sich in den kommenden Ereignissen bewahrheiten.

„Alle sind so spontan gekommen und trotzdem sehen sie so entspannt aus", stellt Sohn Kim nach dem Schmusen mit Tochter Park fest. Er beobachtet die ankommenden Gäste von einem Fenster des oberen Stocks aus, ihr betont ungezwungenes Auftreten in ihrem teuren Casual-Look. „Passe ich da rein?", fragt er das Mädchen. „Gehöre ich dazu?" Er erhält keine Antwort, Töchterchen Park schaut ihn nur unverständig an und weiß offensichtlich gar nicht, was er meint. Die beiden Väter Kim und Park, mit buntem Federschmuck auf dem Kopf, setzen sich derweil mit der großen Überraschung im Ablauf der Party auseinander. Sie würden, so erklärt es Vater Park, einen Überfall auf die Geburtstagstorte fingieren, damit der kleine Sohn Park als Held dazwischenspringen könne. Als „Trauma-Überwindungstorte" bezeichnet Frau Park, die Autorin dieses Szenarios, denn auch den Geburtstagskuchen in Anspielung auf die psychischen Probleme ihres Sohnes. Herrn Kims Bedenken kontert Herr Park mit dem Argument, das üblicherweise alle Widrigkeiten aus dem Weg räumt, er erhalte schließlich eine Wochenendzulage.

Sohn Kim schleicht sich indessen tief hinunter in den unterirdischen Bunker, wo, das haben wir miterlebt, seit einer heftigen Auseinandersetzung in der Nacht zuvor die Leiche der ehemaligen Haushälterin der Parks und ihr Mann eingeschlossen sind. Mit seinem sogenannten „Glücksstein", so sein Plan, soll diese Angelegenheit gelöst werden, doch alles geht schief. Sohn Kim wird schon mit einer Schlinge erwartet, die sich aus dem Hinterhalt um seinen Hals legt, und nach einem wilden Gefecht, bei dem sich die beiden Kontrahenten wahrlich nichts schenken, liegt er blutüberströmt auf dem Boden der Küche. Der Mann der toten Haushälterin aber nimmt sich ein großes Messer und betritt, kurz von der grellen Sonne geblendet, den Garten, den Ort des dräuenden Massakers. Flugs stürzt er sich auf die Person, die die Geburtstagstorte trägt, es handelt sich um die Tochter Kim. Er sticht auf sie ein, der kleine Sohn Park fällt ihn Ohnmacht und die beiden federgeschmückten Väter denken, der Zeitpunkt für ihren fingierten Überfall wäre gekommen. Geschrei von allen Seiten steigert die Verwirrung, in der Mutter

Kim zuerst mit einer Hacke und dann mit einem langen Spieß mit Würsten den Angreifer, der ihre Tochter zu Tode gebracht hat, durchbohrt. Tochter Park hat den verwundeten Sohn Kim gefunden und ihn sich auf den Rücken geladen, um ihn in Sicherheit zu bringen, indes immer mehr Blut spritzt und teure Kleidungsstücke befleckt werden, wir sehen das teilweise in Zeitlupe. Als Vater Kim mitansieht, dass Vater Park sich angeekelt die Nase zuhält – der schlechte Geruch der Unterschichtler wird im Film von den Oberschichtlern wiederholt bekrittelt –, sieht er rot. Er stürzt sich auf ihn und ersticht ihn, dazu aufschwellende Musik und dann plötzlich Stille und nur noch das Rauschen des Bambus, als wir Vater Kim aus der Vogelperspektive bei seiner Flucht die Treppe hinunter beobachten. Später werden wir erfahren, dass er sich durch die Garage in die Katakomben des Kellers geflüchtet hat, der nun ihm Schutz vor Verfolgung und Verurteilung bieten wird.

Eine wahrlich denkwürdige Szene, ein Tohuwabohu, das uns beim Zuschauen fast die Sinne raubt, in allen Details, jeder Geste, jedem Blick perfekt getimt und entlarvend ohne Rücksicht auf Verluste, von denen es jede Menge gibt. In Bertolt Brechts *Die Dreigroschenoper* (1928) heißt es: „Denn die einen sind im Dunkeln/Und die anderen sind im Licht./Und man sieht nur die im Lichte/Die im Dunkeln sieht man nicht." *Parasite* hat einige von ihnen ans Licht geholt.

Gisaengchung (*Parasite*, Südkorea, 2019)

In den Abgrund blicken

Picco

Es gibt Filme mit Szenen, da möchten wir eigentlich gar nicht hinsehen und tut es trotzdem wie gebannt. Kaum einer dieser Streifen hatte auf mich die Wirkung von *Picco*, dem brillanten Langfilmdebüt des deutschen Regisseurs Philip Koch.

Basierend auf wahren Begebenheiten in Jugendstrafanstalten wird die Geschichte von Kevin (Constantin von Jascheroff) erzählt, dem Neuen, der von den Mithäftlingen erst mal fertiggemacht wird. In einer Umgebung, in der nur das Recht des Stärkeren zählt, wird Kevin schließlich selbst zum Täter. Der Film nimmt sich Raum für die Beschreibung des Alltags im Gefängnis und der persönlichen Hintergründe der Häftlinge. Über den Zeitraum von hundert Tagen tastet er sich an die Nacht heran, in der Kevin seinen Zellengenossen Tommy zu Tode bringen wird. Anfangs sitzen sie noch beim Kartenspielen beisammen, Kevin, der sich Mühe gegeben hat, an das Gute zu glauben, und Tommy, der kleine Dealer mit den Depressionen, die ihn nächtens zum Weinen bringen, in unglaublicher Intensität von Joel Basman verkörpert; dazu Marc, der Schläger (Frederick Lau), und Andy, der Intrigant (Martin Kiefer). Einmal wollte Kevin bei einer Vergewaltigung dazwischen gehen, da hat ihn Tommy zurückgehalten, denn dann würde sich der Hass der anderen nur auf ihn richten. Nicht selbst zum Opfer zu werden, hat im Jugendgefängnis oberste Priorität. Über eine Filmstunde lang haben wir gelernt, die vier Charaktere nicht einfach als Kriminelle zu verurteilen, sondern sie als Menschen mit all ihren Ängsten und Träumen zu sehen. Jetzt hält uns der Film dieses Verständnis wie im Hohn als Zerrspiegel vors Gesicht, wenn im Laufe einer Nacht sämtliche Dämme der Zurückhaltung und der Menschlichkeit bersten.

Inzwischen hat sich Kevin „gut eingelebt", wie es Tommy schluchzend bezeichnet, nachdem Kevin unter der Dusche seinen Frust an ihm ausgelassen und ihn zusammengeschlagen hat. Noch war Kevin darüber entsetzt, wozu er fähig ist. Jetzt, in der Nacht, die das letzte Viertel des Films ausmacht, provoziert Tommys offensichtliche Schwäche den aufgestauten Frust der anderen, der zur offenen Brutalität wird. Es beginnt relativ harmlos, als sie Tommys Spind durchstöbern und ein Foto zerreißen, das ihn als Kind mit seinen Eltern zeigt. Doch dann eskaliert die Situation in einer Vergewaltigung mit einer Klobürste. Hier zeigt uns die Kamera Tommys Gesicht, in dem sich die Schmerzen spiegeln, in Großaufnahme. Er kämpft gegen die Hand an, die ihm den Mund zuhält, dann wird die Bürste mit dem blutigen Stiel in eine Ecke geworfen. Diese Indizien genügen dem Film, er schlachtet die Brutalität der Szene nicht visuell aus, im Kopfkino des Zuschauers arbeitet sie dennoch nicht weniger verstörend. „Schon mal gesehen, wie sich jemand weghängt?", wird Kevin gefragt, der die ganze Zeit selbst in Gefahr ist, die Aggressionen der anderen wieder auf sich zu ziehen. Gefesselt und mit einem Tennisball im Mund muss Tommy mitanhören, wie Argumente für oder gegen das Erhängen ausgetauscht werden: „Pro, ein Mensch stirbt." – „Ist das nicht eher

Kontra?" Und wieder hält die Kamera brutal auf Tommys ge-
knebelten Mund, auf sein schwitzendes Gesicht, auf seine Augen, in denen sich die Qualen der Todesangst spiegeln, die dem
Zuschauer in Mark und Bein gehen.

Aus Bettlaken fertigen die Zellengenossen einen Strick an und
befestigen ihn über der Toilette. Dann versuchen sie, Tommy
unter Androhung von neuerlicher Folter und mit perfidem Sarkasmus zum Selbstmord zu treiben: „Es ist das Beste für dich."
Kevin hält Tommy fest, als sie ihm, einen Plastiksack über dem
Kopf, mit einer Rasierklinge die Unterarme zerschneiden. „Hör
endlich auf, an die Welt da draußen zu denken!", wird Kevin
angefahren, als er die anderen doch noch stoppen will: „Es gibt
kein Draußen mehr." Die Kälte, mit der die anderen Tommy begegnen, ist erschreckend. „Junge, bring's bitte hinter dich. Es ist
ja wirklich nicht mehr mit anzusehen", beschwert sich Marc, als
Tommy, die Schlinge um den Hals, auf dem Klo steht. Und dann
treiben Andy und er Kevin zur Tat: „Langsam glaube ich wirklich, wir haben uns den Falschen ausgesucht", drohen sie ihm
und setzen nach: „Es führt kein Weg dran vorbei, Kevin."

Tatsächlich ist es schließlich Kevin, der Tommy die Füße weg-
zieht. „Schau mir in die Augen!", fleht Tommy. „Er oder du!",
drohen Andy und Marc. „Tut mir leid. Du hättest dasselbe gemacht", bittet Kevin um Vergebung, bevor er Tommy in den Tod
stößt. Abermals bleibt die Kamera auf dem Bild des zuckenden,
röchelnden, sterbenden Tommy – so lang und unerbittlich, dass
es kaum auszuhalten ist. Diese Absolutheit, diese Direktheit,
diese Unmittelbarkeit und Unbarmherzigkeit – was wir hier zu
sehen bekommen, trifft uns mit grausamer Wucht. Damit haben
Regisseur Philip Koch und sein herausragender Darsteller Joel
Basman Momente von immenser Eindringlichkeit geschaffen,

die nicht nur die Filmcharaktere, sondern auch uns Zuschauer in einen Abgrund des Unvorstellbaren reißen und dort ohne Mitgefühl und die Hoffnung auf ein Entkommen liegen lassen. Das Unaussprechliche bleibt unkommentiert und lässt uns wie betäubt zurück.

Picco (Deutschland 2010)

Erstarrtes Lächeln

Quo vadis, Aida?

Diese Frau gibt alles im Kampf um das Überleben ihrer Familie und muss dennoch hilflos mitansehen, wie ihr Mann und ihre beiden Söhne von Männern, die vor Kurzem noch ihre Nachbarn waren, in den Tod geführt werden. Die in Deutschland lebende bosnische Regisseurin und Drehbuchautorin Jasmila Žbanićs wagt sich in ihrem aufwühlenden Film *Quo Vadis, Aida?* an die wahrlich schockierende Aufarbeitung jener Gräuel, die als Völkermord von Sebrenica in die Geschichtsbücher eingegangen sind. Tausende Zivilisten fielen dabei im Bosnienkrieg der 1990er-Jahre der Grausamkeit der serbischen Miliz zum Opfer – ein Massaker an der Menschlichkeit.

Die im Titel des Films genannte Protagonistin Aida arbeitet als Übersetzerin im Quartier der UNO-Truppen, die den Menschen eigentlich Schutz garantieren sollten, und empfindet Ohnmacht angesichts des eklatanten Versagens der Völkergemeinschaft. Die wunderbare Schauspielerin Jasna Đuričić schenkt uns in der Rolle dieser starken Frau, die sich ihrer Schwäche nur allzu bewusst ist, Momente zum Niederknien. Die Umstände scheinen sich gegen sie verschworen zu haben, die NATO fliegt die versprochenen Angriffe nicht, verzweifelte Menschen suchen im UN-Lager Zuflucht, bis dieses völlig überfüllt ist, und dann vor dessen Zaun und Toren. In den Verhandlungen zwischen dem Kommandeur der UNO-Truppen und dem Serbengeneral Mladić fungiert Aida als Dolmetscherin und ahnt, dass den geheuchelten Beteuerungen des Militärs, den Zivilisten freies Geleit zu garantieren, nicht zu trauen sind. Ihre Belastbarkeit scheint grenzenlos und führt doch nur zu dem Punkt, an dem sie nichts mehr gegen den Abtransport der Menschen, darunter auch ihr Mann und ihre Söhne, ausrichten kann. Sie werden in einer Turnhalle zusammengetrieben und finden unter den Salven von Maschinengewehren den Tod.

Die letzten Szenen des Films spielen in der Zeit nach dem Krieg, eine Art eisiger Atem liegt über der winterlichen Szenerie, als Aida zu ihrer alten Wohnung zurückkehrt; die Kinder, die auf der Straße Fußball spielen, sind das einzige Zeichen von Normalität und Leben. Später identifiziert Aida in einer Halle die Knochen ihrer Lieben. Die Reste von Skeletten und Kleidungsstücken sind auf dem Boden drapiert, Aida erkennt die Turnschuhe eines ihrer Söhne. Sie bricht zusammen, kriecht schluchzend über den rissigen Beton und berührt die Fingerknochen eines zweiten Skeletts – vorsichtig, zärtlich, wie in einer Geste der Liebkosung, aber auch einer des Abschieds. Dann sitzt sie in der leeren Wohnung und alles, was ihr geblieben ist, sind einige wenige Fotos.

In einer Art letzter Anmerkung zeigt uns der Film Aida, wie sie ihren Beruf als Lehrerin wieder aufgenommen hat. In der Klasse hat es den Anschein, als würden sich ihre stets so konzentrierten Gesichtszüge zumindest ein wenig entspannen. Die Bilder gehen über in eine pantomimische Aufführung der Schulkinder im Turnsaal. Die Kinder strecken ihre Arme in die Höhe und bewegen dann die Handflächen vor den Augen hin und her;

unter ihren begeisterten Eltern im Publikum sind auch Täter der furchtbaren Kriegsereignisse. Aida steht an der Seite der Szenerie, sie ist Teil davon und doch auch wieder nicht, als die Kamera ganz langsam auf sie zufährt. Da ist es wieder, dieses Innehalten im Hier und Jetzt, das einer Lähmung gleicht, weil die Gedanken in einer anderen Zeit und an einem anderen Ort sind und wohl noch lange, wenn nicht für immer, sein werden. Aida lächelt, doch auch ihr Lächeln und ihr Blick sind erstarrt und in ihrem Gesicht, in ihren Augen, spiegelt sich ihr Leben. Ob wir in den Tränen, die in ihren Augen schimmern, auch ein verbliebenes Glimmen von so etwas wie Hoffnung auf Zukunft erkennen, ist unserer persönlichen Interpretation überlassen.

Quo vadis, Aida? (Bosnien-Herzegowina/Deutschland/
Frankreich/Österreich/Polen/Rumänien/
Niederlande/Norwegen 2020)

Die Hölle in uns

Requiem for a Dream
Trainspotting

Natürlich ist das Ganze ekelhaft, dennoch entledigen sich Regisseur Danny Boyle und sein Hauptdarsteller, der damals noch junge und unbekannte Ewan McGregor, der Angelegenheit mit wunderbarer Eleganz. Es geht um den geplanten Drogenentzug von Mark, der sich in Edinburgh von einem High zum nächsten hangelt und die ganze Zeit nur davon redet, clean werden zu wollen. Die Deklinierung der Vorbereitungen gelingt perfekt, alles ist bereit, die Wohnungstür zugenagelt, Essen und Trinken und so sinnvolles Equipment wie Eimer für die unterschiedlichsten Verrichtungen sind bereitgestellt; was jetzt noch fehle, so erfahren wir von Marks Erzählerstimme, sei ein allerletzter Schuss, um die Schmerzen des Entzugs aufzufangen.

Schnitt zur wieder aufgebrochenen Tür, doch die Opiumzäpfchen, die der Dealer liefert, genügen Mark nicht, so macht er sich auf die Suche nach Stärkerem und gelangt dabei zur als solche bezeichneten „worst toilet in Scotland". Das ist im wahrsten Sinne des Wortes ein Scheißhaus, ungustiöser kann man es sich nicht vorstellen, doch von Krämpfen geplagt, setzt sich Mark hin, und mit der Erleichterung dämmert ihm die Erkenntnis, dass zusammen mit so vielem anderen soeben auch die Zäpfchen seinen Körper verlassen haben. Und dann dieser legendäre Moment, der mit gallig-schwarzem Humor einzigartig treffend zeigt, wozu ein Mensch in der Lage ist, wenn er etwas nur wirklich dringend nötig zu haben glaubt. Mark fischt in der trüben Brühe, und obwohl es ihn würgt, klettert er kopfunter in die Toilette. Doch bevor es uns vielleicht doch zu viel werden könnte, reißt Regisseur Danny Boyle das Ruder herum und die Situation ins völlig Absurde. Zu einer Mischung aus sphärischen Klängen und Fahrstuhlmusik schwimmt Mark durch klares Wasser, fließend sind seine Bewegungen, die gesamte Szenerie ist von der eingangs erwähnten eleganten Leichtigkeit geprägt. Mark findet die Zäpfchen und strebt daraufhin wieder dem Licht zu, klettert schließlich aus der Muschel ins wirkliche Leben zurück, wo er nun, wie er uns nüchtern mitteilt, tatsächlich bereit zum Entzug wäre.

Trainspotting, basierend auf einem Roman von Irvine Welsh und von Danny Boyle zwölf Jahre vor seinem großen Oscarerfolg *Slumdog Millionaire* (2008) in Szene gesetzt, funktioniert als bittere Satire der britischen Gesellschaft in den späten 1980er-Jahren. Mark und seine Kumpels verweigern sich der Arbeit und haben für das Leben der sogenannten Normalbürger nur Verachtung über. „There was no such thing as society and even if there was, I most certainly had nothing to do with it", stellt Mark einmal fest und wendet sich damit gegen die egomane, profitgierige Phase der Thatcher-Ära. Dennoch hören die Freundschaft und der Zusammenhalt der Gruppe genau an dem Punkt auf, an dem es gilt, sich den nächsten Schuss zu besorgen, gegenseitiger Verrat und Betrug sind dann die treibenden Kräfte.

Das Lachen bleibt uns im Laufe des Films nicht nur einmal im

Halse stecken, beim Betrachten von Darren Aronofskys *Requiem for a Dream*, einer Adaption von Hubert Selbys Romanvorlage aus 1978, kommt es erst gar nicht hoch. Das ist ein Film, der tatsächlich ziemlich hernimmt, dessen Zugriff man sich aber, auch wenn das abgedroschen klingen mag, einfach nicht entziehen kann. Erzählt wird der soziale Niedergang von vier Drogensüchtigen, das Setting ist Brighton Beach, eine Gemeinde von Coney Island in New York. Vor unseren ungläubigen Augen mischen sich realistische und surreale filmische Elemente mit der Verwirrung unserer eigenen Emotionen und geraten auf der Leinwand wie in unseren Köpfen zu einem wahren Delirium, einer Art von Trance, die nirgendwohin führen kann, das ist uns klar, als direkt ins Verderben.

Harry (Jared Leto) und sein Freund Tyrone (Marlon Wayans), Harrys Mutter Sara (die brillante Ellen Burstyn) und seine Freundin Marion (Jennifer Connelly) sind das unglückliche und unglückselige Kleeblatt. Wenn in der letzten langen Sequenz des Films ihre Träume zerplatzen und auch der trotzigste Selbstbetrug ihnen die Wahrheit nicht mehr zu verschließen vermag, bedient sich Aronofsky der für seine Arbeitsweise typischen Hip-Hop-Montage. Dabei zeigt er sich wiederholende Bilder in kurzen, immer schneller werdenden Schnitten und verbindet sie mit oft überlauten Geräuschen. Etwa 2000 Schnitte gibt es in *Requiem for a Dream*, das sind rund dreimal so viele wie bei einem üblichen Film, wobei man moderne Actionstreifen, an deren Schnittfolge das menschliche Auge zuweilen scheitert, wohl ausnehmen muss. Die sogenannte „Snorricam", dem Akteur an den Bauch gebunden, bewegt sich im Verhältnis zu ihm nicht und erzeugt den Effekt von Schwindel und Orientierungslosigkeit, wenn der Charakter etwa herumläuft, er sich aber nicht zu bewegen, sondern stattdessen die Umgebung ihn zu umfließen scheint.

Sara, aufgrund ihrer Abhängigkeit von Schlankheitspillen in die Psychiatrie eingeliefert, wird zwangsernährt und mit Elektroschocks gequält und schlussendlich zu einer Marionette ohne freien Willen, Marion verkauft sich bei einer Gruppensexparty an vor Geilheit geifernde Anzugstypen, Tyrone schuftet im Arbeitsdienst und Harry, der sich das Heroin direkt in die offenen Wunden seines bereits schlimm entzündeten Arms gespritzt hat, wird dieser mit einer kreischenden Säge amputiert. Er imaginiert sich ein Treffen mit Marion auf dem Pier, doch dann löst sich ihre Gestalt in Luft auf und er kippt rücklings ins Wasser. Als er aufwacht, liegt er in einem Bett im Krankenhaus, und aus seinem dick verbundenen Armstumpf führen Schläuche zu diversen Apparaturen.

Krasser ist das Thema in der Kinogeschichte nicht dargestellt worden, die üblichen Trinkerballaden Hollywoods wirken dagegen wie Amateuraufführungen. Die Figuren sind durch die Hölle des Lebens gegangen, doch nun hat sie sich in ihr Innerstes gefressen und lebt dort einem rastlosen Parasiten gleich.

Requiem for a Dream (USA 2000)
Trainspotting (GB 1996)

Der beste Papa von allen

Rickerl

„Mei potschertes Leb'n" heißt ein Lied aus dem Jahr 1986, in dem die Boxlegende Hans Orsolic Rückschau hält in ein Leben, das in den Griff zu kriegen ihm einfach nicht gelang. „I hob valuan", singt er, „Wie nur ana verliern kann/Der a Herz statt an Hirn hat." Doch Orsolic steht mit aufrechtem Rücken da, wenn er resümiert: „Aber i genier mi ned/I hob euch alles gebm". Dabei funktioniert er wie eine Blaupause auf die Titelfigur von *Rickerl* des jungen österreichischen Regisseurs und Drehbuchautors Adrian Goiginger, denn auch dieser Charakter ist jemand, der sich trotz großen musikalischen Talents mit seinen Selbstzweifeln und Unentschlossenheit selbst im Weg zu stehen scheint: ein Streuner auf den Irrwegen seines Lebens, auf denen er sich ständig zu verlieren droht. Der Liedermacher Voodoo Jürgens verkörpert ihn mit einer Authentizität, die vielleicht von den beträchtlichen Ähnlichkeiten zwischen der Filmfigur und ihrem Darsteller kommt: mit jener leicht an sich selbst verzweifelnden Zärtlichkeit, die auch in seinen schwarzhumorigen Liedtexten vermittelt wird.

Der großartige Film ist konsequent im wienerischen Dialekt gedreht und lebt von der ungekünstelten Nähe zum stimmig gezeigten Vorstadtmilieu und den darin verankerten Charakteren, zudem auch von der großen Intimität einer berührenden Vater-Sohn-Geschichte. Der kleine Dominik liebt seinen zögernd-zaudernden Vater Rickerl mit unbedingter Entschlossenheit, selbst wenn dieser wieder einmal kein Geld für den heiß ersehnten Kinobesuch hat oder ihn nach dem Campieren im selbst gebastelten Unterstand auf der Suche nach der zurückgelassenen Gitarre schlicht und einfach zwischen den Büschen und Bäumen verliert. Es ist Dominiks Zum-Vater-Stehen, komme, was wolle, das Rickerl schließlich dazu bringt, sich zusammenzureißen und an die Aufnahme eines Demo-Bandes zu machen.

Die beiden sprechen nicht oft über ihre Gefühle füreinander, ihre Liebe zueinander ist aber aus jeder Geste, jeder schüchternen Berührung und jedem Leuchten in den Augen des Kindes und auch in denen seines Vaters spürbar. Gegen Ende des Films ist es der kleine Dominik, der sie endlich in Worte fasst und seinem „potscherten" Papa mittels eines selbst geschriebenen Liedes kommuniziert: ein leises Liebesgedicht in einfachen Akkorden, eine Umarmung mit ganz direkt ausgesprochenen kindlichen Worten, schlicht und einfach reinste Filmpoesie. Wobei es sich bei dem sechsjährigen Ben Winkler um eine große Entdeckung handelt, sein Einfühlungsvermögen in den Charakter des Dominik, sein ungekünsteltes Spiel, seine Natürlichkeit suchen ihresgleichen. In einem Filmgespräch nach einer Vorführung erzählte Regisseur Goiginger, dass eigentlich an dieser Stelle ein letztes Lied von Voodoo Jürgens vorgesehen gewesen wäre. Doch Ben habe während der Dreharbeiten ein eigenes geschrieben, und hat man die Szene erst einmal so gesehen, kann man sie sich nicht mehr anders vorstellen.

Es ist abends, Rickerl und seine Ex-Frau sitzen am Küchentisch, zwischen ihnen ist so etwas wie Friede eingekehrt, bei ihrer Verabschiedung kommt es sogar zu einer Umarmung. Rickerl hebt gerade sein Glas, da ruft ihn Dominik aus dem Nebenraum. Der Bub sitzt im dunkelblauen Pyjama voller Kräne, Traktoren und Mischmaschinen auf dem Bett. Er habe für seinen Papa eine Nummer geschrieben, er habe gleich damit angefangen, als Rickerl ihm eine Gitarre geschenkt habe – nun sei sie fertig. Rickerl freut sich: „Na, don spü ma's voa." Doch Dominik zögert: „I was ned, ob's guad is." Sein Vater ermuntert ihn, das Lied sei sicher gelungen, im anderen Fall könne er ihm Tipps geben. Er setzt sich vor seinen Sohn im Schneidersitz auf den Boden, das milde Licht der Nachttischlampe bescheint die beiden, als Dominik mit seinem Vortrag beginnt. Das Stück trage den Titel „Mei allerbester Hawara", verkündet der Bub, und wir merken bald, dass er darin einige der Unternehmungen von seinem Papa und ihm Revue passieren lässt. Dominik singt von ihrem Abenteuertag, wenn sie ihre Holzschwerter anzünden und gegeneinander kämpfen würden. Er singt von seinem Taschenmesser und dem Schnitzen und schlägt vor, seiner Mama besser nichts davon zu erzählen. Er singt von seiner Begeisterung fürs Fußballspielen, denn Argentinien habe keine Chance gegen Rapid Wien. Und er zieht das Fazit, dass zusammen mit seinem Papa alles einfach mehr Spaß mache: „Dann ist auch goa ned wichtig, ob'sd heut Geld host oda kans." Den Buben das Lied mit seiner Kinderstimme singen zu hören, aus der hin und wieder auch so etwas wie Trotz, Aufbegehren und sogar Ironie auszumachen sind, also Qualitäten, die die Lieder seines Vaters auszeichnen, packt uns spätestens bei Dominiks abschließendem Bekenntnis direkt am Herzen: „Papa, i versprich dir, wir bleiben immer z'am."

Rickerl weiß nichts zu sagen, der ohnehin eher wortkarge Mann ist noch sprachloser als sonst, einfach aus dem Grund, dass ihm die Gefühle die Kehle zuschnüren vor Rührung und der empfundenen Zärtlichkeit für sein Kind. Doch seine Augen sprechen sie aus und der Papa und sein Bub sind in diesem Gänsehautmoment ganz fest miteinander verbunden.

Rickerl (Österreich/Deutschland 2023)

Chronik eines einfachen Lebens

Roma

Im Mexico City zu Beginn der 1970er-Jahre ist das Leben für die junge Mixtekin Cleo ein langer, ruhiger Fluss, unterbrochen von kleinen Freuden und großen Kränkungen. Cleo arbeitet als Haushälterin für eine siebenköpfige Familie, die im Stadtteil Roma ein großes Haus mit Innenhof und eine für den breiten Ford Galaxie fast zu enge Einfahrt bewohnt. Vater, Mutter, Großmutter und vier Kinder – Cleo ist Mädchen für alles und kümmert sich rührend um die ihr Anvertrauten, die Söhne Toño, Paco und Pepe und die Tochter Sofi. Es gibt kein Murren, auch wenn sich Arbeiten wie die Entfernung des Hundekots in der Einfahrt, das Aufräumen der Zimmer und das Wäschewaschen in einem tagtäglichen Einerlei wieder und immer wieder zu wiederholen scheinen.

Cleo betrachtet die Welt um sich herum und jene, die darin agieren, mit großen sanftmütigen Augen und einem leisen Lächeln – etwa, wenn ihr Liebhaber Fermín (Jorge Antonio Guerrero) nackt und mit einer Vorhangstange im Hotelzimmer den harten Samurai mimt. Alfonso Cuaróns weltweit mit Preisen geradezu überhäuftes Wunderwerk von einem Film ist – obwohl vom Streamingdienst Netflix produziert – Kino pur, ist reinste filmische Magie, ein humanistisches Liebesgedicht in herrlichen monochromen Bildern und gleichzeitig eine von Melancholie und liebevoller Ironie getragene, in impressionistischer Detailverliebtheit rekonstruierte Reminiszenz des Regisseurs an seine eigene Kindheit, zudem auch eine bittere Anklage gegen die Diskriminierung von Teilen der Gesellschaft, gegen Klassenunterschiede und die gewalttätige, bis heute nicht aufgearbeitete Niederschlagung von demokratischen Bewegungen.

Dabei spielt der bereits erwähnte Fermín in zwei weiteren Szenen eine Rolle. Cleo fährt ihm bis zu einem vorgeblich sportlichen Trainingslager auf dem Land nach, um ihm zu sagen, dass sie schwanger sei, sieht sich von ihm aber brüsk mit der Drohung von Gewalt gegen sie und das Baby zurückgewiesen. Es ist auch Fermín, der ihr einige Zeit darauf eine Pistole vors Gesicht halten wird. Zusammen mit der Großmutter befindet sich Cleo in einem großen Kaufhaus in der Innenstadt, um ein Kinderbett für das Baby zu kaufen, als unter ihnen auf der Straße auf einmal Schüsse fallen. Wie so oft in diesem Film gelingt es Regisseur Cuarón, der selbst die Kamera führt, mit einem langen langsamen Schwenk, verschiedene Handlungsstränge unterschiedlicher Erzählebenen in ein in sich logisches Gesamtbild zusammenzuführen. Zuweilen entwirft er Kamerawendungen von 360 Grad, die etwa Cleo beim Zusammenräumen oder das Familienleben in streng choreografierten Abläufen zeigen. In einer Rekonstruktion dessen, was in die Geschichtsbücher als Fronleichnam-Massaker von 1971 eingegangen ist, eskaliert vor dem Kaufhaus eine Demonstration, wir blicken durch die Fenster des ersten Stocks nach unten, dort werden Studierende von einer paramilitärischen Gruppe namens „Los Halcones", die Falken, angegriffen und gejagt. Einige flüchten sich in die Möbelabteilung und suchen dort verzweifelt Schutz, die Verfolger spüren sie jedoch auf, ein junger Mann wird aus einem Schrank gezerrt und an Ort und Stelle erschossen. Plötzlich steht Fermín mit gezogener Waffe vor Cleo und der Großmutter, Blicke des Erkennens, alles scheint möglich, dann wendet er sich ab und läuft davon.

In dem ganzen Schreck hat Cleo unvermutet ihren Blasensprung. Aufgrund des Chaos auf den Straßen gelangt sie zu spät ins Krankenhaus, das Kind wird tot geboren. Die Kamera befindet sich im Operationssaal ganz dicht neben Cleo, wir sind bei der Geburt deshalb direkt neben ihr; es ist, als würden wir einerseits sie und die Menschen, die ihr zu helfen versuchen, beobachten, andererseits nehmen wir das Geschehen fast durch Cleos Augen wahr: ein genialer Kunstgriff. Die Wiederbelebungsversuche zeigen keinen Erfolg, schluchzend hält Cleo ihr totes Kind in den Armen – ein herzzerreißender Moment, der geradewegs zu jener Szene führt, in der all die erzählerischen Stränge des Films zusammenlaufen und in der Cleo offenbart, dass die Bedingungslosigkeit ihrer Liebe zu den Kindern, deren Wohl ihr anvertraut wurde, bis zur Selbstverleugnung geht.

Ein Familienausflug ans Meer, am Morgen des Tages der Rückfahrt in die Stadt macht sich die Mutter mit ihrem ältesten Sohn auf, die Reifen für die Heimfahrt zu überprüfen, Sofi und Paco aber wollen nochmals ins Wasser. Cleo trägt nur ihr Unterkleid und spielt mit dem Jüngsten im Sand, den beiden anderen wird aufgetragen, nicht zu weit hineinzugehen. Dass Cleo nicht schwimmen kann, wird mehrmals betont und ist allen bewusst. Die Aktionen der Szene durchmessen einen breiten Abschnitt von einem strohgedeckten Platz über den Strand bis ins offene Meer, die Kamera bewegt sich parallel zu dem Geschehen, das von Moment zu Moment an Dramatik gewinnt. Cleo trocknet den Jüngsten unter dem Strohdach ab, ihre Augen sind dabei immer bei den beiden anderen. „Als ich groß war, war ich ein Seemann", erzählt das Kind in der ihm eigenen seltsamen Weise. „Aber ich bin in einem Sturm ertrunken." Da kann Cleo Sofi und Paco offenbar nicht mehr ausmachen. Sie überlegt nicht, sie handelt fast reflexartig und ohne Gedanken an die eigene Sicherheit. Sie läuft über den Strand dem Ufer zu und direkt ins Wasser, ruft dabei verzweifelt nach Sofi und Paco. Gischt spritzt hoch, Wellen schlagen ihr ins Gesicht, es hat den Anschein, als hätte die Kamera, als hätten auch wir mit ihnen zu kämpfen. Immer tiefer geht Cleo ins Wasser, auf einmal tauchen zuerst Pacos Kopf und gleich darauf auch der von Sofi aus dem Wasser auf, mit viel Mühe kriegen Cleo und die Kinder einander zu fassen. Gemeinsam schaffen sie den Weg zurück an Land, wo sie keuchend in den Sand fallen. Die Mutter und der Älteste, auch der Jüngste laufen herbei, und im Gegenlicht einer sternförmigen Sonne kauern sie schluchzend und zitternd beisammen – eine Umarmung wie der Augenblick einer Offenbarung, die Heilung oder Schöpfung bedeutet. „Ich wollte nicht, dass sie geboren wird", stammelt Cleo wiederholt und meint ihr tot geborenes Kind. „Wir lieben dich so sehr", gehen auch mit der Mutter die Gefühle los.

Alfonso Cuarón war bei diesem seinem Herzensprojekt nicht nur für die Regie und die Kameraführung, sondern zudem für die Produktion, das Drehbuch und den Schnitt verantwortlich. In einem Interview erklärte er, neunzig Prozent der Szenen in *Roma* entstammten seinen eigenen Erinnerungen: „Ich reproduzierte das Zuhause meiner Kindheit, ich trug sogar einen Großteil der originalen Möbel zusammen, ich castete die Schauspieler so, dass sie so gut wie identisch mit meiner Familie zu

Beginn der Siebzigerjahre wirken – bis hin zur Hauptfigur des Films, dem Kindermädchen Cleo." Wobei er für diese Rolle in der bis dahin unbekannten mexikanischen Schauspielerin Yalitza Aparicio eine Idealbesetzung fand. Die große Authentizität ihrer Darstellung, die Wärme ihrer Ausstrahlung und die fast stoische Standhaftigkeit, mit der sie selbst traumatischen Ereignissen begegnet, machen sie zum stillen Zentrum in all dem kleinen und großen Chaos, das wie ein Sturm um sie tobt. Wie wir in den langen Einstellungen Menschen entlang ganzer Straßenzüge begleiten, so begleiten wir Cleo durch Szenen ihres Lebens, die sich ganz einfach echt anfühlen.

Am Schluss des Films trägt Cleo wieder einmal einen Korb Wäsche zum Aufhängen auf das Dach, und über ihr ist in dem Ausschnitt des Himmels, den uns der Blick aus dem Innenhof nach oben bietet, ein Flugzeug zu sehen. Die Dinge des privaten Lebens und jene draußen in der Welt verlaufen in dieser poetischen Chronik gleichzeitig und zuweilen überschneiden sie sich für kurze Zeit.

Roma (Mexiko/USA 2018)

Dreiecksbeziehungen

Rope
The Birds

Wenn wir über Suspense reden, müssen, nein dürfen wir uns natürlich auch und in erster Linie mit Alfred Hitchcock befassen. Seine Handschrift beim Aufbau von Spannung ist bis heute unerreicht, wobei sich in diesem Sinne zwei häufig eingesetzte Stilmittel ergänzen. Der Wissensvorsprung der Zuschauer den Akteuren im Film gegenüber, was das Näherkommen des Mörders, das Heranpirschen des Unheils betrifft, steigert die beklemmende Stimmung. Die visuelle und oft dialogfreie Erzählweise verstärkt dabei die Konzentration auf die bedrohlich-unheilvolle Handlung. Wie einen Gewitterregen, der aus der brütenden Schwüle davor bricht, empfinden wir die plötzlichen Schockmomente, die Hitchcock wohldosiert setzt, fast als eine Art von Erlösung – zumindest, nachdem der erste Schrecken überstanden ist.

Eine Schlüsselszene des Tierthrillers *The Birds* nach der Kurzgeschichte der *Rebecca*-Autorin Daphne du Maurier mag dafür als Beispiel dienen. Melanie Daniels, gespielt von Tippi Hedren, einer von Hitchcocks favorisierten Blondinen, wartet vor der Schule des kleinen Küstenortes Bodega Bay auf den Beginn der Pause. Sie nimmt im schmucken Kostüm auf einer

Bank Platz, hinter der sich ein Spielplatz mit einem Kletterge-rüst befindet. Sie zieht ihr Zigarettenetui aus der Handtasche, in Schnitt und Gegenschnitt sehen wir die rauchende Frau und das Gerüst, auf dem sich zuerst eine Krähe und dann immer mehr der schwarzen Vögel niederlassen. Entfernt zu hören, ist nur das Lied der Schulkinder, ein beinahe einlullender Singsang. Das Klettergerüst füllt sich schnell, Melanie hat davon nach wie vor keine Ahnung. Da bemerkt sie einen heranfliegenden Vogel und folgt ihm argwöhnisch mit den Augen. Erst jetzt erkennt sie die drohende Gefahr in ihrem Rücken mit stummer Panik.

Für Massenszenen wie diese wurden beim Dreh echte Tiere mit Nachbildungen ergänzt oder – wie in der Schlussszene mit dem von tausenden Vögeln umzingelten Haus – technisch dupliziert. Unter den Vögeln auf dem Klettergerüst bei der Schule befanden sich zum Beispiel nur einige lebende Exemplare. Auch bei der herrlich choreografierten Angriffsszene von Möwen auf das Städtchen funktioniert das Prinzip von Suspense. Wie aus dem Blickwinkel eines der Vögel sehen wir die Gebäude, Fahrzeuge und Menschen zuerst aus der Luft – eine fast unschuldige Einstellung, die dann rasch in die harsche Wirklichkeit katapultiert wird, wenn immer mehr Möwen ins Bild fliegen und, Kamikazepiloten gleich, zum Sturzflug auf ihre Opfer ansetzen.

Über die Hintergründe der Vögelattacken und den offenen Ausgang des Films werden seit seinem Erscheinen die vielfältigsten Mutmaßungen angestellt. Einleuchtend erscheint die Interpretation des slowenischen Philosophen Slavoj Žižek. In seinen kulturkritischen Texten kümmert sich Žižek um Identitätsbildung im Verhältnis des Einzelnen zum Geflecht aus gesellschaftlichen Verhältnissen und Einfluss nehmender Ideologien. Von größtem Interesse sind dabei die Bezüge zu den psychischen Konstellationen des Unbewussten, in deren Untersuchung sich Žižek in einem „Warum greifen Vögel an?" betitelten Beitrag eben auch ausführlich mit dem Werk Alfred Hitchcocks befasste (*Was Sie immer schon über Lacan wissen wollten und Hitchcock nie zu fragen wagten*, 2002).

Das Charakterdreieck zwischen der verwöhnten Millionärstochter Melanie, Mitch (Rod Taylor), dem Mann, der ihr Interesse so sehr geweckt hat, dass sie überhaupt nach Bodega Bay gekommen ist, und dessen Mutter Lydia (Jessica Tandy) lässt höchst interessante Schlussfolgerungen zu. In der Untersuchung der intersubjektiven Beziehungen dieser drei Figuren entdeckt Žižek den Schlüssel zum Verständnis der Vögel. Diese würden demnach „den tiefen Missklang, die Störung, das Entgleisen dieser Beziehungen" verkörpern. Im Film wird die ödipale Dimension mehrmals explizit angesprochen. „Die Vögel sind in dem Film wie die Plage in Ödipus' Theben: Die Inkarnation einer tiefen Störung der familiären Beziehungen – der Vater ist abwesend, die väterliche Funktion (die Funktion des befriedenden Gesetzes [...]) ist außer Kraft gesetzt. Dieses Vakuum füllt das ‚irrationale' mütterliche Über-Ich, das tyrannisch und boshaft jede ‚normale' sexuelle Beziehung verhindert." Auch die Fluchtszene am Ende des Films visualisiert diese Interpretation: Lydia hat Melanie, ihre Konkurrentin in der Liebe zu ihrem Sohn, endlich akzeptiert und ihren Sohn für sie freigegeben; und nun greifen die Vögel auch nicht mehr an.

Ein anderer Film, ein weiteres Meisterwerk, wie in einen einzigen großen Spannungsbogen gegossen, und neuerlich ein Dreieck der Charaktere. John Dall und Farley Granger spielen in *Rope* zwei junge Männer, Brandon und Phillip, die zusammen ein Apartment mit Blick auf die Skyline von Manhattan

bewohnen. Als Motivation für einen Mord, das werden wir erkennen, dient ihnen ausschließlich die intellektuelle Herausfor-
derung. James Stewart als ihr ehemaliger Lehrer Rupert ist einer der Gäste einer kleinen Party, die am selben Abend in der
Wohnung stattfindet. Während vor den Panoramafenstern über
der Skyline Manhattans die Nacht hereinbricht, kommt ihm die
ganze Sache bald seltsam vor, was schließlich zur Auflösung des
Verbrechens führen wird. Die homosexuellen Bezüge innerhalb
dieser Figurenkonstellation konnten damals aufgrund des sogenannten „Hays Code", der Zensur, der alle amerikanischen Produktionen unterlagen, nicht eindeutig gezeichnet werden, sind
aber als klarer Subtext lesbar.

Zu Beginn der Handlung sind wir Zeuge, wie Brandon und
Phillip ihren ehemaligen Klassenkameraden David zu Tode
strangulieren und seinen Leichnam in einer Truhe verstauen,
auf der im Folgenden das Buffet der Party aufgebaut wird. Der
Film, eine Adaption des Theaterstücks *Rope* (1929) von Patrick
Hamilton, bezieht sich auf einen Mordfall, der 1924 die Verei-
nigten Staaten erschütterte. Nathan Leopold und Richard Loeb,
zwei Studenten an der University of Chicago, beide hochintelli-
gent und aus wohlhabenden Familien, schlugen den vierzehn-
jährigen Bobby Franks mit einem Meißel nieder und erstickten
ihn anschließend. Um die Identifizierung zu erschweren, verätz-
ten sie sein Gesicht mit Säure, bevor sie ihn in einem Graben
unterhalb von Eisenbahnschienen versteckten. Im Wahn von
Übermenschen im Sinne Nietzsches hatten Leopold und Loeb,
wie sie bald nur noch genannt wurden, den Ehrgeiz, ein perfek-
tes Verbrechen zu verüben: Sie betrachteten ihre sinnlose Ge-
walttat als Akt der Kunst.

Eine bestimmte Szene aus diesem brillanten Film herauszugreifen, ist sinnlos. Wir haben hier ein Werk wie aus einem Guss vor uns wie zuletzt vielleicht nur Alfonso Cuaróns Weltraum-Thriller *Gravity* (2013) und Sam Mendes' Kriegsdrama *1917* aus dem Jahr 2019. Wie auch *Lifeboat* (*Das Rettungsboot*, 1944) und *Rear Window* (*Das Fenster zum Hof*, 1954) ist Hitchcocks *Rope*, übrigens sein erster Farbfilm, an einem einzigen Schauplatz festgemacht und verhandelt auf diese Weise mit großer Konsequenz die Einheit von Ort und Zeit. Hitchcock wollte den Anschein erwecken, als wäre der Streifen in einer einzigen, durchgehenden Einstellung in Echtzeit gedreht worden. Da aber eine Filmrolle in der Kamera damals nur zehn Minuten festhalten konnte, waren Schnitte unvermeidbar. Hitchcock setzte nicht mehr als zehn davon ein, darunter auch solche, die nahezu unmerklich verborgen bleiben. Bei einem solchen sogenannten „masked cut" fährt die Kamera etwa auf den Anzug eines Schauspielers zu, der für einen Moment das gesamte Bild schwarz ausfüllt; die nächste Szene beginnt dann mit dem Zurückfahren von eben diesem Motiv.

Durch diese ausgeklügelte Erzählweise entsteht eine unnachahmliche Eleganz im Fluss des Handlungsverlaufes. Hitchcock erzielt eine Schnörkellosigkeit, die die theatralische Abgehobenheit des Schauspiels in den Bahnen von in der Realität verankertem Suspense hält. Scharfer Wortwitz kennzeichnet die Dialoge, die Kamera bewegt sich wie eine weitere Person in den Räumen der Wohnung, zuweilen scheint sie die Worte der Charaktere zu kommentieren. In den langen Takes ist uns, als würden wir uns selbst im Raum befinden und die Szenerie erkunden, als wären wir Gäste auf dieser Party mit der seltsam geheimnisvollen Atmosphäre. Auf diese Weise wird große Spannung aufgebaut: Zum Beispiel in der Einstellung, in der die

Haushälterin mehrmals zwischen Wohnzimmer und Küche hin-
und hergeht, um das Geschirr und Leuchter vom Buffet abzu-
räumen – beim Zurückkommen trägt sie immer jene Bücher in
den Armen, die, das wissen wir, in der Truhe verstaut werden
sollen, in der die Leiche liegt. Aus Details wie diesen erzeugt
Hitchcock seinen unvergleichlichen Gänsehautthrill.

Rope (*Cocktail für eine Leiche*, USA 1948)
The Birds (*Die Vögel*, USA 1963)

Dem Himmel so nah

Royal Wedding
Top Hat
Way Out West

Zwei Männer tanzen, und es ist, als hätten sie die Welt um sich herum vergessen. Stan Laurel und Oliver Hardy, die begnadeten Komiker, die man hierzulande als Dick und Doof benannte, Stan & Ollie also machen sich filmhandlungsgemäß in den Wilden Westen auf, der Titel *Way Out West* nimmt darauf Bezug. Es gilt, der Erbin einer Goldmine ein Testament zu überbringen; dass auch geldgieriges Gesindel in den Besitz dieser Urkunde gelangen will, liegt auf der Hand, ebenso wie die Tatsache, dass es bei Laurel und Hardys vielleicht gelungenstem Film wie bei allen ihren Arbeiten immer mehr um das Wie als um das Was geht. Die hinreißende Abfolge an Gags mündet in dieser Tanzszene.

Ein Westernstädtchen, wie es im Drehbuch steht, ein Saloon, auf den Stufen davor ein ungezwungenes Arrangement an Cowboys, die auf lässige Weise ein Liedchen anstimmen. Eine Gitarre kommt zum Einsatz, es gibt Jodeleinlagen, die Cowboys sind ganz in ihrem Element, als Stan und Ollie mitsamt dem Esel, der ihnen als Ersatz für ein Pferd dient, vor dem Saloon ankommen. Das Tier wird angebunden, schon will man in den

Saloon eintreten, da kann man geradezu mitfühlen, wie den beiden die Musik in die Glieder fährt. Ein Lächeln, ein Grinsen, zwei Männer, die sich ihres Lebens so froh sind, dass ans Stillstehen nicht mehr zu denken ist. Ollie streicht sich über seinen Hut, ein Wippen der Knie und dann der Beine, und schon ist es um die beiden geschehen. Diese Grazie, diese Leichtigkeit, mit der sie sich bewegen, zuerst nebeneinander, dann sogar Hand in Hand, sie heben die Rockzipfel, sie lüften die Hüte, und während hinter ihnen das alltägliche Leben des Westernstädtchens abläuft, gehen sie auf in dieser Melodie und diesem Moment, in dem einfach alles stimmt und nichts krumm ist. Den alten Cowboy im Stuhl neben der Schwingtür zum Saloon hat es längst mitgerissen, als das Liedchen seinem Ende zugeht und Stan und Ollie anfangen, die hölzernen Stufen zu erklimmen, nein hinaufzutänzeln, als würde es sich dabei um den Eingang zum Himmel handeln.

In eben diesem befanden sich bereits zwei Jahre früher Fred Astaire und Ginger Rogers, wohl das Traumtanzpaar des Kinos schlechthin, in dem Streifen *Top Hat*, zumal Irving Berlins zeitloser Song als Einstieg zu der Nummer von Astaire intoniert wird: „Heaven/I'm in heaven/And my heart beats so that I can hardly speak/And I seem to find the happiness I seek/When we're out together dancing cheek to cheek". Die komplizierten Verwicklungen um die Liebesgeschichte und die Heiratssache zwischen Ginger und Fred sind nicht weiter wichtig, was allein zählt, ist das Tanzen, und das passiert graziös und ganz und gar federleicht, wobei noch die Komponente von Astaires unerreichter Perfektion hinzukommt. Ginger Rogers' Traum von einem weißen Kleid vor dieser Kulisse in Weiß, der Fluss des Drehens und Hebens und auch einer kleinen Steppeinlage, und dies alles in unnachahmlicher Eleganz – wie nahe kann man sonst dem Himmel sein?

Nach dem ersten Vorsprechen in Hollywood soll die Kritik an Fred Astaire gelautet haben: „Can't sing, can't act, is slightly balding, but can dance a little." Dieses „little" genügt zumindest, um uns auch heute noch zu verzaubern – auf jeden Fall in einer Szene, angesichts derer so mancher vielleicht wirklich an Magie glauben möchte. Ich spreche von Astaires Tanz die Wand eines Zimmers hinauf und dann gleich weiter auf dem Plafond und auf der gegenüberliegenden Wand wieder zum Boden hinunter, wo er ein gerahmtes Foto der Geliebten an sich nimmt und glücklich in ein Sofa sinkt. *Royal Wedding* heißt der Film, der den Rahmen dafür bietet, und worauf sonst könnte man den Terminus von Genialität wohl besser anwenden als auf ein Stück Film, von dem auch nach Jahrzehnten noch in diversen Foren diskutiert wird, wie in aller Welt Astaire zusammen mit Regisseur Stanley Donan und Choreograf Nick Castle es aus dem Hut gezaubert haben könnte.

Dass sich Astaire in einem langsam rotierenden Raum bewegt und der Kameramann in einem gleichzeitig rotierenden Käfig befunden habe, wird allenthalben vermutet, ob durch unmerkliche diffizile Schnitte mitgeholfen wurde, ist weiterhin heiß umstritten – das MGM-Studio hält sich auch heute noch bedeckt. Stanley Kubrick jedenfalls wandte diese Technik für *2001: A Space Odyssey* (1968) an, um das Gefühl von Schwerelosigkeit zu kreieren, auch Christopher Nolan wurde bei *Inception* (2010) definitiv davon inspiriert.

Doch was eigentlich zählt, ist Fred Astaires bis heute unerreichter, schlichtweg überirdischer Tanz, der uns beim Zuschauen das Gefühl gibt, dies alles würde völlig selbstverständ-

lich und ohne jede Anstrengung ablaufen. Dem Himmel jedenfalls ist er dabei ganz nah.

Royal Wedding (*Königliche Hochzeit*, USA 1951)
Top Hat (*Ich tanz mich in dein Herz hinein*, USA 1935)
Way Out West (*Zwei ritten nach Texas*, USA 1937)

Wahre Helden

Safety Last!
The General

Dass er nur einen Park, einen Polizisten und ein hübsches Mädchen brauche, um eine Komödie zu drehen, soll Charlie Chaplin einmal gesagt haben. Dieses Konzept für die sogenannten „one reelers", die kurzen Slapstickszenen der Zeit, als das Kino noch in den Kinderschuhen steckte, mag bescheiden klingen, setzte aber, um zu funktionieren, jene geradezu unglaubliche Körperbeherrschung und den Sinn für das Timing der Gags voraus, die Chaplin und andere Stars dieser Ära auszeichnete. Die gespielten Witze finden sich auch in den Kinofilmen mit längerer Laufzeit. Um welche gefinkelten Leistungen es sich bei manchen dieser Arbeiten handelt, weiß uns heute noch zu beeindrucken, insbesondere was die Filme von Harold Lloyd und Buster Keaton betrifft, und in diesen zwei Szenen, die in ihrer Einmaligkeit bis heute überdauert haben.

Bei den Stars des Stummfilms handelte es sich um die wahren Helden des Kinos, führten sie ihre zuweilen halsbrecherisch gefährlichen Stunts doch meist selbst aus. Wie etwa Harold Lloyds Kletteraktion auf ein Gebäude, das damals als Wolkenkratzer durchging. Um eine Frau und in der Folge eine Familie versorgen zu können, geht Harold in die große Stadt, dorthin möchte er die Freundin nachholen, sobald er seinen Weg auf der Karriereleiter gemacht hat. Dieser führt ihn vorerst gar nicht steil nach oben, er muss sich bei der Arbeit in einem Kaufhaus mit versnobten Vorgesetzten und Horden kaufwütiger Damen herumschlagen und Prüfungen wie einen Spagat zwischen einer Straßenbahn und einem fahrenden Auto sowie gemeinsam mit seinem Freund Bill (Bill Strother) die übliche Verfolgungsjagd mit einem Polizisten bestehen. Doch dann geht es im wahrsten Sinn des Wortes für ihn hinauf, nämlich die zwölfstöckige Fassade des Kaufhauses, die ihm der klettertechnisch talentierte Bill des Werbeeffekts wegen zu bewältigen verspricht. Das Ereignis wird groß angekündigt, eine gespannte Menschenmenge hat sich versammelt, da tritt ein Störfaktor in Person des Polizisten auf, der Bill erneut auf den Fersen ist. Auf diese Weise durchmessen der Flüchtende und sein Verfolger das Gebäude von Stock zu Stock – der Polizist über die Treppen im Inneren, wohingegen Harold nichts anderes übrigbleibt, als die Besteigung außen vorzunehmen.

Sie würden einen unbemerkten Wechsel vollziehen, sobald er den Polizisten abgeschüttelt hätte, ruft ihm Bill als einer der „running gags" des Films wiederholt zu, doch daraus wird, Stockwerk zu Stockwerk, nichts.

Mit welchen Widrigkeiten muss sich der arme Harold, auch bei den waghalsigsten Aktionen korrekt mit Anzug und Hut gekleidet, nicht herumschlagen! Stolpern nahe am Abgrund, geradezu akrobatische Verrenkungen, Beinahe-Katastrophen verursachende Fehltritte, ein Sack, der umkippt und Körner auf ihm vergießt, Tauben, die aus diesem Grund über ihn herfallen und auf ihm herumpicken, überhängende Gesimse, an denen man sich gehörig den Kopf anstoßen kann, irritierende weibliche

Fans an den Fenstern, ein Netz, das aus einem Fenster der Sportabteilung geworfen wird, und in dem sich Harold heillos verheddert, die Attacke eines kläffenden Hundes – und dann kommt es zu der Szene mit der Uhr. Harold klammert sich gerade an die Mauer seitlich eines Fensters, als dieses nach außen gekippt wird. Er verliert den Halt, fällt zur Seite und kriegt gerade noch den Zeiger der großen Uhr an der Ecke des Gebäudes zu packen. Durch sein Gewicht löst sich der obere Teil des Zifferblattes, und so hängt Harold an dessen unterem Ende zwischen Himmel und Erde, eine jämmerliche Lage, wenn es denn je eine gegeben hat.

Kumpel Bill erkennt den Ernst derselben und wirft ihm aus einem Fenster darüber ein Seil zu, schafft es jedoch nicht mehr, dieses zu befestigen, taucht doch der Polizist wieder einmal im ungünstigsten Moment auf. Es bedarf einiger Verrenkungen von Harold, bis er es endlich zu fassen bekommt – um flugs abzustürzen. In allerletzter Sekunde packt Bill das Ende des Seils und – Ehre, wem Ehre gebührt – auch der Polizist durchblickt die Situation und unterstützt ihn beim Hochziehen des armen Harold. Und dann fällt dieser in die Uhr und bleibt mit dem Fuß an einem Kabel hängen, und eine Maus kriecht in eines seiner Hosenbeine und die Menge ist begeistert ob des verrückten Tanzes, den er auf einem Gesims aufführt.

Sogar als Harold endlich das flache Dach des Gebäudes erreicht hat und wir ihn endlich in Sicherheit wähnen, setzt die Dramaturgie des Films noch etwas drauf: Er verheddert sich mit einem Fuß in einem Seil, stürzt in die Tiefe und schwingt kopfunter hin und her, bis ihn seine Freundin, die alles mitangesehen hat, auffängt und er in ihren Armen landet und es zu einem erlösenden Kuss kommt.

Die Dokumentation *Harold Lloyd: The Third Genius* (1989) gibt Aufschluss über die gefährlichen Bedingungen des Drehs ohne direkte Spezialeffekte. Die Kletteraktionen wurden auf einer künstlichen Fassade unterschiedlicher Höhe gedreht, die dem echten Gebäude vorgebaut war, die Kameras befanden sich auf dem Dach darunter. Obwohl er bei einem früheren Unfall zwei Finger verloren hatte, kletterte Lloyd demnach tatsächlich in der im Film zu sehenden Höhe, aber mit der Absicherung des Daches „nur" wenige Meter unter sich. Die künstliche Fassade musste sich aber möglichst nah am realen Abgrund befinden, damit die Kameras ein realistisches Bild der tief darunter liegenden Straße im Hintergrund einfangen konnten. Aus diesem Grund schwebte Lloyd immer noch in der Gefahr, bei einem Sturz nicht nur wenige Meter, sondern vom gesamten Gebäude zu fallen. Die Momente, in denen er an der Uhr hängt, sind in die Geschichte des Stummfilms eingegangen und wurden mehrmals zitiert, zum Beispiel in Robert Zemeckis' *Back to the Future* (*Zurück in die Zukunft*, 1985) und Martin Scorseses *Hugo Cabret* (2011).

Dies trifft auch auf Buster Keatons *The General* zu, praktisch eine einzige Verfolgungsjagd zwischen zwei Zügen, eine sehr realistisch gestaltete Folge von Aktionen in der Ausreizung sämtlicher damaliger technischer Möglichkeiten, die wie die Vorlage zu den rasenden Förderwagen in Spielbergs *Indiana Jones and the Temple of Doom* (*Indiana Jones und der Tempel des Todes*, 1984) wirken. Eine Dreiecksbeziehung zwischen Mann, Frau und Maschine: Zwei Lieben, heißt es zu Beginn des Films, gäbe es im Leben des von Keaton dargestellten Johnny, jene zu seiner Lok namens „General" und seiner Freundin Annabelle Lee (Marion Mack). Doch Letztere lässt ihn sitzen, als er bei der Musterung nicht zur Armee der konföderierten Südstaaten zugelassen wird.

Schon an diesen Punkt der Geschichte setzt Keaton eine kleine feine Szene, die auf den ersten Blick nicht wirklich spektakulär wirkt, bei der es sich aber um den gefährlichsten des gesamten, an solchen gefährlichen Stunts nicht gerade armen Streifens handeln soll. Ein Bild der Nachdenklichkeit und Traurigkeit des Zurückgewiesenen: In seine trüben Gedanken versunken, setzt sich Johnny auf die Kuppelstange der Lokomotive und bleibt, als diese anfährt, unbewegt darauf sitzen. In den kreisförmigen Bewegungen der Stange wird er gleichsam aus der Szene getragen; mit leicht schräger Kopfhaltung in sich versunken, bemerkt er offenbar gar nicht, was um ihn herum geschieht. Buster Keaton ging in die Filmgeschichte als Mann ohne Emotionen ein, sein versteinerter Gesichtsausdruck, diese gebremste Mimik, lässt keine Gefühle erkennen; diese Reduktion ermöglicht erst die Entfaltung der Situation. Oder mit den Worten des Autors Michael Hanisch: „Oft als Indiz für Teilnahmslosigkeit fehlinterpretiert, bedeutet er das Gegenteil: höchste Konzentration auf die zu erledigenden, schier unlösbaren Aufgaben." Die Gefährlichkeit der Einstellung, so ist vielerorts nachzulesen, war jedenfalls eine beträchtliche, denn hätte der Maschinist beim Starten der Lokomotive etwas zu viel Dampf gegeben, wären die Räder durchgedreht und Keaton auf der Stelle tot gewesen.

Mit seiner geliebten Lok und auch einmal unter dem Einsatz einer Draisine auf Verfolgung eines Zuges der Nordstaatler und dann in der zweiten Hälfte des Films mit einem anderen dampfenden Ungetüm auf der Spur der entführten „General" – was hier an Stunts auf fahrenden Zügen, an Klettern über deren Dächer und dem Verschieben brennender Waggons abläuft, suchte damals seinesgleichen. In einer Szene werfen die Schurken im Zug vor Johnny eine Holzplanke auf die Geleise, da springt er cool von der Schnauze der Lokomotive ab und läuft ihr voraus, kriegt gerade noch die zwischen den Schienen verspießte Planke frei und steigt mit eleganter Bewegung wieder auf den Zug auf.

Als Höhepunkt der Umsetzung eines historischen Vorfalls setzt Johnny die strategisch wichtige Brücke am Rock River in Brand, und diese bricht unter der Last des feindlichen Zuges zusammen – kein Wunder, dass es bei den Dreharbeiten haufenweise zu Unfällen und Verletzungen sowie zu einem Waldbrand aufgrund des Funkenflugs kam. Die Kosten der Produktion gerieten jedenfalls außer Rand und Band. Als der Film unverständlicherweise auch noch bei Kritik und Publikum durchfiel, begann Buster Keatons Abstieg von einem der populärsten Komiker in die Bedeutungslosigkeit. Charlie Chaplin nimmt auf dieses Schicksal und die Angst des Komikers, vom Publikum nicht mehr als lustig wahrgenommen zu werden, in seinem Film *Limelight* (*Rampenlicht*, 1952) Bezug. Erst seit den 1970er-Jahren wurden die Qualitäten von *The General* wiederentdeckt und die Vermutung, die zu langsame Projektionsgeschwindigkeit von nur 16 statt 24 Bildern pro Sekunde wäre für den Misserfolg des Streifens verantwortlich gewesen, ins Treffen geführt.

Wie auch immer, die Faszination der Ergebnisse der Arbeit von wahren Helden der Kinos, als die wir Buster Keaton und Harold Lloyd aus guten Gründen bezeichnen dürfen, ist ungebrochen.

Safety Last!
(*Ausgerechnet Wolkenkratzer!/Der Luftikus*), USA 1923)
The General (*Der General*, USA 1926)

Die Umkehrung der Schöpfung

Saving Private Ryan

„This time it's war" lautete die Tagline zu James Camerons *Aliens* (1986), und tatsächlich: die Gruppe der Marines im Feldzug gegen die außerirdischen Ungeheuer, die panzerartigen Fahrzeuge, die schweren Waffen, natürlich auch die Choreografie der Gefechte – der Level des Martialischen versteht sich im Vergleich zu Ridley Scotts primärem Eintrag in die Weltraumsaga rund um Sigourney Weaver und die vom Schweizer Künstler H. R. Giger kreierten titelgebenden und stets hungrigen Wesen merklich hinaufgeschraubt. Dennoch haben wir in keinem Moment den Eindruck, uns nicht in einem Film mit der entsprechenden Inszenierung zu befinden. Dies trifft auf Steven Spielbergs *Saving Private Ryan* zweifellos nicht zu. Denn ob das Sterben am Omaha Beach am D-Day des 6. Juni 1944 sich tatsächlich so abgespielt hat, wie von Spielberg gezeigt, oder nicht – viel näher, unvermittelter, intensiver wird man im Kino dem Gefühl von Krieg nicht kommen.

Es ist, als wären Robert Capas legendäre Reportagefotos in ihrer ungeheuren Authentizität zu Leben erwacht: Janusz Kamińskis Handkamera ist mitten unter den Soldaten, wenn sie sich in den Landungsbooten übergeben, ist bei ihren zitternden Händen und ihren Gesichtern voll nur mühsam unterdrückter

Angst. Noch bevor sich die Klappen der Boote öffnen, ist Geschützfeuer zu hören, und als sie dann gesenkt werden, sterben auch schon die ersten Männer. Die Wellen sind zu hoch, die Boote können nicht direkt am Strand landen, sie kotzen die Soldaten ins Wasser, sie führen sie den deutschen Schützen in den Bunkern auf den Klippen vor wie Schießbudenfiguren. Die ständig wechselnden subjektiven Blickwinkel der Kamera, das Tondesign, das zwischen Momenten über und unter Wasser unterscheidet, das fast taub wird nach einem Granateneinschlag in der Nähe, das absolute Chaos zu Beginn im Wasser und dann später auch auf dem Strand, das Sterben unter unerträglichen Schmerzen oder von einem Augenblick auf den anderen, die zerfetzten Leiber, das Blut, das aus den zurückgenommenen Farben hervorsticht – Spielberg zeigt die Gesichtslosigkeit und Willkür des Sterbens und schält nur einige wenige Charaktere aus der Masse der Soldaten, die als Kanonenfutter herhalten müssen und nicht wissen, wie ihnen dabei geschieht.

Tom Hanks, der Jedermann des amerikanischen Films, versucht als Captain John Miller, sich mit seiner Truppe – oder wer davon eben übrig bleibt – in den Schutz einer Düne durchzukämpfen. Um ihn herum spielen sich geradezu surreale Szenen einer Welt ab, die aus den Angeln gehoben scheint: Ein Soldat hebt seinen abgetrennten Arm auf und trägt ihn mit sich herum, ein anderer versucht, seine Eingeweide wieder in den Körper zu drücken, von einem Verletzten, den Miller hinter sich herzieht, bleibt nur noch der Oberkörper übrig – das Schicksal veranstaltet mit den Soldaten Russisches Roulette; wie ohne Plan und der Unterscheidung aufgrund welcher Kriterien auch immer fährt der Tod seine reiche Ernte ein.

Ich habe einmal vom Krieg als der „Nachäffung der Schöpfung

durch das Schaffen von Nichts" gelesen: vom „Erzeugen von Tod, an Orten, an denen vorher das Gegenteil von Nichts herrschte, nämlich Leben." Es gleicht einer pervertierten Umkehrung der „Creatio ex nihilo", des Gedankens der göttlichen Schöpfung aus dem Nichts. Im Grunde genommen will man die ersten fünfundzwanzig Minuten von Spielbergs Film gar nicht sehen, dieses radikale, kompromisslose, unbarmherzige Schaffen von Nichts, und ist dennoch fasziniert von der grandiosen Machart dieses Kampfes zwischen Sinn und Wahnsinn inmitten einer entgleisten Realität.

Je weiter die Handlung voranschreitet, desto mehr verliert sie ihren dokumentarischen Charakter, desto mehr Struktur erhält sie stattdessen und desto konventioneller wird die Erzählung. Miller und seine Männer gelingt es, sich Deckung zu verschaffen und von dort aus eine deutsche Geschützstellung zu erstürmen, ein Sniper geht in Position, die Deutschen werden aus ihren Bunkern und Schützengräben getrieben und im Vergeltungsrausch der Amerikaner wie Vieh abgeschossen. Der Schluck aus der Wasserflasche, mit immer noch zitternden Händen, schließt den Bogen zur ersten Einstellung dieser Sequenz, unzählige Leichen treiben auf den blutenden Wellen und liegen zwischen toten Fischen auf dem Strand. Der Rest des Films, eigentlich der Hauptteil des Narrativs um die Rettung des letzten lebenden Sohnes der Familie Ryan, ist immer noch exzellent gemachtes Kino, keine Frage. Die schockierende Brillanz der Einstiegssequenz hingegen erreicht er nicht. Vielleicht ist das aber auch besser so; wir würden es anders wohl gar nicht ertragen.

Saving Private Ryan (*Der Soldat James Ryan*, USA 1998)

Erwachsen über Nacht

Stand By Me

Von James M. Barrie, dem viktorianischen Autor und Schöpfer der Figur des Peter Pan, wird eine Geschichte vom Begräbnis seines älteren Bruders David erzählt, der beim Schlittschuhlaufen im Eis einbrach. James glaubte, seine Eltern sagen gehört zu haben, dass besser er anstelle des Bruders gestorben wäre. Er zog sich sogar Davids Kleidung an, um auf diese Weise die Liebe seiner Mutter zu erobern. Der Schock über das unerbittliche Ticken der Zeit, das für jeden von uns unweigerlich zum Tod führt, inspirierte ihn Jahre später zu seinem Theaterstück und in der Folge zu dem Roman über den Jungen, der nicht erwachsen werden will.

Eine ähnliche Szene spielt sich auch in *Stand By Me* ab, Rob Reiners atmosphärisch dichter, wunderbar sensibler sommerlicher Freundschaftsidylle nach der Novelle *The Body* (*Die Leiche*, 1982) von Stephen King. Am Grab seines Bruders bildet sich der zwölfjährige Gordie (Wil Wheaton mit großen weidwunden Augen) ein, sein Vater würde seinen Tod dem des Bruders Vorzug geben. Zwei Tage und eine Nacht lang sind Gordie und seine drei besten Freunde daraufhin in den Wäldern rund um ihre Heimatstadt Castle Rock unterwegs: Chris (River Phoenix mit gewohnter Präsenz), der beschuldigt wird, in der Schule das Milchgeld gestohlen zu haben, Teddy (Corey Feldman), der von den Heldentaten seines Vaters in der Normandie prahlt, und der dicke Vern (Jerry O'Connell), dem das Gerücht von einem vermissten Burschen untergekommen ist, der angeblich unter einen Zug geraten sein soll. Die Freunde machen sich auf die Suche nach dem Leichnam und durchleben dabei eine Zeitspanne, in der sie ihre Kindheit hinter sich lassen und sie erste Schritte zum Erwachsenwerden wagen.

Als sie die Leiche endlich im Gebüsch abseits der Bahngleise gefunden haben, bricht Gordie zusammen. „Why did he have to die?", stößt er hervor und meint nicht den Jungen, den sie gar nicht kannten, sondern den kürzlich verstorbenen Bruder. Was ihn so quält, ist der Gedanke, für seine Eltern nicht gut genug zu sein: „My dad hates me!" – „He just doesn't know you", widerspricht ihm sein bester Freund Chris und nimmt den Schluchzenden in die Arme – eine Spiegelung jener Szene, in der Gordie Chris in dessen Furcht, sich vielleicht niemals aus dem sozialen Sumpf seiner Familie befreien zu können, zuvor in liebevoller Weise getröstet und ihm Mut zugesprochen hat.

Noch bevor sich Gordie so richtig fangen kann, platzen ältere Jugendliche dazwischen. Sie wollen den Jüngeren den Ruhm, der in ihrer Vorstellung mit der Entdeckung der Leiche einhergehen müsste, abspenstig machen. Es entspinnt sich zuerst eine Rangelei mit Worten, die Situation spitzt sich dann aber dramatisch zu, als der Anführer der Halbstarken sein Messer zückt. Da fällt ein Schuss, und Gordie hält den verdutzten Jungen eine Pistole vors Gesicht. Es geht ihm nicht darum, sich die Anerkennung, den Vermissten aufgespürt zu haben, auf die Schultern heften zu können, sondern um die Erkenntnis, dass es einfach nicht richtig sei, durch den Tod eines Menschen, auf welche

Weise auch immer, zu profitieren. „Suck my fat one!", verhöhnt Gordie die unter Drohungen abziehenden Burschen. „Whoever told you you had a fat one?", zieht ihn Chris später auf. – „Biggest one in four counties", grinst Gordie.

In seinem Romanklassiker *Something Wicked This Way Comes* (*Das Böse kommt auf leisen Sohlen*, 1962) entwirft Ray Bradbury die Geschichte von zwei Freunden, Jim und Will, denen die Sehnsucht, älter zu werden, im Nacken sitzt, und von Wills Vater, der sich nichts so sehr wünscht, als wieder jung zu sein. Wie in der Szene in Shakespeares Tragödie *Macbeth* (vermutlich im Jahr 1606 fertiggestellt), auf die sich der Titel des Romans zurückführen lässt, zieht eines Nachts das Böse in die kleine Stadt ein, im speziellen Fall in Form eines Jahrmarkts der unwiderstehlichen Verheißungen und falschen Versprechungen. Auf einem Karussell kann man in der Zeit vor oder zurück fahren, kann älter oder jünger werden, vergisst dabei aber, wer man wirklich ist. Die Erzählungen von Bradbury, diesem Träumer der amerikanischen Literatur, haben uns immer wieder zu Kindern gemacht, die mit leuchtenden Augen und roten Wangen durch geheimnisvolle Sommernächte streifen, denen der Wind durchs Haar fährt wie Geisterfinger, die über ein abgemähtes Feld laufen, dabei die Arme ausstrecken und sich frei wie Vögel fühlen, zu Buben, die die Welt um sich herum mit allen Sinnen erleben, so intensiv wie später nie wieder – in dem Bewusstsein, dass schlichtweg alles möglich ist, dass sich sämtliche vorgestellten Schrecken und Wunder auch tatsächlich zutragen könnten. Das sind Kinder, denen es den Atem verschlägt ob der unendlichen Möglichkeiten unserer Welt und jener, die eigentlich nur in der Fantasie existiert und doch ab und zu Wirklichkeit wird. „Das war jene Woche im Oktober, in der sie über Nacht erwachsen wurden", heißt es im Prolog von *Something Wicked This Way Comes* über Jim und Will, „in der ihnen das Jungsein entglitt."

In der Rahmenhandlung von *Stand By Me* ist es ein erwachsener Gordie (Richard Dreyfuss), Schriftsteller und inzwischen selbst Vater, der auf seine Kindheit in den Fünfzigerjahren zurückblickt und sich wünscht, die Zeit zurückdrehen zu können. Nach ihrem Abenteuer kehren die vier Freunde als andere nach Castle Rock zurück. Gordie hat entschieden, die Leiche des verunglückten Jungen im Wald zurückzulassen, ein anonymer Telefonanruf bei der Polizei hat den Rest erledigt. Sie waren nur zwei Tage von zu Hause fort, doch als in den frühen Morgenstunden die ersten Häuser der Stadt vor ihnen auftauchen, erscheint ihnen diese verändert, kleiner. Eine Nacht zuvor haben sie sich noch bei der Wache im Wald vor unheimlichen Geräuschen gefürchtet, haben am Lagerfeuer über die Geschichte eines Kuchenesswettbewerbs mit drastischen Folgen gelacht und über Comicfiguren wie über reale Menschen diskutiert: „Mickey's a mouse, Donald's a duck, Pluto's a dog. What's Goofy?" – „Goofy's a dog. He's definitely a dog." – „He can't be a dog. He drives a car and wears a hat." – „Oh, God. That's weird. What the hell is Goofy?"

Durch die Konfrontation mit der Unfassbarkeit des Todes sind die Burschen gereift; jetzt machen sie sich Gedanken über ihre Zukunft und welche Möglichkeiten ihnen in ihrem Leben darin offenstehen. Es sind wahrlich herzzerreißende Momente, wenn sie sich ihrer Wünsche und Träume, aber auch ihrer größten Ängste bewusst werden. Eine stille Ode an die Freundschaft und eine der schönsten Coming-of-Age-Geschichten überhaupt: Aus dem melancholischen Ton des Films, der liebevollen Ironisierung seiner Figuren, der Einfühlsamkeit der vier tollen Jung-darsteller und der nostalgisch-romantischen Stimmung fließen denn auch die letzten Sätze, die der erwachsene Gordie in sei-nen Computer tippt: „I never had any friends later on like the ones I had when I was 12." Und nach einem Moment der Refle-xion: „Jesus, does anyone?"

Stand By Me
(*Stand By Me – Das Geheimnis eines Sommers*, USA 1986)

Wahre Freundschaft

Star Trek V: The Last Frontier

Auf welchen Berg sollte James T. Kirk, seines Zeichens Kapitän des Raumschiffs Enterprise, denn auch klettern als auf den El Capitan? Ein winziger Punkt auf der gigantischen Granitnadel im Yosemite-Nationalpark, beim Zuschauen wird uns bang ums Herz um ihn. Doktor McCoy geht es da nicht anders; er stirbt tausend Tode, als er ihn durchs Fernglas aus von ihrem Campinglager aus beobachtet. Kirk indessen ist so frohgemut wie meist und gibt sich dem Genuss der tollen Aussicht hin, als plötzlich Mr. Spock neben ihm in der lichten Höhe auftaucht – mithilfe eines Düsenantriebs im Look futuristischer Boots kein Problem. Was den stets logisch kalkulierenden Vulkanier zu der Überlegung bringt, welchen Sinn und Zweck es denn habe, sich der großen Gefahr des althergebrachten Aufstiegs auf den Felsen auszusetzen. Kirks lakonische und zutiefst menschliche Antwort: „Because it's there."

Ein recht irdisches Setting für die Rahmenhandlung des fünften Eintrags der *Star Trek*-Filmreihe, die von Captain Kirk William Shatner selbst in Szene gesetzt wurde, und dadurch ein liebevoll-ironischer Kontrapunkt zum Rest des Films, der natürlich im Weltraum spielt. Wir haben das Geplänkel zwischen Kirk und Spock zur Wichtigkeit der vollen Konzentration beim Bergsteigen mitverfolgt, dann Kirks jähen Absturz. Spock hat sich ihm kopfunter nachgestürzt, ihn wenige Zentimeter über dem Erdboden abgefangen und ihm auf diese Weise das Leben gerettet. Den herbeieilenden Doktor hat der Captain mit einem coolen Wortspiel empfangen: „Mind if we drop in for dinner?"

Nun sitzen die drei rund ums Lagerfeuer, die Chemie zwischen Shatner, Leonard Nimoy und DeForest Kelley stimmt wie immer aufs Vergnüglichste und es gibt – was sonst im Wilden Westen – Bohnen zum Abendessen. Der Doktor, Leonard „Bones" McCoy, hat sie nach dem Südstaatenrezept seines Vaters zubereitet, sogar der Vulkanier zeigt sich vom Geschmack angetan – McCoys „secret ingredient", alsbald gar nicht mehr so geheim gehalten und als Tennessee Whiskey geoutet, hat seine Wirkung getan. Hier am flackernden Feuer fällt es nicht schwer, die wahre Freundschaft zwischen den drei Männern zu beschwören. Er habe gewusst, dass er nicht sterben würde, meint der Captain: „Because the two of you were with me." Und der Doktor sinniert: „All that time in space, getting on each others' nerves ..."

Ein Ritual führt zum nächsten: Spock hat das Grillen von Marshmallows in der Computerbibliothek recherchiert, die beiden anderen befinden, dass es nun Zeit für ein „sing-along" sei. Nach und nach erinnern sie sich wieder an den Text eines alten Liedes: „Row, row, row your boat,/Gently down the stream./Merrily, merrily, merrily, merrily,/Life is but a dream." Trotz allenthalbener Skepsis des Doktors stimmt der Captain die Melodie an und McCoy alsbald in den Kanon ein. Allein Spock zeigt sich reserviert wie üblich und hinterfragt die Bedeutung des Liedes mit hochgezogener Braue: „Life is not a dream."

Voll liebenswerter (Selbst)Ironie ist dann auch das gegenseitige Gutenachtwünschen, als die Freunde später unter ihren Decken rund um das Feuer liegen: „Good night, Spock." – „Good night, Doctor." Dann, am Ende des Films nach überstandenem Weltraumspuk, sitzen die drei schrulligen Herren wieder beisammen am Lagerfeuer. Diesmal hat Spock ein Saiteninstrument mitgebracht. Er zupft darauf herum, und auf einmal ist die bekannte Melodie zu vernehmen: „Row the boat ..." Das Lied in seiner heutigen Form stammt aus dem Jahr 1881, der Campingtrip des Captains, seines Ersten Offiziers und des Schiffsarztes ist auf das Jahr 2287 datiert. Und so brummen sie alle drei im Kanon, und die Kamera zieht sich von ihnen zurück und belässt sie in der Ruhe und dem Frieden ihrer Männerfreundschaft, einer der schönsten in der Geschichte des Unterhaltungsfilms.

Star Trek V: The Last Frontier
(*Star Trek V: Am Rande des Universums*, USA 1989)

Das Gerüst einer Saga

Star Wars: Episode III, IV, VI

Voll Enttäuschung und unterdrückter Wut stürmt der junge Mann namens Luke aus dem Raum. Das Gespräch mit Onkel und Tante geriet zum Streit, wie schon so oft, wenn er des Lebens auf der armseligen Farm überdrüssig ist. „Luke's just not a farmer [...]. He has too much of his father in him", stellt die Tante fest, als er das Weite gesucht hat. „That's what I'm afraid of", meint der Onkel darauf trocken.

Luke kann nicht mehr hören, was sie reden, und er weiß auch noch nichts über die Hintergründe, die bald schon sein Leben bestimmen sollen. Er bleibt ein Stück abseits der Gebäude stehen und blickt zu den zwei Sonnen hoch, der weißgelben und der roten, die wie geheimnisvolle Augen über dem Planeten Tatooine hängen. Luke sieht seine Hoffnungen und Träume zerstört, Wind fährt ihm durchs Haar, und John Williams' Musik zeigt Mut zum Pathos großer Gefühle. Dass er den Onkel und die Tante schon bald ermordet auffinden und sich zum Abenteuer seines Lebens aufmachen wird, kann Luke zu diesem Zeitpunkt nicht ahnen.

Für Menschen meiner Generation stellte *Krieg der Sterne*, wie *Star Wars* 1977 noch hieß, den Anfang der Weltraumsage dar; die storyimmanente Chronologie, die mit Anakins Kindheit beginnt und mit Lukes Kampf gegen Darth Vader endet, war uns damals noch nicht erschlossen. Vom ersten Moment an aber wusste uns George Lucas' Wille zur mythologischen Überhöhung und den übergroßen Gesten eines griechischen Dramas in seinen Bann zu ziehen. Die Sehnsucht in Lukes Augen, in dieser schönen Szene, die eine Art Ruhepol zwischen all den Kämpfen auf Planeten und im Weltall bildet, dieses kurze Innehalten und die Vorahnung von kommenden Sensationen war eine Art Versprechen, die nicht alle, aber doch einige der folgenden Einträge in Lucas' Narrativ einzulösen wussten.

Jahrzehnte später lieferte die *Episode III* die Vorgeschichte und damit die Auflösung der erzählungsinhärenten Zusammenhänge, die keine Wünsche offenließ. Da zieht sich Anakin Skywalker, ohne Beine, einen schwarzen Hang an einem Lavafluss hinauf und schreit seinem einstigen Mentor Obi-Wan Kenobi all seinen Hass entgegen. „You were my brother, Anakin", reagiert dieser mit abgrundtiefer Traurigkeit. „I loved you!" Anakins Beinstümpfe fangen Feuer, die ganze kümmerliche Gestalt windet sich unter Schreien aus Schmerzen und Wut. Während Obi-Wan und Padmé in ihrem Raumschiff das Weite suchen, findet der Imperator den halb verkohlten Anakin, in dem wider Erwarten noch ein Rest Leben ist. Er kniet sich hin und berührt ihn an der Stirn. „He's still alive", stellt er mit unverhohlenem Erstaunen fest.

Und dann kommt George Lucas' Meisterstück. Er schneidet die Szenen, in denen Padmé ihre Zwillinge gebärt, Luke und Leia, gegen jene, in denen deren Vater, Anakin, mithilfe von medizinischen Robotern, einem ganzen Arsenal an spitzen Nadeln und unter schlimmster Pein zu Darth Vader wird. Schließlich senkt sich die schwarze Maske über sein Gesicht und das charakteristisch röchelnde Atmen setzt ein. Der Moment wird kommen, wenn sich in *Episode VI*, die bis zu den Arbeiten der finalen Trilogie ab dem Jahr 2015 den Schlusspunkt dieser Beziehungsgeschichte setzte, der geläuterte Bösewicht für seinen Sohn opfert und, anstatt Luke zu töten, dem Imperator entgegentritt. Abgesehen von den gar nicht so oberflächlichen politischen Implikationen hat *Star Wars* in erster Linie immer die Geschichte von Vätern und Söhnen erzählt. Obi-Wan und Yoda fungierten als Ziehväter von Luke, Obi-Wan war schon früher Anakins Jedi-Meister und Ersatzvater. Indem er sich der dunklen Seite der Macht zuwandte, hat ihn Anakin bitter enttäuscht, als Darth Vader hat er ihn im Zweikampf mit Laserschwertern besiegt. Nun will er bei seinem Sohn gutmachen, was ihm im letzten Aufbäumen seiner Kraft noch möglich ist. Sterbend bittet er Luke schließlich, ihm die Maske abzunehmen, damit er ihn mit seinen eigenen Augen sehen könne; die schwarze Gestalt, die nichts als Leid und Unheil brachte, wird wieder zum Menschen.

Wie auch immer man sie in ihrer Chronologie wahrgenommen hat, bilden diese drei Szenen im Kreis der Gesamterzählung das Gerüst für George Lucas' große Saga, die die Emotionen zwischen Vätern und ihren Söhnen verhandelt und die Sehnsüchte, ihr Scheitern oder ihre Erfüllung, die damit verbunden sind – und die bis heute in diversen Filmen und Serien weiter- und immer weitergesponnen wird, obwohl das Eigentliche doch schon längst erzählt worden ist.

Star Wars/Star Wars: Episode IV – A New Hope
(*Krieg der Sterne/Star Wars: Episode IV –*
Eine neue Hoffnung, USA 1977)

Star Wars: Episode III – Revenge of the Sith
(*Star Wars: Episode III – Die Rache der Sith*, USA 2005)
Star Wars: Episode VI – Return of the Jedi
(*Star Wars: Episode VI – Die Rückkehr der Jedi-Ritter*,
USA 1983)

Mit einem Blick

Sunset Boulevard

Es ist eine der berühmtesten Szenen der Filmgeschichte, wenn Gloria Swanson im Finale von Billy Wilders *Sunset Boulevard* Schritt für Schritt die große, geschwungene Treppe herunterkommt und dann ihren legendären Satz sagt: „I'm ready for my close-up." Swanson spielt die Stummfilmdiva Norma Desmond, die am Übergang zum Tonfilm gescheitert ist und sich in den Wahnsinn geflüchtet hat, immer noch ein großer Star zu sein. Sie lebt in dem Glauben, gemeinsam mit dem Regisseur Cecil B. DeMille an der Realisierung eines *Salome*-Projekts zu arbeiten.

Gloria Swanson war selbst eine der berühmtesten Schauspielerinnen dieser Ära, der Verlauf ihrer Karriere ähnelte jenem der Figur von Norma Desmond, sie hatte deren Ende aber akzeptiert und neuen Lebenswegen zugewandt – kein Hadern mit der Vergangenheit, kein zum Scheitern verurteilter Versuch, an etwas festzuhalten, das in dieser Form gar nicht mehr bestand. Dennoch akzeptierte sie nach anfänglichem Zögern Billy Wilders Ruf und machte aus dem Comeback die Rolle ihres Lebens.

Zu Beginn des Films treibt der Leichnam des jungen Drehbuchautors Joe Gillis (William Holden) im Pool der Diva. Ein besonderer Kniff Billy Wilders: Quasi aus dem Jenseits erzählt Joe die Geschichte, an deren Ende er zu Tode kommt.

Gillis wird von der zurückgezogen lebenden Norma Desmond engagiert, das von ihr verfasste *Salome*-Drehbuch zu überarbeiten und dabei im Laufe der Zeit immer tiefer in ihre Welt der konsequenten Verleugnung der Realität gezogen. Wilder entwickelt seinen Film als Farce zwischen Drama und Ironie, indem er einerseits am Image Hollywoods kratzt, es gleichzeitig aber in den Status des Magischen überhöht. Dies kulminiert in der finalen Szene, als Norma von der Polizei abgeführt werden soll. Plötzlich sieht sie sich von Journalisten und Fotografen umlagert wie zu ihren besten Zeiten. „Camera! Action!", ruft Max, ihr treues Faktotum, und bombastische Historienschinkenmusik wallt auf. Norma zelebriert ihren Auftritt: „I can't go on with the scene. I'm too happy." Doch auch dieser Einwand dient nur der Steigerung des Effekts, und dann kommt sie, die Aufforderung zur Großaufnahme, und Norma schreitet – es ist das einzige Vokabel, das für diesen Prozess gültig scheint – auf die Kamera zu, ins Licht, das für sie zur einzig gültigen Wirklichkeit geworden ist. „I am big", lautet der zweite von Desmonds berühmten Sätzen, „it's the pictures that got small." In diversen Rankings der prägendsten Filmzitate kommen die beiden Aussprüche auch heute noch auf obere Plätze.

„We didn't need dialogue. We had faces", fällt in Wilders Klassiker über den Unterschied zwischen Stumm- und Tonfilm. Diese Idee verarbeitete auch Andrew Lloyd Webber in seiner Musicalversion des Stoffes. „Yes, with one look I put words to shame/Just one look/Sets the screen aflame/Silent music starts to play/One tear from my eye/Makes the whole world cry", heißt es in einem der Lieder so trefflich über den unbedingten Willen zur Überlebensgröße und die direkte Wirkung auf das Publikum: „those wonderful people out there in the dark."

Im Laufe der Filmgeschichte gab es immer wieder Schauspielerinnen, die nichts brauchten als eine Großaufnahme, und das Publikum lag ihnen zu Füßen. Die oft „göttlich" genannte Greta Garbo etwa oder Marilyn Monroe, Liz Taylor und Grace Kelly, natürlich auch Audrey Hepburn in ihrer fast überirdischen Zerbrechlichkeit. Das waren Gesichter, denen selbst die Kamera zu Füßen zu liegen schien, und wenn sie auftraten, war es, als würde die Leinwand vor Liebe Feuer fangen.

Sunset Boulevard (*Boulevard der Dämmerung*, USA 1950)

Die Wahrheit im Spiegel

Taxi Driver

Martin Scorseses Palmengewinner von Cannes ist der letzte Film, für den Hitchcocks Lieblingskomponist Bernard Herrmann die Musik schrieb; sein treibender Score, zu dem das Taxi über die nassen Straßen des nächtlichen New York gleitet und dazu Rauch aus den U-Bahn-Schächten steigt, ist Coolness pur, nur Ryan Gosling hat das jüngst in *Drive* nachvollziehen können. Der Fahrer des Taxis, Travis Bickle, dargestellt von Robert De Niro, ist vom Schmutz der Stadt angewidert, und als er die minderjährige Prostituierte Iris in der Gestalt der damals dreizehnjährigen Jodie Foster kennenlernt, macht sich in ihm die Obsession breit, sie aus diesem Milieu zu befreien. Die Erkenntnis, dass dies mit reichlich Gewalt verbunden sein wird, stellt sich ein, wenn wir ihn in der berühmten Spiegelszene beobachten.

Nach Paul Schraders Drehbuch haben wir Travis in seinen schlaflosen Nächten und ins Pornokino begleitet, wir haben seine unbeholfenen Annäherungsversuche an Betsy (Cybill Shepherd) verfolgt, die Wahlkampfhelferin eines Senators. Erst in der Szene vor dem Spiegel erkennen wir das Ausmaß an Frustration und Wut, die sich in Travis angesammelt haben. „Here you become aware that not only is Travis Bickle schizophrenic but he's aware of his own schizophrenia", schreibt Stephen Woolley, Produzent von Neil Jordans Nordirlandthriller *The Crying Game* (1992). Ohne Hemd, mit zwei Schulterhalftern hat Travis schon früher vor dem Spiegel seiner heruntergekommenen Wohnung posiert und das rasche Ziehen geübt. Jetzt trägt er eine Armyjacke und spricht mit der Imagination der Zuhälter und Gewalttäter, des Abschaums, von dem er die Stadt zu reinigen beabsichtigt. „I'm faster than you, you fucking sick", provoziert er dieses Gegenüber. „I saw you coming, you fuck." Travis wähnt sich in einem Zwiegespräch: „You talking to me?" Und sein wachsender Hass ist geradezu greifbar, wenn er lauernd nicht zu wiederholen ablässt: „I'm standing here. You make the move." Dann sitzt er in seinem Zimmer herum und liegt in all seinem Weltschmerz auf seinem Bett wie ein brodelnder Vulkan kurz vor dem Ausbruch: „Here is a man who would not take it anymore."

De Niros Ausdruck konzentriert sich auf seine Augen, und der Blick daraus kann uns wirklich Angst machen. Er geht mit seinen Emotionen sehr ökonomisch um, agiert reduziert in Gestik und Mimik, und gerade das Zurückhalten dessen, was in Travis schlummert, macht diese Momente so effektiv. Scorseses Regie ist kühl, eindringlich und von analytischer Präzision, umso stärker wirkt dann der Ausbruch von Gewalt, wenn Travis in Militärlook und Irokesenschnitt, quasi als Amok laufender Punk, wider Erwarten nicht gegen den Senator ins Feld zieht, sondern gegen Iris' Zuhälter Sport (Harvey Keitel als Prolo-Pimp, wie er im Buche steht).

Am Ende des Films zeigt der schwer verletzte Travis mit dem Zeigefänger auf seine Schläfe, wie um die Polizei zum Schuss aufzufordern, dann zieht die Kamera über das Schlachtfeld, das er hinterlassen hat, einen blutigen Pfad aus toten Körpern. Mit dem Klima allgemeiner latenter Brutalität und Abstumpfung, denken wir als zeitverhafteten Kontext nur an den Vietnamkrieg und die Watergate-Affäre, korrespondiert die psychische Deformation eines Verbrechers, der in Scorseses bitterer Ironie zum Helden wird: Travis wird von den Medien gefeiert, Iris' Eltern halten ihn dankbar für den Retter ihrer Tochter. Hätten sie Travis bei seinem Zwiegespräch mit sich selbst vor dem Spiegel gesehen, wäre ihre Reaktion wohl anders ausgefallen.

Taxi Driver (USA 1976)

Agent of Chaos

The Dark Knight

Mit Superhelden ist das ja so eine Sache: Ihre Unbesiegbarkeit macht sie zu den wohl langweiligsten Charakteren im Kinouniversum. Das war auch Christopher Nolan klar, als er sich 2005 mit *Batman Begins* an den Reboot des Mythos um den Ritter mit dem hautengen schwarzen Fledermauskostüm machte. Mehr Realismus war nun angesagt, und der psychologische Background des Helden wurde mit Rissen und dunklen Abgründen, mit Selbstzweifeln und durchaus auch unliebsamen Eigenschaften ausgestattet, die ihm im Gemüt brodeln. Mittlerweile ist die Gebrochenheit der zuvor doch so unbrechbaren Supermänner für sich schon fast wieder zum Klischee geraten. Trotzdem führt sie in *The Dark Knight* auch zu faszinierenden Konfrontationen wie dieser: Sie sitzen einander in einem Verhörraum gegenüber, Batman, der seine Emotionen nur mühsam in Zaum halten kann, und seine clowneske Nemesis, der Joker; gurrend, säuselnd und raunend stellt der Bösewicht fest, dass er nie und nimmer daran denken würde, Batman zu töten – was würde er denn ohne ihn anfangen? Mit schrillem Lachen fügt er die Erklärung hinzu: „You complete me."

In seinem Kampf gegen die Unholde Gotham Citys ist Batman an jemanden geraten, der ihm zum ersten Mal Paroli zu bieten vermag. Er ist kein muskelbepacktes Monster wie Bane in *The*

Dark Knight Rises (2012), dem finalen und nicht ganz so makellos gelungenen Teil von Nolans Neuerfindung des Batman-Mythos, aber auch nicht dieser schrille Aufschneider Jack Nicholson in Tim Burtons Version von 1989. Hingegen kommt er in der brillanten Interpretation durch Heath Ledger als eher schmächtiger Typ mit fettig-zerstrubbelten Haaren und seltsam hüpfendem Gang daher. Die zerronnene weiße Schminke, die schwarz umrandeten Augen, das blutrote Narbengrinsen – Ledgers Joker ist ein Anarchist, wie er im Comicbuche steht, ein schmatzendes, lispelndes, züngelndes Reptil, vor dem sogar der Titelheld der Filme Angst haben muss, schlichtweg die personifizierte Zerstörungswut. Dieser Joker könnte quasi als Antithese zu Hannah Arendts freilich in einem gänzlich anderen Umfeld formulierter „Banalität des Bösen" dienen, denn banal und alltäglich ist gar nichts an diesem Charakter, er ist kein Schreibtischtäter mit seinen Schreckliches bewirkenden Unterschriften, sondern genießt es sichtlich, selbst ganz im Mittelpunkt seines Zerstörungswerks zu stehen. Konsequent und durch nichts und niemanden irritierbar, zieht er seinen Masterplan durch, mit einer Intensität, die allen, die mit ihm zu tun kriegen, das Fürchten lehrt.

Besonders trifft dies auf jene Szene zu, in der der Joker das Gotham Central Hospital in die Luft sprengt. Er besucht Harvey Dent, den nach einem Attentat durch seine von Säure zerfressene linke Gesichtshälfte schrecklich entstellten Bezirksstaatsanwalt, drückt ihm einen Revolver in die Hand und hält sich den Lauf gegen die Stirn, alles nur ein perfides Spiel. In Schwesterntracht, weißen Gesundheitsschlapfen und dunklen Socken watschelt er dann durch die Gänge und löst mithilfe einer Fernbedienung eine Explosion nach der anderen aus. Und jetzt kommt der Griff in die Hitchcock'sche Manipulationskiste: Der Joker befindet sich bereits vor dem Gebäude, als das Gerät nicht zu funktionieren scheint, er drückt daran herum und ärgert sich sichtlich. Für diesen Moment sind wir auf einmal auf seiner Seite wie in *Psycho* (1960) auf der von Anthony Perkins, als das Auto mit der in der Dusche ermordeten Janet Leigh im Kofferraum für ein paar Sekunden im Sumpf stecken bleibt und sich der persönlichkeitsgespaltene Mörder nervös umzublicken beginnt. Wir können seine Irritation nachvollziehen, sie wird zu der unseren, und voller Erleichterung registrieren wir schließlich, dass das Auto doch noch vom Sumpf verschlungen wird. Ebenso ergeht es uns beim Joker vor dem Krankenhaus, als es mit dem explosiven Zerstörungswerk wieder losgeht. Dass er ein klein wenig zusammenzuckt, als es so richtig kracht, macht ihn uns sogar ein bisschen sympathisch.

Der Joker selbst gibt Hinweise auf sein Aussehen und seinen psychischen Zustand, den Hass auf seinen Vater etwa, der ihm die Verletzungen mit einem Messer zugefügt hätte, oder dass er sich selbst eine Rasierklinge in den Mund gesteckt hätte, um seiner Frau zu beweisen, dass ihn ihre Narben nicht stören würden. Doch nichts davon müssen wir glauben, auch hier ist alles Spiel. Ob er so aussehe, als ob er einen Plan hätte, fragt der Joker einmal rhetorisch. Manche Menschen würden einfach die Welt brennen sehen wollen. Nichts sei so lächerlich wie der Versuch der Kontrolle: „Introduce a little anarchy. Upset the established order, and everything becomes chaos. I am an agent of chaos."

„Whatever doesn't kill you, simply makes you ... stranger", formuliert Heath Ledger als Joker in einer anderen Szene sein Credo. Seine Sensibilität und Verhaltenheit in Rollen wie der von Ennis, dem schwulen Cowboy in *Brokeback Mountain* (2005), auf der anderen Seite sein Hau-drauf-Spiel als Joker – welche Vielfalt an Rollen, welche Überraschungen hätte er in diesem Sinne wohl noch für uns bereitgehalten? Sein früher Tod im Jänner 2008, kurz nach dem Ende der Dreharbeiten zu *The Dark Knight*, lässt uns darüber im Ungewissen, er selbst wurde dadurch freilich, unterstrichen vom posthum verliehenen Oscar, zum Mythos in einer Reihe mit James Dean und River Phoenix.

„Let me show you a magic trick", tönt der Joker einmal. Heath Ledgers Darstellung war an der Magie, die das Kino ausmacht, ganz nah dran.

The Dark Knight (USA/GB 2008)

Ein Mensch will er sein

The Elephant Man

Natürlich weckt die vermummte Gestalt die Neugier der Straßenjungen. Verborgen unter einem Umhang und einer Art Sack mit Augenlöchern über dem Kopf, bewegt sie sich mit unbeholfenen, humpelnden Schritten und mit der Hilfe eines Stocks über den Bahnsteig. Die Kreatur darunter ist ein Mann am Ende seiner Kräfte. Er wurde aus seinem Zimmer im London Hospital entführt und musste auf Jahrmärkten auf dem Kontinent auftreten. Doch selbst dort, unter „Freaks", stellte er ein solch bemitleidenswertes Bild dar, dass sich die Besucher voller Abscheu von ihm abwandten. Von dem Mann, der sich sein Besitzer nannte, getreten und geschlagen, landete er schließlich in einem Käfig, das hysterische Kreischen der Affen daneben in den Ohren. Es waren die anderen „Freaks" des Zirkus, die ihn befreiten und im Schutz der Nacht in einer Prozession der Unglücklichen zur Passage über den Kanal brachten.

Jetzt ist der Mann in London angelangt, und noch auf dem Bahnsteig werden die Burschen auf ihn aufmerksam. Sie beginnen, ihm zu folgen, sie sprechen ihn an, sie beschießen ihn aus kleinen Blasrohren. Der Vermummte versucht zu fliehen, doch die Buben laufen ihm nach, es geht die Treppen hinunter, und da steht plötzlich ein kleines Mädchen vor dem, was in ihren

Augen nichts anderes als ein Monster sein kann. Sie schreit auf, der geheimnisvolle Mann erschrickt und stößt sie aus Versehen nieder. Von diesem Moment an ist ihm der Mob auf den Fersen. Die Jagd wird immer wilder, die Kapuze rutscht dem Unglücklichen vom Kopf. Jetzt ist es für die Verfolger klar: Hier ist tatsächlich ein Ungeheuer unter ihnen. Sie treiben den Unglücklichen in die Enge einer öffentlichen Toilette, wo er zwischen den Urinalen am Boden kauert, zitternd wie ein verwundetes Tier. Und in seiner höchsten Not schreit er die Worte, die den Mob zum Verstummen bringen: „I am not an animal! I am a human being!"

Darum geht es in David Lynchs bewegender Verfilmung des Schicksals von John Merrick, der in Wirklichkeit Joseph hieß und von John Hurt auf grandiose Weise dargestellt wird: nicht als „Freak" wahrgenommen zu werden, als Schaubudenattraktion, die, je nach Betrachter, Abscheu oder Mitleid hervorruft, schon gar nicht als Tier, als Ungeheuer, sondern schlicht und einfach als menschliches Wesen mit Träumen, Hoffnungen und Gefühlen, die von seiner Umwelt nicht unablässig mit Füßen getreten werden.

Der durch Verwachsungen und Tumore schrecklich entstellte „Elefantenmensch" musste Ende des 19. Jahrhunderts im viktorianischen England sein Dasein fristen. In David Lynchs Film ergeht es ihm wie der armseligen Kreatur, die Dr. Frankenstein aus gestohlenen Leichenteilen erschafft, jedoch gibt es hier keine Schuldzuweisungen, kein „mad scientist" wird verantwortlich für John Merricks trauriges Schicksal gemacht. Diese Haltung spiegelt sich auch im Protagonisten selbst wider. Im Gegensatz zu Frankensteins Kreatur ist John Merrick die Auflehnung, gar die Rebellion gegen sein Schicksal fremd. Er scheint die Reaktionen seiner Umwelt wie gottgegeben hinzunehmen und lebt zurückgezogen in seiner inneren Welt der Sanftheit und der Poesie.

„Seine Schwäche ist seine Stärke. An seiner Schuldlosigkeit bricht sich die Welt." (Hans-Christoph Blumenberg) So sind es Begriffe wie Unschuld, Reinheit, Gnade und Erlösung, die in Bezug auf diese Geschichte vom Froschkönig fallen, dessen Seele in einer grotesken Hülle gefangen ist und doch nach nichts als Schönheit hungert.

In Peter Bogdanovichs Film *The Mask* (*Die Maske*, 1985) will eine von Cher gespielte Mutter nicht akzeptieren, dass es ihrem verunstalteten Sohn Rocky (Eric Stoltz) so ergeht wie einst dem Elefantenmenschen. Sie ist davon überzeugt, dass er die Möglichkeit verdient, in Glück zu leben wie jeder sonst. Ihr Beschützerinstinkt reflektiert das Verhalten von Dr. Treves (Anthony Hopkins) und dem der Schwestern im London Hospital, die John Merrick unter ihre Fittiche genommen haben. Die Zärtlichkeit der Mutter ist in den Augenblicken wiedererkennbar, in der John Besuch von einer Theaterschauspielerin (Anne Bancroft) erhält und mit ihr eine Szene aus *Romeo und Julia* liest. Dass er kein Monster sei, stellt die Schauspielerin schließlich fest und küsst ihn auf die Wange: „You are Romeo."

David Lynch lässt sich eine halbe Stunde Zeit, bis wir die Titelfigur seines Films zum ersten Mal zu Gesicht bekommen. Dabei spielt er mit den Vorurteilen und Ängsten, den voyeuristischen Gelüsten, die wir Zuschauer vielleicht mit den Besuchern der Freakshow im Film teilen. Lynch zeigt seinen Unglücklichen in dunklen Ecken auf dem Rummelplatz und als Schattenriss bei einer Vorführung der anatomischen Gesellschaft, wir hören sein röchelndes Atmen und sehen die schockierten Reaktionen in den Augen der Menschen. In einer späteren Szene hören wir den Schrei einer jungen Krankenschwester, die ihm Suppe bringen soll, der Teller fällt zu Boden, und da kauert ein Wesen auf dem Bett, das genauso viel Angst verspürt wie die Pflegerin. Bald jedoch lernen wir John als intelligenten, feinfühligen und liebenswerten Menschen kennen, der die Bibel liest und in der neuen, ungewohnt fürsorglichen Umgebung Hoffnung schöpft, sich aus seinem bisherigen Leben als geprügeltes Tier aufrichten zu können.

„Die wichtigste Voraussetzung zur Zufriedenheit ist, dass ein Mensch das, was er ist, auch sein will.", hat Erasmus von Rotterdam formuliert. Diesem Stadium des Menschseins nähert sich John Merrick am Ende des Films an, das auch das Ende seines Lebens darstellt. John agiert selbstbestimmter und radikaler als je zuvor, wenn er entscheidet, so schlafen zu wollen wie alle anderen Menschen. Ihm ist bewusst, dass er in aufrechter Haltung schlafen muss, weil ihn das Gewicht seines enormen Schädels im Liegen ersticken würde. An diesem Abend ist er glücklich, er war zum ersten Mal in seinem Leben im Theater und hat sich verzaubern lassen von einem Märchenspiel, in dem sich Menschen als Tiere kostümieren. Nun setzt er den letzten Schritt seiner Menschwerdung. Er nimmt die Polster von seinem Bett und ist in rührender Weise noch auf Ordnung bedacht, als er sie auf einem Stuhl und einem Tisch platziert. Dann legt er sich ins Bett und deckt sich zu und lässt den schweren Kopf nach hinten sinken. Es ist ein Gefühl von Frieden und Zufriedenheit, das ihn umgibt.

Als die Kamera zu Samuel Barbers „Adagio for Strings" über die Bilder seiner Mutter und der Schauspielerin schweift, die ihn Romeo nannte, und über das Modell einer Kirche, die er gebaut hat, und dann zum Fenster und weit in den nächtlichen Himmel hinaus, ins Weltall und direkt hinein in den Flug der Sterne, ist es nicht die Seele einer geschundenen Kreatur oder eines Monsters, sondern die eines Menschen, die in die Ewigkeit entschwindet.

The Elephant Man (*Der Elefantenmensch*, USA 1980)

Verstörungen

The Exorcist
The Texas Chain Saw Massacre

Oftmals sind es die Behausungen, in denen oder von denen ausgehend Unholde des Horrorkinos ihr Unwesen treiben, die die ganz spezielle Atmosphäre eines solchen Films konstituieren und in diesem Sinne beinahe ein Eigenleben zu entwickeln scheinen: als heimlicher Rückzugsort für die Killer, vielleicht als Nest ihrer inneren Dämonen, als Brutstätte ihres Irrsinns und all jener schwarzen Triebe, die sie zu ihren unheilvollen Taten treiben. Im klassischen Gruselkino wird ein solches Haus oft und gern im gotischen Stil gezeigt, mit von Nebel umwallten Grundmauern und spitzen Dächern, Giebeln und Türmchen, die wie dämonische Krallenfinger in einen gewitterwolkig dunklen Himmel greifen – von Rebeccas Manderley über Poes House of Usher bis zu Hitchcocks Psychohaus sind uns diese Bilder vertraut. Zwei weitere Beispiele zeigen aktuellere und architektonisch unterschiedliche Varianten für solche Hüllen des Bösen. In Tobe Hoopers unheilvoller Mär vom Kettensägenkiller handelt es sich um eine abgelegene texanische Farm im Stil eines Plantagenhauses samt Veranda und tiefen Kellern, in William Friedkins Versuchsanordnung einer Teufelsaustreibung um ein Backsteingebäude in Washington, D.C.

The Texas Chain Saw Massacre, damals billig herunterge-
dreht und ob seiner Gewaltdarstellungen lange Zeit auf weltweiten Indices, gilt heute als immer noch ziemlich verstörender
Eintrag in den Kanon der einflussreichsten Werke der Filmgeschichte. Der Inbegriff dessen, was wir als Genre des Slashers
ansehen, stellt in puncto Setting, dem typischen Figurenpersonal und der erzählerischen Struktur von aufeinanderfolgenden
Morden noch immer gültige Parameter auf, die in zahllosen
Nachahmungen meist mehr schlecht als recht imitiert wurden
und werden. In unnachahmlicher Intensität entwirft Regisseur
Hooper ein Szenario des fast ausweglosen Terrors. Eine Gruppe
fünf junger Leute gerät im hinterwäldlerischen Texas in die Gewalt einer Familie von Kannibalen, deren psychopathisch-dege-
nerierter Vollstrecker aufgrund seiner selbst angefertigten Masken aus menschlicher Haut den entlarvenden Namen Leatherface trägt.

Von den ersten Einstellungen an erzeugt der Film ein Gefühl
latenter Bedrohung. Nachrichten im Radio berichten von Grab-
plünderungen und gewaltsamen Todesfällen, Blitzlichtaufnah-
men erhellen grausige Motive – verwesende Leichen, Totenschädel, Skelettfinger, Knochen, auf einem Friedhof eine Skulp-
tur aus verschiedenen Körperteilen. Wiewohl sich diese Bilder
immer nur für kurze Augenblicke in unsere Wahrnehmung bohren, erzeugen sie zusammen mit dem ausgeklügelt-enervieren-
den Sounddesign ein morbides Gefühl von Irritation und Irrsinn, das den gesamten Film bis hin zu einem in fast unerträglicher Intensität inszenierten Abendessen im Kreise der ganz
und gar nicht lieben Familie nicht an Dringlichkeit verliert.

Wenn wir zum ersten Mal das Gesicht von Leatherface zu sehen bekommen, den Gunnar Hansen als das unheilvoll knat-

ternde Werkzeug mühelos schwingenden Hünen verkörpert, ist dies ein Schockmoment allererster Güte – wird uns doch der Ursprung seines Namens auf einen Schlag klar. Den Weg dorthin pflastert Regisseur Hooper mit den schauerlichsten Ideen. Jerry (Allen Danziger), einer der fünf jungen Leute, die nacheinander der Horrorfamilie zu Opfern werden, klopft mehrmals an die Tür des Hauses und tritt, als sich nichts rührt, aus dem flirrenden Licht und der Hitze in die Düsternis – nicht nur in optischer Hinsicht fehlt ihm der Durchblick und von dem, was ihm nun alsbald blühen wird, hat er keine Ahnung. Vor ihm liegt ein schmaler Flur mit bleichen Tierschädeln an den Wänden. Im hinteren Teil steht eine Tür offen; seltsame Grunzlaute sind zu hören, die uns beim Zuschauen wohl mehr Herzklopfen verursachen als Jerry, der sich nichts dabei denkt und genau darauf zusteuert. Unvermittelter Auftritt von Leatherface, ein herrlicher „Jump-Scare". Sein Gesicht und damit die Maske sind in den Schatten halb verborgen, der Grund, dass seine Schürze so blutig ist, wird offensichtlich, als er einen Hammer hebt und auf Jerry einzuschlagen beginnt. Er zerrt den Burschen weg, eine Art Stahltür schließt sich geräuschvoll hinter ihnen; was folgt, ist Stille.

Das bitterböse Spiel des Films ist kompromissloses Kino der Körperlichkeit und deren Zerstörung und, daraus resultierend, der Bewegung im Sinne der wiederholten und immer wieder auch scheiternden Fluchtversuche. Die Muster von Handlungsverlauf und dem Los der Charaktere, die wir mittlerweile in unseren rezeptiven Erwartungshorizont eingeschrieben haben, hat nicht zuletzt *The Texas Chain Saw Massacre* aufgestellt. Dass darin die Überlebenschancen von jungen Frauen ungleich höher als jene des männlichen Cast stehen, ist uns klar. Also hält sich das Drehbuch auch nicht mehr mit Jerry oder leerem Füllmaterial auf, sondern bleibt direkt im erstellten Spannungsbogen und wendet sich darin Jerrys Freundin Pam (Teri McMinn) zu.

Diese hat auf einer weißen Schaukel vor der Veranda auf ihn gewartet, sie wird nun aber ungeduldig. Sie ruft nach Jerry und betritt das Haus wie er zuvor; die anfängliche Wiederholung der Bilder von vorhin lässt uns jeden Moment das Auftauchen von Leatherface befürchten, doch dehnt Hooper diese zeitliche Spanne durch die nähere Erkundung des Hauses, die wir durch Pams Augen miterleben. Die Atmosphäre ist wahrlich unheimlich in dieser Abfolge von Großaufnahmen und gehetzten Kamerabewegungen. Eine Henne in einem Käfig, Armknochen auf einer Bank, drapiert wie in einer ausladenden Geste, Werkzeuge und Knochen und nochmals Knochen, der Boden voller Fellknäuel – fast wie eine Wasseroberfläche, in der Pam zu versinken droht. Dazu blechernes Scheppern und Hühnergackern, die Geräusche steigern sich zu einem Crescendo, das an ihren und unseren Nerven zerrt. Dann taucht abermals Leatherface auf und vereitelt Pams Entkommen an der Haustür. Jetzt sehen wir sein Gesicht zum ersten Mal klar und deutlich im Sonnenlicht und wird zur grausigen Gewissheit, was wir vorher nur ahnen und fürchten konnten, nämlich dass seine Maske aus keinem anderen Material als menschlicher Haut gefertigt ist. Der Unhold schleppt Pam in sein blutiges Schattenreich hinter der vorhin erwähnten Tür – ein Tisch, ein zerteilter Körper, Fleischerhaken hängen von der Decke. An einen von ihnen spießt Leatherface die arme Pam und es wird offensichtlich, dass zweifellos nicht ihrer Rolle die Möglichkeit, diesen Horrortrip zu überleben, zugeschrieben ist.

Die Frage, ob dies der zwölfjährigen Regan in ihrem Unheilszenario gelingen wird, bleibt die gesamte Laufzeit von *The Exorcist* in der Schwebe – und zwar nicht nur, wenn sich das Mädchen in eben dieser Position über ihrem Bett befindet. Auch Linda Blairs Gesicht ist unter einer Art von Maske verborgen, in ihrem Fall unter Schichten überaus grausigen Make-ups, zu der der Dämon, der das bemitleidenswerte Mädchen heimgesucht hat, ihre Züge fast bis zur Unkenntlichkeit verzerrt. Regans Figur wird nicht per se als gemein und böse dargestellt; sie ist an und für sich ein unschuldiges Kind, in das nur eben leider der Satan fährt und dessen sich dieser als Medium für sein Toben bedient – der Ansatz für eine psychologische Interpretation der Protagonistin an der Schwelle zur Pubertät und ihrer erwachenden Eigenständigkeit und Sexualität ist naheliegend. Gemeinsam mit ihrer Mutter (Ellen Burstyn), die als Schauspielerin zum Zeitpunkt der Handlung gerade einen Film in der US-amerikanischen Hauptstadt dreht, wohnt Regan in einem mehrgeschoßigen Backsteinbau am oberen Ende einer schmalen steilen Treppe, über die Pater Karras (Jason Miller), einer der beiden Geistlichen, die den Exorzismus an ihr vornehmen, im Finale aus dem Fenster von Regans Zimmer in den Tod stürzen wird.

Genau hier kommt in einer früheren Szene der auf Teufelsaustreibungen spezialisierte Pater Merrin (Max von Sydow) des Nachts im Taxi an. Es ist dunkel und nebelig, seine hagere Gestalt in Mantel und Hut und mit einer Aktentasche zeichnet sich im schwachen Licht einer Laterne ab; in dieser Stimmung wie vor dem finalen Duell eines Westerns läuft alles, so viel ist uns klar, auf eine tödliche Konfrontation hinaus. Schon die ersten Anzeichen von Regans Besessenheit waren drastisch: das Rucken des Bettes, die unflätige Sprache, der verdrehte Kopf, das Speien von grünem Schleim, die Botschaft „Help me", die sich auf dem Bauch des Kindes abzeichnet. Nun betritt Pater Merrin im schwarzen Talar ihr Zimmer. In der Kälte sind Atemwolken sichtbar, wenn er ein goldenes Kreuz küsst und beginnt, Regan aus einer Glasflasche mit Weihwasser zu besprengen. Er betet das Vaterunser, da bäumt sich der Dämon in Regan und mit ihm das Mädchen wie unter panischen Schmerzen auf: abermals Stöhnen und Speien, Züngeln, die Beschimpfung als „cocksucker", gruselig pupillenlose Augen. Der Pater kniet sich neben das Bett, sein Kollege Karras ist jetzt an seiner Seite, Regan keucht und gibt Laute eines rasenden Raubtiers von sich, ihre lange grüne Zunge schlängelt sich aus der Dämonenfratze, dazu der Schleim und dieses grauenhafte Lachen. Es zerspringt das Holz der Tür und Risse entstehen in der Decke, das gesamte Zimmer bebt. Wo Regans Körper vom Weihwasser getroffen wird, klaffen Wunden wie Peitschenstriemen auf. Ihr Kopf dreht eine Runde, ihre Fesseln reißen und ihr Körper erhebt sich und schwebt mit zur Seite gestreckten Armen wie die Verhöhnung der Darstellung von Jesus am Kreuz. Haben wir solch filmischen Schrecken einmal miterlebt, bekommen wir ihn wohl nicht mehr aus dem Kopf, das betrifft Leatherfaces blutiges Wüten ebenso wie jenes des Teufels im Körper des Kindes, in dieser Essenz grandioser Momente der Verstörung.

The Exorcist (*Der Exorzist*, USA 1973)
The Texas Chain Saw Massacre
(*Blutgericht in Texas/Kettensägenmassaker*, USA 1974)

Mensch und Monster

The Godfather

Um ein Haar, so heißt es, hätte Marlon Brando die Rolle gar nicht gekriegt, die er zu der seines Lebens machen sollte. Zum einen galt er als äußerst schwierige Persönlichkeit, seine kreativen Auseinandersetzungen mit Regisseuren und Produzenten waren Legende, zum anderen betrug der Altersunterschied zu seinen Filmsöhnen James Caan und Al Pacino nur sechzehn Jahre. In der Tat war Brando damals erst 47 und sollte in der Figur des Don Vito Corleone einen mindestens Fünfundsechzigjährigen verkörpern. Der Maskenbildner Dick Smith, der zuvor Dustin Hoffman in Arthur Penns *Little Big Man* (1970) zum 121-jährigen Greis geschminkt hatte, trug das Seine zum Gelingen des Vorhabens bei; in erster Linie jedoch ist es Brandons überragende Darstellung des Mafiabosses, die die Brüche und Widersprüche seines Charakters nachvollziehbar macht und damit der Figur Glaubwürdigkeit verleiht.

Nähern wir uns diesem Film, der zusammen mit seinen beiden Sequels eine fast neunstündige Trilogie in der ihm eigenen unnachahmlichen „Poesie der Angst" (Pauline Kael) orchestriert, am besten von seinem Anfang aus. Wie der erste Satz eines Romans von Charles Dickens oder Gabriel García Márquez stimmt dieser den Ton der Saga an und entwickelt davon ausgehend die folgenden Ereignisse von abgetrennten Pferdeköpfen und Mordanschlägen, von Verrat, Hinterhalt und blutigen Rachefeldzügen in barocker Opulenz und perfekt choreografiertem Rhythmus.

In seinem Bestseller *The Godfather* (1969), der Vorlage für die Filmadaption, charakterisiert der Autor Mario Puzo Don Corleone mit den Worten seines Sohnes Michael: „Du weißt doch, dass die Polarforscher sich überall auf dem Weg zum Nordpol Vorratslager anlegen? Nur für den Fall, dass sie sie eines Tages brauchen könnten. So ist es auch mit den Gefälligkeiten meines Vaters. Eines Tages steht er bei all diesen Leuten vor der Tür, und dann gnade Gott, wenn sie nicht spuren." Darauf bezieht sich Coppolas Einstiegssequenz. Draußen geht die Hochzeit seiner Tochter vonstatten, drinnen hält Don Corleone, einem Fürsten gleich, in seinem abgedunkelten Arbeitszimmer Audienz. Ganz langsam fährt die Kamera von den Lippen eines Bittstellers zurück, wir hören ihn von einem Vorfall berichten, bei dem seiner Tochter um ein Haar von zwei jungen Männern die Ehre geraubt worden sei. Jetzt würde sie im Krankenhaus liegen: „She couldn't even weep because of the pain." Und die Schlussfolgerung: „For justice we must go to Don Corleone." Der Hinterkopf des Angesprochenen ist mittlerweile ins Bild gekommen, nun beugt sich der Bittsteller ganz nah zu Corleones Ohr und flüstert seinen Wunsch nach Rache: „I want them dead."

Erst jetzt gibt es einen Schnitt, und wir haben Brando direkt vor uns. Im Smoking, mit einer roten Rose im Revers und einer Katze auf dem Schoß sitzt er hinter seinem Schreibtisch und wirkt indigniert: Weshalb er denn nicht gleich zu ihm gekommen sei, will er von seinem Gegenüber wissen, aus welchem Grund er dem amerikanischen Rechtssystem mehr Vertrauen geschenkt habe als ihm, dem Paten? Und es kommt, wie es kommen muss: Ein gebeugtes Haupt, ein Handkuss und das Wort, das die künftige Beziehung zwischen den beiden Männern besiegelt, in deren Namen eines Tages auch ein Gegendienst eingefordert werden wird: „Godfather."

Das Mafiaepos von Shakespear'scher Wucht gilt als eines der künstlerisch herausragendsten Werke der Filmgeschichte, den damals noch jungen Francis Ford Coppola hob seine Arbeit in den Regie-Olymp des Neuen Hollywood. Im Zentrum Marlon Brando, der uns trotz seines Mark Anton und des „Wilden" auf seinem Motorrad, trotz seines Colonel Kurtz und des letzten Tangos in Paris zu allererst als nuschelnder Pate mit schiefem Gesicht, grauem Schnurrbärtchen und schweren Augenlidern in Erinnerung bleiben wird. Es ist allenthalben nachzulesen, dass sich Brando durch die eher hohe Stimme des realen Gangsters Frank Costello inspirieren ließ: Laut zu werden, hat einer wie er nicht nötig. Fast nur eine Art Murmeln gibt er von sich, das vordergründig gesehen nichts Gefährliches an sich hat; dahinter jedoch lauert die latente Gewalttätigkeit, wenn ihm die eigene Ehre oder die der Familie gekränkt erscheint und es um die Kontrolle von Einflussgebiet und Macht geht. Ein bürgerlicher Mann, ein liebevoller Großvater, dennoch auch einer, der ohne das geringste Erbarmen über Leben und Tod anderer Menschen gebietet: die furchteinflößende Grandezza eines Menschen, in dem ein Monster schlummert.

The Godfather (*Der Pate*, USA 1972)

Bad bad guys

The Hunchback of Notre Dame
The Lion King
The Little Mermaid

Einige der herrlichsten Bösewichter des Kinos finden sich in einem Genre, wo man sie gar nicht erwarten würde, nämlich den allenthalben doch stets als so familienfreundlich apostrophierten Zeichentrickfilmen aus dem Hause Disney.

Von der bösen Königin aus *Snow White and the Seven Dwarfs* (*Schneewittchen und die sieben Zwerge*), dem ersten abendfüllenden Zeichentrickfilm aus 1937, der Stiefmutter aus *Cinderella* (1950), der Hexe Malefiz aus *Sleeping Beauty* (*Dornröschen*, 1959) und der verrückten Cruella De Vil aus *One Hundred and One Dalmatians* (*101 Dalmatiner*, 1961), vom, um zu den männlichen Vertretern in dieser Riege vorzustoßen, Tiger Shir Khan aus *The Jungle Book* (*Das Dschungelbuch*, 1967) und dem Zauberer Dschafar aus *Aladdin* (1992) bis hin zu Ratcliffe, dem selbsternannten Gouverneur von Virginia in *Pocahontas* (1995), und Hades, dem Herrscher der Unterwelt aus *Hercules* (1997) – diese stechenden Augen, diese eiskalten Blicke, diese Heimtücke und Hinterlist haben wohl auf ganze Generationen von jungen Kinobesucher:innen gehörigen Eindruck gemacht und sie um Leib und Leben der Heldinnen und Helden dieser Geschichten bangen lassen. Die inhaltlichen Konstruktionen von Disney-filmen stellen sich nie auf die Seite von politischen oder sozialen Veränderungsprozessen, sie vermitteln diese sogar als Art von Störfaktoren, als veritable Bedrohung von wertkonservativen, selten demokratisch legitimierten, sondern eher monarchistischen Systemen, die zu hinterfragen bereits einer – im wahrsten Sinne des Wortes – Majestätsbeleidigung gleichkommt. Unter solchen Parametern ist natürlich verdächtig, wer den „Kreislauf des Lebens" infrage stellt – eine der schönen Phrasen der Legitimation der Machtverhältnisse, zum Beispiel der geregelten Thronfolge. Es obliegt der Handlungsführung fast aller dieser Erzählungen und ihrer heroischen zentralen Figuren, die durch die Aktionen der Antagonist:innen skeptisch reflektierte „naturgegebene Ordnung" wiederherzustellen.

Unter anderen Vorzeichen wären solche Ideen, die Ketten der Unterdrückung zu sprengen, revolutionäres Gedankengut im Sinne von Entwicklungen der Demokratisierung, im Animationsuniversum von Disney – ebenso wie in diversen Superheldenabenteuern wie *Black Panther* (2018) – geben sie den Background für die Schurken im filmischen Personal. Dabei sind diese „bad guys" die wirklich interessanten Figuren, sie bieten weit mehr Reibungsfläche und Funkenflug als die zuweilen allzu glatt entworfenen und lieblichen „Guten". Drei von ihnen würde man gern noch ein zweites „böse" voranstellen, denn sie sind den Produktionen dermaßen übergroß gelungen, dass der Entwurf ihres Charakters geradezu ins Psychoanalytische vordringt.

Da ist zum Beispiel die Hexe Ursula aus *The Little Mermaid*, ein dralles Weib, man muss sie einfach so nennen, eine Domina von korsettsprengender Üppigkeit und ausgestattet mit allerlei

Equipment wie aus dem Fetischshop. Angeblich wurde Ursula dem Transvestiten Devine nachempfunden – es hätte mich nicht gewundert, sie im Lack-Leder-Nieten-Fummel die Peitsche schwingen zu sehen. Mit ihren unterwürfig-geifernden Muränen als Handlanger und so manch fiesen Tricks macht sie sich daran, die Titelheldin zu umgarnen. Dass sie „armen Seelen in Not" beistehen möchte, eben allen, die sich voller Hoffnung an sie wenden, dass ihr aus diesem Grund nichts weniger als ein Glorienschein gebühre, singt sie im Refrain ihres grandios-perfiden Songs. Im Grunde genommen muss Arielle ihrem Selbst abschwören, ihrer Eigenständigkeit und Fähigkeit, mit anderen Menschen in Interaktion zu treten, in diesem Fall nämlich ihrer Stimme, um außerhalb des Meeres mit ihrem Prinzen zusammen sein zu können. Dass sie Ursulas Versprechungen Glauben schenkt, verkompliziert den folgenden Handlungsverlauf drastisch.

Auch Frollo, der Richter in *The Hunchback of Notre Dame*, ist beseelt davon, das Glück, das sich vor seinen Augen abzeichnet, zu zerstören. Dass die schöne Esmeralda, zur Produktionszeit des Films ohne Skrupel als „Zigeunermädchen" apostrophiert, und Phoebus, der junge Hauptmann der Stadtwache von Paris, füreinander zärtliche Gefühle entwickeln, weckt seinen Neid und gleichzeitig Ängste, die er eigentlich in die Tiefen seines Seelen-Es verbannt zu haben glaubte. Weihrauchdüfte und Choralgesänge dringen von der prächtigen Kathedrale bis zu Frollos Haus. Was mit einem Gebet zur Gottesmutter Maria beginnt, wird aus seinem Munde alsbald zu einem Aufwallen von verdrängten Sehnsüchten und nicht eingestandenen Gelüsten, von Begierden, die ihm als unrein erscheinen, die ihn deshalb martern und deren Brennen dem der Flammen in seinem riesigen offenen Kamin in nichts nachsteht. Freud hätte seine Freude, wenn Frollo sich selbst als besonders tugendhaft wahrnimmt und wahrscheinlich sogar selbst an das glaubt, wovon er in einer Projektion von der für ihn unerreichbaren Esmeralda als Hexe singt, die mit dem Teufel im Bunde stünde. „Be mine or you will burn!", beschwört er sie dann in fast unerträglicher Selbstgerechtigkeit: „God have mercy on her." Die Schatten der Inquisition senken sich bedrohlich über die gespenstische Szenerie, die uns fast wie ein Lehrstück über Bigotterie und die Wurzeln von religiösem Fanatismus anmutet.

Das waren immer die stärksten Szenen in Disney-Filmen: diese kleinen, subversiven Überraschungsmomente, deren Wirkung gerade deshalb so stark ist, weil sie unvermutet kommen und uns ohne Vorwarnung, ohne dass wir vorher noch einmal nach Luft schnappen könnten, die Gurgel zudrückt. Den gehörigsten Schritt in diese Richtung gehen die Allmachtsfantasien von Scar, dem fiesen Onkel des jungen Löwen Simba in *The Lion King*, dessen erklärtes Ziel es ist, dessen Vater, König Mufasa, zu stürzen und selbst an die Macht zu gelangen. „Be prepared!", tönt er von einem Felsen aus vor seiner Armee stramm im Gleichschritt marschierender Hyänen, die riesenhafte Schatten werfen, als wären sie geradewegs Leni Riefenstahls Olympiafilm von 1938 entsprungen. Er verspricht ihnen, nie wieder hungern zu müssen, und malt das Bild einer „chance of a lifetime" an die im Feuer der Fackeln flackernden Wände seiner Höhle. Scars Kriegserklärung an den friedlichen Kreislauf des Lebens in der afrikanischen Savanne – ohne sich aber darum zu kümmern, welche der Untertanen etwa den Löwen als Nahrung dienen –, könnte Propagandafilmen der Nazis und stalinistischen Militärparaden entstammen, er ist ein Moment Orwell'-

scher Klarsicht über die Entwicklung von politischen Abläufen zu einem Punkt, an dem Tugenden wie Vernunft und Besonnenheit nicht mehr zählen. Disneys „bad bad villains" sind zwar „bloß" gezeichnet, dennoch sorgen sie für unvergessliche Filmszenen.

The Hunchback of Notre Dame
(*Der Glöckner von Notre Dame*, USA 1996)
The Little Mermaid (*Arielle, die Meerjungfrau*, USA 1989)
The Lion King (*Der König der Löwen*, USA 1994)

Sisyphos als kleiner Mann

Hallo, Dienstmann
The Music Box

Es ist eine an und für sich unproblematische Aufgabe, die Umstände sind eindeutig, es bedarf einer gewissen Meisterschaft im Verkomplizieren, daraus absurdes Theater werden zu lassen. Es gilt, die zahlreichen Gepäcksstücke einer Dame eine Treppe hinauf und in deren Wohnung zu bringen, darunter befindet sich eine Holzkiste. „Vorsicht Glas" steht darauf geschrieben, was den zum Teil recht unbeholfenen Versuchen der beiden Dienstmänner, des richtigen (Hans Moser) und des falschen (Paul Hörbiger), die Sache anzupacken, eine unterschwellige Note des schwelenden Desasters gibt. Man würde glauben, die berühmten Zitate aus Hans Mosers Sketch „Der Dienstmann" stammten aus dieser Szene: „Auf gebaut kommt's net an" und „Wie nehmen wir ihm denn?" sind längst Sager der österreichischen Umgangssprache. Sie wurden nicht in den Film übernommen, wenngleich sich darin die legendäre, angeblich improvisierte Dialogpassage findet: „Geh sag, wo ist denn so ein schwerer Koffer besser zu tragen? Vorn oder hinten?" – „Hinten natürlich, da ist er ja leichter." – „Dann nehmen wir ihn beide von hinten."

Auch Stan Laurel und Oliver Hardy haben in vielen der herrlichen Situationen, in die es sie im Verlauf ihrer Filmhandlungen verschlägt, mit den Tücken des Objekts zu kämpfen: Sie scheitern an eigentlich lösbaren Aufgaben und retten sich in die Zerstörung physischen Inventars. In ihrem oscarprämierten Kurzfilm *The Music Box* sollen sie in der Rolle von Lieferanten eine Holzkiste samt darin befindlichem Piano eine schier endlose Außentreppe hochschleppen. Immer wieder sind sie fast am Ziel angelangt, da kommt ihnen Widriges wie ein Kindermädchen mit Wagen dazwischen oder ein Polizist als Bestrafungsorgan für aufmüpfiges Verhalten. Die Konsequenz ist stets die gleiche: Die Klavierkiste poltert die Treppe hinunter, schleift dabei Ollie hinter sich her, überrollt ihn einmal sogar. Die Leiden des Sisyphos, hier im Gewand des kleinen Mannes.

Ihr Wille, nicht aufzugeben und aus dem eigenen Los, in das sie sich geworfen finden, das Beste zu machen, ist aber ungebrochen. Als es endlich geschafft ist und die Kiste vor der Eingangstür steht, kommt ein Briefträger daher und erzählt von einer Straße und der einfachen Zufahrtsmöglichkeit bis direkt hinters Haus. Das ist der geniale Moment, in dem sich Laurel und Hardy einen dieser Blicke zuwerfen, die alles ausdrücken über die Hinterhalte des Lebens, die Absurdität ihrer Existenz und, wie es der dänische Philosoph Søren Kierkegaard ausdrücken würde, die handlungsorientierte Reaktion auf die Unmittelbarkeit der sinnlichen Empfindung. Das eine zu tun oder ebenso gut das andere, sei dem Menschen freigestellt: „... that is to say: you cannot act and yet here is where I have to act." Zu agieren heißt, all die Unbill ohne Hilfe von außen, ganz allein mit eigenem Vermögen zu meistern – und, wenn es denn so sein soll, dieses verdammte Klavier die Stufen wieder hinunterzutragen, auf den Wagen zu wuchten, die Straße zum Haus hinaufzufahren, die Kiste dort wieder auszuladen und dann auch noch, weil keiner auf das Klingeln reagiert, sie per Flaschenzug auf den Balkon zu hieven und von dort ins Wohnzimmer zu transportieren, wo der Hausherr dazukommt und in Wut gerät, weil er Pianos hasse und nie und nimmer eines bestellt habe, er eine Axt nimmt und dem Objekt seiner extremen Verstimmung damit zu Leibe rückt.

Dem österreichischen Regisseur Franz Antel liegen in der flachen Inszenierung seines Lustspiels *Hallo, Dienstmann* solche Extreme fern. Trotzdem gibt es darin Momente höchsten Komödiantentums, dafür ist der brillante Hans Moser verantwortlich. Der Entwurf seines Dienstmanns ist in seiner Hintergründigkeit nicht so drastisch angelegt wie Helmut Qualtingers legendärer „Herr Karl", dieser opportunistische Mitläufer und kaltherzig-skrupellose Profiteur im Schafspelz der Stimme des Volkes. Dennoch entspringt die Figur derselben Grundidee, sie ist ein Charakter zwischen Besserwisserei, Raunzen, Granteln und Zwiderwurzigkeit auf der einen, Buckeln, Schleimen, Durchtauchen und Gefallen-Wollen auf Biegen und Brechen auf der anderen Seite. Da genügt in Mosers runzeligem Vogelgesicht oft ein Verziehen der kleinen schnabelartigen Nase über dem Seehundbärtchen, oder eine dieser winzigen abwiegelnden Gesten, um uns für einen Augenblick hinter die Fassade des angepassten Geistes schauen zu lassen.

Und dann immer wieder das, was man heute als One-Liner bezeichnen würde. Die Kiste ist sicher an der dicken Annie Rosar vorbei in der Wohnung abgeliefert worden, nun ist der Durst groß: „So eine Arbeit nimmt ja her." Und auf das Anbot eines Glases Wasser: „I trau mi net, weil i bin zu ... erhitzt." Also ist es Wacholderschnaps, der die müden Dienstmänner stärkt, hat doch Moser zuvor schon bemerkt: „Der Körper braucht ja seine Karolin."

Am Schluss des Films tanzen bei der Aufführung eines Singspiels die lieben Wiener Mädel in ihren weißen Kleidchen um die beiden betagten Herren herum. Hörbiger singt sein Lied, Moser nuschelt sich auf seine unnachahmliche Weise am Text entlang, Sisyphos ist eine Ruhepause vergönnt und alles ist so, wie es sich in der Heurigen-Jovialität des biederen Nachkriegskinos gehört. Aus dieser sticht Hans Mosers Kunst heraus, uns immer wieder einen Blick in die Abgründe eines Menschen werfen zu lassen, der darüber nur allzu gut Bescheid weiß, dass das Leben nichts ist als immer wiederkehrende Beschwernis, der aber gelernt hat, über diese Erkenntnis nicht in totalem Trübsal zu verfallen, der über sie hinweglacht, wenngleich Tränen in seinen Augen glitzern.

Hallo, Dienstmann (Österreich 1952)
The Music Box (*Der zermürbende Klaviertransport*, USA 1932)

Das Tor zum Wahnsinn

The Shining

Angeblich ist es die bei den Dreharbeiten am häufigsten wiederholte Einstellung der Filmgeschichte, wenn Wendy, zitternd vor Todesangst, um ihr Leben schreit und ihr Mann Jack, in den Wahnsinn abgedriftet, mit der Axt auf die Tür eindrischt, hinter der sie sich verschanzt hat. Laut Stanley Kubricks eigenen Aussagen musste sie nicht weniger als 127-mal gedreht werden.

Im riesigen Komplex des Overlook Hotels in den Bergen von Colorado ist der Schriftsteller und ehemalige Lehrer Jack Torrance für den Winter als Hausmeister angestellt. Eingeschneit und somit abgeschlossen von der Außenwelt, driftet er, mit Schrecken beobachtet von seiner Familie, der genannten Wendy und seinem kleinen Sohn Danny, allmählich in den Wahnsinn ab. Der Autor Stephen King soll mit Kubricks Adaption seines Romans recht unzufrieden gewesen sein, wenngleich diese nicht mit höchst einprägsamen Szenen geizt. Wenn Danny immer wieder auf seinem Dreirad durch die schier endlosen Gänge des Hotels fährt und dabei das immer gleiche Geräusch der Räder auf Teppich und Holzboden zu hören ist; wenn sich an den verschiedensten Orten des Gebäudes und Areals allerlei unerklärliche Erscheinungen manifestieren; wenn Wendy beim heimlichen Lesen von Jacks Manuskript feststellen muss, dass er über

Wochen einen einzigen, sich wiederholenden Satz geschrieben hat: „All work and no play makes Jack a dull boy"; wenn Jack seine Frau daraufhin die breite Treppe hinauf verfolgt und sie sich trotz eines Baseballschlägers seiner kaum zu erwehren weiß; wenn im Finale des Films Danny vor seinem Vater durch den stark verschneiten Irrgarten flieht und es ihm gelingt, ihn auf eine falsche Fährte zu locken, indem er in seinen eigenen Fußspuren rückwärts läuft ... Kubricks suggestive Bilderwelt erschafft ein an den Nerven zerrendes Meisterwerk, eine, wie das *Lexikon des Internationalen Films* so schön formuliert, „virtuos inszenierte Studie über die Wechselwirkung von Wirklichkeit und Schein, Realität und Illusion, über die traumatischen Abgründe, die sich jenseits des gesunden Menschenverstandes auftun."

Dennoch, bei dieser Überfülle an starken Eindrücken ist es die Axtszene, die sich am nachhaltigsten in das kollektive Stammbuch des Kinos eingeschrieben hat, und zwar nicht in erster Linie wegen der Probleme beim Dreh. Shelley Duvall und Danny Lloyd als Mutter und Sohn agieren eher als Stichwortgeber für das Augenrollen und Zähneblecken, das hemmungslose Grimassieren von Jack Nicholson, dabei rückt Kubrick das Symbol der Tür als zentrales Motiv in den Fokus von Kamera und Schnitt. Türen funktionierten schon immer als narratives Element in Horrorfilmen, als Membran zwischen zwei Handlungsräumen – auf der einen Seite der noch unversehrte Protagonist in einem brüchigen Schutzbereich, auf der anderen die Bedrohung in Gestalt des Eindringlings. Die veritable Gefahr des Eindringens des „Anderen" erzeugt Suspense und Thrill und Kubrick diese Emotionen durch Jacks Axthiebe. Durch sie bricht im wahrsten Sinne des Wortes der Wahnsinn in die vormals heile Welt, hier das Schlafzimmer der Familie und in einem weiteren panischen Rückzug das Badezimmer als intimstem Raum. Die Kamera folgt Jacks Penetration dieses Bereiches, folgt seinem Wüten, als wäre sie auf seiner Seite: Zuerst ist sie seinem weiten Ausholen und den Schlägen immer ein wenig hintennach, in weiteren Einstellungen folgt sie den Hieben direkt, in den letzten ist sie ihnen sogar voraus. Und dann splittert das Holz und Jack hält seinen Kopf ganz dicht an die Tür: „Wendy, I'm home." Dass Nicholson diese Worte in eher ruhigem Ton spricht, wie den alltäglichen Gruß eines treu sorgenden Ehemanns, der abends von der Arbeit zu seiner Familie heimkommt, stellt einen krassen Gegensatz zur Fratze dar, zu der seine Gesichtszüge mittlerweile geronnen sind, und wirkt dadurch noch heimtückischer auf unser Nervenkostüm.

Denn so etwas wie Normalität existiert nicht mehr zwischen den Mitgliedern dieser Familie und ebenso wenig in ihrer Wohnung, in der es nur noch um das blanke Überleben geht. Jack spielt den Wolf im Gedicht um die drei kleinen Schweinchen: „Little pigs, let me come in!", ruft er, als er sich an die Badezimmertür macht, und pervertiert damit das, was an heimeligem Beisammensein einer Familie das Normale wäre. Eben solches passiert mit der Begrüßungsformel aus der Johnny Carson-Fernsehshow, wenn er schließlich gefährlich säuselt: „Here is Johnny!" Doch Wendy hat die Konnotation verstanden und zieht die drastischen Konsequenzen: Als Jack seine Hand durch einen Spalt in der Tür nach dem Knauf ausstreckt, sticht sie mit dem Messer darauf ein.

Der Medienwissenschaftler Stefan Höltgen benennt die „transitionale (Raum überwindende) und die transgressive (Moral überwindende) Funktion" des Symbols der Tür im Horrorfilm.

In der „heteronormativen Welt des Nicht-Horrors" trenne eine solche Barriere Gegensätze wie gesund/krank, normal/verrückt und Lust/Schmerz. Ist ihre Schleuse aber erst einmal gebrochen, hält das Böse ungehindert seinen Einzug. Dann bleiben nur noch das Kreischen und Laufen und Zurückschlagen. Jack erfriert schlussendlich im Irrgarten, den Blick irr nach oben gerichtet. Ob Wendy und Danny dieses Bild als Katharsis wahrnehmen, ob sie es denn überhaupt zu Gesicht bekommen, wird uns verschwiegen. Die Tür, die für sie den Rückweg zu einem normalen Leben darstellen würde, hat Kubrick in unserer Vorstellung wohl für immer verschlossen.

The Shining (*Shining*, GB/USA 1980)

Quid pro quo

The Silence of the Lambs

Wir könnten uns an einem dieser messerscharfen Statements ergötzen: „A census taker once tried to test me. I ate his liver with some fava beans and a nice Chianti." Oder an der genialen Doppeldeutigkeit in Hannibal „the Cannibal" Lecters Anruf am Schluss des Films: „I do wish we could chat longer, but I'm having an old friend for dinner." Wir könnten uns über die clevere Täuschung bei der Erstürmung eines Hauses unterhalten oder über den schaurigen Moment, wenn wir erkennen, dass der irre Killer mit dem Spitznamen „Buffalo Bill" drauf und dran ist, sich aus der Haut seiner korpulenten Opfer ein Kleid zu nähen, nicht zuletzt über Hannibal Lecters Ausbruch aus einem von Polizisten gesicherten Käfig und Gebäude und die blutige Drapierung seiner Opfer. Aber, wie Lecter selbst einmal in der Zitierung von Mark Aurel meint: „Of each particular thing, ask what it is in itself? What is its nature?"

Also das Wesentliche, die Natur des brillanten Psychopathen, was uns zu dem unglaublich intensiven psychologischen Katz-und-Maus-Spiel zwischen dem Psychiater mit kannibalistischem Gusto und der jungen FBI-Agentin Clarice Starling führt. Ein Geben und Nehmen ist das, ein „quid pro quo", wie es Lecter bezeichnet.

Für jede Information, die er in Hinblick auf die Ergreifung des Serienmörders gibt, will er Einzelheiten aus dem Leben der Agentin hören.

Dass es sich bei ihr um eine ehrgeizige Frau handle, „not more than one generation from poor white trash" entfernt, die sich durch ihre Karriere von den Dämonen der Vergangenheit zu befreien versuche, hat Lecter in seiner gemauerten, fensterlosen Einzelzelle mit der gläsernen Wand, hinter der ihm Clarice gegenübersteht, schon bei ihrem ersten Gespräch erkannt.

Dass sie eine ist, mit der man tatsächlich rechnen muss, hat uns ihr Schlagabtausch gezeigt: „Most serial killers keep some sort of trophies from their victims", hat Clarice gemeint. „I don't", hat Lecter festgestellt. Darauf Clarices staubtrockener Kommentar: „No, you ate yours."

Mit analytischer Einsicht, die Clarice merklich wehtut, deckt Lecter die Hintergründe ihrer Ängste und die Motivation ihres Handelns auf, dabei läuft Clarice und dem FBI die Zeit davon, hat der Killer doch erneut zugeschlagen und ein Mädchen namens Catherine in seiner Gewalt.

Lecter hilft Clarice auf die Spur auf ihrem Weg in die kranke Psyche des Mörders, der sich von der Sehnsucht getrieben sieht, ein anderer zu sein, so wie die Schönheit eines Schmetterlings aus der Unscheinbarkeit der Motte hervorgeht, die die Pathologen im Hals der Opfer finden. Doch er fordert auch die Einhaltung ihres Deals ein: die Geschichte von Clarices Kindheit, vom Tod ihres Vaters, ihrem Leben als Waise auf der Farm von Verwandten – und von der Nacht, in der sie vom Schreien der Lämmer vor der Schlachtung geweckt wird und vergeblich versucht, eines der Tiere zu retten.

Dass sie immer noch nachts aufwache und das Schreien der

Lämmer höre, vermutet Lecter: „And you think if you save poor Catherine, you could make them stop, don't you? You think if Catherine lives, you won't wake up in the dark ever again to that awful screaming of the lambs."

Regisseur Jonathan Demme, dessen Thriller mit einer Reihe von Oscars ausgezeichnet wurde, beweist in seiner Inszenierung viel Gefühl für die visuelle Faszination des Gefahrbringenden, Andersartigen, Angsteinflößenden. Dabei zeigt er nur ganz selten Blut und tatsächliche Gewalt, ihm genügen die Gesichter seiner brillanten Schauspieler:innen. Jodie Foster gibt Clarice Starling mit großem Einfühlungsvermögen in die Zerrissenheit einer Frau auf der Flucht vor den Ängsten ihrer Kindheit, und Anthony Hopkins liefert in der Rolle seines Lebens eine Performance ab, die ohnehin ihresgleichen sucht. Noch vor Norman Bates aus Hitchcocks *Psycho* und Darth Vader aus der *Star Wars*-Reihe gilt sein Hannibal Lecter als vielleicht größter Schurke der Filmgeschichte: dieses Lauern, Reizen und Ausreizen, dieses Abtasten mit Blicken, die Großaufnahmen seiner eiskalten Augen, das Spiel mit der Unsicherheit und Verletzlichkeit seines Gegenübers, dazu diese Stimme mit ihrer vorgetäuschten Weichheit und dem schlangenhaften Säuseln und Zischen, die Hopkins selbst als „Mischung zwischen Truman Capote und Katharine Hepburn" bezeichnete. Wenn sich dann seine Finger und die von Clarice für einen Augenblick berühren und er über ihre Hand streicht, für eine Sekunde nur, treibt uns das die Gänsehaut über den Rücken.

„Goodbye, Clarice", verabschiedet sich Lecter von ihr, bevor er sich an den Ausbruch aus dem Käfig und an die Metzelei unter den Polizisten macht.

Allein der Nachhall seiner Worte ist dazu angetan, dass die

junge Agentin wohl noch lange Zeit keine ruhige Nacht haben wird.

The Silence of the Lambs
(*Das Schweigen der Lämmer*, USA 1991)

Tote Menschen sehen

The Sixth Sense

Achtung, Spoiler Alert, hier geht es um den wohl genialsten Twist der Filmgeschichte. Auftritt Bruce Willis, einmal nicht als Actionheld, sondern als Kinderpsychologe Malcolm Crowe, gemartert von dem Gedanken, in der Betreuung eines seiner Patienten versagt zu haben – was im tragischen Selbstmord dieses Mannes endete. Der damals elfjährige Haley Joel Osment ist sein neuer Patient, Cole, und beinahe unglaublich intensiv in seinem Spiel aus überbordender Angst und der Sehnsucht, ein normales Leben führen zu können. Sein Problem offenbart er dem Psychologen, als die Verzweiflung für ihn nicht mehr auszuhalten ist und er nichts dringender braucht als einen echten Freund. Es ist abends, Malcolm sitzt an Coles Bett. Der Bub hat die Decke bis zum Kinn hochgezogen, er ist fast panisch. Dass er einen coolen kleinen Jungen getroffen habe, tastet sich der Psychologe vorsichtig an ihn heran, und dass er das Gefühl habe, ihm helfen zu können. Cole geht darauf ein: „I want to tell you my secret now." Geheimnisvolle Musik setzt ein, die Kamera bewegt sich ganz langsam auf Cole zu und es fällt jener Satz, ein Flüstern voller Furcht, das zu einem der berühmtesten Zitate der Filmgeschichte werden sollte: „I see dead people." Ob er die Toten in seinen Träumen sehe, will Malcolm wissen, und Cole schüttelt den Kopf. „While you're awake?", fragt der Psychologe nach. Der Bub nickt und präzisiert: „Walking around like regular people. [...] They don't know they're dead." Und als uns die Gänsehaut ohnehin schon über den Rücken läuft, folgt die Frage, wie oft er diese Toten denn sehen würde. Darauf Coles erschütternde Antwort: „All the time. They're everywhere."

Die Bitte des so speziellen und von seinen Ängsten gemarterten kleinen Jungen ist fast ein Flehen: Ob Malcolm bei ihm bleiben könne, bis er eingeschlafen sei. Und endlich traut er sich, die Augen zu schließen.

M. Night Shyamalans Psychothriller ist voll solcher Gänsehautmomente, wir schaffen kaum, zwischenzeitlich einmal Atem zu holen, mal gruseln wir uns gewaltig, dann sind wir wieder zu Tränen gerührt. Etwa in jener Szene, in der Cole mit seiner Mutter (Toni Collette) in einem Verkehrsstau feststeckt. Dass hoffentlich niemand verletzt wurde, meint die Mutter. Dass eine Frau gestorben sei, antwortet ihr Cole. Die Mutter versucht, zum Unfallort zu blicken: „Where is she?" – „Standing next to my window", gibt Cole zurück. Da liegen die Nerven seiner Mutter blank: „Cole, you're scaring me." – „They scare me too sometimes." Die Mutter: „They?" Und Cole spricht vor ihr zum ersten Mal die Wahrheit aus: dass er Geister sehe. „They want me to do things for them."

Klarerweise ist diese Information nicht dazu angetan, die Mutter zu beruhigen. „You think I'm a freak", interpretiert Cole ihren Gesichtsausdruck und gießt gleich auch noch Öl ins Feuer: Dass ihn auch seine verstorbene Großmutter manchmal besuchen komme. Er erzählt, was sie ihm auszurichten aufgetragen habe: „She wanted me to tell you she saw you dance. She said, when you were little, you and her had a fight, right before your dance recital. You thought she didn't come see you dance." Doch die Großmutter habe ungesehen der Aufführung beigewohnt. „She said you were like an angel." An ihrem Grab, fährt Cole fort, habe sie ihr eine Frage gestellt. „Every day", sei die Antwort.

Weil sich seine Mutter nun nicht mehr zurückhalten kann, sie aufschluchzt und sich die Hände vors Gesicht hält, will er wissen, wie die Frage denn gelautet habe. „Do I make her proud."

Der Junge, der zum Boten aus dem Jenseits geworden ist, fällt seiner Mutter in die Arme.

Der geniale Twist des Films kommt gegen Ende, und ich kenne niemanden, der ihn beim Kinostart des Films frühzeitig erraten hätte. Malcolm hat Cole dabei geholfen, seine Fähigkeiten zu akzeptieren, die Geister würden ihn nicht erschrecken wollen, sondern versuchten nur, ihm Unerledigtes aus ihrem Leben mitzuteilen. Nun geht es dem Psychologen um seine eigenen Eheprobleme. Er findet seine Frau im Wohnzimmer, sie ist beim Betrachten ihres Hochzeitsvideos eingeschlafen. Er beherzigt Coles Rat, doch mit ihr zu reden, wenn sie schläft, denn so müsse sie ihm zuhören. Sein Ehering rutscht ihr aus der Hand und rollt über den Boden, erst jetzt fällt ihm auf, dass er ihn nicht mehr trägt. Und da ist auch die Atemwolke vor dem Mund seiner Frau, da ist die Tür zum Keller, in dem Malcolm den Film über gearbeitet hat, die nun aber verbarrikadiert ist, da ist mit einem Mal auch die Erinnerung an den Abend ein Jahr zuvor, als der Psychologe von dem ehemaligen Patienten nicht nur, wie anfangs gedacht, angeschossen wurde.

Am Rücken ist sein Hemd auch jetzt noch blutig, und Crowe sieht sich in der Rückblende sterben. Dass er selbst einer der Toten aus Coles Wahrnehmung ist, erkennt Malcolm auf einen

Schlag, dass noch so vieles in seinem Leben unerledigt war, es nun aber wirklich an der Zeit ist, loszulassen.

„I think I can go now. Just needed to do a couple of things. I needed to help someone; I think I did." Er flüstert seiner schlafenden Frau zu, wie sehr er sie liebe: „Everything will be different in the morning."

Der Grund dafür, dass diese Auflösung so perfekt funktioniert, ist Shyalamans Ehrlichkeit, wenn er uns an der Nase herumführt. Das ist hier kein Widerspruch, weil der Film immer in sich stimmig und in den Grenzen, die die Handlung steckt, völlig logisch bleibt.

„Entweder wir sehen es explizit oder überhaupt nicht", merkt Marco Kreuzer für diese Darstellung des Übernatürlichen an und bezieht sich dabei auf die subtile Kameraführung von Tak Fujimoto; sie bleibt in erster Linie in der Rolle des Beobachters und passt sich dabei den physischen wie emotionalen Bewegungen der Figuren an. Manche Szenen sind auch in einer einzigen langen Kameraeinstellung mit verschiedenen Schwenks aufgenommen, etwa jene, in der Crowe seine Frau in einem Restaurant zu treffen scheint. Nils Westerboer beschreibt solche handlungsgeleitete Schwenks als Unterwanderung einer implizierten, aber in der Situation natürlich unmöglichen Erwiderung von Blicken des toten Malcolm Crowe durch seine Frau. Es ist diese höchste Kunstfertigkeit der Manipulation, gepaart mit dem ruhigen Erzählduktus und dem fantastischen Zusammenspiel zwischen den beiden Hauptdarstellern, die uns die Prämisse des Übernatürlichen und Horriblen als selbstverständliche Bestandteile der Normalität akzeptieren lässt.

Als Blicke ins Jenseits durch Risse im Gefüge der Welten, so empfinden wir das gedankliche Konstrukt eines Films wie *The*

Sixth Sense; aber vielleicht täuschen wir uns und es sind Blicke von der anderen Seite, die niemand anderen als uns im Visier haben.

The Sixth Sense (USA 1999)

Bis in den Tod und darüber hinaus

Titanic

Okay, es muss sein, es führt kein Weg daran vorbei: Kate und Leo also. Nicht nur, weil Liam Neeson und sein Filmsohn in dem unwiderstehlichen Weihnachtsklassiker *Love Actually* (*Tatsächlich ... Liebe*, 2003) das beste Rezept gegen jede Art von Kummer samt Schlaflosigkeit entdeckt haben, nämlich eine Überdosis Gefühl in Form eines Kuschelsofas und einer Titanic-DVD; sondern auch, weil es einfach nicht möglich ist, James Camerons monumentales Untergangsdrama ob seiner zeitlosen Eleganz und der detailverliebten Inszenierung nicht für brillant zu halten. Dieser nächtliche Sternenhimmel, dieses Atemanhalten, diese Ruhe, wenn der Ozeanriese an dem noch viel gigantischeren Eisberg entlangschrammt – das ist ganz großes Kino.

Die Schlüsselszenen des Films spielen sich jeweils an der Reling als Grenze zwischen dem festen Boden unter den Füßen einerseits und dem Abgrund über dem Meer andererseits ab, man könnte es auch als Übergang zwischen dem Leben im Jetzt und einer möglichen, wünschenswerten oder auch bedrohlichen Zukunft sehen. Da sind einmal, zu Beginn der Geschichte, Jack (Leonardo DiCaprio) und sein Freund Fabrizio mit ihrer überbordenden Freude darüber, dass sie die Fahrkarten für die Überfahrt nach Amerika beim Kartenspiel gewonnen haben.

Jack klettert auf die Reling am Bug des Schiffes, streckt die Arme zur Seite und jauchzt vor Glück: „I am the king of the world!" (Regisseur Cameron hat dieses Zitat später bei der Oscarverleihung wiederholt.)

Wenig später wird Rose (Kate Winslet), die sich im goldenen Käfig ihres luxuriösen Lebens gefangen wähnt, über die Reling am Heck steigen. Tief unter sich sieht sie das wilde Schäumen des Wassers, und um ein Haar stürzt sie sich in den Tod. Doch Jack gelingt es, sie mit der Drohung, dann müsse er ihr wohl oder übel hinterherspringen, von ihrem Plan abzubringen. Was folgt, ist diese wunderbar zarte Liebesgeschichte, die gemäß dem Vorbild von Romeo und seiner Julia gerade deshalb so hell lodert, weil sie von Anfang an unter dem düsteren Stern der jungen Menschen aus unterschiedlichen sozialen Milieus steht.

Legendär sind die Spiegelungen der bereits erwähnten Szenen im weiteren Verlauf des Films. Zuerst die optimistische Variante, in der Jack Rose mit geschlossenen Augen auf die Reling ganz vorn am Schiff lockt. Der Wind umweht sie, und sie halten einander an den Händen. „Open your eyes!", fordert Jack Rose auf, und auf einmal gehen ihr im wahrsten Sinne des Wortes die Augen auf und sie sieht die Fülle an Möglichkeiten, die das Leben für sie bereithält: „I'm flying!" Dann kommt es zu einem der schönsten Küsse der Kinogeschichte: dieses Ineinanderfließen der Bewegungen und die Schönheit des Farbenspiels, des Wassers und des lodernden Horizonts, wenn die Kamera das Schiff und die Gefühle der beiden Verliebten wieder und immer wieder umkreist. Und schließlich holt uns die Überblendung auf den Rumpf des gesunkenen Schiffes in die tragische Realität zurück.

„That was the last time Titanic ever saw daylight", lautet der poetische, gleichzeitig ernüchternde Kommentar der alten Rose, die sich zu diesem Zeitpunkt auf einem Forschungsschiff direkt über dem Wrack auf dem Meeresboden befindet.

Wenn die Katastrophe ihren Lauf nimmt, sich das mächtige Heck hoch aus dem Wasser hebt und dann der Rumpf auseinanderbricht, kämpfen sich Jack und Rose ganz nach oben durch und klettern abermals über die Reling. Neben ihnen schlittern und fallen Menschen in die Tiefe wie in den Schlund eines urzeitlichen Ungeheuers. Als schließlich auch der hintere Teil des Schiffes versinkt, klammern sie sich am Geländer fest. „This is where we first met", erkennen sie die umgekehrten Vorzeichen.

Es ist wiederum die alte Rose, die der Geschichte den Schlusspunkt setzt. Wir haben die wunderbar traurige Abschiedsszene noch vor Augen und Jacks Satz im Ohr, dass es das größte Glück in seinem Leben gewesen sei, die Tickets zu gewinnen und dadurch Rose zu begegnen, und dann Jacks erfrorenen Körper langsam in die endlos dunkle Tiefe des Meeres sinken sehen. Die über hundertjährige Rose steigt nun im weißen Nachthemd auf die erste Sprosse der Reling des Forschungsschiffes. Sie lässt das Diamantdiadem, mit dem Jack sie einst gemalt hat, ins Wasser fallen, dann legt sie sich hin, um zu sterben – im Schlaf und nach einem langen, erfüllten Leben, wie sie Jack einst im eisigen Wasser versprochen hat.

Im Tod kehrt sie zu all den anderen zurück, die auf der Titanic den Tod gefunden haben, und zu ihrem Liebsten, der an der Uhr im Stiegenaufgang des Schiffes auf sie wartet.

Jetzt sind sie beide über die Reling gestiegen, die das Ende des Lebens begrenzt, und wieder vereint. Es darf geschluchzt werden, und nein, das meine ich nicht ironisch.

Titanic (USA 1997)

Ziel des Zählwerks

Todo sobre mi madre

„A pretty plot/well chosen to build upon" – die Worte von York zu Buckingham in Shakespeares Königsdrama *Henry VI* (*Heinrich VI*, 1590-92), als ob der spanische Ausnahmeregisseur Pedro Almodóvar sie für die Versuchsanordnung der Geschichte erwählt hätte, die er in *Alles über meine Mutter*, wie der Film im deutschen Sprachraum geläufig ist, vor uns ausbreitet. Das Spielbrett liegt bereit, die Dominosteine sind aufgestellt, nicht in gerader Linie, nicht in vorhersehbarer Ordnung; kunstvoll und verschlungen ist der Weg, den sie nehmen sollen. Dann tippt Almodóvar den ersten an und betrachtet gemeinsam mit uns, wie sie fallen. Mit ihnen straucheln seine Figuren, sie müssen mit oft unergründlichen Fallen des Schicksals zurande kommen, ob sie nun wollen oder nicht. Einem unerbittlichen Zählwerk gleich funktioniert dieses grausame Spiel des Schicksals in seinem melodramatischen Inszenierungsaufbau, darin ist Raum für große Emotionen sowie stille Gänsehautmomente, wenn die Kamera in den Gesichtern seiner Figuren schwelgt.

Weshalb sie denn den Text gekonnt habe, fragt die Schauspielerin Huma Rojo die Krankenschwester Manuela, nachdem diese bei einer Aufführung von Tennessee Williams' *A Streetcar Named Desire* (*Endstation Sehnsucht*, 1947) in einem Theater in Barcelona für die drogensüchtige Nina eingesprungen ist. Mit dem Stück habe ihr ganzes Leben zu tun, meint Manuela. Als sie zwanzig Jahre zuvor in dem Stück auftrat, habe sie ihren Mann kennengelernt, nach einer Vorstellung an einem regennassen Abend in Madrid dann ihr Absturz ins Bodenlose. Unter Tränen erzählt sie vom Unfalltod ihres geliebten siebzehnjährigen Sohnes Esteban, der nach der Aufführung wegen eines Autogramms auf Huma wartet; vergeblich klopft er an die Scheibe des Taxis, und als er ihm nachläuft, wird er von einem Auto aus einer Querstraße erfasst.

In Williams' Stück werden Frauen von Männern in ihrem gedankenlosen Egoismus gequält und missbraucht, ähnlich ergeht es den Frauen in Almodóvars Film. Für die Suche nach Estebans Vater, dem Transvestiten Lola, hat sich Manuela nach Barcelona aufgemacht. In der Fürsorge für Schwester Rosa, die ebenfalls von Lola geschwängert und mit HIV infiziert wurde, findet sie eine neue Aufgabe.

„Caged birds accept each other, but flight is what they long for", hat Tennessee Williams einmal geschrieben – solch ein Käfig ist das Leben für Frauen wie Manuela und Rosa, es bleibt ihnen gar nichts anderes übrig, als sich aneinander festzuhalten in dem Versuch, ihr Leben allen Widrigkeiten zum Trotz in den Griff zu bekommen.

„Have you no human consideration?", wird Margo Channing, der gefeierte Bühnenstar in der brillanten Verkörperung durch Bette Davis, in Joseph L. Mankiewicz' Klassiker *All About Eve* (*Alles über Eva*, 1950) gefragt. Ihre zynische Antwort: „Show me a human, and I might have!" So wie diese Diva wähnt sich Huma Rojo auf dem absteigenden Ast der Popularität, und Almodóvar flicht immer wieder Anspielungen auf das große Hollywoodvorbild ein. Indem sich Huma Manuela und ihrer Hilfsbereitschaft anschließt, entwirft der Regisseur die Vision der Solidarität der Frauen gegen Gewalt, Aggressivität und Unterdrückung, die von Männern ausgeht – selbst, wenn es Männer sind, die sich eigentlich als Frauen empfinden. Getragen wird dieses Motiv durch das ausdrucksstarke Spiel von Cecilia Roth, Marisa Paredes und Penélope Cruz auf der einen Seite und Eloy Azorín und Toni Cantó in den Rollen von Esteban und Lola auf der anderen.

Dass Almodóvars Film dieses Ideal des Gemeinsamen wahr werden lässt und letztlich in Bildern der Versöhnung mündet, macht ihn zu einem wunderbaren modernen Märchen.

Auf Rosas Begräbnis trifft Manuela wieder auf Lola; diese ist selbst bereits sterbenskrank und erfährt jetzt erst von ihrem toten Sohn. In einer schönen, für Almodóvar ungewohnt leisen und zurückhaltend gestalteten Szene legt Manuela Rosas Baby, das auch Lolas Sohn ist, in ihre Arme. „Es tut mir leid, dir ein solches Erbe mitgegeben zu haben", entschuldigt sich Lola bei dem Kind. Manuela hat ihr auch ein Foto von Esteban, dem sie Lolas Männernamen gegeben hat, und sein Tagebuch mitgebracht. Lola liest die Zeilen, die Esteban in dem Café gegenüber dem Theater kurz vor seinem Tod geschrieben hat: Dass er Fotos gefunden habe, auf dem seine Mutter zu sehen sei, eine Hälfte aber fehlen würde – und er sich nichts so sehr wünschen würde, wie seinen Vater kennenzulernen, egal, wer oder wie er sei oder was er der Mutter angetan habe.

Langsam fährt die Kamera auf Estebans Foto zu, und das Bild verschwimmt, so wie die Fehler der Vergangenheit, die nun die Möglichkeiten des Zukünftigen nicht länger verstellen. Die Dominosteine, die in diese Richtung weisen, werden Manuela und

der kleine Junge, den sie als ihren Sohn angenommen hat, gemeinsam setzen.

Todo sobre mi madre (*Alles über meine Mutter*,
Spanien/Frankreich 1999)

Sturz in den Wahnsinn

Tras el cristal

Der Film rief bei seiner Berlinale-Vorführung einst einen Eklat hervor, als ein Besucher den spanischen Regisseur Agustí Villaronga aus Entrüstung niederschlug. Thematisch mit Pasolinis *Die 120 Tage von Sodom* (*Salò o le 120 giornate di Sodoma*, 1975) verwandt, bezeichnete Villaronga selbst sein erschreckendes Meisterwerk provokant als Liebesfilm zwischen Täter und Opfer. Das kammerspielhaft inszenierte Psychodrama eröffnet Abgründe, die sich mit Sexualität, Sadismus, Machtmissbrauch und Faschismus befassen. „Solche Kulturschocker werden heute nicht mehr gedreht", war die Reaktion des amerikanischen Trash-Regisseurs John Waters.

„Die Vorschriften des Rechts sind diese: ehrenhaft leben, den anderen nicht verletzen, jedem das Seine gewähren", heißt es im *Corpus Iuris Civilis* (528–534), der Rechtssammlung des römischen Kaisers Justinian. Diesen Grundsatz hat der SS-Mann Klaus (Günter Meisner) gebrochen. Er hat im Konzentrationslager grausame Versuche an Kindern durchgeführt, wobei hier seine pädophilen Neigungen hinzukommen. Von sogenannten „medizinischen" Experimenten ist die Rede, von Misshandlungen jeglicher Art, von Benzinspritzen ins Herz und dem langsamen Verenden der Kinder. Das Narrativ des Films kümmert sich um die Frage, inwiefern angesichts solch unvorstellbarer Grausamkeiten durch Rache so etwas wie Gerechtigkeit entstehen kann.

Nach einem Sturz vom Dach seines Hauses ist Klaus gelähmt und kann nur in einer Eisernen Lunge überleben. Dieser Sturz folgt der Einstiegssequenz des Films, der Folter eines nackten Opfers; als Klaus dessen blutende Wunden küsst, wird er beobachtet und ein Tagebuch mit Aufzeichnungen der Geschehnisse im KZ entwendet, man weiß zu diesem Zeitpunkt noch nicht, von wem. Dieses Tagebuch befindet sich später im Besitz von Angelo (David Sust), einem Engel, der keiner ist. Er tritt die Stelle als Klaus' Krankenpfleger an, dessen Ehefrau Griselda (Almodóvar-Muse Marisa Paredes mit blondem Haar) gleich misstrauisch ist; und sie soll recht behalten. In zutiefst beunruhigenden Bildern, deren geradezu hypnotischer Kraft man sich aber schwer entziehen kann, entwickelt Villaronga Angelos Rache. Schon in der ersten Nacht öffnet Angelo die Maschine, die Klaus am Leben erhält. Er setzt sich auf seinen Körper, Klaus röchelt nach Luft und droht zu ersticken, man weiß nicht mehr, wer Täter und wer Opfer ist, diese Ambivalenz ist extrem verunsichernd, und ohne es zu wollen, haben wir Mitleid mit dem ehemaligen Folterer in seiner völligen Hilflosigkeit. Doch Angelo lässt ihn nicht sterben, er massiert seinen Brustkorb und beatmet ihn Mund zu Mund, weinend, schluchzend knöpft er ihm die Pyjamajacke und dann auch die Hose auf und vergräbt sein Gesicht in seinem Geschlecht.

Kants praktische Vernunft beinhaltet ein allgemeingültiges Motiv für moralisches Handeln. In der Vorstellung der autonomen Selbstgesetzgebung würde ein Vertreter dieser Position stets berücksichtigen, was universell und somit auch für den anderen gerecht ist. Angelo handelt gegen dieses Prinzip. Er nimmt für sich das Postulat des Politikers Kallikles in Platons Dialog *Gorgias* in Anspruch, nämlich die Auffassung, dass Gesetze vor allem den Schwachen dienen, für die Stärksten und Besten jedoch Privilegien bestehen. Angelos Privileg liegt im Vollzug seiner Rache, bei der sich das Bild einer Verschmelzung implementiert. Das ehemalige Opfer, das Kind Angelo auf einem Foto Hand in Hand mit Klaus in seinem schweren Soldatenmantel, wird zum Täter. Eine Rückblende zeigt uns den Missbrauch, den Klaus an dem Buben zu verantworten hat, Angelo spiegelt die Szene, indem er über Klaus' Gesicht onaniert.

„Würdest du es wieder tun?", drang Angelo schon früher in Klaus. „Ich könnte es für dich tun. Ich möchte lernen. Ich möchte so sein wie du. Mir gefällt, was du warst." Die Morde an Griselda, die er im Stiegenhaus erhängt, und an einem Chorknaben, den er zwingt, für den Gelähmten zu singen, bevor er ihm die Kehle durchschneidet, sind in einem solchen Gedankengebäude die fast selbstverständliche Konsequenz.

Angelo lockt einen Straßenjungen ins Haus, gibt ihm einen Apfel zu essen und Milch zu trinken, fesselt ihn dann in Klaus' Blickfeld und verabreicht ihm eine Spritze mit Benzin ins Herz. Das Kind stirbt nach Luft ringend, wie es das Schicksal von Klaus ohne die Maschine wäre, dazu die pumpenden Geräusche der Beatmung.

Am Schluss des Films, Klaus ist längst tot, legt sich Angelo selbst in die Maschine, das Gefängnis aus Glas. Täter und Opfer sind eins; Angelos perverse Version eines Ausgleichs zwischen den beiden Seiten ist Realität geworden.

Tras el cristal (*Im Glaskäfig*, Spanien 1986)

Abgründe der Rache

Vengeance-Trilogie

Etwas befremdlich muten zuweilen Kampfszenen in Filmen an, in denen sich eine Heldenfigur einer Überzahl an Feinden gegenübersieht, sich ihrer aber offenbar recht mühelos zu erwehren weiß. Anstatt dass die gegnerische Meute ihre Kräfte bündelt und massiv gegen den Einzelkämpfer oder sein weibliches Pendant einsetzt, rücken immer nur einzelne von ihnen vor, die anderen drücken sich mehr oder weniger unmotiviert in der Gegend herum und nehmen erst nach und nach den Platz derer ein, die eben vor ihren Augen außer Gefecht gesetzt wurden – worauf auch bald mit ihnen kurzer Prozess gemacht wird.

Zuweilen wirken solche Szenen, als stellten sich die Bösewichte brav in einer Reihe an wie Briten an einer Bushaltestelle, um sich erst dann, wenn für den Helden der rechte Zeitpunkt gekommen ist, von diesem ausschalten zu lassen. Das ist, falls fantasievoll choreografiert, mitunter durchaus mitreißend anzusehen, strotzt aber nicht gerade vor innerer Logik. Als Reaktion auf dieses Phänomen kann jene berühmte Plansequenz in Park Chan-wooks in Cannes mit dem Großen Preis der Jury ausgezeichneten Manga-Adaption *Oldboy* gelesen werden, in der ein südkoreanischer Jedermann sich mit einer ganzen Unterweltbande anlegt. Als Lösung des eingangs angeführten Problems solcher Szenen macht sich Drehbuchautor und Regisseur Park die Beengtheit eines schmalen Korridors zunutze.

Der zu Beginn des Films eher unscheinbare Biedermann ohne erkennbare herausstechende Eigenschaften, der im Verlauf der komplexen Handlung in körperlicher und auch geistiger Weise über sich hinauswachsen wird, trägt den Namen Oh Dae-su und wird von dem Schauspieler Choi Min-sik mit großer Wandlungsfähigkeit dargestellt. Eine Versuchsanordnung zwischen der Meditation über das Thema von Vergeltung und der Seelenqualen der Beteiligten auf der einen Seite und veritablen Gewaltausbrüchen auf der anderen: Nachdem er von Unbekannten entführt und nicht weniger als fünfzehn Jahre von ihnen in einem Zimmer gefangen gehalten wurde, sieht sich der Protagonist von nichts angetrieben als von Wut und den Gelüsten nach Rache. Es ist der charakteristische Geschmack der Teigtaschen aus seinem Gefängnis, der ihn schließlich auf die Spur seiner Peiniger bringt. Dort fackelt er nicht lang herum. Er foltert einen Aufseher, indem er ihm für jedes Jahr seiner Gefangenschaft einen Zahn zieht, was wir in Großaufnahme mitanzusehen bekommen. Blutig liegen die Zähne dann auf einer Computertastatur, kontrapunktiert von eher leichtfüßiger klassischer Musik. Dann steht er mit dem zitternden Aufseher, dem er ein Messer an die Kehle drückt, als Art Schutzschild einer Meute von in der Zwischenzeit herangerückten Schlägertypen, einer grimmiger als der andere, gegenüber. Ganz cool übergibt er den Aufseher möglichen Blutspendern, denn solche würde dieser nötig haben, und stellt sich dem Kampf.

Fast melancholisch muten die Trompetenklänge an, die diese Szene ohne Zwischenschnitte untermalen. Der düstere, heruntergekommen wirkende Gang vor der Reihe der versperrten Zel-

lentüren ist schmal, die Bewegungsfreiheit der Angreifer eingeschränkt. Offene Leitungen und Drähte führen die in einem
dunklen und etwas helleren Grün verputzten Wände entlang
und hängen von der Decke, Lampen dazwischen geben unange-
nehmes Licht. Der Boden ist schmutzig und bräunlich-rot, das
Blut, das sich alsbald in beträchtlichem Ausmaß ergießt, fällt
darauf nicht weiter auf. Einen Hammer schwingend, kämpft
sich Oh Dae-su von einer Seite des Korridors zur gegenüberliegenden durch. Die Kamera begleitet ihn wie auf einer parallelen
Schiene und nimmt dabei das Tempo des Kampfes mit seinen
hektischen Momenten und solchen von angehaltenem Atem auf.
Unter den langen Stöcken, Tritten und Hieben der Gegner geht
Oh Dae-su mehrmals zu Boden, es gelingt ihm aber, sich immer
wieder aufzurappeln, selbst mit einem Messer im Rücken. Dabei kommen keine ausgeklügelten Kampfsportkniffe zum Tragen, das ist zum Großteil ein verzweifeltes Haudrauf, ein keu-
chender, schwitzender, blutender Überlebenskampf bis zur totalen Erschöpfung.

Endlich hat Oh Dae-su den Ausgang erreicht. Er steht vor der
geschlossenen Lifttür. Auf seinem uns zugewandten Gesicht
spiegeln sich die überstandenen Mühen, hinter ihm krümmen
sich die Besiegten auf dem Boden. Plötzlich ein Grinsen, als sich
die Tür zum Lift öffnet. Ein Schnitt und wir erkennen, dass sich
darin eine neue, frische Garde an brutalen Schlägertypen befindet. Ein neuerlicher Schnitt, die Lifttür öffnet sich abermals,
diesmal zum Keller, und die Mitglieder der Gang fallen bewusst-
los heraus. Wie Oh Dae-su das geschafft hat, ist natürlich ein
Rätsel, doch er steigt kühl über sie hinweg, und irgendwie trau-
en wir ihm mittlerweile so ziemlich alles zu.

Oldboy bildet den mittleren Eintrag von Parks allenthalben als solche bezeichnete Rache-Trilogie, die einzelnen Beiträge sind jedoch nur durch den roten Faden des thematischen Zusammenhangs, nicht aber inhaltlich miteinander verbunden. Die alte Frage von Freiheit oder Determinismus: Wie die Fänge des Schicksals in einer griechischen Tragödie legen sich im ersten dieser drei Filme, *Sympathy for Mr. Vengeance,* die unentrinnbaren Schlingen von Schuld und Sühne um den taubstummen Ryu (Shin Ha-kyun). Um eine Niere für seine schwerkranke Schwester zu besorgen, opfert er nicht nur eine seiner eigenen an eine zwielichtige Organhändlerin, sondern lässt sich als letzten Ausweg auch auf den Plan seiner Freundin ein, die kleine Tochter eines Geschäftsmannes zu kidnappen und auf diese Weise Geld von ihm zu erpressen. Als die Schwester davon erfährt, begeht sie Selbstmord – und an dieser Stelle setzt eine Szene an, in der das Unheil wie beiläufig, ohne Absicht durch die beteiligten Personen und doch mit beträchtlichen Konsequenzen seinen Lauf nimmt.

Trotz der Dramatik der Bilder ist es eine Inszenierung von fast lyrisch-schlichter Schönheit. Ryu hat die tote Schwester ans Ufer des Flusses gebracht, an dem sie als Kinder immer gespielt haben. Er bettet ihren in eine Decke gehüllten Körper zwischen riesige ausgebleichte Wurzeln und bedeckt ihn mit Steinen. Er hat den Rücken dem Fluss zugewandt, sein Auto, in dem das entführte Mädchen schläft, parkt am anderen Ufer, eine schmale hölzerne und sehr behelfsmäßig wirkende Brücke führt von einer Seite zur anderen. Ryu kann natürlich nicht das Rauschen des Wassers hören und auch nicht das Schreien des Kindes, als ein unbekannter Mann mit spastischen Bewegungen durchs Fenster des Autos greift und sich an der Kette zu schaffen macht, die das Mädchen um den Hals trägt. Der Mann lässt von ihr ab, stelzt ungelenk zum Fluss und beginnt, Steine hineinzuwerfen, das Kind ruft nach Ryu. Dieser hingegen betrachtet das bleiche Gesicht der Schwester und weint um sie.

Indes sucht das Mädchen Ryus Nähe, kann auf der wackeligen Brücke aber das Gleichgewicht nicht halten. Sie stürzt ab und treibt schreiend im Wasser. Ryu streichelt der Schwester über die Wangen, deckt dann den Kopf zu und stapelt auch darauf Steine. Das Mädchen wird unter Wasser gezogen; dass der Ton abrupt abbricht, spiegelt ihr Ertrinken ebenso wie Ryus fehlende Wahrnehmung davon. Gleich darauf wendet sich Ryu um, und das Kratzen einer Violine zeigt uns die Verzerrungen seiner Eindrücke, wenn die Dinge von nun an wie kurze wache Momente in einem üblen Traum ablaufen und er allmählich beginnt, darin die Realität zu erfassen. Das Mädchen wird zu einem großen Felsen in der Mitte des Flusses getrieben. Ryu steht da und weiß nicht ein noch aus, wie viel Zeit vergeht, ist nicht klar, so entrückt wirken diese Bilder. Der seltsame Mann watet durchs Wasser und zu dem Mädchen. Als er dann an Ryu vorbeikommt, trägt er die Kette zwischen den Lippen. Schließlich birgt Ryu das Kind auf den Armen aus dem Wasser. Er trägt sie zu einem flachen Felsen und legt sie ab. Genau dort wird ihr Vater (Song Kang-ho, der auch im Oscar-Gewinner *Parasite* (2019) die Rolle des Vaters verkörpert) sie später finden, allein und verzweifelt schluchzend zwischen den Polizisten, die das Areal sichern. An diesem Fluss wird er später, am Ende des Films, Vergeltung üben und Ryu zu Tode bringen – und seinerseits von Messerstichen niedergestreckt werden: Der tödliche Kreislauf von Gewalt und Rache wird sich geschlossen haben.

Ähnliche Schwingungen, der dritte Film der Reihe: Doch in die Gefühle von Verzweiflung, innerer Aufruhr und Abscheu, die

die Frauen und Männer beseelt, als sie am Ende von *Lady Vengeance* Rache am Mörder ihrer Kinder nehmen, mischt sich auch ein Gutteil an Genugtuung, als sie in einer Konditorei bei Kaffee und Kuchen die getane Tat feiern. Zu Unrecht für Kindestötung verurteilt, macht sich Lee Geum-ja (Lee Yeong-ae in der Titelrolle des Films) nach ihrer Haftentlassung auf, den wahren Täter, einen Lehrer namens Mr. Baek (Choi Min-sik, der Hauptdarsteller in *Oldboy*) mit einem Doppelleben als Serienmörder zu stellen. Er entführt Kinder, stellt Lösegeldforderungen, obwohl er nie vorhat, sie wieder freizulassen, und bringt sie um, nachdem er ihre angeblichen Lebenszeichen auf Video aufgezeichnet hat.

Die Vergeltung findet wie in der Inszenierung eines höchsten Gerichts statt. Lee Geum-ja hat die Eltern von fünf Mordopfern in eine aufgelassene Schule geladen, präsentiert ihnen Beweismaterial gegen den Täter und stellt die weitere Vorgehensweise zur freien Diskussion. In einem für manche der Beteiligten schmerzhaften Prozess entscheidet sich die Gruppe gegen die Übergabe des Gefangenen an die Polizei und für Selbstjustiz. Mr. Baek, der sich bereits gefesselt und geknebelt in einem Nebenraum befindet, muss das Für und Wider mitanhören. Ein Glas seiner Brille ist zersprungen, unter dem Stuhl, auf dem er fixiert ist, befindet sich eine Plastikplane, die Szenerie ist von den Seiten wie eine Bühne ausgeleuchtet. Die Farben des Films sind im Verlauf der Handlung unmerklich und inzwischen fast zur Gänze verblasst und nähern sich in Richtung Schwarz-Weiß. Das Tableau zur Vollstreckung des Todesurteils ist ausgerichtet.

In der Reihenfolge, die das Los bestimmt hat, sitzen die Männer und Frauen, die einen betreten und zitternd, die anderen gefasster bis entschlossen, aufgereiht auf einer Bank an einer kahlen Wand mit großen dunklen Fenstern. Fast alle haben sie Regenmäntel aus durchsichtigem Plastik bei sich, die Frau mit der ersten Nummer hat den ihren bereits übergezogen. Einige halten ein Messer in der Hand. Eine der Frauen trinkt aus einem Flachmann, einer der Männer bietet einem anderen sein Messer an, doch dieser präsentiert ein Beil als Waffe.

Schnitt zum Eingang in den Raum mit dem Gefangenen. Einer der Männer zeigt vor, wie man ein Messer benutzt, ohne sich selbst zu verletzen, und demonstriert das Zustechen von oben. Dann schwenkt die Kamera auf den hilflosen Mr. Baek.

Wie schon den Unfall in *Sympathy for Mr. Vengeance* verhandelt Regisseur Park die Einstellungen der Exekution trotz der innewohnenden Tragik und des immensen inneren Aufruhrs, in dem sich die Figuren befinden, mit großer Ruhe und Gefasstheit. Eine der Frauen begehrt von dem Mörder ihres Kindes, den Grund für seine Tat zu erfahren – er würde doch wie ein ganz normaler Mensch aussehen. Lee Geum-ja steht daneben, den Kragen ihrer schwarzen Jacke aufgestellt, sodass der untere Teil ihres Gesichts verborgen ist, wie ein Racheengel, der den Überblick über den geregelten Ablauf der von ihm initiierten unfassbaren Aktion behält. Wir sehen immer nur das Zustechen, jedoch, wie in Hitchcocks *Psycho* (1960), nicht das Eindringen der Messer in das Opfer; hingegen die Auswirkungen ihrer Tat in den einzelnen Frauen und Männern. Blutbespritzt sinkt eine Frau auf die Bank neben ihren Mann, er umfasst sie schluchzend, sie legt ihm die Hand mit dem Messer auf die Schulter. Der Nächstgereihte nimmt die Waffe an sich, dazwischen immer wieder Großaufnahmen des Gefangenen, der Schweiß, das Blut und die Tränen. Der Mann mit dem Beil will sich auf Mr. Baek stürzen und muss von anderen zurückgehalten werden – er ist ja noch nicht an der Reihe. Endlich tritt eine Frau in Pelzmantel langsam als Letzte an den Gefangenen heran. Erst als auch sie wieder bei den anderen auf der langen Bank Platz genommen hat, sehen wir die Schere in Mr. Baeks Nacken stecken.

Gemeinsam, wie sie bislang vorgegangen sind, agieren die Verschworenen auch bei der Beseitigung der Spuren ihrer Tat. Sie stehen rund um die Plastikplane und heben sie hoch; dort, wo sich das Blut in der Mitte sammelt, wird hineingestochen, ein Kübel steht darunter und fängt die schwarze Flüssigkeit auf. Penibel falten sie anschließend die Plane zusammen. Der Tote wird auf eine Bahre gelegt und im Wald vergraben – und die Männer und Frauen, die ihre Art von Gerechtigkeit geübt haben, stehen beisammen für ein Gruppenfoto. In ihren Gesichtern ist ein Ausdruck davon zu lesen, was ihre Tat in ihnen selbst angerichtet hat – in einer überwältigenden Sequenz in einem überwältigenden Film, dessen Wille zur stilistischen Formgebung der zugrunde liegenden ethischen Fragestellungen fast sprachlos macht.

Boksuneun naui geot
(*Sympathy for Mr. Vengeance*, Südkorea 2002)
Oldeuboi (*Oldboy*, Südkorea 2003)
Chinjeolhan geumjassi (*Lady Vengeance*, Südkorea 2005)

Verbotene Schritte

Witness

„Es scheint gefährlich zu sein, was ich tu [...] Doch mein verbotenes Ziel, das bist du", sang in den 1960er-Jahren die italienische Sängerin Mina in ihrem Schlager „Tabu". Tabus zu brechen, stellt im Film oftmals den ersten schweren Schritt zur Erkenntnis dar, dass nur so zu sein, wie man wirklich ist, im Leben zählt – ein schmerzhafter Lernprozess mit zuweilen dramatischen Folgen, an dessen Ende im besten Fall eine Art von Erleuchtung steht. In Peter Weirs Krimi *Witness* kulminiert diese Idee in einer wunderbar zarten Tanzszene. Harrison Ford spielt den Polizisten John Book, der Korruption in der eigenen Abteilung auf die Spur kommt und, obwohl angeschossen, dem kleinen Amishbuben Samuel (Lukas Haas mit diesen großen fragenden Augen) als titelgebendem einzigem Zeugen für einen Mord Schutz zusichert. Samuels Mutter, die junge Witwe Rachel, wird von Kelly McGillis dargestellt, sie kümmert sich um den verletzten John, was geradewegs zu diesen gefühlvollen Augenblicken in der Scheune führt.

Es ist Nacht, John Book hantiert im Schein einer Öllampe an seinem Auto herum, da geht auf einmal das Radio an. Er verdreht die Augen, als er Sam Cookes soulige Stimme von dem singen hört, was für ihn „a wonderful world" bedeuten würde.

Dass er nichts von Biologie, Geometrie und was sonst noch allem verstünde, meint Cooke, „but I do know that I love you." Kein Wunder, dass da die Gefühle zwischen Book und Rachel, die die ganze Zeit schon am heftigsten Brodeln waren, übergehen, und dies natürlich in Form eines Tanzes. Musik und Tanzen sind nichts, womit die junge Witwe Rachel in ihrem bisherigen Leben unter den Amish zu tun hatte – wie Elektrizität, Waffen und Gewalt gehören sie zu den unantastbaren Tabus der Gemeinschaft. Doch nun fasst sie der Polizist an den Händen – ein Zögern zuerst, ein gegenseitiges Abtasten mit den Augen, dann wirbelt er sie herum. Unbeholfen steigt Rachel von einem Fuß auf den anderen, da werden die beiden ganz ernst, ihre Blicke sind tief und vielsagend und fast, aber nur fast, kommt es zu einem Kuss. Denn der Schwiegervater fährt dazwischen: „Rachel, was tust du hier?", entrüstet er sich: „Die Musik!"

Mel Gibson als Reporter im indonesischen Bürgerkrieg (*The Year of Living Dangerously/Ein Jahr in der Hölle*, 1982), Richard Chamberlain als Rechtsanwalt, der sich mit der Kultur der Aborigines konfrontiert sieht (*The Last Wave/Die letzte Flut*, 1977), Jim Carrey als Jedermann, der erkennen muss, dass er sein ganzes Leben in der Lüge einer Realityshow verbracht hat (*The Truman Show/Die Truman Show*, 1998) – die Filme des australischen Regisseurs Peter Weir verhandeln nicht selten Versuchsanordnungen über das Aufeinandertreffen sehr unterschiedlicher Lebenskonzepte und die (Un)Möglichkeit, diese mit Toleranz zu überbrücken. Die Welt der Amish ist für den toughen Cop John Book völliges Neuland. „What you take into your hand, you take into your heart", erklärt ihm Rachels Schwiegervater seine Ablehnung von Waffen. Und beim Bau einer Scheune erlebt John, dass alle zusammenhelfen und ein ungekanntes Gemeinschaftsgefühl. Ein Auftauchen aus den eigenen Grenzen ist das und ein Eintauchen in Neues, Unbekanntes, in eine andere Lebensweise.

Dass es aber auch Angst machen kann, sich darauf einzulassen, was mit dem Überwinden von Grenzen zu tun hat, erkennt Rachel. Die Tanzszene zeigt, wohin der Schritt „from ignorance to knowledge" führen mag. In Johns Armen hat Rachel den Apfel vom Baum der Erkenntnis gepflückt, sie hat davon gekostet, hat in sich hineingehört und dabei herausgefunden, wer sie wirklich ist. Rachel wird in einer späteren Szene die Amishhaube vom Kopf nehmen, sie wird durch die Dämmerung eines stürmischen Abends laufen, und der Polizist und sie werden einander in die Arme fallen. Die Liebesnacht, die darauf folgt, wird zu Rachels ganz persönlicher Katharsis.

Der Film hält für Rachel und John kein Happy End bereit, es wird für sie keine gemeinsame Zukunft geben – zu verschieden sind ihre beiden Lebenswelten, zu gering die Schnittmenge ihrer verzweifelten Liebe. Doch nach dem spannenden Showdown, in dem die Mörder, die Samuel identifizieren könnte, die Farm stürmen, ist Rachel geläutert, sie ist unabhängiger und stärker geworden: zu einem anderen Menschen; oder zu dem, der sie eigentlich immer schon war.

Witness (*Der einzige Zeuge*, USA 1985)

Abblende – Berühmte letzte Worte

Some Like It Hot

Es gibt ja alle möglichen „Best of"-Listen, die Filme aus dem Blickwinkel unterschiedlichster Kriterien untersuchen, bewerten und reihen. Sei es, dass es um die gelungensten Dialogzeilen oder Oneliner geht, um die stärksten Performances oder die besten Streifen überhaupt – Cineasten und Cineastinnen sind meist ganz gierig darauf, von den Resultaten von Umfragen oder den Präferenzen der Autor:innen zu erfahren, ob sie den diversen Ergebnissen nun zustimmen oder sie voller Entsetzen von sich weisen mögen. Dass Billy Wilders Komödienklassiker *Some Like It Hot* einen der besten, wenn nicht vielleicht sogar den berühmtesten und meistzitierten letzten Satz aufzuweisen hat, steht aber wohl außer Frage.

Gern wird Billy Wilders berühmter Ausspruch zitiert, wonach es für einen guten Film dreier Voraussetzungen bedürfe: erstens eines guten Drehbuches, zweitens eines guten Drehbuches – und drittens eines guten Drehbuches. Der Exilösterreicher Wilder, der seine Karriere als Scriptautor begann und dann selbst auf den Regiestuhl Platz nahm, weil er mit der Umsetzung so mancher seiner Einfälle durch die Regisseure nicht zufrieden war, war insgesamt nicht weniger als einundzwanzig Mal für den Oscar nominiert. Mit Streifen wie *Sunset Boulevard (Bou-*

levard der Dämmerung, 1950), oder *The Apartment* (*Das Apartment*, 1960) schrieb er Filmgeschichte und setzte sich ganz nebenbei immer wieder in Form seines humorvollen Spiels mit Andeutungen und eindeutigen Zweideutigkeiten gegen die Einschränkungen der unter dem Namen „Hays Code" geläufigen Zensurbehörde durch. Vorgeblich um die „gesunde und erbauliche Geisteshaltung" sogenannter Durchschnittsbürger besorgt, befassten sich diese Richtlinien mit der als moralisch gesicherten Darstellung angesehenen Darstellung von Gewalt, Sexualität und politischen Inhalten in amerikanischen Filmen. Sie galten zwischen 1934 und 1967 in ihrer Umsetzung als verpflichtend und stellten dabei gerade die kreativsten Köpfe unter den Filmschaffenden vor zum Teil unüberwindbar erscheinende Herausforderungen – man führe sich nur die Schwierigkeiten vor Augen, die Alfred Hitchcock in *Psycho* (1960) etwa mit seinem berühmten Mord unter der Dusche, aber etwa auch der Betätigung der Spülung einer Toilette hatte.

Männer in Frauenkleidern und das Spiel mit sexueller Identität und Geschlechterrollen waren Billy Wilders Stolpersteine in *Some Like It Hot*. Der Film funktioniert auch heute noch als Travestieklamotte, die das Kunststück vollbringt, in keinem Moment über ihre Figuren, sondern immer mit ihnen zu lachen. Jack Lemmon und Tony Curtis sind auf der Flucht vor dem Mafiamob der sogenannten „Roaring Twenties" und tauchen im Fummel in einer Damenkapelle mit Marilyn Monroe als Sängerin Sugar unter. Wilder kostet mit seinem damals als subversiv empfundenen Humor die sexuell konnotierten Chiffren seines Narrativs aufs Genüsslichste aus, die perfekt getimten Pointen dieser Screwball-Comedy fliegen schneller als die Kugeln der Mafiosi.

Im Laufe der sich überschlagenden Ereignisse verliebt sich der alte Millionär Osgood Fielding III. (Knautschgesicht Joe E. Brown) in den als Daphne kostümierten Jack Lemmon. Er macht ihr heftigste Avancen und schließlich sogar einen Heiratsantrag, der uns geradewegs in die finale Szene des Films und in dieser zu einer Motorbootfahrt im Mondschein bringt. Daphne gibt sich Mühe, ihren Freier abzuschrecken, doch Osgoods Liebe scheint grenzenlos zu sein. Dass er seine Mutter angerufen habe, erzählt er launig: Daphne dürfe ihr Kleid zur Hochzeit tragen. „She and I, we are not built the same way", wehrt diese ab, darauf der Vorschlag des Millionärs mit den Schmetterlingen im Bauch, das Kleid doch einfach ändern zu lassen. „We can't get married!", wird Daphne nun deutlicher und beginnt sich auf Osgoods Frage nach dem Grund zu winden: „In the first place, I'm not a natural blonde." Dass Osgood diesen Einwand als nichtig abtut, liegt auf der Hand, auch der Umstand, dass Daphne Raucherin sei, ist für ihn kein Heiratshindernis – und auch die Einschränkung, dass Daphne keine Kinder haben könne, tut er ab: „We can adopt some." Da geht der verkleidete Mann an seiner Seite aufs Ganze. Voller Verzweiflung reißt sich Daphne die Perücke vom Kopf und ruft: „I'm a man." Osgood grinst in der für ihn so typischen Weise und spricht die Worte, die Kinogeschichte gemacht haben: „Well, nobody's perfect." Ein kurzer Seitenblick, ein Schulterzucken, und die Welt ist für ihn wieder in Ordnung. So „einfach" geht es, wenn man weiß, wie ein gutes Drehbuch zu schreiben ist.

Some Like It Hot (*Manche mögen's heiß*, USA 1959)

Abspann – Die Filme